首都经济贸易大学 · 法学前沿文库

儿童国家监护论

张爱桐　著

National Guardianship for the Child

中国政法大学出版社

2024 · 北京

图书在版编目（CIP）数据

儿童国家监护论 / 张爱桐著. -- 北京 ： 中国政法
大学出版社，2024. 12. -- ISBN 978-7-5764-1867-5

Ⅰ. D922.74

中国国家版本馆 CIP 数据核字第 2024UQ9613 号

出 版 者　　中国政法大学出版社

地　　址　　北京市海淀区西土城路 25 号

邮寄地址　　北京 100088 信箱 8034 分箱　　邮编 100088

网　　址　　http://www.cuplpress.com (网络实名：中国政法大学出版社)

电　　话　　010-58908437(编辑部) 58908334(邮购部)

承　　印　　固安华明印业有限公司

开　　本　　880mm×1230mm　　1/32

印　　张　　11.5

字　　数　　280 千字

版　　次　　2024 年 12 月第 1 版

印　　次　　2024 年 12 月第 1 次印刷

定　　价　　50.00 元

总　序

　　首都经济贸易大学法学学科始建于 1983 年；1993 年开始招收经济法专业硕士研究生；2006 年开始招收民商法专业硕士研究生；2011 年获得法学一级学科硕士学位授予权，目前在经济法、民商法、法学理论、国际法、宪法与行政法等二级学科招收硕士研究生；2013 年设立交叉学科法律经济学博士点，开始招收法律经济学专业的博士研究生，同时招聘法律经济学、法律社会学等方向的博士后研究人员。经过 30 年的建设和几代法律人的薪火相传，首都经济贸易大学现已经形成了相对完整的人才培养体系。

　　为了进一步推进首都经济贸易大学法学学科的建设，首都经济贸易大学法学院在中国政法大学出版社的支持下，组织了这套"法学前沿文库"，我们希望以文库的方式，每年推出几本书，持续、集中地展示首都经济贸易大学法学团队的研究成果。

　　既然这套文库取名为"法学前沿"，那么，何为"法学前沿"？在一些法学刊物上，常常可以看到"理论前沿"之类的栏目；在一些法学院校的研究生培养方案中，一般都会包含一门叫作"前沿讲座"的课程。这样的学术现象，表达了法学界的一个共同旨趣，那就是对"法学前沿"的期待。正是在这样的期待中，我们可以发现值得探讨的问题：法学界一直都在苦苦期盼的"法学前沿"，到底长着一张什么样的脸孔？

首先，"法学前沿"的实质要件，是对人类文明秩序做出了新的揭示，使人看到文明秩序中尚不为人所知的奥秘。法学不同于文史哲等人文学科的地方就在于：宽泛意义上的法律乃是规矩，有规矩才有方圆，有法律才有井然有序的人类文明社会。如果不能对千差万别、纷繁复杂的人类活动进行分门别类的整理，人类创制的法律就难以妥帖地满足有序生活的需要。从这个意义上说，法学研究的实质就在于探寻人类文明秩序。虽然，在任何国家、任何时代，都有一些法律承担着规范人类秩序的功能，但是，已有的法律不可能时时处处回应人类对于秩序的需要。"你不能两次踏进同一条河流"，这句话告诉我们，由于人类生活的流动性、变化性，人类生活秩序总是处于不断变换的过程中，这就需要通过法学家的观察与研究，不断地揭示新的秩序形态，并提炼出这些秩序形态背后的规则——这既是人类生活和谐有序的根本保障，也是法律发展的重要支撑。因此，所谓"法学前沿"，乃是对人类生活中不断涌现的新秩序加以揭示、反映、提炼的产物。

其次，为了揭示新的人类文明秩序，需要引入新的观察视角、新的研究方法、新的分析技术。这几个方面的"新"，可以概括为"新范式"。一种新的法学研究范式，可以视为"法学前沿"的形式要件。它的意义在于，由于找到了新的研究范式，人们可以洞察到以前被忽略了的侧面、维度，它为人们认识秩序、认识法律提供了新的通道或路径。新的研究范式甚至还可能转换人们关于法律的思维方式，并由此看到一个全新的秩序世界与法律世界。可见，法学新范式虽然不能对人类秩序给予直接的反映，但它是发现新秩序的催生剂、助产士。

再其次，一种法学理论，如果在既有的理论边界上拓展了新的研究空间，也可以称之为"法学前沿"。在英文中，前沿（frontier）也有边界的意义。从这个意义上说，"法学前沿"意味着在已有的法学疆域之外，向着未知的世界又走出了一步。在法学史上，这种突破边界的理论活动，常常可以扩张法学研究的范围。譬如，以人的性别为基础展开的法学研究，凸显了男女两性之间的冲突与合作关系，拓展了法学研究的空间，造就了西方的女性主义法学；以人的种族属性、种族差异为基础而展开的种族批判法学，也为法学研究开拓了新的领地。在当代中国，要拓展法学研究的空间，也存在着多种可能性。

最后，西方法学文献的汉译、本国新近法律现象的评论、新材料及新论证的运用……诸如此类的学术劳作，倘若确实有助于揭示人类生活的新秩序、有助于创造新的研究范式、有助于拓展新的法学空间，也可宽泛地归属于法学理论的前沿。

以上几个方面，既是对"法学前沿"的讨论，也表明了本套文库的选稿标准。希望选入文库的每一部作品，都在法学知识的前沿地带做出新的开拓，哪怕是一小步。

喻　中

2013 年 6 月于首都经济贸易大学法学院

目　录

第三章 | 儿童国家监护的域外实践比较研究

第四章 | 儿童国家监护的中国实践

第五章 ｜ 构建中国儿童国家监护法治体系

引　言

一、研究背景及意义

（一）研究背景

父母对子女的养育具有天然的正当性，来自父母的决策和行动多被推定为符合儿童的最大利益。在传统观念中，家庭是绝对的私领域，国家公权力极少干预儿童的家庭监护事务。这在保障家庭稳定的同时，也引发了儿童在父母或其他监护人不履行监护职责、不能充分履行监护职责或直接实施侵权行为，严重危害其身心健康时难以得到保护的现实问题。随着"二战"后人权理念的提出、福利国家思想的发展以及国家亲权理论的深化演变，国家的儿童监护职能逐渐得以体现。从二十世纪开始，国家主义的儿童监护成为各国监护立法改革的方向。

儿童的不成熟性决定了其依赖成年人来获得健康成长所必需的外部环境，保障儿童充分享有受监护权是促进儿童其他各项基本权利实现的前提和基础。作为国际人权法的首要义务主体，国家应遵循已批准的国际人权公约及其他相关国际人权文件，积极采取立法、行政执法及其他措施为儿童提供权利保护。构建以权利保障为核心的儿童国家监护法治体系，既是在实践中为儿童提供全面的、兜底的国家保护的有效路径，也是积极履行国家人权义务的重要体现。

作为监护制度的有机组成部分，国家监护制度的必要性体现在监护制度整体的发展趋势中。近年来，随着社会转型中单位、居民委员会和村民委员会等组织监护职能的退化，社会中农村留守儿童和城市流浪儿童的权利保障面临诸多新的挑战。为解决儿童权利保护面临的新问题，中国在儿童监护领域的立法政策及相关实践均取得了显著进展，国家公权力逐步突破了亲子关系的屏障，为处于相对弱势地位的儿童提供权利保护。然而，立足现实，应承认中国的儿童国家监护尚未形成完善的法治体系，在立法层面的分散、不全面以及在司法和行政执法层面具体制度的缺失均制约着儿童监护国家义务的实际履行。为此，本书将通过分析儿童国家监护的基础理论、梳理儿童国家监护制度的国际标准和域外实践，探讨中国的已有实践，发现现存问题并思考在中国构建儿童国家监护法治体系的可行路径。

在此明确本书关于"儿童"与"未成年人"的用词问题。联合国大会于1989年11月20日通过的《儿童权利公约》第1条规定："为本公约之目的，儿童系指十八岁以下的任何人，除非对其适用之法律规定成年年龄低于十八岁。"[1]而《未成年人保护法》[2]

[1] 参见《儿童权利公约》，联合国大会第44/25号决议通过，1989年11月20日，第1条。
[2] 为表述方便，本书中凡涉及我国的法律法规均用简称，如《中华人民共和国未成年人保护法》，简称《未成年人保护法》。

第 2 条规定:"本法所称未成年人是指未满十八周岁的公民。"[1]
鉴于本书所涉儿童国家监护议题为在中国法域下对中国儿童监护
问题的研究,故本书中所使用的国际人权文件通用的"儿童"与
我国法律所指称的"未成年人"为内涵和外延均相同的概念,即
指不满十八周岁的所有公民。考虑对儿童国家监护问题展开学理
分析以及对我国相关立法进行教义学阐释之便宜,文中兼用"儿
童"与"未成年人"的措辞。

(二) 研究意义

1. 理论意义

监护是为被监护人提供人身、财产保护以弥补行为能力的不足
的法律制度,保障儿童的受监护权有利于推动儿童其他各项权利的
充分实现。从保障基本人权的视角出发,国家应在家庭监护失能并
对儿童合法权益造成严重侵害时,突破家庭亲子关系的屏障,为儿
童家庭监护提供指导和协助,并在必要时限制或剥夺父母监护权。

以权利保障为核心研究儿童国家监护议题,一方面,能够进
一步丰富国家监护的研究视角。从基本权利的视角出发,以国际
人权标准为依据分析保障儿童受监护权的国家人权义务,能够为
构建中国儿童国家监护法治体系提供人权理念的指引和国际人权
法的基本规范和具体要求的参考,更好地实现儿童国家监护基础
理论对儿童国家监护具体实践的科学指导。人权保护理论、儿童
权利视角和国家对儿童人权的保障义务等理念共同作用,为儿童
国家监护制度大厦的建立奠定基础。[2]对这些理论的推演是证成

〔1〕 参见《未成年人保护法》,第十四届全国人民代表大会常务委员会第九次会议修正,2024 年 4 月 26 日,第 2 条。
〔2〕 夏吟兰、林建军:《人权视角下儿童国家监护制度的构建》,载夏吟兰主编:《从父母责任到国家监护——以保障儿童人权为视角》,中国政法大学出版社 2018 年版,第 329—352 页。

国家介入儿童监护事务履行对儿童作为"人"的同时作为"儿童"的人权保障义务的正当性基础。人权即人之为人最根本的权利，对儿童国家监护的探讨打破了传统公私二元结构下将家庭视为对外封闭的自治系统的观念。将儿童视为人权法主体来论证对其权利的保障，丰富了监护相关理论的人权法视角，为"以家庭监护为基础，社会监护为补充，国家监护为兜底"[1]的儿童监护制度体系提供理论依据。

另一方面，对儿童国家监护的研究可在一定程度上弥补我国儿童国家监护相关理论研究的空白，推动儿童监护相关研究从"碎片化"向"体系化"转变。以此为基础，通过理论分析探究国家监护制度的源流及应然状态，为思考解决中国的实践问题提供理论基础。我国现阶段仍在一定程度上缺少对儿童的专门考虑，应在国家制度设计层面关注儿童保护和儿童福利。[2]国家监护是与家庭监护相对应的，是指国家以保护儿童权利为出发点，以满足儿童成长的基本需求为目标，为权利受到侵害的儿童和基本需求无法得到满足的儿童提供生活照料和成长服务的国家福利制度。国家监护要在家庭监护优先的基础上，对儿童权利保护起到兜底的作用。以儿童国家监护为核心展开系统研究，能够在从整体上推动我国监护制度进一步完善的同时，强调监护制度的儿童视角，强化对儿童权利的国家保护。

2. 实践意义

儿童的父母监护往往被推定为符合儿童的最大利益，但家庭

---

[1] 参见李建国：《关于〈中华人民共和国民法总则（草案）〉的说明（2017年3月8日第十二届全国人民代表大会第五次会议）》，载《民法总则立法背景与观点全集》编写组：《民法总则立法背景与观点全集》，法律出版社2017年版，第8页。

[2] 参见姚建龙、公长伟：《未成年人保护中的国家亲权理念研究——以新未成年人保护法为重点》，载《预防青少年犯罪研究》2021年第1期，第12—19页。

自治体系并非始终完美。近年来监护人侵害儿童权益的案件频频进入大众视野，不仅曝光了多起父母虐待子女致死、致残的恶性案件，还报道了因监护人疏忽照顾导致儿童权益受到严重损害的案件，严重触碰社会道德底线。保护儿童权利是国家应履行的人权义务，国家应积极采取各项措施对儿童权利进行全面、兜底的保护。

以儿童国家监护为选题，其一，能够推动儿童权利保障事业的发展，促进在实践中对困境儿童[1]，尤其是留守儿童、流浪儿童、受监护人侵害的儿童的权益保护。保障儿童合法权益、促进儿童健康成长是家庭、社会与国家的共同责任。国家应尊重和支持儿童的家庭监护，但在家庭监护缺位、不利或不力时，国家有义务以儿童最大利益原则为依据，为在家庭中受到伤害或无法得到家庭监护的儿童提供最有效的保障。尤其涉及对留守儿童、流浪儿童、受监护人侵害儿童的保护，只有国家才有能力实现在最大范围内的调查、评估、救助和处理，解决实践中存在的保护儿童权利面临的现实问题。只有在儿童国家监护的体系下，才能最有效地聚合尽可能多的社会资源为儿童权利提供最及时的保障。国家履行人权义务建立健全儿童国家监护法治体系能够推动对儿童权利的全面保障。其二，能够推动我国儿童权利保障的立法、行政执法和司法实践，能够在一定程度上完善我国的儿童监护体系，探索在实践中构建中国儿童国家监护法治体系的可行路径。国家监护法治体系建立和完善基础在于立法，立法能够为实践指明方向。在此基础上，辅之以行政层面的社会管控和监管执法，

---

　　[1]　参见国务院《关于加强困境儿童保障工作的意见》："困境儿童包括因家庭贫困导致生活、就医、就学等困难的儿童，因自身残疾导致康复、照料、护理和社会融入等困难的儿童，以及因家庭监护缺失或监护不当遭受虐待、遗弃、意外伤害、不法侵害等导致人身安全受到威胁或侵害的儿童。"

而司法则作为国家监护的重要一极发挥监督和最后保障的作用。一方面，建立儿童国家监护法治体系势必需要从立法、执法和司法三个层面共同发力，协调配合并逐步完善。另一方面，在国家监护理念的指导下建立健全相应的立法、执法和司法制度，能够推动我国形成家庭、社会、政府共同参与的儿童权益保障机制，构建以家庭监护为基础、社会监护为补充、国家监护为兜底的全面的监护制度。这两个方面相互联系、共同促进。

二、研究现状综述

（一）国内研究现状

随着人权理念的不断深化，儿童被视为与成年人一样的人权主体，而非家庭或父母的附属和财产。保护儿童权利的国家人权义务要求构建儿童国家监护法治体系，对家庭私权领域进行必要干预。针对儿童国家监护议题的相关国内研究可归纳总结为如下四个层面。

第一，儿童是人权的主体，国家有保护儿童权利的人权义务是学界共识。1948年《世界人权宣言》及其后的国际人权文件推动了人权理念的深化发展，"人人生而自由，在尊严和权利上一律平等"奠定了将儿童视为人权主体的基础。自此，对儿童权利的保护开始有了崭新的视角。徐显明在论文《以新理念引领身体障碍人事业的发展》中指出，可以通过儿童来审视社会的希望程度。[1]此外，学界通过对儿童所具有的特殊性展开研究，强调国家为其提供特别保护的必要性。总结而言，儿童具有身心发育不成熟性、依赖性及成长性。其中，关于儿童的不成熟性，丁海东在论文

---

[1] 参见徐显明：《以新理念引领身体障碍人事业的发展》，载《残疾人研究》2012年第1期，第75页。

《童年：一种精神与文化的价值》中指出："儿童作为成长中的儿童，是幼稚的、不完善的、未定型的……少有对于客观规则与现实逻辑的自觉遵守与拘束，从而表现出一种更为纯粹的自然与本真。"[1]与成年人相比，儿童是相对脆弱的，其常常感到困惑，也更容易受到来自外界的权利侵犯。关于儿童的依赖性，成尚荣在论文《儿童研究视角的坚守、调整与发展走向》中指出，儿童的成长需要成年人的关心和帮助，也需要成年人提供必要的外部环境。[2]意大利学者玛利亚·蒙台梭利在著作《童年的秘密》中指出，儿童需要从成年人那里获得成长和发展的条件。成年人是儿童的监护者和统治者。虽然随着儿童的成长，其对成年人的依赖程度会逐渐降低，但在儿童成长的关键阶段为其提供及时有效的权利保障至关重要。[3]唐纳德·柯林斯、凯瑟琳·乔登以及希瑟·科尔曼在著作《家庭社会工作》中指出，孩子们在不同的情境中会有不同的表现，而成年人决定了在每个情境中允许什么样的行为。[4]关于儿童的成长性，鲁道夫·谢弗在其著作《儿童心理学》中指出，儿童常被视为成年人较小的、更弱的版本，这一具有负面意义的形容使人们长久以来只关注儿童能力的缺乏，而忽略了其巨大的成长潜力。伴随年龄和阅历的增长，儿童的各方面能力会逐渐得到发展和提升。[5]此外，洪秀敏在著作《儿童发

---

〔1〕　丁海东：《童年：一种精神与文化的价值》，载《中国教师》2012 年第 11 期，第 25—28 页。

〔2〕　参见成尚荣：《儿童研究视角的坚守、调整与发展走向》，载《教育研究》2017 年第 12 期，第 14—21 页。

〔3〕　参见［意］玛利亚·蒙台梭利：《童年的秘密》，单中惠译，中国长安出版社 2010 年版，第 237 页。

〔4〕　参见［加］唐纳德·柯林斯、［美］凯瑟琳·乔登、［加］希瑟·科尔曼：《家庭社会工作》（第四版），刘梦译，中国人民大学出版社 2018 年版，第 381—382 页。

〔5〕　参见［英］鲁道夫·谢弗：《儿童心理学》，王莉译，电子工业出版社 2010 年版，第 16 页。

展理论研究》中指出，每个儿童因为生理素质和环境经历不同，都会形成发展的个体独特性。[1]对儿童成长性的认知，一方面有利于确立儿童的权利主体地位，对儿童并非成人的附属品这一论断进行深入理解，另一方面有利于充分认识儿童的特殊性，为其提供与时俱进的权利保障。

第二，已有研究对"家庭"的界定以及儿童家庭监护具有重要意义的认识较为明确。关于家庭的含义，张文霞、朱冬亮在著作《家庭社会工作》中指出："家庭是人们以婚姻、血缘、收养或感情等关系为纽带组成的，以比较持久的共同生活以及一定程度的经济共有、共享为主要特征的初级社会生活单位。"[2]孙本文在著作《社会学原理》中认为，家庭是指夫妇子女等亲属结合形成的团体。家庭的成立条件有三，包括亲属的结合、有两代或两代以上的亲属以及较为永久的共同生活。[3]关于家庭的特征，王琼雯在著作《家庭权初论》中指出，家庭是日常生活的亲密关系共同体，其特征包括：其一，家庭将私人生活与社会分隔开来。其二，家庭是个体开展日常生活活动的领域。其三，家庭是私人亲密关系的共同体。[4]此外，家庭是儿童成长最天然的环境，家庭监护是实现儿童各项基本人权的首要途径。蒋月在论文《论儿童、家庭和国家之关系》中指出，家庭是社会的基本单元，国家应支持和帮助父母履行职责。[5]

---

〔1〕 参见洪秀敏：《儿童发展理论与应用》，北京师范大学出版社 2015 年版，第 297—298 页。

〔2〕 张文霞、朱冬亮：《家庭社会工作》，社会科学文献出版社 2005 年版，第 12—13 页。

〔3〕 参见孙本文：《社会学原理》（下册），商务印书馆 1935 年版，第 73 页。

〔4〕 参见王琼雯：《家庭权初论》，吉林大学出版社 2020 年版，第 20—24 页。

〔5〕 参见蒋月：《论儿童、家庭和国家之关系》，载《中华女子学院学报》2014 年第 1 期，第 5—16 页。

　　第三，已有研究对国家公权力干预和介入儿童家庭监护正当性的认识较为统一。夏吟兰及林建军在《人权视角下儿童国家监护制度的构建》一文中指出，儿童国家监护制度从根本上由人权理念孕育而生，是人人享有人权、人权应被保护的理念在儿童监护事务中的具体体现。[1]此外，夏吟兰在论文《比较法视野下的"父母责任"》中进一步明确，父母对未成年人的健康成长负有首要责任，抚养照顾孩子是父母的天职和法定义务。但是，当父母不适格，不尽法定义务，致使未成年子女处于危险境地时，国家和社会必须挺身而出。[2]毋国平在《父母责任与监护人职责不履行的实证研究》一文中总结，当监护人违反或不履行其职责达到一定程度后，便需要国家监护的介入。[3]周安平在著作《性别与法律——性别平等的法律进路》中指出，儿童监护目的之一在于保障儿童的合法权益，以血缘为自然驱动的家庭监护具有高度的主动性和自愿性，同时具有私人自治的领域属性。但是，当发生于家庭领域的事务涉及对基本人权的保障，其就不再是私人领域自治事务，国家应行使公权力进行干预。家庭自治的相对性决定了家庭成员的个人利益应当受到国家的保护。[4]熊金才、冯源在论文《论国家监护的补充连带责任——以亲权与监护的二元分立为视角》中总结，儿童的家庭监护并非始终完美，完善儿童监护

　　〔1〕　夏吟兰、林建军：《人权视角下儿童国家监护制度的构建》，载夏吟兰主编：《从父母责任到国家监护——以保障儿童人权为视角》，中国政法大学出版社 2018 年版，第 329—352 页。

　　〔2〕　参见夏吟兰：《比较法视野下的"父母责任"》，载《北方法学》2016 年第 1 期，第 25—34 页。

　　〔3〕　参见毋国平：《父母责任与监护人职责不履行的实证研究》，载夏吟兰主编：《从父母责任到国家监护——以保障儿童人权为视角》，中国政法大学出版社 2018 年版，第 35—51 页。

　　〔4〕　参见周安平：《性别与法律——性别平等的法律进路》，法律出版社 2007 年版，第 164 页。

制度是推动儿童保护的重要内容。为实现儿童的最大利益，国家应对儿童监护承担补充连带责任。[1]林建军在论文《论国家介入儿童监护的生成机理与生成条件》中指出："儿童享有的生存权与父母对未成年子女享有的监护权同样具有人权属性，均构成国家义务的正当性基础，国家……依法尊重和保障两项权利在相互不冲突时的充分实现……得以限制剥夺监护权的手段保障儿童生存权不受侵害。"[2]此外，曹贤余在著作《儿童最大利益原则下的亲子法研究》中认为，国家介入家庭监护事务的基础在于儿童具有独立的权利主体地位，有权获得国家的权利保护。[3]蒋月在著作《婚姻家庭法前沿导论》中指出，国家主义的儿童监护成为各国监护立法改革的方向。为了维护弱者利益，国家公权力大量主动介入家庭私权范围成为重要趋势。[4]

第四，已有研究对国家监护概念的界定相对明确，但在具体内容上包括不同实现层次。关于国家监护的概念，邓丽在《国家监护的制度框架与规范路径》一文中指出，国家监护是国家以儿童为工作对象，涉入家庭领域，解决社会问题的履责行为。[5]叶承芳在论文《未成年人国家监护制度之反思与重构——以监护监督与代位监护机制设计为核心》中指出，在未成年人国家监护制

---

〔1〕 参见熊金才、冯源：《论国家监护的补充连带责任——以亲权与监护的二元分立为视角》，载《中华女子学院学报》2014年第4期，第5—13页。

〔2〕 林建军：《论国家介入儿童监护的生成机理与生成条件》，载《中国法律评论》2019年第3期，第193—202页。

〔3〕 参见曹贤余：《儿童最大利益原则下的亲子法研究》，群众出版社2015年版，第74—76页。

〔4〕 参见蒋月：《婚姻家庭法前沿导论》（第二版），法律出版社2016年版，第487页。

〔5〕 邓丽：《国家监护的制度框架与规范路径》，载夏吟兰主编：《从父母责任到国家监护——以保障儿童人权为视角》，中国政法大学出版社2018年版，第242—258页。

度体系下，国家应尽量扮演监督者的角色。[1]关于儿童国家监护的实现层次，吕春娟在《论留守儿童的父母责任回归——以实证分析与国家监护为视角》一文中指出，国家监护应强调国家是儿童的兜底监护人，且国家在履行儿童监护职责时必须遵循儿童最大利益原则。[2]张晓冰在《论未成年人监护制度公法化之价值取向——以儿童最大利益为核心》一文中指出，国家公权力介入儿童家庭监护事务包括四个层次：其一，以法律的形式对儿童监护制度进行规范；其二，对监护权的限制；其三，对监护权的剥夺；其四，对监护权的取代。[3]刘征峰在论文《被忽视的差异——〈民法总则（草案）〉"大小监护"立法模式之争的盲区》中指出，一方面，父母子女关系具有优先性，国家应首先提供支持，保护父母子女关系；另一方面，由于儿童自我保护能力的欠缺，国家有必要对家庭监护进行监督和干预，而国家干预应遵循比例原则。[4]钱笑、孙洪旺在论文《未成年人监护权撤销制度的法律适用及其完善》中指出，监护权撤销制度应建立在未成年人最大利益原则及"不得已而为之"原则上。[5]邓丽在《国家监护的制度框架与规范路径》一文中指出，现代国家在监护事务中的介入主要包括

---

〔1〕　参见叶承芳：《未成年人国家监护制度之反思与重构——以监护监督与代位监护机制设计为核心》，载《人民论坛》2013 年第 23 期，第 126—127 页。

〔2〕　参见吕春娟：《论留守儿童的父母责任回归——以实证分析与国家监护为视角》，载夏吟兰主编：《从父母责任到国家监护——以保障儿童人权为视角》，中国政法大学出版社 2018 年版，第 65—83 页。

〔3〕　参见张晓冰：《论未成年人监护制度公法化之价值取向——以儿童最大利益为核心》，载夏吟兰主编：《从父母责任到国家监护——以保障儿童人权为视角》，中国政法大学出版社 2018 年版，第 195—211 页。

〔4〕　刘征峰：《被忽视的差异——〈民法总则（草案）〉"大小监护"立法模式之争的盲区》，载《现代法学》2017 年第 1 期，第 181—193 页。

〔5〕　钱笑、孙洪旺：《未成年人监护权撤销制度的法律适用及其完善》，载《法律适用》2020 年第 10 期，第 8—20 页。

两种：其一，间接监护。通过立法、行政及司法行为从外部参与和干预监护关系。其二，直接监护。由国家机构担任监护人，在特定情形下直接参与和干涉监护关系。[1]

综上所述，已有研究在不同层面上对儿童国家监护相关议题进行了探讨，但论文较多而学术著作较少，关注重点较为分散和单一，且对"后民法典"时代儿童国家监护相关理论问题的研究并不充分。从保障儿童基本权利的视角出发，综合学理研究及中国实践进而分析中国问题的系统性研究较为匮乏。为此，本书将立足学界关于儿童国家监护制度的已有研究，按照"基础理论——国际标准——域外实践及比较研究——中国实践——立足中国的对策法学研究"的研究逻辑，系统性、成体系地探究在中国建构儿童国家监护法治体系的可行路径。

（二）国外研究现状

相较而言，关于"国家监护""儿童监护国家干预"相关议题的国外研究较为丰富。但是，国外的相关研究也存在研究重点分散，缺乏系统性、体系化研究成果的问题。此外，国外对中国实践及中国问题的关注较为匮乏，检索中国儿童监护相关文献的难度较大。就儿童国家监护这一议题，可供本研究借鉴的外国学者研究集中在论证国家干预家庭监护私权领域正当性问题的相关研究以及关于国家公权力干预儿童监护事务的各个国家/地区实践经验的相关研究上。

第一，在儿童与父母存在利益冲突时，国家以保护儿童权利为目的干预和介入儿童家庭监护是基本共识。对儿童最大利益的保护确定了家庭自治与国家干预的边界。露丝·法鲁吉亚（Ruth

---

〔1〕 参见邓丽：《国家监护的制度框架与规范路径》，载夏吟兰主编：《从父母责任到国家监护——以保障儿童人权为视角》，中国政法大学出版社 2018 年版，第 242—258 页。

Farrugia）在论文《父母责任与国家干预》中指出，父母选择被推定为最有利于儿童，但事实并非如此。父母不能履行职责时国家要介入。毫无疑问国家有义务在父母不能满足儿童对食物、衣服、住所等的基本需求时施以援手，尤其在儿童明显需要这些照顾和支持时。事实上，国家有责任保持警觉，甚至在儿童请求援助之前主动识别有此种需求的儿童。划定国家干预边界的酌处权必须以有利于儿童的最大利益为保证。[1]伊丽莎白·巴托莱特（Elizabeth Bartholet）在论文《推动儿童权利的挑战：虐待和忽视儿童领域的问题和进展》中指出，儿童权利有时的确会与其他群体的利益相冲突，如父母。儿童福利的建立仍有赖于父母的自主权，但真正取决于所有人的共同保护。[2]此外，威廉·韦德（William Wade）[3]和彼得·凯恩（Peter Cane）[4]分别在著作《行政法》中从行政法的视角出发探究国家公权力干预公民私权领域的界限问题，为本研究对国家介入儿童家庭监护进行学理分析提供了参考。

第二，关于欧洲区域层面儿童监护制度的相关研究较为丰富。关于欧洲区域层面的普遍实践，约瑟夫·费雷尔-里巴（Josep Ferrer-Riba）在其论文《欧洲视角的父母责任》中总结，欧洲家庭法体系赋予儿童最大利益原则重要地位，以儿童最大利益为首要考虑的基本理念在欧洲委员会、海牙国际私法会议、欧盟、欧洲

〔1〕　Ruth Farrugia, "Parental Responsibility and State Intervention", *California Western International Law Journal* 2000, Vol. 31, pp. 127-140.

〔2〕　Elizabeth Bartholet, "The Challenge of Children's Rights Advocacy: Problems and Progress in the Area of Child Abuse and Neglect", *Whittier Journal of Child and Family Advocacy* 2004, Vol. 3, pp. 215-230.

〔3〕　William Wade, *Administrative Law*, Oxford University Press, 1988, p. 468.

〔4〕　Peter Cane, *Administrative Law*, 4*th* ed., Oxford University Press, 2004, p. 144.

人权法院以及欧洲家庭法委员会层面成为共识。[1]国家公权力在儿童监护事务中扮演的角色可归纳为两个主要层面：其一，根据奥娜·米哈埃拉·吉万（Oana Mihaela Jivan）在论文《欧洲体系中儿童保护法令的当前问题》中的总结，国家根据以《儿童权利公约》为核心的国际标准以及以《欧洲人权公约》为核心的区域标准，对儿童的各项基本人权进行全面保护。例如，欧洲在区域层面确立了《欧盟促进和保护儿童权利指导方针》，以指导各国保护儿童权利的国家实践。[2]其二，如约瑟夫·费雷尔-里巴在论文《欧洲视角的父母责任》中指出，以欧洲人权法院确立的判例法为依据，在符合程序条件及实质条件时由公权力直接介入儿童家庭监护事务。[3]莎兹亚·乔杜里（Shazia Choudhry）及乔纳森·赫林（Jonathan Herring）在其合作著作《欧洲人权与家庭法》，及玛格丽特·波托（Margherita Poto）在论文《比较视角下的比例原则》中均指出，欧洲人权法院明确了公权力对家庭私权的介入应符合比例。[4]法庭将比例原则作为一种辅助性标准，审查公共行政部门对公民私权的干预和介入是否适当。[5]此外，就欧洲支持儿童父母监护的相关政策，南希·E. 多德（Nancy E. Dowd）在论文《种

---

〔1〕 Josep Ferrer-Riba, "Parental Responsibility in A European Perspective", in Jens M. Scherpe ed. , *European Family Law Volume III：Family Law in A European Perspective*, Edward Elgar Publishing, 2016, p. 284.

〔2〕 Oana Mihaela Jivan, "Current Problems of Directors on Child Protection in the European System", *Journal of Law and Administrative Sciences* 2015, Vol. 733, pp. 733-753.

〔3〕 See Josep Ferrer-Riba, "Parental Responsibility in A European Perspective", in Jens M. Scherpe ed. , *European Family Law Volume III：Family Law in A European Perspective*, Edward Elgar Publishing, 2016, p. 284.

〔4〕 See Shazia Choudhry, Jonathan Herring, *European Human Rights and Family Law*, Hart Publishing, 2010, pp. 28-34.

〔5〕 See Margherita Poto, "The Principle of Proportionality in Comparative Perspective", *German Law Journal* 2007, Vol. 8, pp. 835-870.

族、性别和家庭工作政策》中总结，根据欧盟政策，产假与育儿假相结合可提供长达一年的带薪假期，而无薪假期则长达四年。[1] 玛格丽塔·莱昂（Margarita Leon）和 S. 米尔斯（S. Millns）补充了欧洲相关政策的性别平等视角，欧洲委员会于 1992 年颁布的《怀孕工人令》以及于 1996 年颁布的《育儿假令》均从性别平等的视角出发，规定了儿童父母双方在权利和义务上的平等。[2] 值得注意的是，帕特里克·帕金森在著作《永远的父母：家庭法中亲子关系的持续性》中指出，欧洲家庭法委员会期望制定一项跨司法辖区的共同标准，其理念是激励不依附各国自身司法辖区的法律改革。在设定养育子女原则时，其使用了父母责任这一通用语言。[3]

　　第三，关于英美法系国家儿童监护相关实践的研究较为丰富。其中，涉及英国实践，斯蒂芬·克雷尼（Stephen Cretney）在著作《二十世纪的家庭法：历史视角》中总结，在进入"福利国家"之前，英国就开始针对父母忽视、遗弃、利用乞讨等不良行为立法，并赋予法庭干预的权力，如在儿童虐待案中发布通缉令，并明确法庭应听取儿童提供的证据。[4] 就支持儿童家庭监护的英国实践，约翰·巴德（John W. Budd）和凯伦·芒福德（Karen Mumford）在其合作论文《英国的工会和家庭友好政策》中指出，英国工会

〔1〕　See Nancy E. Dowd, "Race, Gender, and Work/Family Policy", Washington University *Journal of Law & Policy* 2004, Vol. 15, pp. 219−252.

〔2〕　See Margarita Léon, S. Millns, "Parental, Maternity and Paternity Leave: European Legal Constructions of Unpaid Care Giving", *Northern Ireland Legal Quarterly* 2007, Vol. 58, pp. 343−358.

〔3〕　[澳] 帕特里克·帕金森：《永远的父母：家庭法中亲子关系的持续性》，冉启玉主译，法律出版社 2015 年版，第 64—64 页。

〔4〕　See Stephen Cretney, *Family Law in the Twentieth Century: A History*, Oxford University Press, 2005, p. 663.

通过包括育儿假、特殊带薪假及工作分担选择等多种途径帮助劳动者平衡工作与家庭，以确保儿童享有受监护权。[1]涉及美国实践，沃尔特·沃德灵顿（Walter Wadlington）及雷蒙德·C. 奥布莱恩（Raymond C. O'Brien）在合作著作《家庭法》中总结，父母照顾、监护、控制其子女的权利是基本权利，受《美国宪法第十四修正案》正当程序条款的保护。法庭一贯坚持父母对子女的充分照料，所以国家没有理由介入家庭私领域或质疑父母为养育子女作出最佳决策。但是，在涉及遗弃、危害儿童以及推翻亲子关系推定时，父母的权利不是绝对的。国家作为所有儿童的监护人，在通常情形下承认父母的权威。但是，法庭越来越允许儿童对父母提起侵权诉讼，尤其在父母针对儿童故意实施侵权行为时。[2]此外，莎拉·H. 拉姆齐（Sarah H. Ramsey）和道格拉斯·E. 艾布拉姆斯（Douglas E. Abrams）在论文《儿童虐待和忽视法导论》中介绍了美国对儿童虐待案件不同情形的处置。美国主要通过三个系统来监管存在虐待问题的家庭：一是刑法系统，起诉父母或其他实施虐待行为的照顾者；二是公共福利系统，负责提供经济支持；三是社会儿童保护系统。[3]保罗·B. 马修斯（Paul B. Matthews）在论文《儿童最大利益评估的论证：对儿童监护权的审查》中指出，就美国历史而言，在很大程度上由于工业革命的发展，在涉及儿童监护权案件中的父系推定让位于母系推定，而现在，母系推定则让位

---

〔1〕 See John W. Budd, Karen Mumford, "Trade Unions and Family-Friendly Policies in Britain", *Industrial and Labor Relations Review* 2004, Vol. 57, pp. 204-222.

〔2〕 Walter Wadlington, Raymond C. O'Brien, *Family Law in Perspective*, 3rd ed., Foundation Press, 2012, pp. 117-134.

〔3〕 Sarah H. Ramsey, Douglas E. Abrams, "A Primer on Child Abuse and Neglect Law", *Juvenile and Family Court Journal* 2010, Vol. 61, pp. 1-31.

于更为客观的对儿童最大利益的考察。[1]约翰·C. 邓肯（John C. Duncan）在论文《儿童的最大利益最终来自父母的维护：家庭完整性之旅》中总结，在美国法院裁决儿童监护权纠纷时，经常提到的儿童最大利益是法院的首要考虑因素。[2]

第四，关于大陆法系国家儿童监护相关实践的英文文献研究在数量上并不多，且与对欧洲区域实践的相关研究存在一定重合。但是，涉及德国实践的相关研究在内容上较为全面。迪特·马蒂尼（Dieter Martiny）在论文《"家庭"观念的变化与德国家庭法的挑战》中指出，德国于 1922 年制定《青少年福利法》，在法律层面确立了国家监护制度，为国家对家庭监护提供帮助并在必要时进行干预提供了法律依据。此外根据《德国民法典》，监护人有照顾被监护人的权利和义务，与父母亲权的内容相同，父母应在有关教育和职业选择等事务上考虑子女的能力和爱好。此外，法律禁止父母采取有损尊严的教育措施，尤其是身体和精神上的虐待，父母对子女进行剥夺自由的移送，需经家事法院承认，父母不得允许子女绝育。[3]路易斯·豪斯柴尔德（Luise Hauschild）在论文《父母责任法的变革》中分析了德国关于父母责任的法律历经的变革，其指出 2012 年德国有三分之一的孩子为非婚生，法律必须适应现代社会的这一重要改变。论文主要介绍德国法律近年来针对

---

[1] See Paul B. Matthews, "An Argument for the Best Interest of the Child Test: An Examination of Child Custody", *Jones Law Review* 2000, Vol. 4, pp. 95–122.

[2] John C. Duncan, "The Ultimate Best Interest of the Child Ensures from Parental Reinforcement: The Journey to Family Integrity", *Nebraska Law Review* 2005, Vol. 83, pp. 1240–1298.

[3] See Dieter Martiny, "The Changing Concept of 'Family' and Challenges for Family Law in Germany", in Jens M. Scherpe ed., *European Family Law Volume II: The Changing Concept of 'Family' and Challenges for Domestic Family Law*, Edward Elgar Publishing, 2016, p. 79.

父母责任的规定在实施层面的变化，并阐明儿童的最大利益应是法律的首要关注。[1]

此外，涉及儿童国家监护的相关国际人权标准，约翰·托宾（John Tobin）在编著《儿童权利公约评注》中对《儿童权利公约》的条款进行了较为全面的学理阐释。[2]迈克尔·弗里曼（Michael Freeman）在著作《儿童权利公约评注：第 3 条儿童最大利益原则》就《儿童权利公约》第 3 条涉及的儿童最大利益原则进行了分析。[3]而涉及儿童最大利益原则，菲利普·阿尔斯通（Philip Alston）在编著《儿童的最大利益：调和文化与人权》中进行了较为全面的论证。[4]曼弗雷德·诺瓦克（Manfred Nowak）在著作《公民及政治权利国际公约评注》中对国家保护家庭免受干扰的人权义务进行了阐释。[5]前述文献均为本研究提供了重要参考。

综上所述，国外儿童监护领域的相关研究较为丰富，但同时也相对缺少集合"儿童国家监护""人权法视角"以及"中国实践"三个关键词的系统研究。因此本选题具有相当的理论研究价值和现实意义。与此同时，前述部分已有文献可以为本书的展开提供一定程度的理论支持和研究思路的启迪。

---

[1] Luise Hauschild, "Reforming the Law on Parental Responsibility", *International Survey of Family Law* 2014, Vol. 2014, pp. 147−152.

[2] John Tobin, *The UN Convention on the Right of the Child：A Commentary*, Oxford University Press, 2019.

[3] Michael Freeman, *A Commentary on the United Nations Convention on the Rights of the Child：Article 3：The Best Interest of the Child*, Martinus Nijhoff, 2007, p. 45.

[4] Philip Alston, *The Best Interest of The Child：Reconciling Culture and Human Rights*, Oxford University Press, 1994, pp. 10−11.

[5] Manfred Nowak, *UN Covenant on Civil and Political Rights：CCPR Commentary*, 2nd ed., Kehl am Rhein：Engel, 2005, p. 520.

三、研究思路及方法

（一）研究思路

本书围绕"儿童国家监护"议题展开，从人权保障视角出发，探究儿童国家监护的基础理论，梳理儿童国家监护的国际标准和域外实践，并以此为基础探讨中国已有实践，分析现存问题并思考在中国构建以人权保障为核心的儿童国家监护法治体系的现实路径。本书共五章内容，按照"基础理论—国际标准—域外实践及比较研究—中国实践—立足中国的对策法学研究"的论证逻辑，通过第一章的理论证成、第二章的标准梳理、第三章的比较研究、第四章对中国实践的总结与反思以及第五章以国际人权标准和人权保障理论为指导的对策研究，全面分析在中国构建以人权保障为核心的儿童国家监护法治体系这一命题，探讨其思想理论基础、现实必要性以及实践可行路径。

具体而言，全部五章内容按如下逻辑思路展开论述：第一章探讨儿童国家监护的理论基础。父母与子女之间具有天然联系但也存在权利冲突的基本理论阐明了国家干预儿童监护事务的必要性，国家应对儿童承担兜底保护责任的人权保障理念为国家干预儿童监护事务提供了正当性基础，而适当干预理论通过比例原则及正当程序两条路径，确保国家干预儿童监护事务符合必要限度，避免国家公权力对家庭私权的任意侵犯。由此，儿童国家监护在理论基础层面得到了充分的证成。第二章梳理儿童国家监护的国际标准。通过对相关国际人权公约、联合国人权宣言、联合国人权条约机构的一般性意见以及相关案例的分析和解读，分析国际人权法规范对儿童国家监护的指引及具体要求，总结儿童国家监护的国际趋势和共识。第三章论述儿童国家监护域外实践的比较研究。通过对相关法律文件、政策措施及相关案例的梳理和分析，探讨欧洲区域确立儿童监护国家责任的相关实践以及"二战"后福利国家具有代表性的儿童国家监护的具体制度安排，总结可供参考和借鉴的域外经验。第四章关注儿童国家监护的中国实践。立足中国儿童监护制度的传统倾向及现代发展，探讨在中国实践中，国家公权力逐步干预和介入儿童监护事务的历史变革，总结国家采取立法、行政及其他措施保护儿童权利取得的相关成就，并在此基础之上，分析中国尚未建立完善的儿童国家监护法治体系的现实原因，探究中国实践与国际人权标准之间的差距。第五章具体论证构建以人权保障为核心的儿童国家监护法治体系。从中国儿童国家监护的传统观念和经济社会基础出发，立足立法、司法及行政执法三个层次，以第一章涉及儿童国家监护基础理论的学理探讨为依据，并以第二章对国际人权标准的梳理分析、第三章对区域实践及外国经验的比较研究、第四章对中国现实情况的分析考察为参考，从人权保障视角出发，提出在中国构建儿童国家监护法治体系的基本构想。

（二）研究方法

第一，实证分析法与价值分析法相结合。对儿童国家监护问题之研究方法的思考，离不开对法学方法的梳理与借鉴。法学研究方法主要有以法律实证主义为基础的实证方法以及源于自然法学派的价值分析方法。实证方法论的基础特征是研究"确实存在"的实在法，而自然法学派的价值分析法包括描述和评价两种因素，探究法的应然状态，形成了在理性和人类本性的基础上相对稳定的分析范式。以儿童国家监护制度为研究对象，既要探究儿童国家监护的理论渊源和应然状态，又要分析比较儿童国家监护相关的实在法和具体实践。因此，本书拟采实证分析与价值分析相结合的研究方法。

第二，哲学抽象法。对儿童国家监护制度的研究，离不开对儿童国家监护相关法律现象和伦理现象的分析与概括，并以此为基础，得出系统性、体系化的认识，抽象出儿童国家监护的应然规律并推导出相应的实践路径。因此，本书以哲学抽象法这一伦理学方法，审视儿童国家监护制度的伦理内涵，宏观把握儿童国家监护的基本原则和核心规范，分析在实践中构建儿童国家监护法治体系所要追求的终极目标，以及实现这一目标的学理依据和现实基础。

第三，结构分析方法。结构主义方法是一种强调研究的整体性和内部结构的综合性研究方法。通过该方法研究儿童国家监护议题，首先应将儿童国家监护涉及的学理研究与立法论研究进行层次区分，进而在遵循研究整体逻辑思路的基础上明确不同层次关注的核心子议题，有侧重地展开论证分析。学理分析和探讨为本研究提供理论基础，而立足于实践的立法论研究则是本书最终的落脚点及其现实意义的体现。两个层次的研究路径有所不同，但关注点应协调统一，即理论研究与实践研究应共同服务于儿童国家监护。

第四，比较研究方法。比较研究方法是指对两个或两个以上事物进行比较研究的方法。本书第二章探讨儿童国家监护的国际标准，第三章分析欧洲区域层面以及相关外国涉及儿童监护的具体实践，以此为基础分析中国实践与国际标准间存在的差距，并立足中国实践考量可供借鉴的外国经验，体现了比较研究方法。

除以上主要研究方法外，本书还吸取了其他人文社会科学的成果和研究方法，如心理学、社会学等都将为儿童国家监护研究提供方法论的启示。

四、研究重点

第一，从权利视角探讨儿童国家监护议题是本书的重点。长久以来，"儿童监护"是为民法学界广泛探讨的议题。值得注意的是，儿童国家监护应更强调在涉及儿童监护事务时的国家责任，因此，采用以国家责任为研究重点的权利视角具有一定的科学性。国家是国际人权法的首要义务主体，应遵循所批准的国际人权公约履行相应的缔约国义务。中国是包括《儿童权利公约》在内的多项国际人权公约的缔约国，应积极采取立法、行政执法及其他措施保障儿童充分享有公约所载列的各项基本人权。由此，本书将以权利保障为视角的论证思路作为重点，为探究儿童国家监护提供人权理念的指引以及国际人权法的规范标准和具体要求。

第二，始终围绕广义的"儿童国家监护"概念展开论证是本书的重点。儿童国家监护的概念存在狭义和广义之分。狭义的儿童国家监护仅涉及由国家公权力机关直接担任儿童监护人的国家代位监护；而广义的儿童国家监护则指国家以公权力对原属于私法领域的监护事务的全环节介入，包括国家对儿童家庭监护的外部支持和帮助、对儿童家庭监护的必要干预和介入，以及国家直接担任儿童监护人的兜底监护措施。根据以国际人权公约为核心的联合国人权文件所共同确立的国际标准，国家应对儿童承担全面保护的责任，从这一角度来看，儿童国家监护的内涵应更为丰富，既应包括对儿童的兜底监护，亦应涵盖以保护儿童权利为目的的对儿童家庭监护的支持和帮助以及必要的干预和介入。

第三，在探讨基本概念及理论，探究国际标准、区域及外国相关实践的基础上，回归中国视角、解决中国问题是本书的重点。在理论层面，儿童国家监护奠基于父母与子女间的权利冲突理论、人权保障理论以及适当干预理论；在实践层面，建立儿童国家监护体系已成为联合国层面、欧洲区域层面及相关国家的普遍共识。立足于前述基础理论及实践经验，探讨如何在中国构建儿童国家监护法治体系是本书的根本落脚点。为此，在宏观层面明确儿童国家监护法治体系应体现的基本价值，在微观层面厘清构建儿童国家监护法治体系的具体路径共同构成了本书的重点。

第一章

儿童国家监护的理论基础

　　亲权在罗马法中称为父权（patria potestas），有支配权之意。父亲在家庭中往往居于主导地位，父母的决策和行动在长久以来被推定为符合儿童的最大利益。这在一方面保障了家庭的稳定，另一方面也引发了儿童在遭受监护人侵害时得不到保护的现实问题。为探究在中国构建儿童国家监护法治体系的这一命题，须首先明确儿童国家监护制度的基本概念、特征、发展源流，以及与其他相关概念的区别和相互作用，以此为前提，为解决中国儿童国家监护具体实践面临的现实问题夯实理论基础。本章集中关注儿童国家监护相关基础理论，对儿童国家监护本身及其与权利冲突理论、人权保障理论以及适当干预理论的关联展开分析，阐明国家监护，即国家干预儿童监护事务的必要性基础、正当性基础以及避免国家公权力过度干预家庭私领域的理论前提。

第一节　儿童国家监护概说

国家监护指国家行使公权力对监护事务的全环节介入。[1]由国家公权力机关采取措施，为家庭监护不力、不利或缺位的儿童提供全面兜底保护，对尊重、保护和实现儿童的受监护权具有至关重要的意义。而构建儿童国家监护法治体系，应首先明确儿童国家监护的概念特征，厘清儿童国家监护的发展源流，并以此为基础区分此概念与相关联其他概念的区别。

一、儿童国家监护的概念和特征

作为个体权利和自由的延伸，家庭长久以来被视为"私领域"从而排斥国家公权力的干预和介入。但随着人权理念的发展为国家保护个体权益提供了制度出口，社会法的兴起为国家公权力打破私法屏障开拓了新路径，综合体现人权理念、民法思维和社会法路径的现代国家监护制度得到确立和发展。[2]当监护人不履行监护职责导致被监护儿童的权益严重减损时，国家应积极作为，采取措施干预和介入家庭监护事务。

"儿童国家监护"这一概念可能有诸多含义。例如，有学者从狭义层面定义国家监护，将其界定为"国家的代位监护"，也即在特定情形出现时由国家直接行使儿童监护权，承担儿童监护职责

---

〔1〕 钱晓萍：《论国家对未成年人监护义务的实现——以解决未成年人流浪问题为目标》，载《法学杂志》2011 年第 1 期，第 115—118 页。

〔2〕 邓丽：《国家监护的制度框架与规范路径》，载夏吟兰主编：《从父母责任到国家监护——以保障儿童人权为视角》，中国政法大学出版社 2018 年版，第 242—258 页。

并履行儿童监护义务。亦有学者从"国家监督与帮助义务"的层面界定儿童国家监护，指出在父母违反或不履行监护职责时，国家当以对该父母提供帮助或进行监督的方式介入。后一理解体现了"儿童国家监护"的广义概念，即国家对监护人履行儿童监护职责的全面的帮助、监督以及干预。[1]其并非仅包含由国家直接担任儿童监护人的最后环节，还涵盖国家为儿童家庭监护提供支持和帮助等重要措施。[2]根据以《儿童权利公约》为核心的国际人权文件所共同确立的规范标准，国家应积极采取立法、行政执法及其他措施，全面保护儿童的各项基本人权。由此，从权利视角审视，保护儿童受监护权的国家义务具有全局性和兜底性，应维护儿童健康成长所依赖的天然家庭环境，最大限度地实现儿童的最大利益。基于此，本书采用广义的国家监护概念，探究国家以保护儿童权利为目的干预和介入家庭领域，全面解决儿童权利面临的问题和挑战的全环节履职行为。作为国家公权力干预家庭私权领域的重要表现，儿童国家监护是调和国家、家庭与儿童间关系的手段，是转移儿童家庭监护风险的有效选择。在儿童国家监护理念的指导下，儿童既居于家庭之中，又处于国家之下，享有国家和家庭的双重保护。[3]

儿童国家监护包含了三个层面的具体特征。首先，儿童国家监护体现了国家作为儿童的兜底监护人的人权理念。国家承担全面保护儿童权利的职责，应在国内实践中采取立法、行政执法及

---

〔1〕 毋国平：《父母责任与监护人职责不履行的实证研究》，载夏吟兰主编：《从父母责任到国家监护——以保障儿童人权为视角》，中国政法大学出版社2018年版，第35—51页。

〔2〕 叶承芳：《未成年人国家监护制度之反思与重构——以监护监督与代位监护机制设计为核心》，载《人民论坛》2013年第23期，第126—127页。

〔3〕 冯源：《儿童监护模式的现代转型与民法典的妥当安置》，载《东方法学》2019年第4期，第150—160页。

司法措施。其次，儿童国家监护以儿童最大利益原则为出发点和落脚点，是儿童最大利益原则的具体实践。国家在为儿童家庭监护提供帮助、对儿童家庭监护进行监督以及由国家机关直接担任儿童监护人的各个环节始终维护儿童的最大利益。[1]最后，儿童国家监护强调国家监护应作为兜底监护。国家监护的兜底性要求国家应首先尊重儿童的家庭监护，维护儿童健康成长所必需的最天然的家庭环境，只有在儿童父母不履行、不适当履行监护职责或不能履行监护职责严重损害儿童权利时，国家才能干预和介入儿童的家庭监护，以保护儿童为目的行使公权力对家庭监护予以强制性干预。以此为基础探讨国家公权力对儿童家庭监护事务的干预和介入，可从两个方面展开。一方面，国家间接干预儿童监护事务，为儿童的家庭监护提供支持帮助和规范指引。包括国家通过立法行为规定监护制度、监护变更程序，或通过行政行为、司法行为选定监护人并监督和规范其监护行为等，这是国家从外部参与和干预监护关系的模式。另一方面，国家直接干预儿童监护事务。包括国家公权力对儿童父母监护权的限制和剥夺，如由法院判决撤销父母监护权等。由国家公权力机关直接担任儿童的监护人，维护被监护儿童的合法权益，这是国家在特定情形下直接干预儿童监护事务的模式。[2]从介入程度来说，国家监护具有一定的替代性，在必要时能够完全取代自然的儿童父母亲权。[3]但是，父

---

〔1〕吕春娟：《论留守儿童的父母责任回归——以实证分析与国家监护为视角》，载夏吟兰主编：《从父母责任到国家监护——以保障儿童人权为视角》，中国政法大学出版社 2018 年版，第 65—83 页。

〔2〕参见张晓冰：《论未成年人监护制度公法化之价值取向——以儿童最大利益为核心》，载夏吟兰主编：《从父母责任到国家监护——以保障儿童人权为视角》，中国政法大学出版社 2018 年版，第 195—211 页。

〔3〕冯源：《儿童监护模式的现代转型与民法典的妥当安置》，载《东方法学》2019 年第 4 期，第 150—160 页。

母子女关系具有优先性，在考量国家公权力介入家庭监护事务的具体层次时，应明确国家应首先尊重儿童的家庭监护并为其提供支持和帮助。虽然由于儿童在自我保护能力上的欠缺，国家有必要对儿童的家庭监护进行监督和干预，但国家公权力的干预应遵循比例原则。应明确剥夺儿童父母监护权是国家干预的最后措施。[1]

立足前述儿童国家监护的概念和特征，国家应对儿童监护事务承担"终极责任"，具体包括两个层面的含义：其一，国家对儿童监护事务承担全局责任。儿童是具有独立地位的人权主体，是重要的社会成员，是国家与民族未来的希望。全面保护儿童权利，最大限度确保儿童的存活与发展是国家应履行的人权义务。其二，国家对儿童监护事务承担兜底责任。儿童作为重要的权利主体，因身心发育不成熟的特殊性更容易受到权利侵害。国家有义务积极采取措施为儿童提供帮助、保护和救济，并在儿童家庭监护缺位、不力或不利以至于对儿童权利造成严重侵害时，介入家庭监护领域以维护儿童受监护权的充分实现。全局责任和兜底责任具有逻辑上的共生关系，全局责任要求国家面向全体儿童，而兜底责任以全局责任为基础，更强调对身处困境的儿童的保护。[2]

二、儿童国家监护的源流

传统观念认为，儿童监护是儿童父母的责任，是家庭的内部事务，从属于私法自治领域而国家较少介入和干预。在以家庭宗法制度为根基的社会中，家族能够全面承担起儿童监护的职责。

---

[1] 参见刘征峰：《被忽视的差异——〈民法总则（草案）〉"大小监护"立法模式之争的盲区》，载《现代法学》2017年第1期，第181—193页。

[2] 邓丽：《国家监护的制度框架与规范路径》，载夏吟兰主编：《从父母责任到国家监护——以保障儿童人权为视角》，中国政法大学出版社2018年版，第242—258页。

虽然古代的亲子法与不同民族的宗教伦理观念有关，但存在一定的共性特征，即在家族制度影响较大的地区，家长掌握绝对权力，对子女的抚养和惩戒是家长的权利或职责。父母子女之间具有强烈的身份依附关系，亲子法实际上被家庭或家族法所覆盖替代。[1]在古罗马社会，家庭被视为"政治组织"。[2]罗马法中的儿童监护制度以政治化的家庭制度为基础，家庭是高度自治化、阶级分明的社会关系体系，家长是这一自治体系中的领导者，拥有对子女、妻子等家属的绝对权力，国家公权力被排除在家庭外。[3]监护制度在罗马法产生之初是以家庭关系和亲属关系为基础的，以维护家族利益和继承人利益而由监护人代行家长权为核心，具有显著的私法属性。[4]罗马法最初将未成年子女视为家父的家庭财产，监护依附于家长权。罗马法中早期的监护制度赋予家长监护权，直至罗马共和国末叶，伴随罗马社会经济的较大发展，原有的家族制度日趋崩溃，财产共有的观念逐渐消失，家长在通过遗嘱方式为子女指定监护人时才开始考虑子女的利益。[5]大陆法系国家继承罗马法之私法传统，在民法典中规定儿童监护制度。历经文艺复兴、启蒙运动，人的独立价值开始得到承认，监护不仅是监护人的权利，还附加了一定的国家职责。[6]

20世纪以来，基于社会本位的思想，儿童监护不再是纯粹的

---

〔1〕 参见陈苇主编：《外国婚姻家庭法比较研究》，群众出版社2006年版，第275页。

〔2〕 ［意］彼得罗·彭梵得：《罗马法教科书》，黄风译，中国政法大学出版社1992年版，第114页。

〔3〕 董思远：《未成年人监护制度研究》，中国人民公安大学出版社2019年版，第86页。

〔4〕 王丽：《监护二元属性新论》，载《法学论坛》2018年第6期，第149—157页。

〔5〕 参见周枏：《罗马法原论》（上册），商务印书馆2014年版，第275—276页。

〔6〕 梁春程：《公法视角下未成年人国家监护制度研究》，载《理论月刊》2019年第3期，第102—109页。

家庭内部事务，保障儿童的受监护权被认为关乎社会公共利益。基于此，国家逐步干预和介入儿童的监护事务。[1]国家儿童监护制度的发展表现为国家公权力机关在监护各个环节的介入及监督，在经济社会发展、社会结构变迁以及儿童权利的演进等多重因素的共同作用下，国家监护逐步体现为一套完整的制度体系。[2]德国于 1922 年 7 月 9 日制定的《青少年福利法》首次在法律层面明确了国家监护制度，规定在没有适合的人担任儿童的监护人时，由青少年福利局担任监护人。[3]在第二次世界大战后，人权保障运动风起云涌，民法监护的理念由监护人利益本位转向被监护人利益本位，监护不仅成为关乎家庭私法关系的事务，还在一定程度上被视为国家保护的公法关系。国家的儿童监护职能越来越明显，国家主义的儿童监护成为各国监护立法改革的方向。为了维护处于弱势地位的儿童的合法权益，保障其健康成长，国家公权力主动介入家庭监护的私权领域成为重要趋势，国家公权力在私人主体之外承担越来越多的照顾职能。[4]从世界范围来看，国家公权力介入了监护人的选任及履行监护职责，监护的设立、变更、中止等诸多方面。[5]

　　1993 年 6 月 25 日，第二次世界人权会议通过《维也纳宣言和行动纲领》，明确儿童的人权是普遍性人权中不可剥夺、不可分割

---

〔1〕　参见王亚利：《我国未成年人监护事务中的国家责任》，载《宁夏社会科学》2014 年第 1 期，第 20—23 页。

〔2〕　王竹青：《论未成年人国家监护的立法构建——兼论民法典婚姻家庭编监护部分的制度设计》，载《河北法学》2017 年第 5 期，第 106—116 页。

〔3〕　李燕：《论〈民法总则〉对未成年人国家监护制度规定的不足及立法完善》，载《河北法学》2018 年第 8 期，第 111—120 页。

〔4〕　蒋月：《婚姻家庭法前沿导论》（第二版），法律出版社 2016 年版，第 487 页。

〔5〕　崔澜、刘娟：《我国监护制度立法：现状评价、完善构想和公法保障》，载《理论探索》2006 年第 4 期，第 143—146 页。

的一部分。[1]儿童作为享有独立主体地位的权利人，有权获得国家的公权力保护。这奠定了国家干预和介入儿童监护事务的人权基础。[2]值得注意的是，对于国家而言，儿童权利与儿童父母享有的监护权均具有人权属性，均构成国家履行义务的正当性基础。然而，在父母的监护权与儿童的生存权发生冲突时，父母应以维护儿童的生存权为目的行使监护权。国家应在父母滥用监护权时采取干预措施，及时介入儿童的监护事务以全面保护儿童的权利，维护儿童的最大利益。[3]

三、儿童国家监护与国家亲权

所谓"亲权"，是指父母与未成年子女之间基于血缘和生育关系产生的，以父母权利为主体，对未成年子女在人身和财产方面拥有的支配性资格。[4]监护则并不要求以血缘关系为基础，而是强调义务和职责。父母对未成年子女的亲权（父母责任）具有自然属性，本质上属人伦关系，与一般监护人之监护权的性质不同。各国的亲属法多基于信任而对父母亲权采取放任主义立法理念，限制相对较少，而对监护多采限制主义立法，对监护产生的条件和程序、监护的职责及义务履行、监护权的剥夺与终止等内容进行明确的法律规定。[5]大陆法系国家多将亲权与监护分别立法，

---

〔1〕　参见《维也纳宣言和行动纲领》，维也纳世界人权会议通过，1993年6月25日。

〔2〕　参见曹贤余：《儿童最大利益原则下的亲子法研究》，群众出版社2015年版，第74—76页。

〔3〕　林建军：《论国家介入儿童监护的生成机理与生成条件》，载《中国法律评论》2019年第3期，第193—202页。

〔4〕　荆月新：《"礼"与自然法的沟通——从洛克〈政府论〉对亲权的阐释导入》，载《山东师范大学学报（人文社会科学版）》2019年第2期，第98—104页。

〔5〕　夏吟兰：《民法典未成年人监护立法体例辩思》，载《法学家》2018年第4期，第1—15页。

将监护作为在亲权的基础上设置的额外保护制度，如儿童已有亲权保护则无需监护，但国家公权力机关在认为必要且必需时，可终止亲权而指定第三人作为儿童的监护人以履行照顾儿童的义务。[1]"亲权"这一术语在各国立法中逐渐被废止，如修订后的《德国民法典》用"父母照顾"的概念取代"亲权"。但由于其特指父母对未成年子女的权利和义务，与体现国家公权力性质的监护不同，我国学者在部分研究中仍继续使用亲权概念。[2]时至今日，现代民法已经弱化了亲权的支配权能，强调照顾和保护是亲权的核心要义，亲权由私权转为兼具私权利与私义务的集合体。此外，亲权权能的扩张使其具有社会权属性。在儿童最大利益原则的指引下，父母不仅可以对子女行使亲权，还可以向国家和社会请求帮助。伴随亲权的社会化，亲子关系不再仅仅是父母子女间的私人关系，而在某种程度上具有社会公益的性质，国家在有正当理由时可以积极地干预和介入。[3]

　　"国家亲权"的原始概念最早可追溯至古罗马时期，但一般认为，国家亲权主义起源于中世纪的英国，司法对自然亲权进行干预和补充是其衍生出的重要制度。[4]伴随着家庭的式微，国家逐渐获得越来越多的权威。[5]与"父权"相对立，国家亲权理论的确立和发展体现了父母权利与子女权利的博弈与互动。

---

〔1〕 王亚利：《我国未成年人监护事务中的国家责任》，载《宁夏社会科学》2014年第1期，第20—23页。

〔2〕 刘征峰：《被忽视的差异——〈民法总则（草案）〉"大小监护"立法模式之争的盲区》，载《现代法学》2017年第1期，第181—193页。

〔3〕 肖新喜：《亲权社会化及其民法典应对》，载《法商研究》2017年第2期，第113—123页。

〔4〕 宋英辉、苑宁宁：《完善我国未成年人法律体系研究》，载《国家检察官学院学报》2017年第4期，第119—133页。

〔5〕 参见张鸿巍：《"国家亲权"法则的衍变及其发展》，载《青少年犯罪问题》2013年第5期，第88—93页。

受我国现行立法不区分亲权与监护的影响,学界研究亦并未明确区分国家亲权与国家监护的概念。如有学者指出,国家亲权是指未成年人父母或者法定监护人没有或不能适当履行对其监管和保护的职责时,国家支持、监督甚至代替父母或者法定监护人对未成年人进行监管和保护的权力[1]。亦有学者总结,国家亲权是世界各国儿童保护制度普遍遵循的基本理念之一。以维护和实现儿童的最大利益为核心,国家亲权理论要求国家行使公权力对监护缺位、监护不力或严重侵犯儿童权益的监护人进行外部干预,从而保障儿童的最大利益。理解国家亲权应明确:其一,国家亲权理论明确国家是儿童监管与权益保护的最后一道屏障;其二,国家亲权理论强调国家亲权的兜底性和终极性;其三,国家亲权理论以保障儿童的最大利益为基本原则,体现了以儿童权利为本位的国家关怀。[2]

第二节 权利冲突理论:国家干预儿童监护的必要性基础

家庭是人类社会生活最基本的单元,尽管千百年来人类社会的经济、文化环境发生了巨大变化,但家庭仍对社会制度产生重大影响。[3]儿童长大成人离不开父母的照料,父母是抚育儿童的

---

[1] 童小军:《国家亲权视角下的儿童福利制度建设》,载《中国青年社会科学》2018年第2期,第102—110页。

[2] 参见姚建龙、公长伟:《未成年人保护中的国家亲权理念研究——以新未成年人保护法为重点》,载《预防青少年犯罪研究》2021年第1期,第12—19页。

[3] [美]加里·斯坦利·贝克尔:《家庭论》,王献生、王宇译,商务印书馆2011年版,第215页。

中心人物。[1]父母子女关系作为家庭系统的组成部分，对儿童的社会适应及未来发展发挥着重要作用。[2]父母子女基于天然的血缘关系，既具有法定的权利义务关系，又会通过各自的行为在家庭生活中对彼此产生影响。以父母子女间的天然联系为基础，应首先明确国家干预与家庭自治的关系。保障儿童权利需要家庭自治，因为儿童的心理和情感发展均需建立在血缘亲情关系之上，儿童在亲情、家庭中获得的幸福是无可替代的。无论是维系和谐的家庭关系，还是确保儿童生理和心理的健康发展，都应肯定父母权利和父母责任，并在此基础上明确国家干预的有限性。[3]基于这一认识，本书将父母子女间的权利关系作为重点的关注议题，旨在通过分析父母子女间的权利义务属性及权利冲突，明确国家公权力干预儿童家庭监护事务的必要性。

一、父母子女间的权利义务基础

亲情是父母子女间天然联系的基石。在家庭中，"情"是维系伦理关系的核心。[4]父母子女间有关爱、讲情感是父母子女关系的核心价值，在此基础上，父母子女间既存在天然的血缘关系及由此产生的伦理关系，在日常生活中对彼此产生不容忽视的影响，亦构成法律上的权利义务关系，从而奠定了父母亲权与监护权的理论依据。

---

〔1〕 费孝通：《生育制度》，商务印书馆1999年版，第116页。

〔2〕 刘玲玲、田录梅、郭俊杰：《亲子关系对青少年冒险行为的影响：有调节的中介模型》，载《心理发展与教育》2019年第2期，第210—218页。

〔3〕 何海澜：《善待儿童：儿童最大利益原则及其在教育、家庭、刑事制度中的运用》，中国法制出版社2016年版，第117页。

〔4〕 参见漆仲明：《现代家庭核心价值研究》，载《山东社会科学》2015年第2期，第38—44页。

（一）父母子女间的天然联系及伦理关系

家庭是基于血缘和婚姻联结而成的亲密关系形态，以血缘为基础的父母子女关系是其中的重要内容。[1]人类社会先后经历了不同家庭形式的演变，一夫一妻制是文明时代开始的标志，其是以私有制为基础的家庭形式。自文明社会以来，家庭便是人类繁衍的规范形式。[2]作为由夫妻关系和子女关系构成的最小的社会生产、生活共同体，家庭在个体生活中扮演着极为重要的角色，具有不可替代的社会价值。抚育和赡养是家庭最基础的社会功能，父母对子女的抚育体现了上一代对下一代的责任，而子女对父母长辈的赡养则是家庭中下一代对上一代应尽的义务。[3]如恩格斯所指出，"父亲、子女、兄弟姐妹等称谓，并不是简单的荣誉称号，而是一种负有完全确定的、异常郑重的相互义务的称呼，这些义务的总和便构成这些民族的社会制度的实质部分"[4]。儿童的生存和发展都要依赖于父母，需要父母为其提供必要的生活保障。家庭是个体健康成长的天然环境，是促成个体社会化的起点。社会学家、心理学家和生物学家的研究显示，儿童具有依赖性，因此可以通过家庭教育对其传递社会的价值与规范，训练社会角色。家庭是个人社会化的最重要场所。父母要传授子女作为合格的社会成员的知识和技能，帮助儿童完成从生物人向社会人的转变。[5]作为构成社会的基本单位，和谐家庭是构成和谐社会

---

〔1〕 参见［加］大卫·切尔：《家庭生活的社会学》，彭铜旎译，中华书局2005年版，第202页。

〔2〕 ［德］恩格斯：《家庭、私有制和国家的起源》，载中共中央马克思恩格斯列宁斯大林著作编译局编：《马克思恩格斯选集》（第四卷），人民出版社1972年版，第31—80页。

〔3〕 朱强：《家庭社会学》，华中科技大学出版社2012年版，第109—112页。

〔4〕 《马克思恩格斯全集》（第二十一卷），人民出版社1965年版，第40页。

〔5〕 参见彭怀真：《进入社会学的世界》，洞察出版社1988年版，第176—177页。

的基础，是对家庭内部的亲属之间，特别是亲子之间关系状态的要求。

父母子女关系就其自然属性而言是一种血缘关系。这种血缘关系具有天然的、绝对的稳定性，即使家庭破裂也并不会中断。德国哲学家康德在《道德形而上学》的第三部分"具体的个人权利原则"中阐述了关于父母子女关系的法哲学观点，他认为儿童作为人享有原生的天赋权利，有权获得父母的抚养和照顾。父母根据繁殖的事实而承担保护和抚养子女的责任和义务。儿童是享有自由权利的生命，父母不能将孩子看成是自己的产物。因此，父母无权像对待自己的财物那样毁弃孩子，要悉心抚养而不能让子女听天由命。[1]此外，黑格尔指出，家庭的一项重要任务就是子女的教育，子女的教育既应包括以爱、信任和服从的方式对子女"灌输伦理原则"的肯定方面，也应包括教养子女具有独立性，具有"脱离家庭的自然统一体的能力"以达到独立和自由人格的否定方面。[2]

亲子之间的权责关系具有伦理属性，家庭成员的关系由一种道德观念组成的义务之网加以严密规定。[3]"父母慈爱、子女孝敬"是亲子法的伦理目的，这种权责对应、权责互生的关系决定着父母与子女之间的权利和义务。[4]家长对子女有抚养教育权，这既是权利，亦是需要履行的义务。在家庭中处于被动地位的子女需接受来自家长的抚养和教育，如果家长不尽抚养教育义务，

---

〔1〕 法学教材编辑部《西方法律思想史编写组》编：《西方法律思想史资料选编》，北京大学出版社1983年版，第414页。

〔2〕 ［德］黑格尔：《法哲学原理》，范扬、张企泰译，商务印书馆1961年版，第187—188页。

〔3〕 曹贤信：《亲属法的伦理性及其限度研究》，群众出版社2012年版，第39—48页。

〔4〕 曹贤信：《亲属法的伦理性及其限度研究》，群众出版社2012年版，第153页。

将会导致法律规定的不利后果。此外，家长的抚养教育权归属家庭自治的范畴，其作为一项私权利可以抵御国家的外部干预。如费孝通先生指出，"在一个抚育是父母责任的社会中，父母就得代表社会来征服孩子不合于社会的本性"[1]。然而，值得注意的是，在教养子女方面，家长权与国家公权力间的关系需适度平衡，这种平衡应随着儿童年龄的增长而有所调整，保障儿童拥有符合其年龄和成熟程度的自主选择权。例如，当下家长对子女的惩罚权是一个逐渐国家化的过程，家庭留有"薄惩"的权利，父母对子女享有适度惩戒权，这是家长对国家公权力的防御性的"自治权"。但是，为防止其演变为家庭暴力，从而构成对儿童的"保护性伤害"，当由国家法律作出适当规定。[2]

（二）父母子女间的双向影响

社会学研究认为父母子女之间存在着极为复杂的双向关系。儿童对母亲的亲昵行为会引起母亲的疼爱，而母亲情绪不佳又会使儿童感到不安。有学者提出，任何两个家庭成员之间的关系都会受到第三个家庭成员的态度和行为的影响。有研究表明，子女处于学龄前会提高父母婚姻的稳定性。[3]斯图米勒的研究表明，高冲动型的婴儿会使母亲对其采取更多的"惩罚性"或"强制性"措施，而克洛克伯格等人的研究则表明母亲具有"惩罚性"或"强制性"的教养方式会使儿童更具挑衅性。[4]17世纪英国著名经验主义哲学家洛克提出"白板说"，认为通过父母的教育，儿童

---

〔1〕 费孝通：《生育制度》，商务印书馆1999年版，第142页。

〔2〕 王琼雯：《家庭权初论》，吉林大学出版社2020年版，第9—10页。

〔3〕 Linda J. Waite, Lee A. Lillard, "Children and Marital Disruption", *American Journal of Sociology* 1991, Vol. 96, pp. 930–953.

〔4〕 洪秀敏：《儿童发展理论与应用》，北京师范大学出版社2015年版，第297—298页。

能够向父母期望的方向发展。[1]父母与儿童之间的关系对儿童成年后的表现有显著影响，这既包括直接影响，也包括间接影响。例如，父母与孩子的联结方式决定彼此间情感纽带的性质，这会进而影响儿童未来的社会化过程与自我控制能力的发展。有研究显示，特定的父母行为会帮助儿童更成功地适应环境并同时减少他们的行为问题。[2]

现代心理学则肯定遗传和环境对儿童心理发展的共同作用。有学者强调早期环境对个体发展的重要性，指出在幼儿时期接受过良好家庭教育的人会在上学后甚至在未来的人生中在待人处事方面有所获益。相反，如个体在儿童时期遭受过某些消极影响，即便长大后生活在条件良好的环境中，这些消极影响仍可能成为其某种行为失调或情绪障碍的根源。[3]温暖而又充满爱和亲情的家庭关系是儿童身心健康成长的基础，而生活在孤立、充满敌意的家庭环境中的儿童则可能出现各种严重的身心发展障碍及行为问题。[4]

家庭是社会的基本单元，是所有的家庭成员，特别是儿童成长的自然环境，是儿童出生后最早接触的环境。儿童在父母的影响下开始社会化过程，学习语言、文化以及社会标准，并逐步发展各种认知能力。在婴幼儿的几年中，父母是其社会化的主要动因，充当儿童行为的示范者，对儿童符合社会要求的行为表示认可并对不被接受的行为施以惩罚。良好的家庭环境是预防儿童犯

---

〔1〕 方富熹、方格:《儿童发展心理学》，人民教育出版社 2005 年版，第 34 页。

〔2〕 [美] 罗斯·埃什尔曼、理查德·布拉克罗夫特:《心理学:关于家庭》（第12版），徐晶星等译，上海人民出版社 2012 年版，第 384—385 页。

〔3〕 方富熹、方格:《儿童发展心理学》，人民教育出版社 2005 年版，第 11—12页。

〔4〕 方富熹、方格:《儿童发展心理学》，人民教育出版社 2005 年版，第 126 页。

罪的重要因素。在儿童的成长过程中，尤其是在其心理发育敏感的阶段，父母子女之间的情感交流不足、缺乏沟通在一定程度上容易促使儿童产生违法犯罪的心理和行为。[1]良性的亲子关系在预防儿童犯罪方面具有重要作用。[2]适度的父母监护和家庭支持是预防儿童犯罪的重要因素。家庭的支持度与儿童的健康成长具有显著的相关性，处在功能健全、凝聚力及情感表达等指征均表现良好的家庭中，儿童出现违法犯罪行为的可能性更小。[3]因此，为了促进儿童的发展，家庭需要选择适宜的模式，营造良好的家庭关系。家庭应获得来自国家和社会的必要保护和协助，以充分发挥其功能，确保让儿童在幸福、亲爱和谅解的家庭环境中健康成长。[4]

（三）法律层面的父母亲权与监护权

父母子女间天然的血缘关系决定了其权利义务关系的伦理属性，父母抚养和教育子女是家庭伦理道德的应有之义。这一伦理内涵在人类社会进入文明时代后通过法律的形式确立下来，父母子女之间存在的权利和义务得到了成文法的明确和细化。基于各国立法对"监护"之概念的界定不同，涉及父母子女间权利义务的法律规范包括父母亲权与监护权之二元视角。

法学语境下的监护起源于罗马法中的由市民法赋予的、对那些因年龄等原因不能自我保护的自由人给予保护的一种权利，而

---

〔1〕李旭东、周冬：《青少年犯罪的家庭预防对策研究》，载《西南师范大学学报（人文社会科学版）》2004 年第 5 期，第 44—49 页。

〔2〕肖艳红：《良性互动的亲子关系与青少年犯罪预防》，载《甘肃理论学刊》2000 年第 6 期，第 64—67 页。

〔3〕参见杨江澜、王鹏飞：《未成年人犯罪的家庭影响因素分析》，载《中国青年研究》2017 年第 3 期，第 94—99 页。

〔4〕蒋月：《论儿童、家庭和国家之关系》，载《中华女子学院学报》2014 年第 1 期，第 5—16 页。

亲权在罗马法中被称为父权，有支配权利之意，在日耳曼法中有保护权利之意，是近现代大陆法系各国普遍适用的父母对子女在人身和财产方面的权利的总称。在大陆法系的制度模式下，父母亲权与监护权有所区别。有父母的未成年子女应在亲权制度下受到监督和保护，而没有父母、不在亲权照护之下的未成年人及精神病人等无行为能力和限制行为能力人则依据监护制度受到保护，监护权可视作对父母亲权的补充。而英美法系在立法传统上没有亲权之概念，对所有未成年子女无论其是否有父母均适用监护制度。英美法系的制度模式不区分父母亲权与监护权，其监护制度在广义层面上涵盖了父母子女间全部的权利义务关系。由此，以是否区分父母亲权与监护权为依据，大陆法系与英美法系间存在狭义监护与广义监护之别。值得注意的是，在子女本位的立法理念之下，父母亲权的内容由传统的父母对未成年子女的控制、管理权转变为父母照顾、抚养和保护未成年子女的权利和义务。"父母责任"取代"父母权利"成为各国立法发展的趋势。[1]

二、父母子女间的权利冲突

对于身心发育尚不成熟，理解能力及行为能力均有所不足的儿童来说，受监护权的充分享有是其实现其他各项权利的前提和基础，然而，儿童权利有时的确会与其他群体，包括儿童父母的利益相冲突，并且即便是那些以促进儿童权利为目标的人，在如何实现目标方面也存在很大分歧。[2]虽然法律推定父母是最疼爱

---

〔1〕 夏吟兰：《民法典未成年人监护立法体例辩思》，载《法学家》2018 年第 4 期，第 1—15 页。

〔2〕 Elizabeth Bartholet, "The Challenge of Children's Rights Advocacy: Problems and Progress in the Area of Child Abuse and Neglect", *Whittier Journal of Child and Family Advocacy* 2004, Vol. 3, pp. 215-230.

子女的人，并以此为基础形成了父母子女关系的自然法，但历史证明，父母并非总对自己的子女很慈爱。[1]在父母的利益与儿童的利益存在内在冲突时，国家应承担监管者的角色以达到保护儿童的目的。[2]对儿童的忽视和直接虐待不仅发生在儿童福利机构、医疗机构、教育机构等场所，还可能发生在儿童家庭内部。儿童父母或其他监护人也可能对儿童实施不当的行为。[3]监护不当或监护缺位是儿童遭受侵害和实施罪错行为的根源之一，父母对儿童的严重忽视或侵害不仅直接损害了儿童的身心发育和健康成长，而且构成了对监护适格性的挑战，动摇了儿童父母监护人资格继续存在的基础，从而必须通过国家公权力的适当干预予以弥补和矫正。

（一）基于忽视行为的监护缺失

儿童忽视问题自古就有，在现代文明高度发达的今天依然普遍存在。[4]儿童忽视作为一个世界性问题逐渐成为儿童保护领域的研究热点。在过去多年里，忽视与虐待的二元概念模型将忽视视为一种疏忽、缺乏照顾，通常与父母对孩子的无意的、慢性的行为模式相结合，但时至今日，由于各国经济文化以及传统观念等存在的差异，国际社会尚未对"儿童忽视"形成明确统一的定义。一般而言，忽视既包括情感忽视，亦包括身体忽视、医疗忽视、教育忽视、安全忽视等与儿童家庭相关的内容。其中，情感

---

〔1〕 金眉：《未成年人父母的监护人资格撤销制度比较研究》，载《南京大学学报（哲学·人文科学·社会科学）》2016 年第 6 期，第 68—156 页。

〔2〕 David Pimentel, "Protecting the Free-Range Kid: Recalibrating Parents' Rights and the Best Interest of the Child", *Cardozo Law Review* 2016, Vol. 38, pp. 1-56.

〔3〕 程福财：《中国儿童保护制度建设论纲》，载《当代青年研究》2014 年第 5 期，第 65—70 页。

〔4〕 王大华、翟晓艳、辛涛：《儿童虐待的界定和风险因素》，载《中国特殊教育》2009 年第 10 期，第 78—85 页。

忽视强调父母对儿童的行为、情感等未有及时的反馈，忽略了对儿童心理、精神和感情的关心和与儿童的交流；身体忽视指父母对儿童身体照顾的忽视，包括衣着、食物、住所等方面；医疗忽视指忽视或拖延儿童对医疗和卫生保健的需求；教育忽视指未尽可能地为儿童提供各种接受教育的机会，从而忽视了儿童的智力开发和技能学习；安全忽视指对儿童生长和生活环境存在的安全隐患的疏忽，从而使儿童的健康和生命安全受到威胁。[1]从另一角度来看，忽视的典型模式体现为监护缺失以及未满足基本需求两个层次。其中，监护缺失通常是由发现儿童长期独处的朋友、亲戚和邻居进行报告的，婴儿、有某种残疾的儿童以及幼龄儿童均是需要监护的儿童。而未满足基本需求的类型包括营养忽视和医疗忽视，此类被忽视儿童通常由教育工作者或卫生等领域的专业人员发现和报告。[2]

学界过去多将忽视作为虐待的一种轻微类型进行研究，但随着各国对儿童忽视相关研究的不断深入，人们发现忽视对儿童的不良影响不亚于各种对儿童实施的直接虐待行为。联合国儿童基金会发布的《2006年世界儿童状况报告》特别关注被忽视儿童问题，时任联合国秘书长安南在报告开始指出，该报告的出版恰逢联合国儿童基金会成立六十周年，其揭示了一个常被隐藏和忽视的世界中的生灵。那是一个脆弱和排斥的世界，它呼吁我们所有人为儿童权利发声，并代表需要我们保护的儿童采取行动。数以百万计的儿童在贫困、被遗弃、未受教育、营养不良、受歧视、被忽视和脆弱的情境下度过一生。对他们来说，生活就是为了生

---

〔1〕 参见潘建平、李玉凤：《儿童忽视研究的最新进展》，载《中华流行病学杂志》2005年第5期，第378—381页。

〔2〕 Robert W. ten Bensel, "Definitions of Child Neglect and Abuse", *Juvenile & Family Court Journal* 1984, Vol. 35, pp. 23–32.

存而进行的日常斗争。为遵从《日内瓦儿童权利宣言》的意旨，为履行《儿童权利公约》规定的人权义务，国家和我们每个成年人都应付出努力，推动对被忽视儿童的保护。[1]儿童忽视不仅有害儿童的生存、安全和身心健康发展，还对儿童的社会性发展造成严重不利影响。[2]有研究表明，受到忽视的儿童比遭受虐待的儿童更易产生心理问题和行为问题。有忽视经历的儿童很少主动发起同伴交往。忽视是由对儿童的照护不足引起的，因而与儿童虐待相区别。此外有研究表明，情感忽视比躯体虐待和性虐待更为普遍，其作为一种更频发的伤害，应独立于虐待而得到特别关注。[3]

（二）基于虐待及其他侵权行为的监护侵害

在世界历史中，儿童一直是遭受虐待和残暴行为的对象。儿童虐待是指对儿童有意的伤害，狭义的虐待包括身体虐待、心理或情感虐待以及性虐待。身体虐待指对儿童身体进行有意伤害，如以管教为由的体罚和家庭暴力；心理或情感虐待指对儿童采取持续性、破坏性的伤害模式，包括拒绝、孤立和恐吓；性虐待指以引诱、威胁或暴力手段与儿童发生的身体接触及非身体接触行为。[4]许多人仅将虐待儿童定义为对儿童身体进行伤害，而忽视对儿童的心理、情感和精神的虐待。精神虐待易使正处在成长发

---

〔1〕The United Nations Children's Fund（UNICEF），"The State of the World's Children 2006：Excluded and Invisible"，available at https：//www. unicef. org/media/84806/file/SOWC-2006. pdf，last visited on 2021-8-15.

〔2〕参见刘爱书、年晶：《儿童忽视与同伴接受：消极社会行为的中介作用》，载《心理科学》2012年第4期，第911—915页。

〔3〕参见杨邦林、黄瑾：《情感忽视与农村留守儿童游戏成瘾：逆境信念的调节作用》，载《中国特殊教育》2020年第9期，第74—80页。

〔4〕马韵：《儿童虐待：一个不容忽视的全球问题》，载《青年研究》2003年第4期，第19—24页。

育期的儿童产生认知和心理障碍，严重不利于其健康成长，因此必须得到应有的重视。[1]定义"受虐待儿童"的目的是确定儿童所遭受的严重伤害以及面临的迫在眉睫的危险。美国纽约州立法界定了受虐待儿童的三种类别，即遭受严重身体伤害的儿童、有受重伤危险的儿童以及遭受性虐待的儿童。其中，遭受严重身体伤害既包括虐待，也包括儿童忽视。[2]在家庭这一场域，承受较大生活压力、不成熟而缺乏养育技巧、情绪不佳以及自身有心理问题的父母常是虐待和直接侵害儿童权益的施虐者。如在大多数国家，由于缺乏养育知识，父母对儿童的过度体罚问题较为常见。研究表明，在美国超过90%的3岁和4岁儿童的父母使用体罚来纠正子女的不良行为。虽然对儿童的体罚在当下能使其顺从，但从长远角度来看，体罚增加了儿童出现异常行为的可能性，也提高了儿童青春期不良行为及成年后犯罪的概率。[3]根据全国妇联和联合国儿童基金会的调查，我国有74%的儿童在成长过程中遭受过家庭虐待。[4]虐待行为严重侵害了儿童的人格权、健康权甚至生命权等多项基本人权，国家亟须采取有效的保护措施预防和制止在家庭中实施的虐待儿童行为。[5]

值得注意的是，发现、识别虐待儿童案件在现实中面临诸多

---

〔1〕 于晶：《父母对未成年子女的家庭暴力防治探究》，载《中国青年社会科学》2017年第3期，第107—113页。

〔2〕 Douglas J. Besharov, "State Intervention to Protect Children: New York's Definition of 'Child Abuse' and 'Child Neglect'", *New York Law School Law Review* 1981, Vol. 26, pp. 723-772.

〔3〕 Murray A. Straus, "Discipline and Deviance: Physical Punishment of Children and Violence and Other Crime in Adulthood", *Social Problems* 1991, Vol. 38, pp. 133-154.

〔4〕 徐慧、胡蝶飞：《儿童家暴面临发现难、起诉难、救助难》，载《上海法治报》2013年5月29日，第A02版。

〔5〕 杨志超：《比较法视角下儿童保护强制报告制度特征探析》，载《法律科学（西北政法大学学报）》2017年第1期，第159—168页。

挑战。儿童的日常生活及活动范围相对局限于家庭和学校等领域，对虐待儿童行为的举报在很大程度上依赖于相关个人的自愿性。例如，由于教师或医生不愿报告等，对儿童的虐待难以进入政府的视野和官方的统计数据，儿童权利难以得到有效保障。针对虐待儿童的强制报告制度有待进一步完善。[1]近年来，在各地民政部门和司法部门的积极努力下，因侵害儿童而被撤销监护人资格的案件数量明显增多。在这些案件中，可能构成犯罪的性侵害、遗弃以及暴力伤害等均属于多发的监护侵害行为类型。国家作为儿童的兜底监护人，应当以儿童的最大利益为出发点和落脚点，采取措施对儿童父母的不当行为进行监督和纠正，并在必要时剥夺儿童父母的监护权从而避免其对儿童的持续侵害。[2]如，生命权是"所有人的基本权利"[3]及"不得克减的最高权利"[4]。生命权是实现人的尊严并有效实现所有人权的先决条件。[5]在父母的侵权行为危害儿童的生命权时，国家应及时采取干预措施为儿童提供权利保护，这是包括《儿童权利公约》在内的国际人权公约对儿童发展的长期承诺，其在实践层面要求各国在其可用资源范围内采取一切合理

---

〔1〕　William G. Doerner, "Perceived Seriousness of Child Abuse and Neglect", *Criminal Justice Review* 1987, Vol. 12, pp. 13—20.

〔2〕　何挺：《论监护侵害未成年人与监护人资格撤销的刑民程序合一——以附带民事诉讼的适用为切入点》，载《政治与法律》2021年第6期，第15—25页。

〔3〕　The Human Rights Committee, General Comment No. 14: Article 6 (Right to Life) Nuclear Weapons and the Right to Life, HRI/GEN/1/Rev/1, 1984, para. 1.

〔4〕　The Human Rights Committee, General Comment No. 6: Article 6 (Right to Life), CCPR/C/21/Add/1, 1982, para. 1; The Human Rights Committee, General Comment No. 36: Article 6 of the International Covenant on Civil and Political Rights on the Right to Life, CCPR/C/GC/36, 2018, para. 2.

〔5〕　Christof Heyns, "Report of the Special Rapporteur on Extrajudicial, Summary or Arbitrary Executions", A/67/275, 2012, para. 11.

措施来实现此目标。[1]

第三节　人权保障理论：国家干预
儿童监护的正当性基础

人权概念最早在自然法中针对所有人的基本权利展开，具有普遍性特点。随着人权保障理念的深化演变，人权保护开始关注个体差异、地区差异和群体差异。[2]儿童因其不成熟的特殊性而在家庭关系中处于弱势地位，保护儿童的人权是国家突破并介入家庭私生活的正当理由。在过去较长一段时间里，出于对个体隐私权的保护以及私有财产不可侵犯等固有观念的影响，国家公权力鲜少介入家庭私权领域。20 世纪中后期以来，为了保障人权并维护弱者利益，国家开始有选择性地介入家庭领域。这一方面促进了人的自由发展，另一方面改善了家庭中弱者的地位。当儿童父母或家庭无力或不愿承担养育责任时，国家应提供支持和保护，以避免儿童陷入危困境地。[3]

一、儿童权利主体地位的确立

关于儿童享有权利和自由的观念早有体现，如卢梭在他的著作《爱弥儿》中就承认了儿童的价值，认为"一个孩子年龄不断

---

[1]　Noam Peleg, John Tobin, "The Right to Life, Survival, and Development", in John Tobin ed., *The UN Convention on the Right of the Child: A Commentary*, Oxford University Press, 2019, p. 14.

[2]　郝铁川：《权利实现的差序格局》，载《中国社会科学》2002 年第 5 期，第 112—114 页。

[3]　蒋月：《论家庭和国家照护个体之责任》，载《江淮论坛》2014 年第 4 期，第 126—131 页。

地增长，他的价值也在相应增高，这种价值，既包括他个人的价值，也包括别人为了照料他而投入的精力以及他去世时我们产生的悲伤"[1]。然而，在过去的很长一段时间里，儿童都在家庭中处于附属地位，是受家长支配的对象。家长经常把孩子视为可以随心所欲处置的私有财产，儿童的健康、幸福能够以家庭生存的名义被消耗掉。随着社会变革使儿童的权利得到越来越多的关注，法律扮演起保护儿童权利的角色。[2]1802年，英国罗伯特·皮尔勋爵提出近代第一个保护童工的立法——《学徒健康与道德法案》；美国马塞诸塞州在1852年出台义务教育法，保障儿童从六七岁开始接受教育的权利。[3]19世纪末，伴随工业化和城市化的发展，社会分化加剧，儿童的生存状况不容乐观，儿童面临贫困、教育缺乏等严重社会问题，人们开始变革处理儿童事务的方式，提出儿童福利、儿童劳工、义务教育、未成年人违法处置等议题。在美国"拯救儿童运动"的推动下，保护儿童的社会风潮影响了全球很多国家和地区。[4]

20世纪中后叶，儿童权利运动的推动产生了将儿童视为权利主体的观念。儿童权利运动关注儿童的特殊性，人们认识到儿童具有依赖性、成长性和理性不足等特性是造成其权利主体地位缺失的原因，也是应为其提供权利保障的必要性的体现。关于儿童的依赖性和不成熟，有学者指出，成长中的儿童是幼稚的、不完善的、未定型的，少有对客观规则与现实逻辑的自觉遵守与拘束，从而表现出

---

〔1〕 ［法］让-雅克·卢梭：《爱弥儿》，孟繁之译，上海三联书店2017年版，第19页。

〔2〕 陈苇主编：《外国婚姻家庭法比较研究》，群众出版社2006年版，第329页。

〔3〕 王玉香：《未成年人权利主体地位的缺失与构建》，载《中国青年研究》2013年第4期，第5—10页。

〔4〕 何海澜：《善待儿童：儿童最大利益原则及其在教育、家庭、刑事制度中的运用》，中国法制出版社2016年版，第84页。

一种更为纯粹的自然与本真。[1]儿童必须从成年人那里获得赖以生存和发展的外部条件，基于此，成年人既是儿童的监护者，又是儿童的统治者。[2]而对于儿童的成长性，有学者指出，儿童在长久以来被视为是成年人的"弱化"版本，如此的观念导致人们只关注到了儿童这一群体在能力上的匮乏，却忽略了其所具有的巨大发展潜力。[3]对于儿童所具有的成长性的认识有助于明确儿童的权利主体地位。儿童正处于个体发展的重要阶段，虽因发育不成熟而脆弱并欠缺理性，但其表现出的发展潜力体现了儿童的独立价值。

1924年，国际联盟通过了由救助儿童会的创始人之一埃格兰泰恩·杰布（Eglantyne Jebb）起草的《日内瓦儿童权利宣言》，这是第一份保护儿童权利的国际文件。[4]此后，联合国大会于1948年12月10日通过的《世界人权宣言》在考虑各国政治、经济和文化背景差异的基础上，规定了包括儿童受特殊照顾权、非婚生子女的平等权以及儿童的受教育权等的儿童权利条款。[5]1989年11月20日，联合国大会通过《儿童权利公约》，标志着儿童的权利主体地位得到国际社会的广泛认同和普遍接纳。《儿童权利公约》将儿童界定为十八周岁以下的任何人。[6]在这一定义的基础

---

〔1〕 参见丁海东：《童年：一种精神与文化的价值》，载《中国教师》2012年第11期，第25—28页。

〔2〕 参见［意］玛利亚·蒙台梭利：《童年的秘密》，单中惠译，中国长安出版社2010年版，第237页。

〔3〕 参见［英］鲁道夫·谢弗：《儿童心理学》，王莉译，电子工业出版社2010年版，第16页。

〔4〕 化国宇：《〈世界人权宣言〉中儿童权利条款的来源与形成——关于起草史的回顾》，载《人权研究》2021年第1期，第62—75页。

〔5〕 参见《世界人权宣言》，联合国大会第217 A（III）号决议通过，1948年12月10日。

〔6〕 参见《儿童权利公约》，联合国大会第44/25号决议通过，1989年11月20日，第1条。

上，有学者对童年及儿童的含义进行了进一步阐释，指出童年是个体处于成长过程中的阶段，而儿童是处于成长过程中的人。[1]

　　儿童享有独立法律地位的发展历程体现了三个层面的逻辑进路：其一，伴随个人的民事主体地位从特殊人享有走向普遍享有，儿童开始享有普遍的法律人格；其二，就儿童自身而言，其经历了附属于家庭、附属于父母到拥有独立权利主体地位的历史变革；其三，具有独立权利主体地位的儿童因身心发育不成熟的特殊性，受到来自国家、社会和家庭的特殊照顾和保护，儿童最大利益、儿童优先成为各国广泛承认的理念原则。[2]儿童人权在国际法上的确立亦经历了三个发展阶段。其中，第一阶段确立儿童与其他所有人一样作为国际法的保护对象，第二阶段发展了儿童权利的实体内容，而第三阶段为实现国际法上的儿童权利提供了相应的程序性手段。对儿童权利的保护经历了从工具论到目的论、从客体论到主体论的发展演变。[3]

　　人权理念要求国家关注包括儿童、妇女、老年人、残疾人、在押犯、土著民族等特定群体的权利。国家承担关照个人生活、保障个人生存的责任，应为个人提供社会保障、生活扶助等福利服务及帮助。[4]儿童的人权是普遍性人权中不可分割、不可剥夺的重要组成部分。随着对人权认识的不断深入，儿童作为独立、完

---

[1]　参见刘晓东：《儿童教育新论》（第二版），江苏教育出版社2008年版，第382页。

[2]　吴用：《论儿童法律地位演进》，载《中国青年研究》2008年第2期，第49—52页。

[3]　周尚君：《儿童人权的中国语境》，载《青少年犯罪问题》2012年第5期，第4—8页。

[4]　吴用：《人权保护对国际未成年人监护法律制度的影响》，载《中国青年政治学院学报》2010年第2期，第94—98页。

整的权利主体应得到国家保护成为广泛共识。[1]儿童享有从国家、社会和家庭获得保障和服务，以满足其基本生存、保持生活质量之需求的福利权。随着人类社会发展至近现代，人与人之间、人与社会之间以及人与国家之间的关系均在逐渐变化。以儿童权利本位为基础，为确保并不断加强儿童在日趋复杂的社会中的适应能力，保障儿童的健康成长和全面发展，以儿童最大利益原则为指导，国家不断建立和完善自身的相关制度体系。保护儿童的主体不断增加，在家庭这一天然的主体之外，加入了国家和社会，家庭保障功能弱化，而儿童与国家的联系不断加强。[2]国家是儿童的兜底监护人，扮演着儿童利益终极保障者的重要角色，国家对儿童福利的介入与保护贯穿儿童成长和发展的始终。[3]儿童获得国家监护是实现其生存权的重要保障，儿童作为主体享有的基本权利对应着国家应履行的人权义务。[4]普遍认为，国家对实现公民权利和政治权利承担消极义务，即国家不采取损害行动公民即可实现权利，而对经济、社会及文化权利承担积极义务，即国家须采取积极行动、提供相应资源以保障公民相应权利的充分实现。[5]儿童的受监护权作为得到普遍认可的基本人权，既要求国家对儿童家庭监护予以尊重和保护，又要求国家采取积极措施，

---

〔1〕 易谨：《儿童福利立法的理论基础》，载《中国青年政治学院学报》2012年第6期，第25—29页。

〔2〕 参见贾玉娇：《儿童保护中国家干预力穿破家庭壁垒研究》，载《治理研究》2021年第3期，第28—35页。

〔3〕 吴鹏飞：《儿童福利权国家义务论》，载《法学论坛》2015年第5期，第32—41页。

〔4〕 参见梁春程：《公法视角下未成年人国家监护制度研究》，载《理论月刊》2019年第3期，第102—109页。

〔5〕 Philip Alston, Gerard Quinn, "The Nature and Scope of States Parties' Obligation under the International Covenant on Economic, Social and Cultural Rights", *Human Rights Quarterly* 1987, Vol. 9, pp. 156—229.

为儿童权利提供全面兜底保护。

二、福利国家观念对保护儿童权利的推动

伴随人权理论的深化演变，建立福利国家的观念成为现代国家的共识。国家的存在必须满足两个必要条件：其一，以某个人或组织的名义宣称要尽其所能地惩罚一切被发现未经明确允许而使用强力的人；其二，确保为生活在其疆域内的人提供保护。[1]提供保护是国家的重要属性。个人获得和享受国家福利的资格、要求或主张被称为福利权利，在当代社会和政治思想中被置于中心地位。20世纪中期以后，福利概念与福利国家紧密联系在一起。在很多研究者看来，国家应履行促进福利的义务。[2]工业革命后，西方国家开始系统关注并发展儿童社会福利，通过资金支持与服务支持等手段为抚育儿童的父母提供制度化的福利帮助。儿童福利是统领各项儿童保护工作的灵魂，国家、社会、学校和家庭均有义务为儿童提供生存和发展所必需的各项福利支持。[3]

学界尚未形成针对"福利国家"的明确定义，有学者指出，应以地域为依据来界定，北欧国家的政府大多采取高福利的社会保障政策，因此被视为是福利国家的典型代表。亦有学者指出，应以权力结构和国家组织形式为依据来界定，在确保市场经济制度的前提下，政府对市场进行有序干预的资本主义国家均属于福利

---

〔1〕　〔美〕罗伯特·诺齐克：《无政府、国家与乌托邦》，何怀宏等译，中国社会科学出版社1991年版，第33—34页。

〔2〕　参见唐斌尧、丛晓峰：《国家责任与个体自由：福利权利正当性之辩》，载《济南大学学报（社会科学版）》2021年第2期，第126—160页。

〔3〕　参见刘继同：《中国儿童福利政策模式与城市流浪儿童议题》，载《青年研究》2003年第10期，第33—38页。

国家。[1]本书认为，从文义解释角度，福利国家应是指基本上建立了较为完善福利制度的国家。

英国被认为是世界上第一个福利国家。为实现对战后社会保障体系的规划，英国政府于 1941 年 6 月成立社会保险及相关服务部际协调委员会。就任英国约克郡大主教的威廉·坦普尔在其所著的《公民与教徒》一书中首次提到"福利国家"的概念。[2]此后 1942 年，英国经济学家威廉·贝弗里奇向战时内阁递交《社会保险与相关服务》报告（又称"贝弗里奇报告"），提出致力于"福利国家"（welfare state）建设的西方联合国家一定能够战胜"战争国家"（warfare state）的法西斯轴心国家。[3]1948年，英国首相艾德礼宣布英国成为第一个福利国家。伴随"二战"结束后资本主义经济的迅速发展，西方资本主义国家纷纷建立和发展国内社会保障体系，以国家政策干预为主要手段应对战争引发的现实问题和社会风险。福利国家通过建立社会保险和税收体系，保护社会中的弱势者免于贫困。福利国家主要的社会支出包括以保障贫困人口的社会融入为目的建立健全社会安全体系、以保障劳动活力为目的完善加强教育和医疗体系以及以改善人民生活质量为目的提供公共社会服务等。[4]福利政策作为制度性规定，既体现国家的价值取向，又满足公共利益和大众需求。有学者总结，现代福利制度的建立和发展首先离不开适宜的社会

〔1〕 参见冉昊：《西方福利国家的双重化改革及其衍生后果》，载《武汉大学学报（哲学社会科学版）》2020 年第 1 期，第 161—168 页。

〔2〕 张露：《论我国未成年人监护监督制度的完善——以国家监督为导向》，载《广西社会科学》2019 年第 6 期，第 108—115 页。

〔3〕 王云龙、陈界、胡鹏：《福利国家：欧洲再现代化的经历与经验》，北京大学出版社 2010 年版，第 134—135 页。

〔4〕 参见熊跃根：《大变革时代福利资本主义的发展与社会政策的中国道路》，载《社会政策研究》2021 年第 1 期，第 3—17 页。

基础，这从根本上取决于政府的财政能力和主权者的政治心意。其次，建立参与型现代福利国家最重要的是提高社会弱势群体的权利地位，在制度层面为社会弱势群体的自我组织和管理提供保障。最后，参与型现代福利国家的形成需要社会意识层面的保障，应推动各不同社会群体以合作的方式来解决相互之间存在的利益矛盾。〔1〕福利国家的发展不仅实现了在社会政策层面的变革，还使得传统基于社会平等理念、以再分配和促进消费为主要手段的社会政策范式向在多元正义原则指导下的由多元主体共同推动和参与的社会福利发展，实现了从"消极"到"积极"的转变。〔2〕

从国家与社会的关系角度来看，福利国家大多经历了三个发展阶段：其一，"强国家—弱社会"阶段。在此阶段国家权力占主导地位而社会权利处于弱势，以国家为主体的福利政策陆续出台。其二，"弱国家—强社会"阶段。随着福利政策的实施，公共利益得到了维护。各国经济向好发展，亦有能力推行福利政策，在此阶段国家对公众"有求必应"。以北欧为例，"二战"后至20世纪70年代，资本主义国家处于经济发展的黄金时期，福利制度体现出"从摇篮到坟墓"的显著特征。其三，"国家—社会"共同发展阶段。国家权力有所收缩，社会组织开始发挥作用，国家和社会分别负责不同的福利类型。〔3〕

在福利国家建立伊始，社会政策的焦点在于对抗老年、疾病、失业等社会风险，儿童处于较为边缘的位置。随着社会变迁和家

---

〔1〕　李捷：《参与型社会与现代福利国家的奠基：以20世纪上半叶瑞典为例》，载《深圳大学学报（人文社会科学版）》2021年第2期，第142—148页。

〔2〕　钱宁、王肖静：《福利国家社会政策范式转变及其对我国社会福利发展的启示》，载《社会建设》2020年第3期，第37—48页。

〔3〕　参见石玉昌：《马克思"国家—社会"关系理论视域下的"福利国家"问题研究》，载《西安财经大学学报》2021年第4期，第1—8页。

庭结构的转变，为应对人口老龄化、生育率低、少子化现象加剧等新的社会风险，福利国家开始将社会政策关注的重点转向对儿童的照顾。工业革命后，国家开始系统关注儿童福利，健全和完善儿童福利政策成为国家发展的重要内容，并由此产生了"儿童福利权"的概念。对儿童福利权的学理探讨大多集中在社会学领域和法学领域，这体现了道德与法律因素的紧密结合。具体而言，一方面，在社会学语境中，从儿童保护的视角看，儿童福利是对儿童所享有的教育、健康、救助和文化娱乐等权利的保障；从儿童服务的视角看，儿童福利是确保儿童身心健康发展和幸福快乐成长的所有制度安排。另一方面，在法学语境中，就人权法而言，儿童福利权包括儿童存活与发展、享有健康并获得保健服务、享有适当生活水准及特别照顾等内容；就儿童福利立法而言，儿童福利的目的是保障儿童权利，推动儿童发展并加强儿童福祉，其核心内容在于国家对儿童家庭监护的支持、帮助和及时干预，强调保护儿童权利的国家义务。[1]为促进儿童全面享有各项权利，国家应保护贫困儿童、孤残儿童、被遗弃儿童以及家庭无力照顾的儿童，关注儿童医疗保健、儿童接受教育、忽视儿童与虐待儿童等议题。

儿童需要来自国家的关爱和保护，确保儿童的身心健康发展是实现社会文明传递、延续和发展的根本保障。儿童福利是衡量国家社会经济水平与现代化阶段的重要指征，是检验特定价值取向、福利政策、福利服务与需求满足的重要理论依据。根据国家介入儿童抚育的方式，有学者在理论层面区分了四种儿童福利类型，即以"不干扰家庭生活"为核心的自由放任主义模型、主张

---

〔1〕 参见吴鹏飞：《儿童福利权体系构成及内容初探——以宪法人权理论为视角》，载《政治与法律》2015年第2期，第62—71页。

国家应通过有组织的保护儿童的行为捍卫儿童福利的国家家长主义模型、强调国家介入儿童抚育事务合理性的父母权利中心模型以及以儿童参与为核心的儿童权利中心模型。理解以上四种类型的要义在于明确家庭与国家在儿童福利供给中的关系，而为家庭抚育缺失的儿童提供必要的福利服务则是现代国家的共识。[1]自20世纪90年代开始，福利国家加大以儿童为中心、旨在增进儿童福利的社会投资，在投资儿童家庭、重视儿童早期发展以及完善儿童照顾项目等领域推动了对儿童权利的保护。[2]国家化儿童福利事业的国家意识和政策目标更为明确具体，其不仅关注儿童生存权、受保护权、发展权与参与权的实现，还涵盖为儿童提供健康服务、教育服务、法律保护、良好环境等诸多福利内容。由国家公权力推动的儿童福利事业能够有效适应社会经济结构的转变和发展，切实回应现实需求并及时解决儿童保护面临的复杂问题和新的挑战。[3]瑞典是社会民主主义福利体制的典型代表国家，其儿童照顾政策以普遍主义和平等主义的价值观为基础，形成人民负责工作和纳税、国家承担养老和抚幼责任的基本模式。美国作为自由主义福利体制的国家，在儿童照顾政策领域关注对贫困儿童的救助，但尚未建立起普惠制的儿童津贴和法定产假，亦不具备公立的儿童托育服务体系。作为南欧家族主义福利体制国家的代表，西班牙的福利制度以庇护主义为价值基础，虽然照顾儿童的责任在很大程度上仍由家庭成员和亲属承担，但逐步扩大了国家在福利供给中的比例。此外，韩国属于东亚生产主义福利体

---

〔1〕　程福财：《家庭、国家与儿童福利供给》，载《青年研究》2012年第1期，第50—56页。

〔2〕　杨琳琳：《福利国家儿童照顾政策的发展与镜鉴》，载《兰州学刊》2021年第2期，第87—105页。

〔3〕　刘继同：《中国儿童福利政策模式与城市流浪儿童议题》，载《青年研究》2003年第10期，第33—38页。

制国家，其儿童保护政策紧紧围绕着国内经济发展的现实需求，体现家庭主义倾向，儿童父母可享受带薪假期。[1]

三、保护儿童国家责任的确立

关于"儿童照顾"性质的争议持续了几十年，将其归为家庭私领域或是国家公权力积极干预的公共领域均有失妥当。人权理念的发展在一定程度上"平衡"了儿童照顾中家庭与国家的相互博弈，推动了国家在家庭正常发挥抚育儿童的职能的基础上为家庭提供支持。[2]从功能实现层面来看，家庭是社会福利资源传递的媒介，发挥着配置社会福利资源的功能。促进个人福利必须通过其赖以生存的家庭来实现。家庭是社会成员除国家、市场外最为重要的福利供给主体。[3]家庭的发展历史充分体现了自由权和社会权的双重属性，既"排除国家权力对个人领域的介入"[4]，又"基于福利国家或社会国家理念，为使人人皆可获得合乎人性尊严的生存而要求国家予以保障"[5]。21世纪初，有关儿童福利的讨论开始从狭义的"补缺型"转向"适度普惠型"。行使公权力的国家不再仅仅是公民私生活领域的旁观者，而逐渐开始在必要时干预家庭事务，一方面积极通过社会保障、国家福利等措施，为处于困境的家庭提供支持和帮助，另一方面也从保护个体基本

---

〔1〕参见马春华：《儿童照顾政策模式的形塑：性别和福利国家体制》，载《妇女研究论丛》2020年第5期，第42—59页。

〔2〕杨琳琳：《福利国家儿童照顾政策的发展与镜鉴》，载《兰州学刊》2021年第2期，第87—105页。

〔3〕李泉然：《西方家庭政策的改革：制度演进与福利意涵》，载《社会建设》2020年第4期，第45—55页。

〔4〕[日]芦部信喜：《宪法》（第三版），林来梵、凌维慈、龙绚丽译，北京大学出版社2006年版，第72页。

〔5〕许庆雄：《社会权论》，众文图书公司1991年版，第13页。

权利的角度出发，采取直接干预措施，保护家庭内部包括儿童在内的弱者免受其他家庭成员的不法侵害。现代国家的儿童福利制度体现出了保护儿童权利的现实功能和国家人权义务的积极履行。[1]

在人权理念的指导下，国家应关注包括儿童、妇女、老年人、残疾人、土著民族等在内的在社会生活中处于特定弱势地位的群体的权利。国家承担关照个人生活、保障个人生存的责任，应为个人提供社会保障、生活扶助等福利服务及帮助。[2]国家责任理论是儿童福利理论中最古老和最核心的理论学说。随着对人权认识的不断深入，儿童作为独立、完整的权利主体应得到国家保护成为广泛共识。[3]对保护儿童的国家责任和政府角色的理解既体现了社会意识形态和儿童政策的走向，也体现了国家对待养育儿童问题的根本态度。关于国家保护儿童的理论流派可归纳为四种：其一，自由放任主义。主张照顾和养育儿童属于家庭内部事务，国家应尊重父母子女的家庭关系。其二，国家干涉主义。认为照顾儿童是国家的责任，主张国家应积极介入，避免儿童遭受不适当的家庭照顾。其三，家庭支持主义。这一理论从维护和提高家庭功能的角度出发，认为只有在儿童的家庭监护失能时，国家公权力才能介入并承担抚育儿童的责任。其四，尊重儿童权利主义。即将儿童视为独立个体，主张尊重与肯定儿童的观点。其中，尊重儿童权利主义理论流派虽在各国的具体实践中很少得到落实，但有引导未来

---

〔1〕　童小军：《国家亲权视角下的儿童福利制度建设》，载《中国青年社会科学》2018 年第 2 期，第 102—110 页。

〔2〕　吴用：《人权保护对国际未成年人监护法律制度的影响》，载《中国青年政治学院学报》2010 年第 2 期，第 94—98 页。

〔3〕　易谨：《儿童福利立法的理论基础》，载《中国青年政治学院学报》2012 年第 6 期，第 25—29 页。

发展的趋势，而家庭支持主义理论流派在当下被接受程度较高。[1]

儿童监护制度是儿童权利保护制度的核心内容，深受人权思潮的影响。《儿童权利公约》生效已 30 年有余，截至 2015 年 10 月已有 196 个缔约国。《儿童权利公约》不仅明确了保护儿童权利应遵循儿童最大利益原则，不歧视原则，尊重儿童的生命、存活与发展原则以及尊重儿童意见原则这四项基本原则，还通过具体条文为缔约国支持儿童父母和其他监护人履行职责，为儿童权利提供全面保护而采取的立法、行政及其他措施提出了具体要求。为此，国家履行保护儿童责任所采取的措施应分层展开，首先，为儿童的家庭提供外部指导和协助；其次，当儿童的家庭监护缺位、不力或不利严重损害儿童的最大利益时，国家应采取措施干预和介入儿童监护事务；最后，在为儿童的家庭监护提供了指导和协助等前置干预措施而仍不能满足儿童的最大利益时，国家应采取剥夺儿童父母监护权的最后手段，由国家公权力机关代为履行儿童监护职责，为儿童权利提供兜底保护。

以此为基础，总结各国实践，国家对儿童监护事务的干预和介入一般体现为如下形式：其一，国家将儿童监护制度法典化，通过国家立法行为规定儿童监护的相关内容以及监护人的权利义务，并以此为基础建立系统的儿童监护体系。其二，对监护人履行儿童监护职责进行指导、帮助和监督。其三，在儿童父母监护缺位时，由法院或国家行政机关以儿童最大利益原则为指导为儿童选任监护人，或由国家行政机关直接担任儿童的监护人。其四，许多国家规定，当监护人从事对被监护儿童影响重大或可能损害其利益的监护事务时，应取得法院或行政监督机构的批准或同意。

---

〔1〕 刘中一：《国家责任与政府角色——儿童照顾的变迁与政策调整》，载《学术论坛》2018 年第 5 期，第 111—116 页。

其五，在涉及儿童的诉讼中为儿童指定诉讼代表人。其六，儿童监护事务由亲属自决转向国家公决。如德国、日本取消了决定家庭监护重大问题的亲属自治机构——亲属会议。[1]也就是说，全面保护儿童权利成为各个国家大力推进的重要事业。一方面，保护儿童各项权利并促进儿童福利的法律法规和政策文件相继出台；另一方面，国家越来越积极地采取措施为儿童提供服务和保护。

值得注意的是，在涉及儿童监护事务时，国家的职责在于支持和帮助儿童父母履行监护义务，以及干预和阻止父母实施的侵权行为并为儿童提供及时有效的权利保护和救济。但仍应承认，一般而言，儿童的父母比国家公权力机关更了解子女的发展状况，因此儿童的家庭监护应得到必要的尊重和维护。[2]国家义务是国家基于儿童作为独立的权利主体应得到国家保护的广泛共识而承担的保护儿童各项基本人权的义务，而亲权则是指父母与未成年子女之间基于血缘和生育关系产生的父母对未成年子女在人身和财产方面拥有的支配性资格。保护儿童的国家责任是亲权理念在公权领域的延伸，体现了国家作为儿童"最终家长"的人权理念。如学者指出，亲权对推进儿童权利保护具有根本性和生发性作用。[3]国家亲权是对父母亲权的发展和变革。父母亲权经历了从几乎不受限制的绝对亲权到受到监督和限制的相对亲权、从父亲单独享有到父母双方共享亲权的发展过程。[4]这体现了为实现社会公共目的和秩序的国家干预和介入，奠定了国家责任确立和

---

〔1〕 董思远：《未成年人监护制度研究》，中国人民公安大学出版社 2019 年版，第 36—38 页。

〔2〕 参见王琼雯：《家庭权初论》，吉林大学出版社 2020 年版，第 103 页。

〔3〕 姚建龙、公长伟：《未成年人保护中的国家亲权理念研究——以新未成年人保护法为重点》，载《预防青少年犯罪研究》2021 年第 1 期，第 12—19 页。

〔4〕 邹小琴：《传统文化视角下的亲子法律问题研究》，九州出版社 2020 年版，第 15—16 页。

发展的基础。保护儿童国家责任是国家干预主义和福利国家理念的重要体现，以维护儿童利益为目的，是国家公权力借助自身能力优势对父母亲权所具有的脆弱性的补位，包括为保护儿童权利而采取各项措施。[1]

第四节　适当干预理论：国家干预
儿童监护的法理边界

监护权公法化是儿童国家监护制度确立的趋势，涉及家庭事务的法律与刑事法律不同，其因关涉人的家庭而不具有如刑法般"非黑即白"的强制效力。我们应考虑家庭私领域的边界问题，厘清在理论层面的基本问题并以此为基础考量国家公权力介入家庭事务的合法性及合理性。[2]有学者强调国家在干预儿童家庭监护事务时遵循法律保留原则及比例原则的重要意义，即国家干预必须具有法律上的依据并以法律手段进行，在时间、手段与程度上须与保护儿童权利的需要相对应，不能过度干预。[3]也有学者认为，儿童国家监护制度的构建体现并作用于国家与儿童、国家与家庭的关系。此两组关系的本质决定了儿童国家监护应秉持终极负责、有限干预理念和儿童最大利益、家庭场域有限的基本原则。[4]儿童国家监

---

〔1〕 参见郑净方：《家庭法视域下儿童权利研究——以〈联合国儿童权利公约〉为文本分析》，法律出版社2020年版，第186—190页。

〔2〕 See Laurence D. Houlgate, *Philosophy, Law and the Family: A New Introduction to the Philosophy of Law*, Springer, 2017, pp.93-100.

〔3〕 马忆南：《婚姻家庭法领域的个人自由与国家干预》，载《文化纵横》2011年第1期，第45—50页。

〔4〕 邓丽：《国家监护的制度框架与规范路径》，载夏吟兰主编：《从父母责任到国家监护——以保障儿童人权为视角》，中国政法大学出版社2018年版，第242—258页。

护应考虑家庭自治与国家干预监督相结合的多重责任原则。[1]厘清国家公权力干预与家庭自治的边界，能够确保相关具体制度的正确走向，推动中国的儿童国家监护与国际人权标准和保护儿童权利的基本价值接轨，实现为儿童提供全面的、兜底的国家保护。在整合已有观点的基础上，本书认为，比例原则及正当程序原则为明确国家干预儿童监护事务的合理限度提供了考量依据。

一、比例原则对干预手段适当性的保障

儿童是具有独立地位的人权主体，儿童权利的独立化是亲子权利冲突的逻辑前提。当处置儿童监护事务存在利益冲突时，父母或其他监护人并不必然始终维护儿童的最大利益，因此，为了保护儿童权利，国家公权力机关应及时干预和介入儿童的家庭监护。儿童国家监护充分体现了"家长主义"（paternalism）的重要理念。国家作为儿童的兜底监护人，得以行使国家公权力干预和介入决断儿童利益的相关事务。然而，即便是以维护儿童的身体和精神利益为目的，国家对个人及家庭自由权利的限制亦应明确界限。[2]国家干预在目的上的正当性并不能成为其干预的充分条件，国家干预不仅应以维护儿童的最大利益这一正当目的为前提，还应符合必要的前提条件，并以可被证明适当有效的方式进行。即国家虽有权基于保护的理念介入家庭领域，依法为儿童提供保护，但仍应尊重公民对个人生活事务的决定权，确保相应的干预措施符合必要限度。国家公权力干预儿童家庭监护事务必须遵循比例原则，在实践、手段与程度上应与保护儿童权利的需要相对

---

〔1〕　林艳琴：《我国未成年人监护制度的理论与实践》，中国法制出版社2017年版，第29页。

〔2〕　See Laurence D. Houlgate, *Philosophy, Law and the Family: A New Introduction to the Philosophy of Law*, Springer, 2017, pp. 105–106.

应。比例原则的内核在于强调干预的适度性，反对过度干预。其对包括民法在内的整个法律秩序发生作用。[1]涉及国家与家庭间的关系，国家不仅不能随意越界干预个人和家庭的私生活，而且不能过度干预。在保障儿童人权、实现儿童最大利益的目的之下，应在充分评估儿童利益受损的不同原因、后果及程度的基础上决定国家采取的具体介入手段。[2]

（一）比例原则的内在逻辑

比例原则源自大陆法系的德国，发端于行政法。长期以来，一方面，从适用范围来看，比例原则不仅盛行于大陆法系国家，还对区域法与国际法，以及英美法系国家的国内法产生影响。另一方面，从部门法角度来看，比例原则开始突破公法领域的局限，渗透民商法、刑法和诉讼法等其他法律部门，体现出发展成为整个法律体系的基本原则的趋势。有学者总结，比例原则在犯罪与罚则间建立了平衡，从而对国际刑事司法产生影响。[3]与此同时应明确，虽然比例性是各个知识领域的研究对象，跨学科的方法能够超越严格的法学方法从而看到比例的新维度，但考察比例原则的一般科学方法和法学方法不应混为一谈，尤其是从宪法视角出发，法教义学的分析方法具有重要价值。[4]比例原则正在经历某种"突破性进程"。有学者指出："对比例原则的适用规则创制

〔1〕 郑晓剑：《比例原则在民法上的适用及展开》，载《中国法学》2016 年第 2 期，第 143—165 页。

〔2〕 夏吟兰、林建军：《人权视角下儿童国家监护制度的构建》，载夏吟兰主编：《从父母责任到国家监护——以保障儿童人权为视角》，中国政法大学出版社 2018 年版，第 329—352 页。

〔3〕 Venus Ghareh Baghi, T. R. Maruthi, "The Principle of Proportionality in International Criminal Law", *Acta Universitatis Danubius Juridica* 2011, Vol. 7, pp. 5–16.

〔4〕 A. V. Dolzhikov, "The Constitutional Principle of Proportionality: An Interdisciplinary Approach", *Perm University Herald Juridical Sciences* 2020, Vol. 47, pp. 6–27.

经历了从隐含适用到明示适用，从嫁接性适用、直接性适用再到宣示性适用的发展历程。"〔1〕涉及比例原则的内涵，传统认为其应包括适当性原则、必要性原则以及狭义比例原则（均衡原则）三项内容。伴随着社会与法治的发展，比例原则在具体内涵上有了进一步的丰富和发展。例如，对目的正当性的考量。

比例原则有助于为权力与权利的行使提供合理的尺度。比例原则不仅是一项行政法原则，在公法和私法领域还有着更广泛的应用。〔2〕传统公法概念认为，比例原则的根本功能在于对防御性权利的保障，即针对国家的消极义务，要求国家不得任意、非法地侵犯公民的基本权利。遵循比例原则能够有效避免国家公权力对公民个人自由的不合理侵害，而目的与手段之间的利益衡量则体现在"公共利益与私人权益"的权衡之中。〔3〕比例原则的基本理念在于只有在干预相对于一个更高的利益而言是必要的、干预适合于达成所欲求之目的且采用最和缓的手段，才能对个人自由及私法自治进行干预。〔4〕其要国家公权力不得"不择手段"地寻求特定目的的实现。〔5〕

传统观点认为比例原则包含适当性原则、必要性原则以及均衡原则三项内容。〔6〕首先，适当性原则是指当法律或行政权的行

---

〔1〕 赵贵龙：《规则创制：以比例原则司法审查标准为视角》，载《法律适用》2021 年第 7 期，第 88—99 页。

〔2〕 刘权：《比例原则适用的争议与反思》，载《比较法研究》2021 年第 5 期，第 172—187 页。

〔3〕 参见蒋红珍：《比例原则适用的范式转型》，载《中国社会科学》2021 年第 4 期，第 106—207 页。

〔4〕 郑晓剑：《比例原则在民法上的适用及展开》，载《中国法学》2016 年第 2 期，第 143—165 页。

〔5〕 参见张翔：《财产权的社会义务》，载《中国社会科学》2012 年第 9 期，第 100—119 页。

〔6〕 参见陈璇：《正当防卫与比例原则——刑法条文合宪性解释的尝试》，载《环球法律评论》2016 年第 6 期，第 36—58 页。

使给公民权利造成侵害时，受侵害的利益不得超过所追求的利益。在涉及儿童监护事务时，体现为国家公权力对儿童家庭权利的限制应是为了维护儿童的合法权益以及儿童家庭生活的和谐稳定的更大利益。其次，必要性原则是指在可达到法定目的所有措施中，国家应采取对公民权利减损程度最小的措施。必要性应包括对必要情形和必要措施的考量。如在《欧洲人权公约》第 8 条对家庭生活和隐私的保护中，公约明确规定，只有"为了国家安全、公共安全或者国家的经济福利的利益考虑，为了防止混乱或者犯罪，为了保护健康或者道德，为了更好地保障他人自由和公共利益"，才能干涉私人与家庭的生活、通信隐私。必要性原则明确只有在法定介入条件成就时，国家公权力才可干预和介入儿童家庭监护的私领域。最后，均衡原则是指国家权力的行使措施与所欲达到之目的间必须相称和均衡，不允许采取带来侵害明显超过法定目的所能实现价值的措施。

对于比例原则的逻辑结构，存在"二阶"说、"三阶"说及"四阶"说三种典型观点。"二阶"说则认为均衡原则无独立存在的必要，其可归入必要性原则之中，因而比例原则应只包括必要性原则和均衡性原则。[1]"三阶"说认为比例原则包括适当性原则、必要性原则和均衡原则三项子原则。"四阶"说认为应将正当性原则纳入比例原则。将正当性原则纳入比例原则之内涵有利于从限制目的这一角度，实现对人权的保护和对实质民主及良好行政的促进。尤其在近年来，有学者主张为顺应政治与法治环境的变化，考虑逻辑的周延性，应借鉴西方法治国家的经验将目的正当性纳入比例原则。[2]

---

〔1〕 参见姜明安主编：《行政法与行政诉讼法》（第七版），北京大学出版社、高等教育出版社 2019 年版，第 16 页。

〔2〕 刘权：《目的正当性与比例原则的重构》，载《中国法学》2014 年第 4 期，第 133—150 页。

虽然将对目的正当性的考量纳入比例原则的观点并未得到学界的广泛认同，如有学者明确指出，无论是从滥用职权与明显不当审查功能的划分层面还是从目的正当性审查的功能属性层面考量，将目的正当性纳入比例原则都是不妥当的。[1]但应当承认，对目的正当性的考量对于构建儿童国家监护法治体系而言具有重要的参考价值。从实现实质正义的角度考虑，对目的正当性的强调应是国家干预儿童家庭监护的重要内容。一方面，应确保对儿童家庭监护的干预以实现儿童的最大利益为目的；另一方面，合目的性要求国家将对儿童家庭的限制控制在一定目标范围之内并禁止以任何其他理由限制家庭的权利。

（二）比例原则对确保国家适当干预的指引

儿童国家监护的基本理念要求国家公权力对儿童父母监护的干预措施符合比例原则。以比例原则为基础厘清国家公权力与家庭私权自治的边界，能够确保国家干预和介入儿童家庭监护的相关措施符合正当性、适当性、必要性及均衡性的要求，从而避免国家公权力对家庭监护私权利的任意干涉和非法侵犯。首先，国家对儿童父母监护权的干预必须符合儿童的最大利益，即以促进儿童的健康成长为首要目的。其次，国家采取的干预措施应是必要的，应确保首先尊重儿童的家庭监护，并优先选择对父母子女关系影响最小的干预措施。最后，应确保国家采取的干预措施对儿童权益的增进与对父母子女关系的损害成比例，即采取符合比例的分层次的干预措施。[2]

第一，国家对儿童家庭监护的干预必须符合儿童的最大利益。

---

〔1〕 杨登峰：《合理、诚信抑或比例原则：目的正当性归属之辩》，载《中外法学》2021 年第 4 期，第 943—962 页。

〔2〕 何挺：《论监护侵害未成年人与监护人资格撤销的刑民程序合一——以附带民事诉讼的适用为切入点》，载《政治与法律》2021 年第 6 期，第 15—25 页。

比例原则产生于民主法治理念确立的初期，在发展初期以控制行政权、摆脱专制统治从而维护法律的绝对至上地位为目的。而后伴随实质法治国家阶段的到来，法院有权通过适用比例原则来促进实质民主并保障基本人权。一方面，比例原则具有规范所有国家权力的效力，这对于规范国家公权力对儿童家庭私权的干预和介入，构建儿童国家监护法治体系而言至关重要。另一方面，比例原则可以有限度地调整权利与权利之间的关系，其在一定程度上重申权利行使有边界而不能超出必要限度的意旨，能够在处理儿童监护事务时推动对父母家庭权利及儿童权利的平衡。伴随对实质法治和人权保障的重视程度的不断加深，对目的正当性的考量在很多国家和地区受到重视。无论是行政目的还是立法目的，所有公权行为的目的都应具有正当性。[1]根据以国际人权公约、人权宣言、联合国人权条约机构一般性意见等国际人权文件为基础确立的国际人权标准，在涉及儿童监护事务时，确保目的正当性的基础在于对儿童最大利益的考量。

值得注意的是，儿童最大利益原则在具体实践中存在的局限使得适用比例原则具有必要性。儿童最大利益具有一定的模糊性和不确定性，如有法官指出，在没有明确具体的法律规则时，对"最大利益"的判断在很大程度上受决策者价值观的影响，人们很容易受制于法官的自由裁量权。[2]严格来讲，这在一定程度上导致了裁判结果的不可预测性以及某种程度上的任意性。[3]司法裁

〔1〕 刘权：《比例原则适用的争议与反思》，载《比较法研究》2021 年第 5 期，第 172—187 页。

〔2〕 See Stephen Parker, "The Best Interest of the Child: Principles and Problems", in Philip Alston ed. , *The Best Interest of The Child: Reconciling Culture and Human Rights*, Oxford University Press, 1994, pp. 26-27.

〔3〕 See Laurence D. Houlgate, *Philosophy, Law and the Family: A New Introduction to the Philosophy of Law*, Springer, 2017, p. 129.

判依据的重点从父母需求转向儿童需求是值得称赞的，但随之而来的标准不确定性问题也亟待解决。[1]对儿童最大利益原则的理解不应绝对化，国家在适用儿童最大利益原则时存在权力扩张的风险，且仅适用儿童最大利益原则并不能有效解决儿童国家监护面临的权利冲突困境。有学者指出，儿童最大利益原则不能为儿童国家监护制度的设计及运行提供实质层面上的指导，也不能为国家权力对人权和基本权利的干涉提供明确清晰的界限。[2]父母子女关系的人权和基本权利指向决定了权利思维在儿童国家监护制度建构中的普遍适用，遵循比例原则为弥合国家在儿童家庭监护事务中所负消极和积极义务之间的张力提供了可行路径。例如，在欧洲人权法院审理的案件中，其为不同利益间的平衡提供了更为透明的司法推理，克服了儿童最大利益原则所面临的模糊性困境。[3]

第二，国家对儿童家庭监护的干预必须以尊重儿童的家庭监护为前提。家庭本身是一种包含了生物性和社会性的自然规律，亲属法是在反映了婚姻家庭的自然规律的基础上被规定下来的，而婚姻家庭的自然规律是家庭赖以产生和存在的自然条件和固有规律。婚姻家庭的自然规律对人们起着制约作用。虽然亲属法的良善主要取决于其所内涵的伦理价值，但形式上的保证亦为不可或缺之要素。反映和确立亲属立法的伦理除借力于伦理的"应然"外，还需在形式上通过符合伦理性的立法来具体实现。因此，国

---

〔1〕 See Steven N. Peskind, "Determining the Undeterminable: The Best Interest of the Child Standard as an Imperfect but Necessary Guidepost to Determine Child Custody", *Northern Illinois University Law Review* 2005, Vol. 25, pp. 449-482.

〔2〕 刘征峰：《以比例原则为核心的未成年人国家监护制度建构》，载《法律科学（西北政法大学学报）》2019年第2期，第117—130页。

〔3〕 刘征峰：《亲子权利冲突中的利益平衡原则——以欧洲人权法院判例为中心》，载《华中科技大学学报（社会科学版）》2015年第5期，第35—44页。

家在亲属领域所采取的所有立法、行政及其他措施均应尊重血缘关系的自然规律，在处理涉及儿童监护的相关事务时首先尊重儿童家庭的自然纽带。[1]父母在关于其子女的相关事务中行使主要的控制权是所有自由社会的基本权利规则。[2]通常来说，与学校及其他社会部门相比，儿童，尤其是幼儿，在绝大多数时间里处于父母或其他法定监护人的照料之下，尊重儿童的家庭监护至关重要。联合国儿童权利委员会强调了儿童在家庭环境中成长的重要意义，指出家庭是社会的基本单元，是儿童成长和获得福祉的自然环境，防止家庭分离以及维护家庭环境是保护儿童权利的重要组成部分。国家应为儿童家长提供支助，并采取措施增强或恢复儿童家庭监护的能力。[3]

　　家庭权利的核心内容要求国家必须自我克制，尊重家庭的自治。家庭权具有防御性功能，要求国家履行尊重义务。自然情感和私密性是家庭关系的最大特点。家庭自治的理论正当性源自个人自治，基于"自我决定权"的个人自治赋予个人对自己行为和利益独立判断和决策的权利。家庭自治是个人生活隐私权保护的自然延伸。[4]国家公权力与个人的自治权应保持分离与制衡的良性互动，一方面，国家公权力应尊重自治体独立自治的特征，不得任意介入自治领域干预自治体的活动和运作；另一方面，为保护个体的基本权利，国家公权力应在自治权发生变形与异化时及时

---

〔1〕　曹贤信：《亲属法的伦理性及其限度研究》，群众出版社 2012 年版，第 238—242 页。

〔2〕　Rose Mary Zapor, "Who is in the Best Interest of the Child", *Preventive Law Reporter* 2000, Vol. 18, pp. 27–29.

〔3〕　联合国儿童权利委员会：《第 14 号一般性意见：儿童将他或她的最大利益列为一种首要考虑的权利（第 3 条第 1 款）》，CRC/C/GC/14，2013 年，第 61 段。

〔4〕　参见王琼雯：《家庭权初论》，吉林大学出版社 2020 年版，第 116 页。

介入，提供来自外部的纠正和保护。[1]国家对家庭的尊重应体现在两个方面：一方面，家庭作为私法领域的自治组织，对其内部事务的处理享有排他性的权利。在这一方面，家庭的内部规则发挥主要作用。值得注意的是，在现代社会中，此种自治应是全体家庭成员的共同自治而非家长一人的自治。另一方面，家庭自治以保护自身免受包括国家在内的其他组织和个人的侵犯，维护家庭完整并保护家庭隐私不受侵犯为主要内容，法律应规定对家庭的保护，在维护家庭中发挥积极作用。我国宪法强调了国家权力对保障个人权利的积极作用，国家有义务采取积极有效的保护措施，以真正实现公民的自由和平等。[2]基于此，儿童国家监护的首要考虑应是国家行使公权力从外部为有需求的家庭提供支持和帮助，提供外部辅助是常态，而干预和介入应是在必要情形发生时的例外。

第三，国家对儿童家庭监护的干预必须采取符合比例的分层干预措施。儿童享有权利主体地位的人权观念为儿童国家监护制度提供了正当化基础，而父母基于自然的血缘关系得以保持与儿童间的关系同样是基本人权。这一权利制衡关系决定了儿童国家监护应遵循比例原则。伴随基本权利的防御性功能深入人心，从遵循比例原则的视角出发构建儿童国家监护法治体系应考虑实体和程序两个层面的安排。实体措施上的分层是前提和基础，而建立在目的与手段权衡之上的程序规则正是儿童国家监护具体措施的正当性的有效保障。具体而言，国家干预措施所适用的对象、时间、内容和程度构成了分层的标准，而程序的启动条件、证明

---

〔1〕　周安平：《社会自治与国家公权》，载《法学》2002年第10期，第15—22页。

〔2〕　陈征：《宪法中的禁止保护不足原则——兼与比例原则对比论证》，载《法学研究》2021年第4期，第55—72页。

标准、证明责任的分配以及父母子女程序性权利的保障等要素则构成了具体的程序规则。[1]

此外，采取分层干预措施要求介入主体的多元性。根据《民法典》及《未成年人保护法》的规定，国家公权力对儿童家庭监护事务的干预和介入涉及法院、民政部门、居民委员会、村民委员会、学校、医疗机构、妇女联合会、残疾人联合会、儿童保护组织等多方主体。在国家履行儿童监护职责的过程中，不论是政府民政部门，还是村民委员会、居民委员会，实际上都是代表国家对儿童的家庭监护进行协助、监督或者代位承担监护职责，对儿童原有的家庭监护承担尊重、保护、实现或给付的义务。[2]也就是说，国家介入儿童家庭关系的主体不仅包括法院、民政部门等行使国家公权力的机关；还包括居民委员会、村民委员会、学校、医疗机构、妇女联合会、残疾人联合会等行使社会权的组织。[3]采取分层干预措施既要求明确处于首要、主导地位的介入主体及其可以采取的相应干预措施，又强调明确各介入主体之间的关系，实现不同层级的干预措施间有序衔接。例如，村民委员会和居民委员会与家庭及其成员间的联系紧密，相较于其他介入主体而言，具有全面收集信息、及时发现问题的能力以及介入方式易于被接受的优势，应将其置于采取儿童家庭监护干预措施的优先层级。此外，应明确其与其他介入主体间的关系，规范各主体间分层干预措施相互移交和衔接的法定情形。如村民委员会和居民委员会工作人员发现监护人侵害儿童权利造成严重后果时，应实现信息

---

〔1〕 刘征峰：《以比例原则为核心的未成年人国家监护制度建构》，载《法律科学（西北政法大学学报）》2019年第2期，第117—130页。

〔2〕 参见梁春程：《公法视角下未成年人国家监护制度研究》，载《理论月刊》2019年第3期，第102—109页。

〔3〕 肖新喜：《论民法典婚姻家庭编的社会化》，载《中国法学》2019年第3期，第105—122页。

共享和报告环节的高效畅通，确保行使国家公权力的公安机关及民政部门的及时介入。最后，应明确介入儿童家庭监护事务的最后责任承担者，在保护儿童权利的具体实践中落实国家民政部门的兜底监护职责。

二、正当程序原则对干预过程适当性的保障

正当程序源自西方自然正义观，是自然正义观在成文法、程序法中的表达。在西方国家长期的法治历史演进过程中，尽管自然正义原则的内涵在不断发展，但其所具有的普适性价值始终被广泛认同。[1]正当程序原则包括两个层面的显著特征：其一，其要求"实质性"的正当法律程序，即体现实体性法则的特征；其二，其要求"程序性"的正当性，体现程序性法则的形式特征。程序的派生性从根本上决定了其以实现结果的正当性为目的，而程序的相对独立性则决定了程序正当本身的价值。[2]从适用范围或对象来看，正当程序自始就是针对限制或者剥夺生命、自由和财产等权利的行为。如 1215 年英国《自由大宪章》第 39 条规定："凡自由民者，如未经其同级贵族之依法裁判，或经国法判决，皆不得被逮捕、监禁、没收财产、剥夺法律保护权、流放，或加以任何其他损害。"又如 1791 年《美国宪法第五修正案》规定："无论何人……不经正当法律程序，不得被剥夺生命、自由或财产。"进入现代以来，正当程序原则所保护的权益范围虽有所拓展，但其针对干预性国家行为的基本特性并未改变。例如，我国《宪法》第 37 条第 2 款和第 3 款规定："任何公民，非经人民检察院批准或者决定或者人民法院决定，并由公安机关执行，不受逮捕。禁止

---

〔1〕　See William Wade, *Administrative Law*, Oxford University Press, 1988, p. 468.

〔2〕　参见赵龙：《民刑交叉诉讼中正当程序原则适用的规范性考察》，载《华东政法大学学报》2021 年第 3 期，第 144—159 页。

非法拘禁和以其他方法非法剥夺或者限制公民的人身自由，禁止非法搜查公民的身体。"明确要求国家机关在作出限制或剥夺相对人权益或增加其义务的决定时，必须遵循正当的法律程序，满足中立性、参与性及公开性的基本要求。[1]儿童国家监护是以国家公权力对儿童家庭监护私权领域的干预为核心内容，体现了以保护儿童权利为目的的对其他权利和利益的剥夺和限制。因此，明确正当程序原则的内涵及其对儿童国家监护的要求，能够为国家干预提供过程适当性的保障。

（一）正当程序原则的基本内涵

正当法律程序最早源自行政法领域，但因具有盖然性、灵活性的特点从而可适用于其他法律治理领域。正当程序原则既要求实体法层面的程序公正性，亦要求程序法层面的程序独立性。程序的派生性决定了程序目的的价值取向，即实现诉讼结果的正当性，而程序的相对独立性则从形式上决定了程序本身的价值，即程序正当性。[2]正当程序的内在要求随着时代发展而发生了一定变化，从最初强调"任何人不能作为自己的法官"，到后来纳入了公开性的相关内容。整体而言，正当程序必须满足中立性、参与性、公开性、可救济性等要素。值得注意的是，正当程序原则与公平程序原则在内涵上存在重合之处，后者也强调反对偏见规则及公平听证程序的重要性。[3]

第一，正当程序原则强调实质性的程序公正。程序的公正具体体现在以下方面：①行政程序必须避免所作出的任何决定带有

---

〔1〕 参见杨登峰：《行政程序法定原则的厘定与适用》，载《现代法学》2021年第1期，第74—89页。

〔2〕 参见裴苍龄：《程序价值论》，载《河北法学》2011年第12期，第56—65页。

〔3〕 See Peter Cane, *Administrative Law*, 4*th* ed., Oxford University Press, 2004, p. 144.

任何偏见，保障行政行为的当事方得到平等的对待。有学者指出："诉讼制度或程序真正永恒的生命基础在于它的公正性。"[1]②行政程序必须体现行政行为的相对方在行政权运行过程中的有效参与，即利益或权利可能受到程序法律结果直接影响的法律主体应有充分的机会有意义地参与法律程序。这一理念在后来逐步发展中形成了回避制度。在司法实践中，裁决主体是否存在偏见的判断标准既包括衡量偏见的确实可能性，亦包括考虑偏见的合理怀疑。③法律程序的每一个阶段和步骤应以对当事人及社会公众公开的方式进行。这一要求已经体现在了针对公平听证的相关规则中，即任何人或团体在行使权利可能使他人受到不利影响时必须听取对方的意见，人人享有进行辩护和寻求救济的权利。[2]④应保障行政行为的当事方享有救济的权利并实际获得寻求救济的渠道，并以此为目的建立健全程序上的纠错机制。

正当程序具有高度的灵活性，依据具体案件的不同情形有着不同的表现形式。为此，应进一步明确正当程序的利益衡量标准以确保程序的实际公正。有学者认为可以回顾美国联邦最高法院在1976年审理的"马修斯诉埃德里奇案"中提出的正当法律程序的利益衡量标准。在该案中，美国联邦最高法院称正当程序是灵活的，对其必须从三个层面进行考虑：①应考虑受行政行为影响的私人利益，即被政府剥夺的私人利益越重要，就越要求采取更多的程序保障。②应考虑当事人的合法权益被错误地剥夺的风险，风险越大则越要求为其提供程序上的保障。③应考虑政府的利益，

---

〔1〕 柴发邦：《体制改革与完善诉讼制度》，中国人民公安大学出版社1991年版，第39页。

〔2〕 参见周佑勇：《行政法的正当程序原则》，载《中国社会科学》2004年第4期，第115—124页。

即权衡可能带来的财政和行政负担是否相当。[1]

第二，正当程序原则强调形式上的程序独立。程序是以解决实体问题为目的的，因此具有派生性。但同时，程序又因其自身所具有的手段价值而具有相对独立性。程序的派生性和独立性共同决定了程序和实体之间的关系，因此既不能片面推崇"以实现实体法为唯一正当目的"的程序工具主义，亦不能走向"程序公正即意味着裁判结果公正"的程序本位主义。正当程序要求司法机关的一切程序行为均应符合法律规范、道德规范及客观规律，程序的过程不正当也应视作是违法。[2]美国法院在解释中指出，宪法规定的正当程序具有两个层面的含义：一是作为实体法的概念，要求实质性的公平与正义；二是作为程序法规则。而作为程序法规则的正当法律程序要求政府的"正式行动必须符合对个人的最低公正标准，如得到充分通知的权利和作出裁决之前的有意义的听证机会"[3]。程序独立能够为实现保障儿童权利的实质正义提供前提和基础，就这个层面而言，在充分保障实质层面的公平性、参与性、公开性及可救济性的同时，注重对形式层面程序性价值的尊重和维护对构建儿童国家监护法治体系而言至关重要。

值得特别注意的是，有必要厘清正当程序原则与程序法定原则的区别。正当程序与程序法定常常发生混淆。一方面，在涉及具体案件时，当事人或法院有时会使用"违反了正当程序及程序法定原则"的表述，不加区别地把程序法定和正当程序等原则作

---

[1] 刘东亮：《什么是正当法律程序》，载《中国法学》2010 年第 4 期，第 76—88 页。

[2] 参见裴苍龄：《程序价值论》，载《河北法学》2011 年第 12 期，第 56—65 页。

[3] ［美］欧内斯特·盖尔霍恩、罗纳德·M. 利文：《行政法和行政程序概要》，黄列译，中国社会科学出版社 1996 年版，第 119 页。

为共同评价标准。另一方面，实践中存在虽然以程序法定原则为单一评价标准，但是赋予其正当程序原则之内容的情形。二者在适用范围层面表现出一定的互补性。正当程序原则主要适用于涉及某些问题而法律程序未作出明确规定的情形。在成文法未作规定或未作详细规定时，行政机关应遵循正当程序原则。以此为基础，有学者对正当程序原则与程序法定原则进一步加以区分，指出，其一，"有且只有义务性程序"应遵循程序法定原则，以避免因行政机关自行设定或任意增加义务性程序而造成当事人行为成本的增加。其二，"权利性程序"应遵循正当程序原则。正当程序原则主要针对干预性行政行为，要求行政机关在作出限制或者剥夺相对人权益或增加其义务的决定时，必须经过正当的法律程序。因此，涉及"权利性程序"时应体现正当程序原则。[1]

（二）正当程序原则对国家适当干预的指引

正当程序原则既要求在实质性层面确保儿童国家监护相关法律程序具有公平性、参与性、公开性及可救济性，亦要求实现相关程序本身的独立价值，在具体层面体现法律的科学性和合理性。以正当程序原则为依据构建儿童国家监护法治体系，既要求在立法中对国家公权力干预儿童家庭监护事务的相关程序和具体措施进行预设，又要求在国家监护的具体实践中有关部门能够严格依据法律，真正做到依法履职。此外，为确保儿童国家监护能够实际发挥保障儿童权利，推动实现儿童最大利益的最终目的，应在制度构建过程中设置必要的监督和救济程序，确保实体法正义与程序法正义真正相互依存、相辅相成。

第一，正当程序原则要求国家干预必须明确遵从法定程序。

---

[1]　杨登峰：《行政程序法定原则的厘定与适用》，载《现代法学》2021 年第 1 期，第 74—89 页。

程序对权力的行使具有规制、抑制、指引和平衡的作用，正当程序能够有效控制权力的肆意和专横，避免公权力对公民权利产生威胁。[1]良好的行政程序至少具有行为引导、品质改善、正义实现、民主参与、权力制约、意志统一、利益平衡、权利救济和责任追究九大功能。[2]程序不仅能够确保当事人参与权的有效实现，还能够维护人的尊严、树立行政公权力的权威并提高行政公权力的公信力。[3]对家庭相关权利的限制尤其应该严格遵循宪法精神和法律原则，并在形式层面采取法律明确规定的方式对国家公权力介入儿童监护事务的相关程序进行事先预设，只有这样，才能有效避免国家公权力对家庭的任意干涉，实现儿童受保护权与家庭自治权之间的平衡。

正当程序原则要求程序在实质层面必须具有中立性、参与性与公开性，在形式层面必须具有独立性。在价值层面，正当程序既是实现结果正义的保障，其本身也体现着独立的内在价值，即行政程序自身的正当性。程序本身符合正义的要求决定了实体结果的正当性。[4]落脚到儿童国家监护制度，为实现对儿童权利的保护，应确保儿童国家监护的相关程序在设计时强调保持中立而避免偏私，实现儿童及其他利害关系人的平等有效参与，确保程序进展对相关当事人的公开透明，并应特别注意儿童的特殊性和

---

〔1〕 吴建依：《程序与控权》，载《法商研究（中南政法学院学报）》2000 年第 2 期，第 41—45 页。

〔2〕 申欣旺：《最高法副院长江必新：行政程序立法时机已经成熟》，载 https://news. sina. com. cn/c/sd/2010-05-13/125220264708_ 5. shtml，最后访问日期：2021 年 11 月 13 日。

〔3〕 黄学贤：《正当程序有效运作的行政法保障——对中国正当程序理论研究与实践发展的学术梳理》，载《学习与探索》2013 年第 9 期，第 59—69 页。

〔4〕 参见戴建华：《行政决策的程序价值及其制度设计》，载《云南社会科学》2012 年第 4 期，第 71—75 页。

重要性，为儿童提供全面的、可获得的、特别的权利救济措施和渠道。值得注意的是，国际人权公约、人权宣言以及人权条约机构一般性意见等国际人权文件从"不歧视"的视角为国家履行人权义务提出了程序层面的要求，即要求国家在涉及儿童的相关程序中避免歧视。其一，禁止一般意义上的对儿童的歧视。联合国儿童权利委员会在解释"不歧视"时也提到了"平等"，说明在实际中有时会交替使用"平等"及"不歧视"两项原则。[1]此处所指的"歧视"包含三项核心因素，即不受欢迎地对待、基于歧视理由和无适当理由。[2]其二，禁止基于特定理由的歧视。例如，涉及儿童性别问题，联合国人权事务委员会关注对男童和女童的平等保护，强调缔约国应在对男童和女童平等的基础上履行保护儿童的义务。[3]此外，国家应建立对公权力机关相关决策的合法审查机制，通过设置相应的程序从职责权限、决策程序以及决策内容等多个层面进行监督和审查，确保国家公权力对儿童家庭的干预和介入符合维护儿童最大利益的目的，并严格遵循法律规定的各项要求。

第二，正当程序原则要求国家干预必须为儿童提供特别的程序保障。作为民事诉讼的基本理念，学者认为："程序保障是指通过建立一系列能使当事人及利害关系人就民事诉讼中的事实、证据、法律等问题充分陈述意见和主张其权利的程序，保障相关主体能够有影响地参与法院解决其争议的相关活动。程序保障的目的在于使裁

---

〔1〕　联合国儿童权利委员会：《第14号一般性意见：儿童将他或她的最大利益列为一种首要考虑的权利（第3条第1款）》，CRC/C/GC/14，2013年，第41段。

〔2〕　Committee on the Rights of the Child, Concluding Observations on the Committee on the Rights of the Child: Belgium, CRC/C/15/Add. 178, 2002, para. 6.

〔3〕　联合国人权事务委员会：《第28号一般性意见：第三条（男女权利平等）》，CCPR/C/21/Rev. 1/Add. 10，2000年，第28段。

判所涉当事人及利害关系人成为程序主体而非客体。"[1]考虑到儿童身心发育不成熟的特殊性，为实现儿童的最大利益，应对"程序保障"的内涵有所延伸，对儿童的程序性保障应贯彻案件处理的全过程。

在处理涉及儿童的监护事务，尤其在监护人严重侵犯儿童权利的案件中，不仅应考虑在诉讼中对儿童进行程序性保护，还应在发现报告、应急处置、安置庇护等各个环节为儿童提供全面的特别程序保障。国家应采取适当程序性措施确保儿童的受监护权得到保护，该措施既包括在消极层面的禁止不公正对待，又包括在积极层面的为保护儿童提供保护。[2]具体而言，一方面，在涉及儿童监护事务时，通常存在处于矛盾对立面的儿童父母一方代替子女与父母另一方相对抗的情形，其因自身利益的驱使在代子女进行诉讼行为时难免裹挟自己的情感及利益诉求。儿童的最大利益才是法院作出裁判的首要考虑因素，而探究儿童的最大利益及其真实意愿则需要通过科学的程序设计来实现。例如，在我国相关实践中，已有法律政策规定了在处理儿童抚养、儿童监护事务时听取有表达意愿能力的儿童的意见，但相关法律文件并未对具体程序性细节进行展开，在实施层面缺少标准统一、具有可操作性的保障程序。另一方面，在监护人严重侵犯儿童权利案件中，儿童与其父母存在直接的利益冲突，有必要建立完善的程序机制，确保实现在不同环节相关职责部门间的信息共享和衔接协调，及时将儿童带离家庭并为其提供安置和保护。在相关立法明确为儿

---

[1] 任凡：《论家事诉讼中未成年人的程序保障》，载《法律科学（西北政法大学学报）》2019年第2期，第131—138页。

[2] Samantha Besson, Eleonor Kleber, "The Right to Non-Discrimination", in John Tobin ed., *The UN Convention on the Right of the Child: A Commentary*, Oxford University Press, 2019, p. 18.

童提供特别保护的同时，程序保障应成为在实质层面实现儿童利益的前提和基础。此外，针对儿童的程序保障应关注平等问题。为此，国家应确保儿童与成年人地位平等、与青少年地位平等以及儿童之间的平等，通过正当的程序，确保儿童不因种族、肤色、性别、语言等因素而受到与其他儿童不平等的待遇，并应采取措施，为残疾儿童、农村儿童、流动儿童等群体提供更具针对性的特别保护。[1]

小　结

儿童国家监护的概念是伴随人类社会的不断发展而确立并取得广泛共识的，儿童监护事务历经了从绝对从属于家庭私领域到国家公权力逐步干预介入的重大变革。儿童国家监护指国家行使公权力对儿童监护事务的全环节介入。在儿童的家庭监护缺位、不力或不利而严重损害儿童的合法权益时，由国家行使公权力介入家庭监护为儿童提供全面、兜底的权利保护，对确保儿童充分享有受监护权具有至关重要的意义。

家庭是人类社会生活最基本的单元，儿童长大成人离不开父母的照料，父母是抚育儿童的核心人物。父母子女间基于天然的血缘关系，既构成伦理意义上的亲子关系，在日常生活中对彼此产生不容忽视的双向影响，亦产生法律层面上的权利义务关系，父母在亲权与监护制度的规制之下履行抚养和教育未成年子女的法定义务。然而，事实证明父母子女间也存在权利冲突，父母并

---

[1]　Samantha Besson, Eleonor Kleber, "The Right to Non-Discrimination", in John Tobin ed., *The UN Convention on the Right of the Child: A Commentary*, Oxford University Press, 2019, p. 3.

非始终能够作出最符合儿童利益的决策和行为。伴随父母或其他监护人侵犯被监护儿童权益案件的频发，父母对儿童的严重忽视或直接侵害构成了对其监护适格性的挑战，也奠定了国家公权力干预和介入儿童家庭监护的必要性基础。

儿童的人权是普遍性人权中不可分割、不可剥夺的重要组成部分。儿童具有身心发育不成熟的客观特殊性，依赖成年人提供成长和发展所必需的外部环境，儿童充分享有受监护权是其实现其他各项权利的前提和基础。作为国际人权法的首要义务主体，国家应遵循所批准的各项国际人权公约，采取措施积极履行保护儿童基本人权的国家义务。立足于人权法学的研究强调，国家义务应包括积极采取立法、行政执法及其他措施为儿童的各项权利提供全面的、兜底的公权力保护，保护儿童的基本人权是国家干预和介入家庭私生活的正当理由。实现儿童权利的程度是评判经济社会发展水平及国家现代化所处阶段的重要指征，是检验特定价值取向、福利政策、福利服务与需求满足的重要理论依据。国家承担着促进实现儿童人权的责任，确保儿童的身心健康发展有利于实现整个社会的文明传递和可持续发展。随着社会变迁和家庭结构的转变，为应对人口老龄化、生育率低、少子化现象加剧等新的社会风险，福利国家逐步将社会政策关注的核心议题转向对儿童的照顾。工业革命后，各国开始系统地关注儿童福利，健全和完善儿童福利政策成为国家推动的重要领域。

值得注意的是，儿童国家监护体现了"家长主义"的理念，国家作为儿童的兜底监护人，在必要时应以保护儿童权利为目的行使公权力干预和介入儿童监护事务。儿童国家监护法治体系的构建体现并作用于国家与儿童、国家与家庭、儿童与家庭间的关系。这一多重关系的本质决定了国家对儿童监护事务的干预应秉持适当性的理念，厘清在理论层面的基本问题并以此为基础考量国家公权力介入家庭事务的合法性及合理性。国家干预必须具有法律上的依据并以合法手段进行，此外应在时间与程度上与保护儿童权利的目的相对应。在审视国家干预的适当性问题时，比例原则强调了国家干预的手段适当性，而正当程序原则为国家干预提供了过程适当性的保障。

第二章
儿童国家监护的国际标准

　　国家应给予儿童特殊照料在 1924 年《日内瓦
儿童权利宣言》以及联合国大会于 1959 年 11 月
20 日通过的《儿童权利宣言》中均有所申明。
1948 年 12 月 10 日，联合国大会通过《世界人权
宣言》，并要求人权委员会编制一份连同实施办法
在内的人权公约草案。随后，1951 年，联合国大
会于第 543（Ⅵ）号决议中要求人权委员会起草两
份人权公约，以阐明公民、政治权利，以及经济、
社会和文化权利。[1]1966 年 12 月 16 日，联合国
大会第 2200A（ⅩⅪ）号决议通过《公民权利和政
治权利国际公约》及《经济、社会及文化权利国
际公约》。两公约分别于 1976 年 3 月 23 日和 1976
年 1 月 3 日生效。1998 年 10 月 5 日，我国政府签

---

　　〔1〕　参见张伟主编：《联合国核心人权文件汇编》，中国财富
出版社 2013 年版，第 108 页。

署《公民权利和政治权利国际公约》，但由于条件尚未成熟，并未进行批准公约的法律程序。2001 年 2 月 28 日，全国人大常委会作出批准《经济、社会及文化权利国际公约》的决定，中国于 2001 年 3 月 27 日向联合国递交批准书。1989 年 11 月 20 日，联合国大会通过《儿童权利公约》。《儿童权利公约》是专门以保护儿童权利为核心要义的国际公约，共 54 条内容，涵盖了对儿童文化、经济、政治和社会权利的全面保护。此外，联合国大会于 1979 年 12 月 18 日通过的《消除对妇女一切形式歧视公约》、1990 年 12 月 18 日通过的《保护所有移徙工人及其家庭成员权利国际公约》、2006 年 12 月 13 日通过的《残疾人权利公约》以及 2006 年 12 月 20 日通过的《保护所有人免遭强迫失踪国际公约》等均对国家保护儿童及其家庭的人权义务进行了明确规定。有学者指出："《儿童权利公约》与其他联合国人权公约联系紧密，既直接或间接地相互涉及，也从原则、规则、制度和措辞上相互移植。"〔1〕

　　国际人权法渊源包括国际人权条约，习惯国际法以及包括联合国的宣言、决议和联合国人权条约机构一般性意见在内的确立国际人权标准的辅助资料。〔2〕根据以国际人权公约为核心，以人权宣言及人权条约机构的一般性意见为辅助资料的国际人权法的规范和指引，一方面，可明确国家履行儿童监护责任应遵循的基本原则；另一方面，可总结国家履行儿童监护责任的两个层次的具体要求。除此之外，通过分析包括联合国儿童权利委员会在内的联合国人权条约机构所受理的个人来文，可在具体案件中对国家公权力干预父母子女间的权利义务关系进行深入解读，补充阐释儿童监护国家义务在国际层面的发展趋势和共识。

---

〔1〕　段小松：《联合国〈儿童权利公约〉研究》，人民出版社 2018 年版，第 39 页。

〔2〕　徐显明主编：《国际人权法》，法律出版社 2004 年版，第 32—36 页。

第一节 基本原则对儿童国家监护的指引

"法律原则是为法律规则提供某种基础或根源的综合性的、指导性的价值准则或规范。"[1]基本原则具有普遍适用性，能够弥补法律空白并协调法律条文间的冲突。[2]准确理解基本原则对相关法律的适用具有重要意义。根据以国际人权公约为核心，以联合国人权宣言、决议以及人权条约机构的一般性意见为辅助资料的国际人权标准，保护儿童权利应遵循四项重要的基本原则。

一、不歧视原则

《公民权利和政治权利国际公约》第 26 条第 1 款规定：所有的人在法律前平等，并有权受法律的平台保护，无所歧视。《经济、社会及文化权利国际公约》第 2 条第 2 款亦规定：本公约的缔约各国承担保证，本公约所宣布的权利应予普遍行使，而不得有例如种族、肤色、性别、语言、宗教、政治或其他见解、国籍或社会出身、财产、出生或其他身份等任何区分。作为专门保护儿童权利的核心人权公约，《儿童权利公约》第 2 条确立了保护儿童权利应遵循的不歧视原则。此外，《残疾人权利公约》特别关注残疾儿童，规定"残疾儿童应在与其他儿童平等的基础上充分享有一切人权和基本自由"。此外，其第 3 条申明了不歧视的基本原则，第 5 条、第 7 条则分别规定平等和不歧视的相关缔约国义务，以及缔约国以儿

---

〔1〕 舒国滢：《法律原则适用的困境——方法论视角的四个追问》，载《苏州大学学报》2005 年第 1 期，第 26—31 页。

〔2〕 参见齐湘泉：《基本原则与宣示性条款之辩——〈涉外民事关系法律适用法〉第 3 条再解读》，载《清华法学》2018 年第 2 期，第 194—206 页。

童最大利益为首要考虑并尊重残疾儿童表达意见权的具体措施。

不歧视原则要求国家确保儿童免于遭受来自各个层面的歧视，具体而言，包括：其一，与成年人相比对儿童的歧视。儿童在很长一段时间内不被承认具有独立的权利主体地位，因此与成年人相比更容易受到歧视。不歧视原则要求平等对待儿童利益与成年人利益，尽管儿童被认为更容易受到伤害并且因此需要国家的特别保护。其二，与青少年相比对儿童的歧视。保护儿童免遭歧视要求定义"儿童"，由此划分童年与成年。鉴于《儿童权利公约》对于"儿童"的范围界定并非统一适用于全部国家，因此存在根据一国法律被认定为"儿童"而根据另一国法律被认定为"青少年"的情形，从而在享有权利上受到歧视。其三，儿童与儿童间的歧视。这一层面的不歧视要求国家应确保儿童不因种族、肤色、性别、语言等因素而受到与其他儿童不平等的待遇。此外，"不歧视"还关注残疾儿童与非残疾儿童、农村儿童与城市儿童、流动儿童与当地儿童等之间的歧视问题。[1]不歧视原则从两个层面对国家履行儿童监护责任提出了要求，即国家应尊重并承认儿童不受歧视地享有受监护权，以及国家应采取适当措施确保儿童不受歧视地享有受监护权。

（一）国家尊重并承认儿童不受歧视地享有受监护权

根据《儿童权利公约》第 2 条第 1 款，国家应尊重公约所载明的各项基本人权，并保障管辖内的所有儿童都能不受任何差别地享有权利。由此可知，《儿童权利公约》并未要求保证"平等"，而是强调禁止"歧视"。对此联合国儿童权利委员会指出，《儿童权利公约》中没有提及平等原则并不会对其第 2 条的解释产生重大影响。委员会在解释不歧视原则时也提到了"平等"，说明在实

---

〔1〕 Samantha Besson, Eleonor Kleber, "The Right to Non-Discrimination", in John Tobin ed., *The UN Convention on the Right of the Child: A Commentary*, Oxford University Press, 2019, p. 3.

际中有时会交替使用"平等""不歧视"两个原则。[1]包括国际人权公约、人权宣言以及人权条约机构一般性意见在内的国际人权文件为国家履行人权义务提出了两个层面的要求：一方面，禁止在一般意义上的对儿童的歧视。歧视的一般定义包含多种构成要素。随着时间的推移，联合国人权条约机构和区域人权法院已经详细说明了这些要素，简而言之，不歧视原则被理解为禁止在没有客观理由的情况下对类似情况的区别对待。尽管联合国儿童权利委员会通常不会具体说明歧视的要素，但其援引过的定义包含三项核心因素，即不受欢迎地对待、基于歧视理由和无适当理由。[2]另一方面，禁止基于特定因素的歧视。这些特定的因素包括儿童及其父母或法定监护人的种族、肤色、性别、语言、宗教、政治或其他见解、民族、社会出身、财产、伤残等。

（二）国家采取适当措施确保儿童不受歧视地享有受监护权

根据《儿童权利公约》第2条第2款，国家应采取一切适当的措施保障儿童权利，确保儿童免于遭受歧视。由此，一方面，该条款明确要求国家应采取适当措施确保儿童的受监护权得到保护。该措施既包括在消极层面的禁止以不同方式对待类似或同等情况的措施，又包括在积极层面的为保护儿童及其家庭获得在物质层面的实质平等而采取的特殊措施。特殊措施应区分有选择性地满足特殊需要的特殊保护措施，以及旨在纠正某一群体物质不平等状况的暂行特别措施两种类型。[3]另一方面，该条款列举了

〔1〕 联合国儿童权利委员会：《第14号一般性意见：儿童将他或她的最大利益列为一种首要考虑的权利（第3条第1款）》，CRC/C/GC/14，2013年，第41段。

〔2〕 Committee on the Rights of the Child, Concluding Observations on the Committee on the Rights of the Child: Belgium, CRC/C/15/Add. 178, 2002, para. 6.

〔3〕 Samantha Besson, Eleonor Kleber, "The Right to Non-Discrimination", in John Tobin ed. , *The UN Convention on the Right of the Child: A Commentary*, Oxford University Press, 2019, p. 18.

包括儿童父母、法定监护人或家庭成员的身份、活动、所表达观点和信仰等在内的具体情形。根据不歧视原则，儿童的各项权利，包括受监护权、享有国家监护及国家保护的权利不得因前述情形而受到歧视。

总结而言，不歧视原则要求国家在履行儿童监护职责时，既应尊重并承认儿童不受歧视地享有受监护权，也应采取适当措施确保儿童在具体实践中能够不受歧视地实际享有受监护权。

二、儿童最大利益原则

在国际文件中对儿童最大利益原则的宣示可追溯到 1924 年《日内瓦儿童权利宣言》，其明确提出以"儿童的最大利益"为考量。此后，《儿童权利宣言》也要求国家在制定法律时应当以"儿童的最大利益"为首要考虑。在儿童权利保护领域，儿童最大利益原则具有纲领性的地位。[1]1979 年《消除对妇女一切形式歧视公约》等国际人权公约均重申了儿童最大利益原则。《儿童权利公约》关于"儿童最大利益"的条款是公约确立基本原则的规范表达，要求国家在国内立法和司法实践中予以贯彻和适用，并采取措施在本国内予以落实，实现国家义务与公约规定的儿童权利的契合。[2]《儿童权利公约》第 3 条在申明儿童最大利益原则的基础上，以儿童为权利主体为国家履行监护责任提供了三个层面的考量，即对国家保护儿童权利的整体要求、对父母或其他法定监护人的要求以及对包括学校在内的相关机构的要求。伴随儿童最大

---

〔1〕 Lawrence J. Leblanc，"The Convention on the Rights of the Child"，*Leiden Journal of International Law* 1991，Vol. 4，pp. 281–291.

〔2〕 Philip Alston，"The Best Principle：Towards a Reconciliation of Culture and Human Rights"，in Philip Alston ed. ，*The Best Interest of The Child：Reconciling Culture and Human Rights*，Oxford University Press，1994，pp. 10–11.

利益原则在一些发达国家的亲子法领域的迅速发展，其所包含的已确定的标准逐步在立法中确立下来，在司法实践中亦逐步明确了儿童最大利益原则的评定标准。此外，就学理层面的发展而言，在儿童最大利益原则的指引下，在家庭法领域，学者对于儿童父母所负权责的认识发生了深刻变革，由此引发了对这一原则在实际适用层面面临的新问题的讨论。[1]儿童最大利益原则是理解不同国家，不同法律制度和文化背景的钥匙，要求国家以儿童的最大利益为出发点和落脚点采取各个层面的实践举措。[2]

（一）儿童最大利益原则对国家保护儿童权利的总体要求

根据《儿童权利公约》第 3 条第 1 款，在整体考虑儿童权利保护之议题时，国家应以儿童的最大利益为首要考虑。即"关于儿童的一切行动……均应以儿童的最大利益为一种首要考虑"。联合国儿童权利委员会强调并进一步具体阐明了对儿童最大利益原则的理解。根据儿童权利委员会的《第 14 号一般性意见（2013年）儿童将他或她的最大利益列为一种首要考虑的权利（第 3 条第 1 款）》，儿童最大利益应包含三方面内容：其一，儿童最大利益是"一项实质性权利"。即当不同主体的利益需要进行权衡时，儿童可以将自身的最大利益作为首要的考虑因素。其二，儿童最大利益是"一项基本的解释性法律原则"。也就是说，在对法律条文进行必要的解释时，国家应当选择能够最有效地保障儿童最大利益的方式进行解释。其三，儿童最大利益是"一项行事规则"。对儿童最大利益的评判和确定必须具备程序性保障，即作出一项

---

〔1〕 参见何海澜：《善待儿童：儿童最大利益原则及其在教育、家庭、刑事制度中的运用》，中国法制出版社 2016 年版，第 55 页。

〔2〕 参见孙萌、何飞：《我国对〈儿童权利公约〉的批准与实施》，载夏吟兰主编：《从父母责任到国家监护——以保障儿童人权为视角》，中国政法大学出版社 2018年版，第 3—32 页。

会影响到儿童的决定时，其评定进程必须包括对其给儿童所带来的影响的评判。[1]关于儿童的一切行动既应包括不得侵犯儿童最大利益的不作为，亦应被全面理解为除侵犯儿童最大利益外的所有作为。[2]而评判儿童的最大利益应考虑儿童的意见，儿童的身份，维护家庭环境与保持联系，儿童的照料、保护和安全、弱势境况，儿童的健康权、受教育权等因素。由此，国家履行儿童监护责任应明确，一方面，优先考虑儿童最大利益，积极采取措施保护儿童权利；另一方面，当不同权利发生冲突时，应该始终考虑儿童的最大利益，以最能够实现儿童最大利益的途径解决冲突。回归儿童的监护事务，此原则要求涉及监护主体、监护类型、监护职责、监护终止等制度内容的安排均应以"对儿童最为有利"为要义，当儿童监护所涉不同权利主体的利益相冲突时，应以儿童的最大利益为首要考虑。[3]

值得注意的是，虽然相较于多数国内法规，《儿童权利公约》能够在一定程度上帮助国家在各种利益中识别出相比较而言更为重要的利益[4]，但是，《儿童权利公约》并未明确儿童最大利益的具体内涵。[5]有学者认为，关于什么是儿童最大利益的一般理

---

〔1〕 参见联合国儿童权利委员会：《第14号一般性意见：儿童将他或她的最大利益列为一种首要考虑的权利（第3条第1款）》，CRC/C/GC/14，2013年，第6段。

〔2〕 Micheal Freeman, *A Commentary on the United Nations Convention on the Rights of the Child: Article 3: The Best Interest of the Child*, Martinus Nijhoff, 2007, p. 45.

〔3〕 夏吟兰、林建军：《人权视角下儿童国家监护制度的构建》，载夏吟兰主编：《从父母责任到国家监护——以保障儿童人权为视角》，中国政法大学出版社2018年版，第329—352页。

〔4〕 See Philip Alston, "The Best Principle: Towards a Reconciliation of Culture and Human Rights", in Philip Alston ed., *The Best Interest of The Child: Reconciling Culture and Human Rights*, Oxford University Press, 1994, pp. 10–11.

〔5〕 Robert H. Mnookin, "Child-Custody Adjudication, Judicial Functions in the Face of Indeterminacy", *Law and Contemporary Problems* 1975, Vol. 39, pp. 135–139.

论本身并不足以作为决策的依据。由于儿童逐渐成熟，考察"最大利益"的内涵有必要通过密切观察儿童来实现。这一过程要求了解什么对儿童而言是重要的，以及为什么重要，要求尊重儿童的意见，对儿童这一未来的成年人保有期待，并要求考察潜在的长期后果而非短期影响。"最大利益"应围绕儿童的"基本利益""发展利益"以及"自主利益"，包括身体、情感和智力关怀，对自身潜力的发展和尽可能在没有消极因素的情况下步入成年期，以及自由选择自己的生活方式等内容。其中，"基本利益"处于优先地位。[1]也有学者指出，从《儿童权利公约》实施的需要来看，儿童的"最大利益"应是儿童的"全部利益"。[2]不能狭义地理解儿童的最大利益，而应将儿童置于成长和居住的更广泛的背景中，考量其融入一个可持续的人类社区的利益。[3]值得注意的是，综合考虑公约确立的基本原则，实现儿童最大利益的最有效途径应是确保儿童在关涉自身利益的决策中享有参与权。[4]综合前述观点，本书认为，"儿童最大利益"应指儿童作为享有独立权利主体地位的人在社会中实现全面发展的利益，包括其获得身心、道德和社会发展等各个层面的所有福祉。

（二）儿童最大利益原则对父母或其他法定监护人的要求

根据《儿童权利公约》第3条第2款，充分考虑儿童父母或其他法定监护人的权利和义务是国家履行儿童监护义务的首要环节。

〔1〕 John Eekelaar, "The Importance of Thinking That Children Have Rights", International Journal of Law, Policy and the Family 1992, Vol. 6, pp. 221-235.

〔2〕 王雪梅：《儿童权利保护的"最大利益原则"研究（上）》，载《环球法律评论》2002年第4期，第493—497页。

〔3〕 Lynne Bowyer, "The Ethical Grounds for the Best Interest of the Child", Cambridge Quarterly of Healthcare Ethics 2016, Vol. 25, pp. 63-69.

〔4〕 Geraldine Van Bueren, "The UN Convention on the Rights of the Child", Journal of Child Law 1991, Vol. 3, pp. 63-66.

国家应确保儿童获得其生存和发展所必需的保护和照料，考虑儿童父母或其他法定监护人的权利和义务，并为此采取一切适当的立法和行政措施。此外，《消除对妇女一切形式歧视公约》第5条亦明确儿童监护是父母双方的共同责任。通常来说，与学校及其他社会部门相比，儿童在绝大多数时间里处于父母或其他法定监护人的照料之下。联合国儿童权利委员会强调了儿童在家庭环境中成长的重要意义，指出家庭是社会的基本单元，是儿童成长和福祉的自然环境，防止家庭分离以及维护家庭环境是保护儿童权利的重要组成部分。国家应为儿童家长提供支助，并采取措施增强或恢复儿童家庭监护的能力。[1]国家遵循儿童最大利益原则，行使国家公权力采取一切适当的立法、行政及其他措施，对儿童父母或其他法定监护人履行监护职责进行协助和监督，这对确保充分实现儿童权利至关重要。

（三）儿童最大利益原则对包括学校在内的相关机构的要求

根据《儿童权利公约》第3条第3款，国家应采取措施，规范和监督包括学校在内的与儿童相关的机构。儿童最大利益原则要求实际承担照料和保护儿童权利职责的相关机构积极参与对儿童权利的保护。对此，国家应为负责照料和保护儿童的机构、服务部门及设施制定规范标准和行动指南，并监督确保相关机构作出的影响儿童的决策或行动能够符合标准。尤其在涉及安全、卫生、工作人员资质等方面，国家有关部门应采取措施确保监督的有效落实。国家有义务确保私营部门所作的决定和采取的行动，包括其所提供的服务，或任何其他私营实体或机构在作出对儿童产生影响的决策时，将儿童的利益列为首要的评判和考虑。[2]与

---

〔1〕 联合国儿童权利委员会：《第14号一般性意见：儿童将他或她的最大利益列为一种首要考虑的权利（第3条第1款）》，CRC/C/GC/14，2013年，第61段。

〔2〕 联合国儿童权利委员会：《第14号一般性意见：儿童将他或她的最大利益列为一种首要考虑的权利（第3条第1款）》，CRC/C/GC/14，2013年，第14段。

此同时，为实现儿童的最大利益，联合国儿童权利委员会对学校教师进行了特别关注，要求国家必须培养高水平的教师队伍及从事其他与教育相关不同境况工作的专职人员，并支持有利于儿童的教育环境及教育方式。[1]国家应针对影响儿童的相关政策、立法、条例、预算或其他行政决策展开儿童权利影响评估，以确保对儿童权利的良好管理。[2]

总结而言，遵循儿童最大利益原则是整个涉儿童法律制度的核心支柱，从维护和保障儿童权利的视角出发，儿童国家监护的价值取向应以遵循儿童的最大利益为先，优先实现儿童的基本权利。儿童最大利益指儿童作为人在健全的人类环境中实现全面发展的利益，包括其在安全和健康的环境中，有效享有促进身心、道德及社会发展等各个层面的全部福祉。在国家公权力干预儿童家庭监护的所有行动中均应遵循儿童最大利益原则，强调儿童利益与所有其他因素相比处于优先考虑地位，并要求国家在充分考虑儿童特殊性的基础上对儿童权利予以特别保护，从符合儿童最大利益的角度出发为儿童提供全面的权利保护，为儿童家庭监护功能的有效实现提供必要的支持和帮助，并从规范标准层面对包括学校在内的与儿童相关的机构进行监督，推动保护儿童权利的各方合力的形成。只有承认儿童的主体性，以儿童而非成年人的视角对这一原则进行解读，才能准确把握儿童最大利益的真正内涵。[3]

---

〔1〕 联合国儿童权利委员会：《第14号一般性意见：儿童将他或她的最大利益列为一种首要考虑的权利（第3条第1款）》，CRC/C/GC/14，2013年，第79段。

〔2〕 联合国儿童权利委员会：《第14号一般性意见：儿童将他或她的最大利益列为一种首要考虑的权利（第3条第1款）》，CRC/C/GC/14，2013年，第99段。

〔3〕 参见王勇民：《儿童权利保护的国际法研究》，法律出版社2010年版，第96页。

三、确保儿童的生命、存活和发展原则

《儿童权利公约》第 6 条确立的确保儿童的生命、存活和发展原则是评判实现儿童最大利益的最低标准。该原则强调国家应充分尊重、促进和实现儿童的生命权、生存权和发展权，建立一个尊重儿童的环境并确保每位儿童的整体发展。[1]与之相关，一方面，涉及儿童的生命权，《公民权利和政治权利国际公约》第 6 条规定人人有固有的生命权，生命权应受法律保护。《残疾人权利公约》第 10 条亦规定生命权，强调缔约国应采取必要措施确保残疾人与其他人平等享有生命权。另一方面，涉及儿童的生存权和发展权，《经济、社会及文化权利国际公约》规定人人有获得适当生活水准的权利（第 11 条）、享受可能达到的最高标准的身体与精神健康的权利（第 12 条）、接受教育的权利（第 13 条、第 14 条）以及参与文化生活的权利（第 15 条）。确保儿童的生命、存活和发展是儿童国家监护之根本必要性的体现，国家应积极履行儿童监护职责，采取措施保障儿童的生命权与发展权。这一原则为国家履行儿童监护职责提供了两个层面的具体指引，即国家应确认儿童享有生命权、生存权和发展权，并在此基础上为保障儿童的存活和发展采取积极措施。

（一）国家对儿童生命权、生存权和发展权的确认

生命权在诸多国际、区域和国内人权文书中都有所规定。与其他人权不同，生命权的合法性很少受到质疑。生命权的地位使联合国人权事务委员会将其描述为"所有人权的基本权利"[2]及

---

〔1〕 联合国儿童权利委员会：《第 14 号一般性意见：儿童将他或她的最大利益列为一种首要考虑的权利（第 3 条第 1 款）》，CRC/C/GC/14，2013 年，第 42 段。

〔2〕 The Human Rights Committee, General Comment No. 14: Article 6 (Right to Life) Nuclear Weapons and the Right to Life, HRI/GEN/1/Rev/1, 1984, para. 1.

"不得克减的最高权利"。[1]此外，生命权与其他人权的关系也得到广泛承认，法外处决、即决或任意处决问题特别报告员（Special Rapporteur on Extrajudicial, Summary or Arbitrary Executions）指出，生命权是实现人的尊严和有效实现所有人权的先决条件。[2]关于生命权的大量案例和评注极大推动了对《儿童权利公约》第 6 条的解释，然而，理解《儿童权利公约》第 6 条之规定应注意以下两方面：一方面，《儿童权利公约》第 6 条对生命权、生存权和发展权的表述是国际法所独有的，这是国际人权文书中首次在生命权之后规定生存权与发展权。另一方面，大部分已有案例和评论都是根据成年人的经验制定的，而理解《儿童权利公约》第 6 条的规范标准必须从儿童的视角出发，保持对儿童权利主体地位的尊重和全面考量。

《儿童权利公约》规定国家"确认"儿童均享有生命权、生存权和发展权，该"确认"要求国家履行尊重及承认的人权义务。此外，《公民权利和政治权利国际公约》第 6 条第 1 款亦规定人人有固有的生命权。对前述关于生命权之规定的理解应包含三个层面的具体内容：其一，生命权适用于每一个人，但对于《儿童权利公约》第 6 条是否适用于未出生的婴儿的问题仍是由各国自行决定的。其二，生命权的含义不能被狭隘或限制性地解释。[3]生命权不仅要求国家履行不任意干涉的消极义务，还要求国家采取

---

〔1〕 The Human Rights Committee, General Comment No. 6: Article 6 (Right to Life), CCPR/C/21/Add/1, 1982, para. 1; The Human Rights Committee, General Comment No. 36: Article 6 of the International Covenant on Civil and Political Rights on the Right to Life, CCPR/C/GC/36, 2018, para. 2.

〔2〕 Christof Heyns, "Report of the Special Rapporteur on Extrajudicial, Summary or Arbitrary Executions", A/67/275, 2012, para. 11.

〔3〕 联合国人权事务委员会：《第 6 号一般性意见：第六条（生命权）》，1982 年，第 3 段。

积极措施，以"解决社会中可能最终对生命产生直接威胁或阻止个人有尊严地享受生命权的一般情况"〔1〕。其三，生命权不是绝对的，即在合法和非任意的情况下可以剥夺生命。

（二）国家为保障儿童的存活和发展采取积极措施

根据《儿童权利公约》第6条第2款，国家应最大限度地确保儿童的生命、存活和发展。该原则强调了"最大限度"，要求缔约国不得以经济发展情况为由规避确保儿童生命、存活和发展的责任。国家应在现有资源范围内，优先考虑儿童的生命、存活与发展，并为儿童创造有利于其健康成长的外部环境。联合国人权事务委员会强调，对生存权的解释常常十分狭隘，然而若对"固有生存权"一词的范围加以局限，就无法恰当地了解其含义。保护生存权要求缔约国必须采取积极措施。〔2〕

关于国家采取措施的基本要求，《儿童权利公约》第4条明确，国家应以其所拥有的全部资源为基础，在最大限度内采取措施逐步实现儿童经济、社会及文化权利。具体而言，保障儿童生命权明确了三个层面的国家义务：其一，国家有义务采取一切合理的预防措施，保护儿童的生命权不受侵犯；其二，国家有义务调查、起诉和惩罚所有侵犯儿童生命权的行为，并为实际或威胁的侵犯行为受害者提供赔偿和补偿；其三，在《儿童权利公约》第6条中增加生存权和发展权，反映了国际法对儿童发展的长期承诺。《儿童权利公约》虽然没有强加给国家保证儿童生存和发展的义务，但是实际要求各国在其可用资源范围内采取一切合理措施来实现这些目标。在实践中，国家为保障生存权和发展权所采取

---

〔1〕　联合国人权事务委员会：《第6号一般性意见：第六条（生命权）》，1982年，第26段。

〔2〕　联合国人权事务委员会：《第6号一般性意见：第六条（生命权）》，1982年，第5段。

的措施与基于对生命权的更广泛的、不断扩大的理解所需的预防措施逐渐一致。[1]

总结而言，尽最大可能保障儿童生命、存活和发展原则要求国家最大限度地利用其现有资源，确保并促进儿童的生命权、生存权及发展权的实现。为实现对儿童权利的全面保护，国家基于现有资源建立健全完善的儿童国家监护制度具有充分的必要性和重要的现实意义。

四、尊重儿童意见原则

《儿童权利公约》第 12 条确立的尊重儿童意见原则为国家履行儿童监护职责提供了重要指引。尊重儿童表达真实意见的权利，并对儿童的意见予以适当看待是评判符合儿童最大利益重要因素。联合国儿童权利委员会的《第 12 号一般性意见：儿童表达意见的权利》不仅强调了尊重儿童意见原则，还着重指出《儿童权利公约》第 3 条第 1 款与第 12 条之间不可分割的关系，即二者互为补充。[2]《儿童权利公约》第 12 条从两个层面明确了尊重儿童意见原则的具体要求，即，一方面，国家应确保儿童的真实意见能够被尊重并予以适当考虑；另一方面，国家应在涉及儿童监护事务的具体实践中，为相关儿童提供必要信息、自由表达意见的机会，并确保儿童能够以直接或间接的方式实际表达自己的意见。

（一）国家确保儿童的意见得到尊重并予以适当考虑

根据《儿童权利公约》第 12 条，国家应保障儿童能够在影响

---

〔1〕 Noam Peleg, John Tobin, "The Right to Life, Survival, and Development", in John Tobin ed., *The UN Convention on the Right of the Child: A Commentary*, Oxford University Press, 2019, p.14.

〔2〕 联合国儿童权利委员会：《第 14 号一般性意见：儿童将他或她的最大利益列为一种首要考虑的权利（第 3 条第 1 款）》，CRC/C/GC/14，2013 年，第 43 段。

自身利益的相关事务中表达自己的真实意见，国家对儿童的意见应按照其年龄和成熟程度予以适当看待。首先，该条规定明确肯定了儿童的权利主体地位，强调儿童享有表达意见的权利。对儿童表达意见权的确认表明儿童享有改变生活的权利，而不仅享有从其脆弱性或对成人的依赖中衍生出的权利。[1]有学者指出，"每一个人都有一个成长的过程，这个成长的过程在时间向度上便是童年，这个在时间向度上处于成长中的人便是儿童"[2]。对儿童的认识在较长一段时间内集中在对儿童脆弱性和不成熟性的讨论中，认为儿童是幼稚的、不完善的、未定型的，少有对客观规则与现实逻辑的自觉遵守与拘束。[3]儿童是相对脆弱的，其限于行为能力和理解能力的不足，更容易受到侵权行为的危害，这是成年人应当为儿童提供关心、帮助及其成长所必须的物质、心理、思想和精神条件的根本原因。[4]但是，儿童常被看作是成人的"较小的""较弱的"版本，这一观念使人们只关注到儿童在能力上的缺乏，而忽略了其所具有的巨大成长潜力。[5]英国约克大学乔纳森·布拉德肖致力于研究社会福利制度，其于1972年强调了表达性需求的重要性，认为表达性需求应与规范性需求、感觉性需求以及比较性需求并列作为人的四大需求。[6]文明社会的发展

---

〔1〕 联合国儿童权利委员会：《第12号一般性意见：儿童表达意见的权利》，CRC/C/GC/12，2009年，第18段。

〔2〕 刘晓东：《儿童教育新论》（第二版），江苏教育出版社2008年版，第382页。

〔3〕 丁海东：《童年：一种精神与文化的价值》，载《中国教师》，2012年第11期，第25—28页。

〔4〕 参见成尚荣：《儿童研究视角的坚守、调整与发展走向》，载《教育研究》2017年第12期，第14—21页。

〔5〕 参见〔英〕鲁道夫·谢弗：《儿童心理学》，王莉译，电子工业出版社2010年版，第16页。

〔6〕 易谨：《儿童福利立法的理论基础》，载《中国青年政治学院学报》2012年第6期，第25—29页。

要求从儿童的视角出发，探索儿童作为个人的、生命性的、真实的体验、理解和表达，以此作为文明发展的循环动力。[1]儿童是积极的、有能力的行动者，相信儿童能够产生属于儿童的特定知识，而不只是消费或吸收为其提供的知识。[2]儿童拥有内在价值、绝对价值，因而是独特的存在。[3]此外，应承认儿童在很小的时候就可以形成自己的主见，幼儿和青少年均有能力表达与其年龄相符的观点，即使是低龄儿童也可以作出理性的决策，[4]不能混淆"儿童能否行使权利"与"儿童拥有与生俱来的权利"两个概念。[5]其次，国家应为儿童提供表达意见所需的相关信息，真正实现儿童赋能。从获取信息的层面考虑，通信技术和互联网在很大程度上塑造了公众参与的能力。[6]根据共青团中央维护青少年权益部及中国互联网络信息中心于2023年12月发布的研究报告显示，2022年我国未成年网民规模已突破1.93亿，互联网普及率为97.2%。[7]然而，有学者指出，数字化虽然在信息的数量上更有优势，但在提

〔1〕 黄进、赵奇：《"儿童的视角"：历史生成与方法论探寻》，载《学前教育研究》2020年第8期，第3—11页。

〔2〕 王海英：《童年研究中的儿童中心主义：方法论与方法》，载《南京师大学报（社会科学版）》2021年第2期，第15—27页。

〔3〕 张华：《走向儿童存在论》，载《中国教育学刊》2020年第10期，第64—70页。

〔4〕 参见薛巧巧：《透过儿童的视角去探究——英国儿童参与式研究提供的借鉴》，载《四川师范大学学报（社会科学版）》2020年第4期，第109—117页。

〔5〕 贺颖清：《中国儿童参与权状况及其法律保障》，载《政法论坛》2006年第1期，第151—159页。

〔6〕 Brian Skepys, "Is There a Human Rights to the Internet?", *Journal of Politics and Law* 2012, Vol. 5, pp. 15—29.

〔7〕 共青团中央维护青少年权益部、中国互联网络信息中心：《第5次全国未成年人互联网使用情况调查报告》，载 https://www.cnnic.net.cn/n4/2023/1225/116-10908.html，最后访问日期：2024年11月6日。

升儿童的理解力和批判能力上有明显不足。[1]为此，国家应从维护儿童最大利益的角度出发，在涉及其监护事务的相关程序中为儿童提供符合其年龄和成熟程度的信息。最后，要准确理解"应确保"这一法律术语的强制性效力。其中"应当"的意涵表明对于此处的规定，国家必须遵守而并没有酌定遵守与否的权利。[2]对于国家而言，儿童的表达意见权为国家规定了明确的法律义务，即承认并尊重儿童享有表达意见权，在此基础上采取措施确保此权利的落实。国家应在尊重其特殊司法制度的情况下直接提供保障，或通过并修订法律使儿童能够充分享有此项权利。国家应鼓励儿童发表自己的真实意见，并建立健全支持儿童表达意见的友好的外部环境。联合国儿童权利委员会指出："儿童表达意见的过程通常被称为参与，参与的概念强调儿童的介入不应只是一时行为，而应作为儿童与成人就制定儿童生活方面的政策、方案和措施进行深入交流的出发点，单个儿童或儿童群体行使表达意见权是尊重儿童意见的关键因素。"[3]儿童参与的所有过程都必须是透明和公开的，应以全面、可理解、注重多元化和适应年龄的方式向儿童提供信息。[4]立足儿童的视角解读联合国儿童权利委员会的要求，即儿童有权了解关涉自身利益的相关事务的进展。在各个环节对相关信息向儿童进行必要反馈，一方面能够有效避免儿童的意见流于形式，另一方面也会在一定程度上鼓励儿童积极地

---

〔1〕　周海宁：《论数字化媒介时代儿童阅读能力的提升》，载《出版广角》2019年第2期，第43—46页。

〔2〕　参加联合国儿童权利委员会：《第12号一般性意见：儿童表达意见的权利》，CRC/C/GC/12，2009年，第19段。

〔3〕　联合国儿童权利委员会：《第12号一般性意见：儿童表达意见的权利》，CRC/C/GC/12，2009年，第11段、第13段。

〔4〕　联合国儿童权利委员会：《第12号一般性意见：儿童表达意见的权利》，CRC/C/GC/12，2009年，第134段。

表达真实意见。[1]儿童监护事务是关乎儿童健康成长的重大事项，儿童有权在其中发表自己的意见。

值得注意的是，《儿童权利公约》本身并不要求赋予儿童意见以决定性的效力，而是强调其应得到"适当看待"。对儿童成熟度的评估应独立于对儿童意见的评估。如果儿童的意见会损害他们的"基本"利益（Basic Interest），即过上合理健康生活所必需的利益，如儿童拒绝医疗的决定会导致其死亡，那么就不应认为该意见具有决定性。[2]即儿童的观点是"权衡"儿童最大利益的要素，而非作出判断何为儿童最大利益之决定的门槛。[3]例如，幼儿往往缺乏表达其利益观点的能力，有必要考虑将其置于一个促进其个性发展并以这种方式影响结果的最有利环境中。[4]换言之，对于儿童生命、健康或福祉而言不紧急的决定，应推迟到儿童有能力判断什么最符合自身利益时作出。[5]

(二) 国家对儿童在司法实践中的表达意见权的特别关注

根据《儿童权利公约》第12条，应赋予儿童参与诉讼的机会，确保其能够在影响自身利益的相关司法和行政诉讼中，直接表达意见或通过代表间接表达意见。对此联合国儿童权利委员会强调，这一要求应不受任何限制地适用于所有影响儿童的司法诉

---

[1] 联合国儿童权利委员会：《第12号一般性意见：儿童表达意见的权利》，CRC/C/GC/12，2009年，第44段。

[2] See David Archard and Marit Skivenes, "Balancing a Child's Best Interests and a Child's Views", *The International Journal of Children's Rights* 2009, Vol. 17, pp. 1-22.

[3] See David Archard, *Children: Rights and Childhood*, 2nd ed., Routledge, 2004, p. 66.

[4] See John Eekelaar, "The Interests of the Child and the Child's Wishes: The Role of Dynamic Self-Determinism", *International Journal of Law and the Family* 1994, Vol. 8, pp. 42-61.

[5] See John Eekelaar, John Tobin, "Art. 3 The Best Interests of the Child", in John Tobin ed., *The UN Convention on the Rights of the Child: A Commentary*, Oxford University Press, 2019, p. 86.

讼中，包括涉及儿童与父母分离，儿童监护，儿童照料和收养，触犯法律的儿童，遭受人身或心理暴力、性凌辱或其他暴力犯罪之害的诉讼等。表达意见的权利同样适用于由儿童提起的诉讼，例如虐待申诉，或者是由对儿童有影响的人提起的诉讼。[1]此外，联合国儿童权利委员会特别强调在涉及儿童家庭监护的案件中对儿童意见的尊重和考虑，指出因儿童在家中遭受虐待或忽视等原因而裁判将儿童带离家庭时必须考虑儿童的意见，以此为判断儿童的最大利益提供基础。[2]在评判儿童的最大利益及其表达意见权时，必须将儿童不断演进的能力纳入考虑之列。[3]儿童作为特殊的社会主体，在思维方式、表达特点、研究立场和社会角色上均与成人有异。只有儿童能够广泛而深入、平等而自由地参与关涉自身利益的决策程序中，才能真正维护自己的权利。[4]儿童常被认为没有足够的机会发表意见，这是因为在儿童提出申诉时，在很多情况下并没有获得对其意见和建议的反馈和答复，儿童不知道他们的意见是否被认真对待。为了确保将儿童有效纳入决策过程，儿童"发表意见的权利"应侧重"对儿童意见给予适当看待"。[5]为此，国家应提高相关实务工作人员的专业能力和水平，培养其尊重儿童的意见，以及增强其与儿童沟通交流的能力

---

〔1〕 联合国儿童权利委员会:《第12号一般性意见：儿童表达意见的权利》，CRC/C/GC/12，2009年，第32段。

〔2〕 联合国儿童权利委员会:《第12号一般性意见：儿童表达意见的权利》，CRC/C/GC/12，2009年，第53段。

〔3〕 联合国儿童权利委员会:《第14号一般性意见：儿童将他或她的最大利益列为一种首要考虑的权利（第3条第1款）》，CRC/C/GC/14，2013年，第43—44段。

〔4〕 参见胡金木:《儿童参与式民主生活的建构：必要与可能》，载《安徽师范大学学报（人文社会科学版）》2020年第6期，第120—127页。

〔5〕 See Lothar Krappmann, "The Weight of the Child's View（Article 12 of the Convention on the Rights of the Child）", *The International Journal of Children's Rights* 2010, Vol. 18, pp. 501-514.

和技巧水平。[1]应通过对儿童的参与水平、日常生活、兴趣爱好等多维度的发展进行综合评估，确保为儿童提供适宜个人的、多元的、友好的参与方式。[2]在明确儿童与成年人不同的身心发展状态、社会结构位置及文化建构方式的基础上，支持儿童用自己的方式表达意见，避免用成人的思考代替儿童的思考。[3]如学者指出，可在涉及儿童权益的家事诉讼中为儿童设立专门的程序代理人或诉讼代理人，介入家事案件的各个环节，对儿童负责而不受儿童父母或其他监护人的干扰，依据儿童最大利益原则调查收集证据并在法庭上代表儿童独立参加诉讼，以此为基础向法官提出建议。[4]在处理与儿童相关的事务时，儿童应是任何影响其安置或福利的决策过程的焦点，儿童的意见必须得到适当考虑。因此，只要涉及儿童的利益，他们就应该有独立的代理人。[5]

总结而言，尊重儿童意见原则要求国家在处理涉及儿童监护事务时对有主见能力的儿童的意见给予适当看待。一方面，国家应首先明确承认儿童的权利主体地位，积极采取立法、行政执法及其他措施尊重、促进并逐步实现儿童的各项基本人权。另一方面，国家应充分认识到儿童所具有的伴随其年龄和阅历增长而逐渐成熟的主见能力，从维护儿童最大利益的角度出发综合评估各个方面的因素，为儿童提供表达意见所必需的信息和支持，听取儿童意见并给予

---

[1] 齐凯悦：《论英国家事审判改革中的儿童程序参与及对我国的启示》，载《甘肃政法学院学报》2017年第6期，第117—130页。

[2] 薛巧巧：《透过儿童的视角去探究——英国儿童参与式研究提供的借鉴》，载《四川师范大学学报（社会科学版）》2020年第4期，第109—117页。

[3] 王海英：《童年研究中的儿童中心主义：方法论与方法》，载《南京师大学报（社会科学版）》2021年第2期，第15—27页。

[4] 陈苇、谢京杰：《论"儿童最大利益优先原则"在我国的确立——兼论〈婚姻法〉等相关法律的不足及其完善》，载《法商研究》2005年第5期，第37—43页。

[5] See Emile R. Kruzick, David H. Zemans, "In the Best Interest of the Child: Mandatory Independent Representation", *Denver Law Review* 1992, Vol. 69, pp. 605-622.

反馈，为儿童提供必要的申诉和寻求救济的渠道。此外应明确，尊重儿童的意见应放置于实现儿童最大利益的前提和背景之下。

第二节　国际人权文件对儿童国家监护的具体要求

作为国际人权法最主要的渊源，国际人权公约及其有关议定书构成了对相关缔约国有约束力的法律规范，缔约国有义务依据公约尊重、保护和实现公约所载列的各项基本人权。此外，载明了被大多数国家同意的原则和做法的联合国人权宣言以及由负责监督缔约国履行人权公约状况的联合国人权条约机构作出的旨在解释公约相关条款的范围及含义的一般性意见，均是确立国际人权标准的辅助资料，国家应对其提出的要求予以重视和遵循。

一、国际人权公约的规范内容

国际人权公约对国家采取措施保障儿童受监护权的具体要求主要体现在《儿童权利公约》中，《公民权利和政治权利国际公约》《经济、社会及文化权利国际公约》《残疾人权利公约》《保护所有移徙工人及其家庭成员权利国际公约》《保护所有人免遭强迫失踪国际公约》等对此也有所涉及。以国际人权公约为依据，国家应在儿童监护事务中承担全面保护的全局责任，并在儿童家庭监护缺位、监护不能或不利时承担兜底监护责任。

（一）国家在儿童监护事务中的全局责任

《儿童权利公约》《公民权利和政治权利国际公约》及《经济、社会及文化权利国际公约》均要求国家采取一切适当的立法、行政及其他措施，尽可能广泛地支持家庭，协助儿童的父母及其他法定监护人全面履行监护职责，为儿童权利提供特别的公权力保护。涉及儿童监护事务，国家应全面采取保障儿童权利的各项措施，在儿童监护事务中承担全局保护责任。国际人权公约对国家在儿童监护事务中全局责任的规范内容可主要归为三个层次：其一，国家应尊重儿童的家庭监护，不任意或非法干涉儿童的家庭监护；其二，国家应为儿童的家庭监护提供指导、帮助等外部协助措施；其三，国家应为儿童及其家庭提供保护，保护其免遭任何形式的非法侵害。

1. 国家尊重并不任意、非法干涉儿童的家庭监护

尊重并不任意、非法干涉儿童的家庭监护是国家在儿童监护事务中承担全局责任的首要体现。对此，一方面，涉及国家对儿童家庭的尊重及不任意、非法干涉，《公民权利和政治权利国际公约》第 17 条规定任何人的家庭不受无理或非法侵扰。实践中，这一规定主要被联合国人权事务委员会解释为保护家庭免受干扰的国家"消极"义务，而不是主动采取援助措施的国家"积极"义务。[1]另一方面，涉及对父母为子女选择教育之自由的尊重及不任意、非法干涉，《公民权利和政治权利国际公约》第 18 条明确要求缔约国尊重父母或法定监护人为子女选择宗教及道德教育的自由；《经济、社会及文化权利国际公约》第 13 条亦对父母或法定监护人为子女选择学校、宗教及道德教育之自由进行肯认，其中，第 13 条第 3 款强调了两个层次的内容：其一，缔约国应尊重父母和监护人确保其子女的教育符合他们的信仰的自由；其二，父母和监护人享有为子女选择非公立的但符合"国家所规定或认可最低教育标准"的学校的自由。[2]此外，涉及与儿童家庭监护有关的教育问题，《保护所有移徙工人及其家庭成员权利国际公约》也

---

〔1〕 Manfred Nowak, *UN Covenant on Civil and Political Rights*: *CCPR Commentary*, 2nd ed., Kehl am Rhein: Engel, 2005, p. 520.

〔2〕 [澳]本·索尔、戴维·金利、杰奎琳·莫布雷：《〈经济社会文化权利国际公约〉评注、案例与资料》，孙世彦译，法律出版社 2019 年版，第 978—979 页。

要求缔约国保证尊重移徙工人及其家庭成员的文化特征（第31条），并规定就业国应促进移徙工人子女的母语和文化学习（第45条）。

作为以专门保护儿童权利为目的的核心人权文件，《儿童权利公约》具体规定了缔约国尊重儿童的家庭以及尊重儿童的父母照料的国家人权义务。其中，涉及尊重儿童的家庭这一层次，公约规定国家应维护儿童的家庭关系，保障儿童的家庭免于遭受非法的干扰（第8条），并重申儿童的家庭不受任意或非法干涉这一意旨（第16条）。涉及尊重儿童的父母照料这一层次，《儿童权利公约》既从儿童角度出发，规定儿童自出生起就获得尽可能知晓谁是其父母并受其父母照料的权利（第7条），亦从儿童父母角度出发，要求国家对儿童父母或法定监护人的责任、权利和义务予以尊重（第5条及第14条）。

综上所述，国家应尊重儿童的家庭和父母照料。家庭是儿童成长的最天然环境，父母对子女的养育具有以血缘关系为基础的最天然的正当性，父母的行为和决策通常被推定为符合儿童的最大利益。[1]国家应首先尊重儿童的家庭监护，这是国家在儿童监护事务中全局责任的首要体现。

2. 国家为儿童的家庭监护提供外部协助

国家采取措施为儿童的家庭监护提供指导和协助是国家在儿童监护事务中承担全局保护责任的重要内容，是国家积极履行人权义务的重要体现。涉及国家对儿童家庭的协助，根据《经济、社会及文化权利国际公约》第10条，缔约国应尽力对家庭予以协助，尤其在家庭成立以及养护教育儿童方面。虽然第10条并未明确规定国家应通过哪些具体措施来为儿童的家庭监护提供支持和

---

〔1〕　See Walter Wadlington, Raymond C. O'Brien, *Family Law in Perspective*, 3rd ed., Foundation Press, 2012, p. 117.

协助，但仍明确了在实践中有一系列措施是可行的，而具体在某个社会中对必要措施的界定不仅取决于资源的可用情况，而且取决于对家庭、国家及非家庭行为者各自职责的社会观念。第 10 条承认家庭"负责"养护教育儿童，因此需要国家发挥的是一种辅助作用，尽管国家应采取"尽可能广泛的"措施来保护和协助家庭履行其职能。[1]经济、社会及文化权利委员会尚未对国家所负的"最低限度的核心义务"的具体内容及逐步实现应遵循的基本原则进行具体阐释，但是，类比公约所载明的其他权利，对第 10 条所规定的提供保护和协助的国家义务的理解也应参考该公约第 2 条确立的逐步实现的基本原则，包括其暗含的"禁止倒退"的强制性要求。一方面，处于逐步实现范围之内的"保护"和"协助"措施包括国家在母亲生育时提供的带薪休假等社会保障福利，以及国家对母亲和儿童的其他支持措施。[2]国家支持养育儿童的措施通常涉及财政支持、服务提供以及维持家庭与工作生活之间平衡的其他协助。[3]另一方面，禁止倒退措施包括国家不可废除或减少现有针对儿童家庭或儿童福利的措施。值得注意的是，某些与《经济、社会及文化权利国际公约》第 10 条有关的义务具有即时效力，如第 10 条第 3 款明确禁止国家在提供儿童保护措施时，基于儿童父母的因素对儿童施以歧视。

涉及对儿童家庭的协助，根据《儿童权利公约》，国家应在儿童父母或法定监护人履行抚育儿童的义务方面给予适当协助（第 18 条），帮助父母或其他负责照顾儿童的人，并在需要时提供物质

---

〔1〕[澳]本·索尔、戴维·金利、杰奎琳·莫布雷：《〈经济社会文化权利国际公约〉评注、案例与资料》，孙世彦译，法律出版社 2019 年版，第 666 页。

〔2〕参考[澳]本·索尔、戴维·金利、杰奎琳·莫布雷：《〈经济社会文化权利国际公约〉评注、案例与资料》，孙世彦译，法律出版社 2019 年版，第 625 页。

〔3〕[澳]本·索尔、戴维·金利、杰奎琳·莫布雷：《〈经济社会文化权利国际公约〉评注、案例与资料》，孙世彦译，法律出版社 2019 年版，第 668 页。

援助和支助方案，以实现儿童的适当生活水准权（第 27 条）。此外，《儿童权利公约》对保障儿童的健康权予以特别关注，要求国家向儿童父母介绍和普及有关儿童保健和营养等的健康知识，保障儿童的父母得到科学专业的育儿教育并帮助其将理论知识有效应用于育儿实践（第 24 条）。

此外，《残疾人权利公约》关注对残疾人家庭及残疾儿童家庭的协助。一方面，《残疾人权利公约》要求缔约国为残疾人履行养育子女责任提供协助。即，国家应以儿童的最大利益为出发点，在各种情形和环境中适当协助残疾人履行其养育子女的责任（第 23 条第 2 款）。另一方面，《残疾人权利公约》要求缔约国为残疾儿童及其家庭提供协助。即，缔约国应向残疾儿童及其家属提供全面的信息、服务和支助（第 23 条第 3 款）。

3. 国家为儿童及其家庭提供保护

国家为儿童及其家庭提供保护是国家在儿童监护事务中承担全局责任的重要补充。在明确保障儿童的生命权、健康权、受教育权、适当生活水准权等各项基本权利的基础上，《公民权利和政治权利国际公约》《经济、社会及文化权利国际公约》及《儿童权利公约》均明确了对儿童及其家庭的全面保护。其中，《公民权利和政治权利国际公约》规定人人有受法律保护之权利而免于对家庭的侵扰或破坏（第 17 条），家庭应受到社会和国家的保护（第 23 条）。在此基础上，《公民权利和政治权利国际公约》特别明确了对儿童的保护，强调所有儿童均应获得来自家庭、社会和国家的、基于其未成年身份的必要保护措施（第 24 条）。此外，《经济、社会及文化权利国际公约》亦规定缔约国应尽力对家庭予以保护，尤其在家庭成立及养护教育儿童之时（第 10 条）。

《儿童权利公约》在《公民权利和政治权利国际公约》及《经济、社会及文化权利国际公约》的基础上进一步强调了对儿童及其家庭的保护，并明确要求国家为保护儿童及其家庭采取一切适当措施。具体而言，《儿童权利公约》规定缔约国应采取一切适当措施确保儿童得到保护（第 2 条），确保儿童获得其健康成长所必需的保护和照料，并为此采取一切适当的立法、行政及其他措施（第 3 条及第 4 条）。以此为基础，公约进一步规定国家应为儿童提供来自法律层面的保护，确保其免于遭受对其个人和家庭的非法干涉和攻击（第 16 条）。

综上所述，根据《儿童权利公约》《公民权利和政治权利国际公约》以及《经济、社会及文化权利国际公约》等多项国际人权公约，为履行在儿童监护事务中的全局保护责任，国家应首先尊重并不任意、非法干涉儿童的家庭监护，在此基础上为儿童的家庭监护提供指导、帮助等外部协助措施，为儿童及其家庭提供保护，保障其免遭任何形式的非法侵害。

（二）国家在儿童监护事务中的兜底保护责任

《儿童权利公约》既关注父母或其他对儿童负有法律责任的人的责任、权利和义务，又要求国家为暂时性或永久性脱离家庭环境的儿童，或出于维护其最大利益的考虑而不能在家庭环境中继续生活的儿童提供保护和协助。家庭自治体系并非始终完备，国家应在儿童监护事务中承担兜底保护责任。[1] 为保护儿童权利，国家应首先确保儿童的父母充分履行对其子女的监护职责，以此为基础，在儿童权利可能受到侵害的情形下，及时采取行动介入监护事务为儿童提供权利保护。[2] 儿童享有独立的权利主体地位，因此有权获得国家对其合法权益的保护，此为国家公权力干预和

---

〔1〕 参见董思远：《未成年人监护制度研究》，中国人民公安大学出版社 2019 年版，第 35 页。

〔2〕 联合国儿童权利委员会：《第 7 号一般性意见：在幼儿时期落实儿童权利》，CRC/C/GC/7/Rev.1，2006 年，第 16 段、第 18 段。

介入家庭私权领域的正当性基础。[1]例如，在监护人实施侵权行为严重侵害儿童权益的案件中，国家应及时采取干预措施，根据侵权行为的危害程度及其对儿童造成的不利影响，限制或剥夺父母的监护权并确保其他监护形式的落实。国际人权公约对国家在儿童监护事务中兜底保护责任的规范内容可归为三个层次：其一，国家应采取措施保护儿童在受其父母、法定监护人或其他人的照料时免于遭受权利侵害；其二，国家应确保儿童与父母的分离符合儿童的最大利益且确有必要；其三，国家应保护脱离家庭环境的儿童。

1. 国家保护儿童在受照料时免受侵害

国家在儿童遭受来自父母、法定监护人或其他任何负责照管儿童的人的侵害时采取措施介入家庭监护事务是国家在儿童监护事务中承担兜底保护责任的重要体现。根据《儿童权利公约》第19条，国家应采取一切措施保护儿童在受父母、法定监护人或其他任何负责照管儿童的人的照料时，不致受到任何形式的身心摧残、伤害或凌辱，忽视或照料不周，虐待或剥削。"一切适当措施"应包括一切适当的立法、行政及其他措施。具体而言，此类保护性措施应包括采取有效程序，向儿童和负责照料儿童的人提供必要的支助，以及在必要时采取适当调查和干预手段等内容。此外，《儿童权利公约》亦强调保护儿童免遭色情剥削和性侵害（第34条），并在此基础上要求国家保护儿童免遭一切其他形式的剥削和侵害（第36条）。

涉及保护儿童在受照料时免受侵害之内容，联合国人权事务委员会将《公民权利和政治权利国际公约》第24条解释为要求国家保护正处于风险中的儿童。联合国人权事务委员会指出，确保

---

〔1〕　参见曹贤余：《儿童最大利益原则下的亲子法研究》，群众出版社2015年版，第89页。

儿童获得必要的保护是家庭、社会和国家的共同责任。虽然公约未说明此种责任应如何具体分配，但家庭，特别是儿童的父母在为儿童的和谐发展及儿童权利的充分实现提供条件方面负有主要责任。为此，一方面，国家应协助家庭促进儿童受到保护；另一方面，在父母和家庭严重失责，虐待或忽略儿童时，国家应进行干涉，限制父母的权利并且在情况需要时将儿童与父母分开。[1]与之相关，联合国经济、社会及文化权利委员会谴责一切形式的对儿童的虐待和暴力行为，包括在家庭内的体罚。在满足适当条件的情况下，为了儿童的最大利益，体罚等形式的家庭内部伤害可以成为将儿童从家庭中带走的正当理由。[2]

2. 国家确保亲子分离是符合儿童最大利益且确有必要的

国家确保符合儿童最大利益且确有必要的亲子分离是国家直接干预儿童家庭监护事务的关键环节。涉及儿童与父母分离的问题，根据《儿童权利公约》第 9 条，国家应确保在使儿童与父母分离时，不违背儿童父母的意愿，除非主管当局按照适用的法律和程序并经法院审查判定这样的分离符合儿童的最大利益且确有必要。这一规定要求国家在处理儿童与父母分离问题时必须综合考虑"儿童的最大利益"及"必要性"两方面因素。一方面，关于"儿童的最大利益"，《儿童权利公约》明确涉及儿童利益的所有行动，不论是由公私社会福利机构、法院、行政当局或立法机构执行，均应以儿童的最大利益为首要考虑。在根据《经济、社会及文化权利国际公约》第 10 条以及《公民权利和政治权利国际公约》第 17 条、第 23 条第 1 款和第 24 条第 1 款作出的对儿童及

---

[1] 联合国人权事务委员会：《第 17 号一般性意见：第二十四条（儿童权利）》，1989 年，第 1—2 段、第 6 段。

[2] ［澳］本·索尔、戴维·金利、杰奎琳·莫布雷：《〈经济社会文化权利国际公约〉评注、案例与资料》，孙世彦译，法律出版社 2019 年版，第 639 页。

其家庭利益造成影响的保护决定中，这一原则也是暗含的。[1]另一方面，针对判定儿童与父母分离之"必要性"问题，《儿童权利公约》作出了进一步解释。即"在诸如由于父母的虐待或忽视、或父母分居而必须确定儿童居住地点的特殊情况下，这种裁决可能有必要"。值得注意的是，在满足"儿童的最大利益"及"必要性"两项前置条件的基础上，《儿童权利公约》第9条进一步规定了因国家采取的行动导致儿童与父母分离时的后续程序，即在国家对父母一方或双方或对儿童采取任何行动，诸如拘留、监禁、流放、驱逐或死亡时，应依申请将相关家庭成员的基本情况告知儿童，除非提供此种信息会有损儿童的福祉。此外，《残疾人权利公约》强调在子女残疾或父母一方或双方残疾的情形下，缔约国应确保不发生违背儿童父母意愿的亲子分离，除非确有必要且符合儿童本人的最大利益（第23条第4款）。值得注意的是，将儿童的最大利益作为一项主要的考虑因素这一基本原则也应延伸适用于有关移民管理的规定。

3. 国家保护脱离家庭环境的儿童

国家保护脱离家庭环境的儿童是国家在儿童监护事务中承担兜底保护责任的最直接的体现。《儿童权利公约》明确要求国家为暂时或永久脱离家庭环境的儿童，以及出于维护最大利益的考虑而不能在家庭中继续生活的儿童提供特别保护和协助。国家应通过寄养、监护、收养或者必要时的安置等方式确保儿童得到其他方式的照顾（第20条）。与此同时，公约强调，国家应适当注意确保儿童的抚养和教育具有连续性，并关注儿童的族裔、宗教、文化和语言背景。以此为基础，《儿童权利公约》特别关注对难民儿童的国家公权力保护，要求国家应采取措施保障难民儿童能够

---

[1]　参见［澳］本·索尔、戴维·金利、杰奎琳·莫布雷：《〈经济社会文化权利国际公约〉评注、案例与资料》，孙世彦译，法律出版社2019年版，第645—646页。

得到适当的保护和人道主义援助，尤其是在安置与父母分离的难民儿童时，应为其追寻父母或其他家庭成员，帮助其获得必要的信息以实现家庭团聚，并在难以找到父母时确保该难民儿童获得与其他永久或暂时脱离家庭环境的儿童同等的国家保护（第22条）。此外，《保护所有移徙工人及其家庭成员权利国际公约》也关注对与父母分离的儿童权利的保护，规定国家在剥夺移徙工人的自由时应注意考虑其未成年子女的权利（第17条第6款）。此外，为保护受父母或其他法定监护人强迫失踪影响的儿童，《保护所有人免遭强迫失踪国际公约》要求缔约国采取必要措施，查找和认定相关儿童，并根据法律程序和适用的国际协议将儿童归还本来的家庭，确保儿童家庭监护的实现（第25条）。

综上所述，根据国际人权公约，为承担在儿童监护事务中的兜底保护责任，国家应保护儿童在由父母、法定监护人或其他任何负责照管儿童的人的照料时不受侵害，确保儿童与父母的分离符合儿童的最大利益且确有必要，并有效保护脱离家庭环境的儿童。

二、联合国人权宣言的宣示强调

联合国大会于1948年12月10日通过了《世界人权宣言》。作为所有民族和所有国家应遵循的共同标准，《世界人权宣言》包含了广泛的公民、文化、经济、政治和社会权利，为二十年后通过的《经济、社会及文化权利国际公约》及《公民权利和政治权利国际公约》奠定了基础，并在内容上对两项公约产生了重要影响。一些学者认为，《世界人权宣言》或至少它的许多条款，已经成为国际习惯法的一部分。[1]此后，联合国大会于1959年11月20日通过《儿童权利宣言》，于1986年12月3日通过《关于儿童

---

〔1〕 张伟主编:《联合国核心人权文件汇编》，中国财富出版社2013年版，第62页。

保护和儿童福利、特别是国内和国际寄养和收养办法的社会和法律原则宣言》，专门针对保护儿童权利作出宣示。

根据前述国际人权文件的指引，应从四个层面理解国家对儿童及其家庭的保护义务，即对儿童家庭的整体保护、对儿童的特别保护、对儿童家庭的介入和干预以及对父母的与其子女教育相关的权利的保护。具体而言，其一，涉及对儿童及其家庭的整体保护，根据《世界人权宣言》第 12 条，家庭有权免于遭受任意的干涉，个人应当能够获得来自国家的保护。以此为基础，第 16 条第 3 款规定，家庭是天然的和基本的社会单元，应受社会和国家的保护。此外，《关于儿童保护和儿童福利、特别是国内和国际寄养和收养办法的社会和法律原则宣言》特别设立"家庭与儿童的一般福利"相关规定，确立了应给予家庭和儿童福利以优先地位、儿童福利要靠良好的家庭福利以及儿童的第一优先是由亲生父母照料等基本理念。其二，涉及对儿童的特别保护，《世界人权宣言》第 25 条第 2 款强调母亲和儿童有权享受特别照顾和协助，一切儿童都应享受同样的社会保护。此外，《儿童权利宣言》亦申明，"儿童因身心尚未成熟，在其出生以前和以后均需要特殊的保护和照料，包括法律上的适当保护"。其三，对儿童家庭的介入和干预，《关于儿童保护和儿童福利、特别是国内和国际寄养和收养办法的社会和法律原则宣言》特别强调在儿童的父母监护照料缺位或存在不适当情形时，国家应当以维护儿童的最大利益为首要考虑，为儿童安排父母监护之外的其他形式的监护照料。[1]其四，

---

〔1〕 参见《关于儿童保护和儿童福利、特别是国内和国际寄养和收养办法的社会和法律原则宣言》第 4 条："如果儿童缺乏亲生父母照料或这种照料并不适当，就应考虑由其父母的亲属、另一替代性寄养或收养家庭或必要时由一适当的机构照料。"第 5 条："在亲生父母以外安排儿童的照料时，一切事项应以争取儿童的最大利益特别是他或她得到慈爱的必要并享有安全和不断照料的权利为首要考虑。"

涉及保护父母的与其子女教育相关的权利，根据《世界人权宣言》第 26 条第 3 款，父母对其子女所受之教育有优先选择权。

三、联合国人权条约机构一般性意见的明确细化

联合国人权条约机构的一般性意见是确立国际人权标准的重要辅助资料。有学者指出："一般性意见构成了对相关人权公约及议定书各条款的有价值的解释。"[1]联合国儿童权利委员会的一般性意见对儿童国家监护责任也有所强调，可从两个层面理解委员会一般性意见明确的相关内容：一方面，委员会强调了国家执行公约之义务的性质及层次；另一方面，委员会阐明了国家履行儿童监护责任的具体义务。

（一）缔约国执行公约之义务的性质及层次

国家应遵循已批准的国际人权公约，积极履行尊重、保护和实现各项基本人权的国家义务。[2]具体而言，尊重义务要求国家不得任意干涉个人和群体的基本权利的享有。保护的义务则要求缔约国采取措施防止第三方对合法权利的干预。一旦国家批准了国际人权公约，即根据国际法承担执行公约的义务。[3]实现义务包括促进、推动和提供三个层面的内容。国家应采取积极措施，帮助公民享有权利，应以确保权利的实现为目的组织宣传和教育活动。[4]总体而言，可将国家根据国际人权公约应履行的国家义务划分为两个主要层次，即即时生效的义务、采取措施逐步实现

---

〔1〕 徐显明主编：《国际人权法》，法律出版社 2004 年版，第 35 页。

〔2〕 参见联合国经济、社会及文化权利委员会：《第 14 号一般性意见：享有能达到的最高健康标准的权利（第十二条）》，E/C.12/2000/4，2000 年，第 33 段。

〔3〕 参见联合国儿童权利委员会：《第 5 号一般性意见：执行〈儿童权利公约〉的一般措施》，CRC/GC/2003/5，2003 年，第 1 段。

〔4〕 参见联合国经济、社会及文化权利委员会：《第 19 号一般性意见：社会保障的权利（第九条）》，E/C.12/GC/19，2007 年，第 43 段、第 47—50 段。

的渐进义务。

联合国经济、社会及文化权利委员会针对国家所负的即时生效的义务进行了明确阐释。其指出，虽然公约承认了国家由于资源有限而造成的能力局限，允许其逐步实现权利，但与此同时，规定了一些即时生效的国家义务。[1]例如，国家应保障在无歧视的条件下行使有关权利的义务。在涉及对健康权的保障时，联合国经济、社会及文化权利委员会一般性意见规定："国家应确保行使健康权不得有任何歧视，并采取措施充分履行促进健康权的实现的相关义务。在一段时间内逐步实现健康权，不应解释为缔约国义务失去意义。相反，逐步实现意味着缔约国有一项具体和始终存在的义务，即尽可能迅速和切实地充分实现第十二条。"[2]

涉及国家所负的逐步实现的渐进义务，经济、社会及文化权利委员会强调，虽然国家可以通过逐步努力达到完全实现有关权利的最终目的，但是，在公约对有关缔约国生效后的合理较短时间内，国家必须采取争取达到这一目标的措施。在很多情况下需采取立法措施，包括在保护母亲及儿童权利的相关事务方面。即使在国家现有资源严重不足时，也应当采取成本相对较低的举措保护在社会处于弱势地位的群体的利益。[3]公约提到的核心义务是缔约国实现公约确认的各项权利，这要求各国政府"以各种适当方式"履行这一义务。经济、社会及文化权利委员会对此采取了宽泛、灵活的解释，但灵活性与缔约国的人权义务是共存的，即缔约国必须采取一切可利用的手段实现公约确认的权利。在这方面，必须铭

---

〔1〕 联合国经济、社会及文化权利委员会：《第 3 号一般性意见：缔约国义务的性质（〈公约〉第二条第一款）》，E/1991/23，1990 年，第 1—3 段。

〔2〕 联合国经济、社会及文化权利委员会：《第 14 号一般性意见：享有能达到的最高健康标准的权利（第十二条）》，E/C. 12/2000/4，2000 年，第 30—31 段。

〔3〕 参见联合国经济、社会及文化权利委员会：《第 3 号一般性意见：缔约国义务的性质（〈公约〉第二条第一款）》，E/1991/23，1990 年，第 1—3 段、第 12 段。

记国际人权法的基本要求。[1]此外，联合国儿童权利委员会指出，资金局限不能成为缔约国不采取任何或足够必要措施的理由。[2]

总结而言，应从两个层面理解缔约国履行公约之义务的性质，即缔约国既负有即时生效的义务，如确保公民不受歧视享有权利的义务；亦负有采取措施逐步实现的渐进义务。值得注意的是，"逐步实现"不应理解为缔约国可以不采取任何有意义的实践行动。与此相反，"逐步实现"强调国家负有具体并始终存在的义务，应当尽最大限度利用已有国内资源以充分实现相关权利。

(二) 国家履行儿童监护责任的具体义务

儿童应有权获得来自家庭、社会和国家的基于其未成年地位的外部保护。根据国际人权公约的要求，国家应采取措施使未成年人享有比成年人更多的保护。[3]以公约为基础，联合国人权条约机构的一般性意见关注与国家保护儿童及其家庭相关的子女抚养、文化、教育、健康及社会保障、监护人侵权、预防犯罪等重点领域，并以此为基础阐明了涉及儿童监护事务国家应履行的三个层面的具体义务：其一，国家应履行对儿童家庭监护的尊重义务；其二，国家应履行为儿童家庭监护提供支助的义务；其三，国家应履行在儿童家庭监护失能时的干预义务。

1. 国家对儿童家庭监护的尊重义务

涉及国家对儿童家庭的尊重义务，联合国人权条约机构的一般性意见首先肯定了家庭对于儿童健康成长至关重要的支持作用。

---

〔1〕 联合国经济、社会及文化权利委员会：《第9号一般性意见：〈公约〉在国内的适用》，E/1999/22，1998年，第1—2段。

〔2〕 参见联合国儿童权利委员会：《第1号一般性意见：教育的目的》，CRC/GC/2001/1，2001年，第28段。

〔3〕 联合国人权事务委员会：《第17号一般性意见：第二十四条（儿童权利）》，1989年，第1—2段。

联合国人权事务委员会指出，虽然不同国家和区域对家庭的定义有所不同，但是，一旦在法律规定或习惯范畴下的家庭形成了，国家就应该为其提供支持和保护。[1]联合国儿童权利委员会亦强调，儿童的父母和照顾者在为儿童提供安全、鼓励和保护方面发挥着重要的作用。[2]特别是对于幼儿而言，其在情感层面有着对父母或其他养育人的强烈依恋。父母及其他养育人通常是幼儿实现其权利的主要途径。由此，国家应明确将预防儿童与其父母和其他亲人分离以及保障家庭监护功能的实现作为儿童保护体系的重要内容。鉴于儿童与父母分离对其健康成长产生的严重不利影响，只有当儿童面对即刻的伤害或当没有其他选择的确实必要之时，才能采取使儿童与父母分离这一最后措施。倘若存在干预性不大的措施可保护儿童，则不应采取分离做法。此外，在诉诸分离做法之前，国家应为家长提供支助，协助其承担为人父母的责任并恢复或增强家庭照顾子女的能力。尤应注意，经济原因不可作为儿童与其父母分离的理由。[3]

对于国家尊重儿童家庭监护的具体内涵，儿童权利委员会强调儿童权利并不能够孤立存在，而应将其放置于整个道德体系内予以考虑。尊重儿童的父母要求国家在较大的道德、道义、精神、文化或社会框架内看待权利，并认识到多数的儿童权利并不是外部强加的，而是从当地社区的价值观中产生的。[4]特别涉及儿童

---

〔1〕　参见联合国人权事务委员会：《第 19 号一般性意见：第二十三条（家庭）》，1990 年，第 2 段。

〔2〕　参见联合国儿童权利委员会：《第 20 号一般性意见：关于在青少年期落实儿童权利》，CRC/C/GC/20，2016 年，第 50 段。

〔3〕　联合国儿童权利委员会：《第 14 号一般性意见：儿童将他或她的最大利益列为一种首要考虑的权利》，CRC/C/GC/14，2013 年，第 60—61 段。

〔4〕　联合国儿童权利委员会：《第 1 号一般性意见：教育的目的》，CRC/GC/2001/1，2001 年，第 7 段。

父母为子女选择教育的自由及儿童文化权利，经济、社会及文化权利委员会指出，国家应尊重儿童的父母或其他监护人的自由决定权，保障儿童能够依照父母或其他监护人的信仰选择宗教信仰并接受道德教育。国家应容许公立学校以尊重和不歧视的理念为指导开设宗教和道德教育。[1]与此同时，儿童应成为文化价值观代代相传的承受者和传播者，这就要求国家在文化生活领域采取积极举措，培育并开发儿童的发展潜力。[2]

2. 国家为儿童家庭监护提供支助的义务

联合国人权条约机构的一般性意见为国家支持和协助儿童的家庭监护提出了具体要求。联合国儿童权利委员会强调，实现儿童权利在很大程度上取决于负责照料儿童的人的福利和可利用的资源。认识到这种相互依存的关系，是制定面向儿童父母、法定监护人和其他养育人的协助计划的合理出发点。[3]

首先，联合国人权条约机构的一般性意见要求国家为儿童家庭应对变化的环境及数字环境提供支持和协助。联合国儿童权利委员会强调，面对一个全球性的商业世界，儿童和青少年必然会受其影响。对父母和照顾者而言，这种不断变化的环境挑战了他们与青少年进行有效沟通和以考虑青少年生活现实的方式提供引导和保护的能力。由此，建议各国与青少年及其父母和照顾者共同开展研究，查明处理父母和子女之间在人生经验方面的代沟需要

---

〔1〕 参见联合国经济、社会及文化权利委员会：《第13号一般性意见：受教育的权利（〈公约〉第十三条）》，E/C. 12/1999/10，1999年，第28段。

〔2〕 参见联合国经济、社会及文化权利委员会：《第21号一般性意见：人人有权参加文化生活（〈经济社会文化权利国际公约〉第十五条第一款（甲）项》，E/C. 12/GC/21，2009年，第26段。

〔3〕 参见联合国儿童权利委员会：《第7号一般性意见：在幼儿期落实儿童权利》，CRC/C/GC/7/Rev. 1，2006年，第6段、第15—20段。

何种性质的指导、协助、培训和支持。〔1〕而涉及在数字环境中对儿童父母给予支持，联合国儿童权利委员会指出，缔约国有义务提高家长和照顾者对尊重儿童不断发展的自主权、能力和隐私的重要性的认识；应该支持家长和照顾者培养数字素养，认识到儿童面临的风险，帮助他们实现与数字环境有关的权利；应确保家长和照顾者有机会了解相关技术为儿童权利提供保护的方式和方法。〔2〕此外，国家应通过立法和政策鼓励父母、监护人和照顾者听取儿童的意见并给予应有的重视。为了协助培养尊重儿童表达意见权的家长作风，建议缔约国推动实施家长教育方案，通过目前已有的积极行动传播关于儿童和父母权利的相关信息。〔3〕

其次，联合国人权条约机构的一般性意见要求国家在提供卫生保健、社会福利的层面为儿童及其家庭提供支持和帮助。针对儿童及其家庭实施的促进实现健康权的支持措施应具有可获取性，即所有人均能安全地实际获得健康福利，尤其是包括妇女和儿童等在内的在社会和家庭中处于弱势地位和边缘地位的群体。其中，《经济、社会及文化权利国际公约》第 12 条第 2 款规定的"减低婴儿死亡率""使儿童得到健康的发育"可理解为国家为改善儿童和母亲的健康而需要采取的措施。此外，《儿童权利公约》也要求各国保证为儿童和他们的家庭提供基本卫生服务。〔4〕父母是幼小儿童早

---

〔1〕　联合国儿童权利委员会：《第 20 号一般性意见：关于在青少年期落实儿童权利》，CRC/C/GC/20，2016 年，第 51 段。

〔2〕　联合国儿童权利委员会：《第 25 号一般性意见：关于与数字环境有关的儿童权利》，CRC/C/GC/25，2021 年，第 21 段、第 84 段。

〔3〕　联合国儿童权利委员会：《第 12 号一般性意见：儿童表达意见的权利》，CRC/C/GC/12，2009 年，第 92—93 段。

〔4〕　参见联合国经济、社会及文化权利委员会：《第 14 号一般性意见：享有能达到的最高健康标准的权利（第十二条）》，E/C.12/2000/4，2000 年，第 12 段、第 14 段、第 22—24 段。

期诊断和初级保健的最重要来源，是防止诸如有害物质使用等青少年高危行为的重要保护力量。[1]国家应向家长和看护人提供必要的教育、指导、支持和便利，[2]并进一步明确平等享有国家提供的家庭福利对于实现儿童的受保护权的重要意义。[3]

再其次，联合国人权条约机构的一般性意见关注土著儿童、街头流浪儿童、残疾儿童、感染艾滋病儿童等特定群体的权利保护，要求国家为来自特定群体的儿童及其家庭提供支助。其一，涉及为土著儿童家庭提供支持，联合国儿童权利委员会指出，国家应维护土著家庭和社区的完整性，协助其履行养育子女的义务。在影响到土著儿童的发展、社会服务、卫生和教育的方案中，应将维护儿童的最大利益以及土著家庭和社区的完整性作为首要考虑。[4]其二，为预防儿童及其家庭成员流浪街头，联合国儿童权利委员会要求国家为儿童家庭提供支持。联合国儿童权利委员会指出，各国有义务适当协助父母和法定监护人履行儿童监护职责，应采取措施消除对处于危困境况的家庭的结构性压力。此外，各国应扩大家庭支助范围，采取措施为所有父母和照顾者提供关于儿童权利和积极育儿的普及教育，并以不带污名化的方式优先对待那些使儿童面临最终流落街头危险的家庭。[5]其三，涉及为残

---

〔1〕 联合国儿童权利委员会：《第 15 号一般性意见：关于儿童享有可达到的最高标准健康的权利问题（第 24 条）》，CRC/C/GC/15，2013 年，第 67 段。

〔2〕 参见联合国儿童权利委员会：《第 17 号一般性意见：关于儿童享有休息和闲暇、从事游戏和娱乐活动、参加文化生活和艺术活动的权利（第 31 条）》，CRC/C/GC/17，2013 年，第 56 段。

〔3〕 参见联合国经济、社会及文化权利委员会：《第 19 号一般性意见：社会保障的权利（第九条）》，E/C.12/GC/19，2007 年，第 18 段。

〔4〕 联合国儿童权利委员会：《第 11 号一般性意见：土著儿童及其在〈公约〉下的权利》，CRC/C/GC/11，2009 年，第 46—48 段。

〔5〕 联合国儿童权利委员会：《第 21 号一般性意见：关于街头流浪儿童》，CRC/C/GC/21，2017 年，第 17 段、第 35 段、第 46 段、第 48 段。

疾儿童及其家庭提供特别支助的国家义务，经济、社会及文化权利委员会指出，《经济、社会及文化权利国际公约》要求缔约国保护家庭、母亲和儿童，这意味着缔约国应尽一切努力使残疾人在其愿意的情况下与其家人生活在一起。此外，因残疾儿童特别容易遭受剥削、虐待和遗弃，所以其有权受到特殊保护。[1]联合国儿童权利委员会亦关注国家为残疾儿童及其家庭提供支助和保护的问题，强调只要家庭在所有方面都得到适当的配备，使残疾儿童在自己的家庭环境中得到照料和养育是最佳的监护安排。国家为家庭提供的支助措施应包括对儿童父母及其兄弟姐妹开展关于残疾相关知识的教育，注重每个儿童独特的身心要求，关注残疾儿童家庭面临的压力和困难并为培养家庭共同语言提供帮助，例如，教授手语、发放特殊津贴和消费品等物质支助及其他被认为有助于确保残疾儿童生活体面、自给自足、全面融入家庭和社区所需的特殊家具和代步设施等必要设备等。与此同时，联合国儿童权利委员会关注残疾儿童受暴力、虐待和忽视问题，指出残疾儿童更容易遭受身心虐待，这涉及包括家庭、学校、替代照料场所等在内的多种环境。[2]为预防虐待问题，国家可推动建立社区互助组，通过福利方案支助家庭提高生活标准，并为有家庭暴力、酗酒、药物滥用问题或其他精神健康需要的照顾者提供治疗方案。[3]其四，涉及国家对感染艾滋病儿童及其家庭的特别支助义务，联合国儿童权利委员会指出，缔约国根据公约的规定，应确保儿童在不受歧视的基础上可持续地、平等地获得与抵抗艾滋病

---

〔1〕　联合国经济、社会及文化权利委员会：《第5号一般性意见：残疾人》，E/1995/22，1994年，第30段、第32段。

〔2〕　参见联合国儿童权利委员会：《第9号一般性意见：残疾儿童的权利》，CRC/C/GC/9，2006年，第41—42段。

〔3〕　参见联合国儿童权利委员会：《第13号一般性意见：儿童免遭一切形式暴力侵害的权利》，CRC/C/GC/13，2011年，第43段。

相关的全面治疗和照料。目前普遍认为，全面治疗和照料应包括以家庭、社区为基础的照料。对于受到艾滋病影响而失去父母的儿童，国家必须尽最大的可能提供援助，使儿童能够留在现有的家庭结构中。如果现有的家庭难以满足儿童的健康成长需要，缔约国必须尽可能地提供家庭式的替代照料。联合国儿童权利委员会鼓励缔约国在必要时向由儿童作为户主的家庭提供资金或其他形式的支助。[1]

最后，联合国人权条约机构的一般性意见要求国家在预防儿童犯罪问题上为儿童家庭提供支持和帮助。联合国儿童权利委员会指出，《儿童权利公约》要求国家为儿童父母或其他照管人提供援助。国家所采取的相关援助措施不应仅局限于预防和弥补家庭功能的欠缺，还应充分发挥儿童父母的社会潜力。关于家庭的预防措施，应包括父母培训、家庭探访、从儿童幼年开始帮助增强父母子女之间的互动等多种形式。联合国儿童权利委员会建议缔约国在国内立法中明确规定最大限度地使父母或法定监护人参加与儿童相关的诉讼。这种参加应当在总体上有助于应对由儿童实施的触犯刑法的行为。此外，被剥夺自由的儿童应当有权通过邮件和探访等途径与其父母和家人保持联系。[2]联合国儿童权利委员会还关注到在少年司法系统中保护儿童权利的议题，指出基于家庭的行为矫治方式能够在一定程度上避免儿童的犯罪行为。因此，针对儿童的犯罪预防工作应侧重于为家庭提供支持和科学干预，特别是对于那些曾经发生过暴力行为的家庭。[3]

---

〔1〕 参见联合国儿童权利委员会：《第3号一般性意见：艾滋病毒/艾滋病与儿童权利》，CRC/GC/2003/3，2003年，第25段、第28段、第31段。

〔2〕 参见联合国儿童权利委员会：《第10号一般性意见：少年司法中的儿童权利》，CRC/C/GC/10，2007年，第19段、第54段、第87段。

〔3〕 参见联合国儿童权利委员会：《第24号一般性意见：关于少年司法系统中的儿童权利问题》，CRC/C/GC/24，2019年，第9段。

3. 国家在儿童家庭监护失能时的干预义务

联合国人权条约机构的一般性意见为国家在儿童家庭监护失能以致严重损害儿童权利时采取干预措施介入儿童监护事务提出了要求。首先，针对父母或其他监护人侵害儿童权利的情形，联合国儿童权利委员会强调，国家应采取一切必要步骤，支持父母对儿童承担主要责任，减少在儿童照料方面的有害剥削、关系破裂和扭曲现象。[1]经济、社会及文化权利委员会也呼吁各国采取具体措施，为儿童父母或法定监护人提供适当的援助，并确保以保护儿童为目的对家庭采取干预行动。尤其是在必要时，如在发生严重虐待或忽视的情况下，国家应依照国内法律和程序，将儿童与其家庭隔离。[2]具体而言，一方面，涉及在家庭中的儿童体罚问题，联合国儿童权利委员会指出，体罚儿童行为显然与尊重儿童的人格尊严与人身安全的平等和不移的权利直接冲突。考虑到儿童的特殊性、依赖性、发育状况、潜力和脆弱性，为了保护儿童免遭一切形式的暴力侵害，国家、社会和家长应给予其更多而非更少的保护。《儿童权利公约》要求各国尊重父母"以符合儿童不同阶段接受能力的方式适当指导和引导儿童行使本公约所确认的权利"。对"适当指导和指引"的理解必须符合整个公约的意旨，不存在任何使用暴力、残忍或有辱人格的纪律管束措施的理由。禁止体罚条款强调，当父母或其他照管人依照刑法被起诉时，他们再也不可援用采取"合理"或"轻微"体罚的做法是父母或其他照管人的权利的辩护理由。此外，各国的家庭法还应明确规定，父母的职责包括不以任何形式的暴力为儿童提供适当的指导

---

〔1〕　参见联合国儿童权利委员会：《第 7 号一般性意见：在幼儿期落实儿童权利》，CRC/C/GC/7/Rev. 1，2006 年，第 6 段、第 15—20 段。

〔2〕　参见联合国儿童权利委员会：《第 4 号一般性意见：在〈儿童权利公约〉框架内青少年的健康和发展》，CRC/GC/2003/4，2003 年，第 12 段。

和引导。值得注意的是，鉴于家庭是儿童成长的最天然环境，国家在对儿童的家庭监护进行公权干预时应始终保持审慎的态度，采取合法并符合比例的干预措施。[1]另一方面，涉及在家庭中的忽视问题，联合国儿童权利委员会指出，对儿童的忽视包括没有满足儿童的身心发展需求、没有保护儿童免遭权利侵害以及没有向有关部门及时为儿童申请医疗服务、出生登记或其他必要服务。保障儿童的前述权利有不同方式，但最好是采取类似家庭的照料安排，前提是已经严格审查过儿童在未来可能遭受暴力的风险。在保护儿童、预防暴力方面，家庭具有巨大的潜力，可以为儿童提供支持并教导儿童使其有力量保护自己。国家干预的各个阶段都需要将提高家庭生活水平、支持家庭及与家庭合作作为保护儿童的优先工作，在预防和早期干预阶段尤为如此。[2]

其次，联合国人权条约机构的一般性意见要求国家为接受替代照料的儿童提供兜底保护。联合国儿童权利委员会强调，各国应确保将福利院安置作为"不得已而为之"的最后手段，并保障所有生活在福利院的儿童均得到适当照顾。脱离替代照料的儿童需要各种支助以帮助他们为过渡期做好准备，包括获得就业机会、住房和心理支持，以及在符合他们最大利益的情况下与家人共同参与康复活动。[3]在对土著儿童采取任何替代性照料安置时，国家应明确将维护儿童的最大利益作为首要考虑，还应注意有必要使儿童的培养和教育具有连续性和可持续性，并充分尊重儿童的

---

〔1〕 参见联合国儿童权利委员会：《第8号一般性意见：儿童受保护免遭体罚和其他残忍或不人道形式惩罚的权利（第19条、第28条第2款和第37条等）》，CRC/C/GC/8，2006年，第20—21段、第28段、第39—41段。

〔2〕 参见联合国儿童权利委员会：《第13号一般性意见：儿童免遭一切形式暴力侵害的权利》，CRC/C/GC/13，2011年，第20段、第35段、第72段。

〔3〕 联合国儿童权利委员会：《第20号一般性意见：关于在青少年期落实儿童权利》，CRC/C/GC/20，2016年，第53—54段。

族裔、宗教、文化和语言背景。[1]

再其次，联合国人权条约机构的一般性意见要求国家为街头流浪儿童提供兜底保护。联合国儿童权利委员会强调，国家应在法律和政策框架内，用基于儿童权利的方法编制预算，制定并加强全面的保护儿童制度。这种国家儿童保护制度需要惠及街头流浪儿童并应充分包含他们所需要的具体服务。国家应明确基于儿童权利的方法需要适用于每一种情况，应减少在获得儿童保护制度方面的行政负担和拖延，并以便利儿童和无障碍的形式提供信息，确保街头流浪儿童得到支持。关于街头流浪儿童与父母分离问题，联合国儿童权利委员会指出，国家应支持街头流浪儿童与家人保持联系，而不应仅仅因为家庭成员在街头工作或生活而使儿童与其家庭分离。同样的，国家不应使街头流浪者所生的婴幼儿与父母分离。经济和物质的贫困状况绝不应成为使儿童脱离父母照料的唯一理由，而应将其视为一种表明有必要为该家庭提供适当帮助的信号。为父母和法定监护人提供支持对于防止儿童最终流落街头以及加强针对已经流落街头儿童的家庭团聚措施至关重要。[2]

最后，联合国人权条约机构的一般性意见要求国家为无人陪伴的儿童、无父母陪伴的儿童、孤身儿童及离散儿童提供国家兜底保护。联合国儿童权利委员会关注受移徙影响而无人陪伴、无父母陪伴的儿童，指出国家应制订全面考虑年龄和性别因素的法律，管理无人陪伴和无父母陪伴的难民儿童和寻求庇护的儿童。国家应以维护儿童的最大利益为基础优先对儿童的需求进行评估而不是确定其移民身份，并充分考虑这些儿童所特有的脆弱性。

---

[1] 联合国儿童权利委员会：《第11号一般性意见：土著儿童及其在〈公约〉下的权利》，CRC/C/GC/11，2009年，第46—48段。

[2] 联合国儿童权利委员会：《第21号一般性意见：关于街头流浪儿童》，CRC/C/GC/21，2017年，第17段、第35段、第46段、第48段。

国家还应采取措施应对促使儿童移徙的因素，并处理在父母移徙后留守儿童的脆弱性及其权利遭到侵犯的情况，例如，辍学、童工劳动、容易遭到暴力侵犯和犯罪活动影响以及家庭责任繁重等问题。[1]涉及跨越国家边境的无人陪伴儿童，联合国儿童权利委员会指出，强烈希望各国将针对无人陪伴儿童的一般性意见的有关方面适用于在其国内流离失所的无人陪伴和无父母陪伴儿童的保护、照料和待遇方面。[2]此外，联合国儿童委员会关注孤身儿童和离散儿童，指出国家必须在体恤儿童的正当程序框架内作出决策，将儿童安置在国家或地方的替代照料系统中。保障儿童享有家庭环境的权利要求各国不仅应避免采取可能导致家人分离或其他任意干涉家庭生活的行为，还应采取积极措施维持家庭单位，包括帮助离散的家庭成员重获团聚。[3]

四、其他人权文件的重要补充

1960 年 12 月 14 日，为促进各国间的合作，以确保人人享有人权和平等的教育机会，联合国教育、科学及文化组织大会第十一届会议通过《取缔教育歧视公约》，强调在尊重不同的教育制度的基础上，各国均有义务禁止任何形式的教育歧视，而且有义务促进人人在教育上的机会平等和待遇平等。涉及国家尊重父母享有的与其子女教育相关的权利，《取缔教育歧视公约》第 5 条第 1

---

〔1〕 联合国儿童权利委员会：《第 20 号一般性意见：关于在青少年期落实儿童权利》，CRC/C/GC/20，2016 年，第 77 段。

〔2〕 联合国儿童权利委员会：《第 6 号一般性意见：远离原籍国无人陪伴和无父母陪伴的儿童待遇》，CRC/GC/2005/6，2005 年，第 5 段。

〔3〕 联合国儿童权利委员会第 23 号一般性意见与保护所有移徙工人及其家庭成员权利委员会第 4 号一般性意见：《关于原籍国、过境国、目的地和返回国在具国际移民背景儿童的人权方面的国家义务》，CRC/C/GC/21，2017 年，第 13 段、第 27 段、第 30 段。

款第 2 项要求国家必须尊重父母和（如适用时）法定监护人的下列自由：其一，为其子女选择非公立但符合主管当局所可能规定或批准的最低教育标准的学校；其二，在所用方法符合国家适用其法律所遵循的程序的情况下，确保子女能按照他们自己的信仰接受宗教和道德教育；其三，任何人或任何一群人不得被强迫接受同他们的信仰不一致的宗教教育。[1]根据该公约，国家应尊重父母或其他法定监护人为儿童选择教育的自由，尤其在涉及宗教信仰及道德教育等方面。

此外，1996 年 10 月 19 日，海牙国际私法会议通过《关于父母责任和儿童保护措施的管辖权、法律适用、承认、执行和合作公约》（以下简称《海牙私法公约》）。《海牙私法公约》在强调儿童最大利益的基础上，明确了儿童父母的权利义务属性。根据《海牙私法公约》第 1 条第 2 款，父母责任一词包含父母权力或确定父母、监护人或其他法定代理人与儿童的人身或财产相关的权利、权力和责任的任何类型的权利关系。[2]由此可知，《海牙私法公约》明确了父母责任应是一系列权利和义务的集合。

第三节　相关案例的补充阐释

本节以联合国儿童权利委员会、人权事务委员会以及消除对妇女歧视委员会受理的三份个人来文为依据，阐明在联合国层面

---

〔1〕 *The Convention against Discrimination in Education*, adopted by the General Conference of the United Nations Educational, Scientific and Cultural Organization at its eleventh session, 14 December 1960.

〔2〕 See *the Hague Convention on Jurisdiction*, *Applicable Law*, *Recognition*, *Enforcement and Cooperation in respect of Parental Responsibility and Measures for the Protection of Children*, adopted by the Hague Conference on Private International Law, 19 October 1996.

保护儿童及其家庭权利的具体实践。

一、保障儿童的家庭权利：确保父亲探望权的实现[1]

来文人 N. R. 为阿根廷国民，出生于 1976 年 1 月 20 日。来文人代表其女儿 C. R. 提交来文。该女孩生于 2009 年 6 月 16 日，是阿根廷国民，但居住在巴拉圭。《儿童权利公约关于设定来文程序的任择议定书》于 2017 年 4 月 40 日对巴拉圭生效。

在该案件中，来文人与巴拉圭国民 L. R. R. 交往了一段时间，两人育有一个名为 C. R. 的女儿，该女孩出生在阿根廷的拉普拉塔。2009 年 6 月，在女孩出生 11 天后，L. R. R. 带着她一起前往自己的家乡巴拉圭的亚松森，并在那里定居。来文人在女儿小的时候偶尔去巴拉圭看望她。来文人称，虽未曾有过任何关于女儿监护权的决定，但对女儿实际享有监护权的是女孩的母亲。此后，女孩母亲 L. R. R. 决定开始新的生活，并开始阻挠来文人与女儿进行联系。来文人称，由于女孩母亲的不妥协态度，他无法与女儿定期沟通。2015 年 2 月 16 日，来文人向巴拉圭亚松森少年法院提起诉讼，要求探望他的女儿。他希望能够通过电话与他的女儿取得联系，并要求他的女儿能够去阿根廷旅行，相关费用由他承担。2015 年 3 月 12 日，L. R. R. 对来文人的申请作出答复，明确表示由于来文人拒绝支付赡养费，她不允许来文人接近女儿或与其进行交流。巴拉圭亚松森少年法院于 2015 年 4 月 14 日举行听证，双方商定：①来文人将在周一、周三和周五的下午六点至七点通过 Skype 与女儿沟通，且来文人负责提供必要的设备；②女孩将在寒假期间与来文人一起在阿根廷生活七天，另外在女孩暑假期间，

---

[1] 参见联合国儿童权利委员会：《根据〈儿童权利公约关于设定来文程序的任择议定书〉通过的关于第 30/2017 号来文的意见》，CRC/C/83/D/30/2017，2020 年。

在来文人生日的那一周与他一起生活七天；③来文人每月可以在一个星期六的上午九点至下午六点与他的女儿在一起。2015 年 4 月 30 日，巴拉圭亚松森少年法院作出第 139 号终审判决，规定了上述探访及其他联系形式的安排。

2015 年 10 月 5 日，来文人提起执行判决的诉讼。2016 年 5 月，法院通过第 128 号中间命令，决定维持遵守判决，并命令派遣一名社会工作者前往被告人，即女孩的母亲 L. R. R. 家中，以确保来文人和其女儿能够实际开展探视活动。来文人于 2016 年 7 月 8 日、8 月 2 日、8 月 24 日、11 月 3 日、12 月 7 日和 26 日，以及 2017 年 2 月 15 日和 3 月 6 日再次提出申诉，声称判决没有得到执行。2017 年 3 月 23 日，来文人向最高法院提交了关于司法拖延的申诉。来文人指出，尽管他提出了所有申诉，但巴拉圭没有采取任何措施确保判决得到遵守，也没有同意他通过视频形式参加在巴拉圭进行的司法程序的请求。其进一步指出，巴拉圭当局也没有考虑到他向女儿学校提出的允许探望的多次请求，以及没有受理他对学校没有遵守允许他通过电话与女儿保持联系的命令的投诉。尽管社会工作者提出了报告，但当局没有作出任何决定来确保判决的执行。

2017 年 5 月 10 日，由律师代表 N. R. 向联合国儿童权利委员会提交个人来文。来文人 N. R. 认为，巴拉圭作为《儿童权利公约》的缔约国，违反了公约第 3 条、第 4 条、第 5 条、第 9 条第 3 款、第 10 条第 2 款、第 18 条以及第 19 条的规定，因为尽管巴拉圭法院的判决和法律规定支持了他与女儿进行联系的请求，但司法当局并没有采取必要措施落实这一权利，并且其已用尽了巴拉圭立法规定的所有国内补救办法。在向联合国儿童权利委员会提交的个人来文中，来文人援引了巴拉圭上诉法院于 2017 年 4 月 25 日作出的第 60 号中间命令中的一段裁定，认为可以支持自己的合理诉求。上诉法院指出，执行判决和其他司法决定的权利，是权利受到有效保护的基本权利的一个组成部分，任何当局都不应不执行具有既判力的判决，更不应拖延执行，特别是在涉及女孩有权与不和她在一起生活的父母一方建立关系的事项中。法官有义务确保判决和其他司法决定得到及时执行。

就此案件，联合国儿童权利委员会指出，根据《儿童权利公约》第9条第3款，国家有义务保障儿童同父母保持个人关系及直接联系的权利，但违反儿童最大利益者除外。在较广的意义上，维护家庭环境包含维护儿童的联系。这些联系在父母分居并居住在不同地点的情况下尤其重要。在该案中，虽然巴拉圭法院于2015年4月30日作出的第139号判决确定了关于来文人及其女儿的探视安排，但是，尽管来文人多年来一再要求执行判决，但该判决从未得到执行，该案中的女童C.R.无法定期享有与其父亲保持个人关系和直接接触的权利。联合国儿童权利委员会认为，巴拉圭必须迅速处理确立儿童与与其分居的父母一方之间探视权的法院程序，因为随着时间的流逝这一情形可能会对亲子关系产生不可挽回的影响。前述法院程序应包括迅速执行这些程序产生的决定。巴拉圭未能采取有效措施保障来文人女儿定期与其父亲保持个人关系和直接接触的权利，剥夺了该女孩享有的《儿童权利公约》规定的权利，违反了《儿童权利公约》第3条、第9条第3款以及第10条第2款的相关规定。

在该案中，联合国儿童权利委员会对个人来文的处理意见体现了从儿童最大利益出发，保护儿童与父母保持个人关系和直接联系的权利的基本理念。以此案为参考，国家应遵循所批准的《儿童权利公约》的相关规定，确保儿童父母双方对儿童的养育和发展负有共同责任，并在尊重儿童父母及其家庭权利的基础上，以儿童最大利益为首要考虑，积极完善国内立法、司法及其他措施，真正保障儿童不受侵犯地、无障碍地享有受监护权。

二、保障儿童的家庭权利：反对将父亲驱逐出境[1]

来文人 M. A. H. 是一名阿富汗人，他的儿子和女儿均是丹麦公民。来文人代表自己及儿女向联合国人权事务委员会提交来文，称丹麦决定将其永久驱逐出丹麦的国家行为侵犯了他依据《公民权利和政治权利国际公约》享有的权利。

来文人于 1986 年 3 月 7 日生于阿富汗。在母亲和两个姐妹因火箭弹袭击不幸过世后，他和父亲及四个兄弟姐妹一起离开了阿富汗，逃往巴基斯坦的难民营。来文人于 1999 年 7 月 31 日进入丹麦，与已经提前进入该国的父亲团聚。1999 年 10 月 5 日，来文人取得丹麦居留证。该居留证定期更新，有效期到 2004 年 11 月 26 日。2006 年，来文人同丹麦国民 A 女士结婚。夫妻二人育有一个儿子和一个女儿，分别出生于 2008 年 11 月 3 日和 2010 年 9 月 4 日，他们跟母亲生活在一起。在提交来文之时，来文人与 A 女士已经离婚。

来文人曾于 2002 年 9 月 2 日因抢劫、盗窃、诈骗未遂、刑事伤害、非法持有武器（气枪）以及无证驾驶被哥本哈根市法院判处一年零六个月的有期徒刑。考虑到当时来文人还是未成年人，一年的有期徒刑改为两年的缓刑，法院并未下令驱逐来文人。2005 年 3 月 1 日，东部高等法院认定来文人犯有几项抢劫及抢劫未遂的罪行，在数罪并罚的情况下，判处其五年零六个月的有期徒刑，并下令将来文人驱逐出丹麦永远不得再次入境。在作出该判决时，法院不仅考虑到来文人曾犯有抢劫罪的情况，还考虑其

---

〔1〕 参见联合国人权事务委员会：《根据〈公民权利和政治权利国际公约任择议定书〉第五条第 4 款（在第一一二届会议上）作出的关于第 2243/2013 号来文的意见》，CCPR/C/112/D/2243/2013，2014 年。

在实施犯罪行为时未满 18 岁的情况。2005 年 8 月 19 日，最高法院同意维持东部高等法院的判决。

由于前述对其予以驱逐的决定，来文人的居留证过期失效。2006 年 1 月 23 日，来文人通过信函提出了避难申请，后 7 月 27 日，丹麦移民局根据《外国人法案》第 7 条驳回了该申请。同年 10 月 27 日，难民上诉委员会维持了丹麦移民局的决定，并决定如果来文人不自愿离境的话，可强制将其遣返阿富汗。

通过 2006 年 6 月 30 日的信函，哥本哈根警察局长根据《外国人法案》第 50 条，将来文人请求撤销法院驱逐决定的申请书提交给哥本哈根市法院。2007 年 9 月 11 日，哥本哈根市法院下令，根据最高法院 2005 年 8 月 19 日的判决，该驱逐令不得撤销。在其裁判中，法院强调，根据已获知的信息，来文人提出的在返回阿富汗后可能遭到双重处罚的设想并无依据。法院认为，来文人在监禁期间与丹麦公民 A 女士结婚这一事由并不能引发撤销对其所作出的驱逐决定这一重大改变。因此法院认为，必须对其判处五年零六个月的有期徒刑并将其驱逐出境。2008 年 1 月 22 日，东部高等法院维持了哥本哈根市法院的判决。后来文人就该判决向最高法院上诉委员会提起上诉，委员会于 2008 年 6 月 11 日驳回上诉。

2007 年 7 月 24 日，来文人获得假释，随后根据《外国人法案》第 35 条第 1 款第 1 项再次被关押，以确保能够实际执行驱逐。2008 年 2 月 6 日，来文人获释并被安置在桑德霍尔姆中心，这是被丹麦当局拒绝的寻求庇护者以及被丹麦法院下令驱逐的人等候离境的一个场所。在桑德霍尔姆中心，来文人每周要向中心的国家警察报告一次。2008 年 2 月 26 日，来文人向国家警察报告并表示他不愿意配合自愿离开丹麦。此后来文人被告知，国家警察将建议丹麦移民局根据《外国人法案》执行一项保障金计划（maintenance allowance scheme）。

2010 年 4 月 14 日，格洛斯楚普地区法院判定来文人犯下了刑事罪行，涉及他和两个兄弟一起剥夺了他人的人身自由、痛殴他人、威胁并使用装有子弹的手枪胁迫他人。来文人被判处四年零九个月的监禁，该判决包含了来文人自 2007 年 7 月 24 日假释起未服完的剩余 670 天刑期。2010 年 8 月 26 日，东部高等法院维持了格洛斯楚普地区法院作出的判决。

2011 年 10 月 28 日，丹麦国家警察向阿富汗当局提交允许来文人入境返回阿富汗的申请。2013 年 1 月 14 日，丹麦国家警察通过丹麦驻喀布尔大使馆获知，阿富汗当局表示同意，并确认如果丹麦当局无法根据书面文件确认来文人的身份的话，来文人可以接受阿富汗边境检查以确认身份。

2013 年 4 月 8 日，来文人就其返回阿富汗一事接受了丹麦国家警察的询问。他表示不愿意配合自愿返回阿富汗，因为他的妻子和儿女均在丹麦。但来文人随后被告知他将被送往阿富汗边境管制当局。2013 年 4 月 17 日，来文人的律师在电话中被告知，阿富汗当局同意在喀布尔国际机场将来文人交给阿富汗边境管制当局以便最终确认身份，如果届时不能确定其身份，来文人将被送回丹麦。来文人返回阿富汗的时间定在 2013 年 5 月 13 日。

来文人声称，丹麦将其永久驱逐的决定构成对其依据《公民权利和政治权利国际公约》第 2 条、第 23 条和第 24 条享有的权利的侵犯。他强调说，丹麦当局并未考虑他所享有的家庭生活权。就此问题，来文人还提到了《儿童权利公约》，指出由于他在实施犯罪时是一个未成年人，法院将其永久驱逐出丹麦的决定违背了儿童最大利益的原则。他指出，当时陪审团成员的意见并不统一，24 名陪审员中有 13 名投票支持将其遣返回阿富汗，但有 11 名陪审员认为，尽管来文人所犯的罪行是严重的，但应更加重视其在实施犯罪时是一名未成年人并且其在阿富汗没有任何生活联系的事实。他指出，自 2008 年 2 月 6 日获释以来，尽管他受到了严格的限制，但他还是设法维持了家庭生活。现在，其与子女的关系良好，并定期看望他们。他认为，他的子女们是在 2005 年 8 月 19 日最高法院作出判决后出生的，丹麦最高法院维持驱逐令的决定侵犯了他的子女们依据《公民权利和政治权利国际公约》第 23 条和第 24 条享有的权利。

联合国人权事务委员会认为，来文人对于来文的可受理性充分证明了自己的主张，并且来文的事实在《公民权利和政治权利国际公约》第 13 条、第 23 条和第 24 条下提出了问题，应对该来文进行审议。对于该案件，委员会指出，丹麦作为《公民权利和政治权利国际公约》的缔约国，将一个有两名幼子的父亲驱逐出境并永久禁止其返回的决定构成了对家庭的"干涉"。委员会注意到尽管来文人的家庭生活在其被监禁以及后来等候遣返期间受到很大限制，但他还是能够通过定期探望子女和前妻以及接受子女和前妻的定期探望与家人保持密切关系。此外，丹麦当局驱逐来文人的决定在 2008 年 1 月 22 日得到了东部高等法院的支持，但在 2013 年 5 月 13 日之前并不能执行，也就是说五年后才能执行，在此期间来文人的子女出生了。委员会指出，即使是依法进行干涉也应符合《公民权利和政治权利国际公约》的规定、宗旨和目标，并且在具体情况下满足合理性。委员会重申，在强制一名家庭成员离开一国领土而其他成员有权留下的情况下，必须根据缔约国驱逐当事人的原因的重要程度以及驱逐行为给该家庭及其成员带来的苦难程度来评估此"干涉"是否有客观依据。

委员会注意到，在本案中，来文人的子女是丹麦国民，不会讲普什图语，与阿富汗没有生活联系，并且自父母离婚以来一直随母亲生活，所以不可能跟随来文人去阿富汗。此来文是来文人代表自己及其子女提交的，而他的子女是在驱逐决定变得不可更改之后出生的，属于缔约国丹麦当局没有审查到的新情况。委员会还指出，其收到的材料无法证明丹麦当局适当考虑了家庭享有社会和国家保护的权利以及儿童享有特殊保护的权利。因此，委员会认为，丹麦当局驱逐来文人并使其子女与父亲分离的行为，构成了对与《公民权利和政治权利国际公约》第 24 条一并解读的第 23 条第 1 款的违反。为此，根据《公民权利和政治权利国际公约》第 2 条第 3 款第 1 项，缔约国有义务为来文人提供有效的补救，包括重审针对来文人的驱逐决定。此外，缔约国有义务采取措施，预防将来出现类似的侵权行为。

在该案中，联合国人权事务委员会对个人来文的处理意见体现了对儿童家庭权利的保护。委员会在意见中指出国家应确保儿童充分享有与家庭成员，尤其是父母保持个人关系和直接联系的权利，并为此在对家庭成员作出驱逐出境的有关决定时应全面考虑驱逐原因的重要程度以及驱逐行为给该家庭及成员带来的苦难程度，避免造成对家庭权利的侵犯和干涉。

三、儿童权利优先：对父亲探望权的限制[1]

来文人 S. L. 是保加利亚国民，1982 年出生。其声称保加利亚侵犯了她根据《消除对妇女一切形式歧视公约》第 2 条第 1 项至第 3 项、第 5 条第 1 项以及第 16 条第 1 款第 3 项、第 7 项和第 8 项应享有的权利，因为当局未能预防和有效调查其前夫对其实施的严重身心暴力。《消除对妇女一切形式歧视公约》及《消除对妇女一切形式歧视公约的任择议定书》分别于 1982 年 3 月 10 日和

---

[1] 参见联合国消除对妇女歧视委员会：《根据〈消除对妇女一切形式歧视公约的任择议定书〉第 7 条第 3 款通过的关于第 99/2016 号来文的意见》，CEDAW/C/73/D/99/2016，2019 年。

2006 年 12 月 20 日对保加利亚生效。该案涉及来文人 S. L. 及其两个儿子的权益，出于维护儿童最大利益的考虑，法院通过发布紧急保护令等措施在一定程度上限制了来文人 S. L. 的前夫，即儿童父亲享有的探望权。

来文人于 2000 年 6 月 4 日与 M 结婚，当时其是一名 17 岁的学生。他们搬进了 M 父母所有的房子中，于 2000 年 10 月 31 日生下儿子 H 并一起继续住在那里。来文人称，多年来，其一直是 M 所实施的家庭暴力的受害者，并遭受心理、情感和身体暴力侵害。2001 年 1 月，M 因来文人拒绝穿某一套衣服而掌掴她。此后，M 针对来文人的暴力行为变得频繁。每当来文人表达与 M 不同的意见时，他都会做出激烈反应，对她大喊大叫，推搡她，并存在扔东西和砸门的行为。2002 年 3 月，由于来文人在晚上 11 点关掉了电视以便儿子能够入睡，M 又一次殴打了来文人，此后她头痛了数月。2006 年 10 月，M 再次当着儿子的面殴打来文人，并将来文人单独关在家中，不允许来文人的父母探望她。2007 年 3 月，来文人与丈夫分居，但在其发现自己怀孕后，他们又恢复了婚姻生活。然而，尽管她怀孕了，M 仍继续虐待来文人，曾将她推下楼梯。此外，M 还指责儿子 H 懒惰，不打扫卫生，不帮助他的母亲，并曾因儿子将胳膊卡在沙发下面而殴打他。2007 年 9 月，来文人发现 M 有一个情妇。2007 年 9 月 7 日，M 离开家，留下怀孕的来文人和他们 7 岁的儿子 H。当来文人想要与 M 及其情妇沟通时，他将来文人推下楼梯，并试图殴打陪同来文人的母亲。2007 年 11 月 26 日，他们的第二个儿子 A 出生了。2008 年 1 月，这对夫妻向普罗夫迪夫州法院提出离婚申请。根据来文人提出的条件，孩子由母亲抚养，M 将为每个孩子每月支付 100 列弗作为子女抚养费，双方同意离婚。期间，他们还商定了父亲与孩子之间联络的时间表。然而，离婚后，M 没有与其儿子保持任何联系，也没有按时支付子女抚养费。为此，来文人向普罗夫迪夫州法院提出申诉，要求对前五个月未付的子女扶养费启动判决执行程序。后来，在来文人的前夫出现在她和孩子们面前时，他表现得极具攻击性和暴力。他当着孩子们的面踢凳子，把电话摔得粉碎，大儿子 H 因此受到了严重的创伤以至于不得不去看心理医生。但 M 拒绝参加儿子的治疗过程，且在 2009 年后就再没有探望过儿子 H。2010 年 5 月，M 向普罗夫迪夫州法院提出申请，要求将子女抚养费金额从 100 列弗减少到 60 利弗，并扩大探视权。法院裁定子女抚养费金额和探视权维持不变。此后 2011 年 8 月，M 不顾探视时间表将小儿子 A 带走，并在晚上 8 点将孩子单独遗弃在来文人父母家附近的停车场而并没有把他送回来文人的家中。

2011 年 8 月 31 日，来文人向普罗夫迪夫儿童保护局投诉 M 对其儿子的虐待行为。普罗夫迪夫儿童保护局指派了一名社工负责此案。该局表示，并未发现侵犯儿童权利的情况，因为来文人和 M 提供了相互矛盾的信息。2011 年 9 月 20 日，来文人向索非亚国家儿童保护署提交了对普罗夫迪夫儿童保护局的申诉。该署发现，M 没有被告知有关家庭法的规定，且负责此案的社工报告称由于父母之间的紧张关系，孩子处于危险之中。自那时起，社工对来文人的态度变得敌对起来。来文人的前夫开始在她家门前喊叫并侮辱来文人，来文人曾向警方提出骚扰投诉，警方于 2011 年 10 月 26 日向 M 发出警告。2012 年 2 月 23 日，普罗夫迪夫区法院作出了判决，赋予了 M 更广泛的探视权，其可在社工在场的情况下进行探视。来文人就区法院的裁决向最高上诉法院提出上诉，最高上诉法院认为区法院的裁决不可上诉。

同年，来文人对儿童保护局提出了另一项投诉，因为 M 在小儿子 A 手中燃放鞭炮。在回应投诉时，社工却称其无法一直坐在 M 身边观察他对孩子做什么。来文人向警方再次提出申诉，此后

M 第二次被警告不要危及儿子 A 的生命和健康。此后 2013 年 1 月，在 M 按法院规定进行探视期间，来文人打电话给儿子 A，发现孩子在哭，因为他恳求父亲把他送回家，但父亲拒绝这样做。M 违背 A 的意愿强迫其在自己家过夜。来文人向警方提出了第三次投诉，M 得到了第三次警告。2013 年 2 月，来文人向儿童保护局提出申诉，再次就 M 的问题寻求帮助，因为 M 试图强迫孩子与其联系，而并没有考虑到孩子的情绪以及他多年来没有与他们建立任何关系的事实。2013 年 2 月 15 日，这对父母与两名社工一起出席了该局的"调解"会议。在会议期间，社工强迫儿童 H 当着他父亲的面解释为什么他不愿意与他接触，然后强迫来文人与其小儿子 A 离开房间，留下 H 独自与他的父亲和社工在一起。片刻之后，H 泪流满面地走出房间，表示尽管他试图解释他父亲的虐待和暴力行为，但在场的成年人说无论他愿意与否，他都将被迫去看望他的父亲。此后，来文人就该社工对一名由于其父亲具有创伤性攻击行为而遭受暴力和神经崩溃的儿童的"不当行为"向国家儿童保护署提出投诉。2013 年 3 月 1 日，来文人带 H 去看心理医生，心理医生认为 H 因父亲对母亲的暴力而深受伤害，建议父母注意 H 的情绪，并建议他们都接受家庭治疗，但 M 拒绝这样做。2013 年 6 月，国家儿童保护署承认孩子的权利受到侵犯以及父子关系带来的风险，但没有进一步调查此案。

　　2014 年 2 月 15 日，M 按照法院安排的探访时间表，在他父母的住所与小儿子 A 见面。期间 M 打电话给来文人，在小儿子 A 听见的情况下侮辱了来文人，并将儿子在探视期间一直哭泣的行为归咎于她。2014 年 3 月 1 日，在探视期间，M 从 A 手中拿走了一部手机，不允许他参加朋友的生日聚会。M 还在电话里对大儿子 H 大喊大叫，指责他让弟弟反对他。当祖母看到 A 一瘸一拐询问 M 是否应该带孩子去看医生时，M 发脾气并大叫，说 A 反应过度，是假装受伤。2014 年 3 月 4 日，来文人与她前夫通过电话进行了长时间的交谈，建议他去看心理医生，以便于进行有效沟通。M 同意了，但没有去。2014 年 4 月 19 日，M 强迫小儿子 A 留下来过夜，并且不允许其与大儿子 H 打电话。他威胁要起诉大儿子 H，认为他让小儿子 A 反对自己。H 对 M 非常生气，以致浑身发抖。由于担心儿子的病情，来文人于 2014 年 4 月 25 日和 5 月 8 日将他们带到了一家治疗中心，父亲 M 获邀参加但其拒绝了。2014 年 4 月 30 日，小儿子 A 表示他不想见到父亲。M 向警方提出了骚扰投诉，声称来文人让 A 反对他，并通过电话骚扰他。来文人亦向警方提出了投诉。2014 年 5 月 9 日，来文人和两个孩子被传唤到普罗夫迪夫第三警区，警方对两起投诉展开询问。2014 年 5 月 14 日，来文人以个人身份并代表她的两名孩子向普罗夫迪夫州法院提出申诉，要求法院发布紧急保护令。法院根据《防止家庭暴力法》第 18 条，于 2014 年 5 月 15 日发布了紧急保护令。2014 年 5 月 17 日，法院向 M 送达了紧急保护令，并向他发出了第四次警方警告。2014 年 5 月 19 日，M 向警方提出了对来文人的投诉。2014 年 5 月 24 日，警方对 M 发出第五次警告，要求 M 不要对来文人和未成年孩子实施非法行为，并严格遵守普罗夫迪夫州法院的紧急保护令。然而，2014 年 6 月 25 日，根据《防止家庭暴力法》第 10 条，法院不允许来文人的证人讨论在指控之前一个多月发生的任何暴力行为，来文人的律师提出了反对意见。在整个诉讼过程中，法院对 M 的证人更为宽容。2014 年 7 月 1 日，来文人的律师申请法官回避，但被驳回。2014 年 8 月 28 日，普罗夫迪夫州法院作出判决，驳回来文人基于心理和情感暴力对 M 发出保护令的申请。法院认为来文人无法成功证明她所说家庭暴力是确定无疑的。法院认定，从儿童 H 身上看到其对父亲的亲子疏离是由母亲造成的，母亲本应对父亲保持积极的态度，因为未成年孩子在没有受到父亲侵犯或其他消极行为侵害的情况下没有理由对父亲产生敌意。2014年9月12日，来文人就普罗夫迪夫州法院的裁决向普罗夫迪夫区法院提出上诉，其中提出有关所有诉讼的详细分析。2014年11月20日，普罗夫迪夫区法院驳回了来文人的上诉，维持裁决，使区法院得以拒绝根据《防止家庭暴力法》第5条签发永久保护令。此后，2016年2月23日，来文人向联合国消除对妇女歧视委员会提交个人来文，要求缔约国：①立即采取有效措施，保护她及孩子们的身心健康；②确保其家庭的安全，并确保她得到适当的子女抚养费和司法协助；③根据侵犯《消除对妇女一切形式歧视公约》规定权利的严重程度，为她所遭受的身心伤害提供适当的赔偿。

联合国消除对妇女歧视委员会对案情进行审议，认为缔约国未能修订有关条款，导致法院没有适当考虑到M以前的家庭暴力记录，并无视来文人的弱势地位和长期痛苦。本案显示保加利亚未能履行义务，即采取一切适当措施来修正男子和妇女的社会和文化行为模式，以消除男女间基于传统观念的地位不平等。来文人遭受了严重的身体、心理和物质损害和偏见。在整个案件审理过程中，来文人没有得到所需的法律保护。即使委员会假定她在付出费用提出申诉最终被驳回后没有直接遭受基于性别的身体暴力和家庭暴力，但由于没有法律和制度的保护并且当局对她的申请没有作出适当的回应，她也遭受了极大的偏见。由此，委员会建议缔约国保加利亚：①立即采取有效措施，保障来文人及其孩子的人身和精神健全；②确保来文人得到适当的子女抚养费、法律援助以及与她及孩子们所遭受的身体、心理和物质损害相称并与其权利受到侵犯的严重程度相称的经济赔偿。

在该案中，在儿童父母离婚并分开居住后，儿童的父亲M本应享有对其两个儿子的探望权。但是，由于该父亲对儿童及其母亲实施的暴力行为严重危害了儿童及其母亲的身心健康，因此应对父亲的探视权进行一定限制以维护儿童及其母亲的合法权益。此外，在案件的后续发展中，联合国消除对妇女歧视委员会充分考虑到了保加利亚国家在法律制度层面存在的问题，从保护儿童权利、消除对妇女歧视的角度出发，建议保加利亚采取措施为来文人及相关儿童提供保护措施，并确保子女抚养费、法律援助以及相应的损害赔偿得到有效落实。该案在一定程度上说明了在儿童权利与父母（父亲）权利发生冲突，儿童的发展权、受保护权与儿童与父母保持个人关系和直接联系的权利发生冲突时，儿童的最大利益应得到首要考虑。

综上所述，以联合国儿童权利委员会、人权事务委员会及消除对妇女歧视委员会受理的个人来文为依据，三个案件在一定程度上阐明了在联合国层面保护儿童及其家庭权利的基本态度。即，既维护儿童与父母或其他监护人之间的个人关系和直接联系，充分保障儿童的家庭权利，又在儿童权利受到侵犯时对监护人的相关权利进行必要限制，体现了将儿童的最大利益作为首要考虑的基本原则，确保了儿童利益在监护案件中的优先地位。

小　结

儿童国家监护的确立是顺应时代发展的产物，国家应履行儿童监护义务是在国际人权法中明确规定的重要内容。根据以国际人权公约为核心，以人权宣言、人权条约机构的一般性意见为辅助资料的国际人权标准的规范和指引，一方面，可明确国家履行儿童监护义务应遵循的基本原则；另一方面，可总结国家履行儿童监护义务的两个层次的具体要求。其一，国家应采取一切适当措施为儿童父母或其他法定监护人履行监护职责提供指导和协助，在儿童权利保护中承担全局保护责任；其二，国家应在儿童家庭监护缺位、监护不力或监护人严重侵害儿童权利时采取措施介入家庭监护的私法领域，为儿童提供权利救济或直接行使监护权，对儿童监护承担兜底保护责任。除此之外，联合国儿童权利委员会、人权事务委员会、消除对妇女歧视委员会等联合国人权条约机构受理的个人来文在具体实践层面也为涉及儿童监护事务的国家义务提供了补充阐释。

在基本原则层面，保护儿童权利应遵循的基本原则为国家履行儿童监护义务提供了指引。国家应遵循不歧视原则，儿童最大利益原则，确保儿童的生命、存活与发展原则以及尊重儿童意见原则。首先，不歧视原则要求国家确保儿童免于遭受来自各个层面的歧视。以不歧视原则为依据，国家应尊重并承认儿童不受歧视地享有受监护权，并以此为基础采取适当措施确保儿童在实际上不受歧视地享有受监护权。其次，儿童最大利益原则是构建儿童国家监护法治体系应遵循的核心原则，国家应从维护儿童最大利益的角度出发为儿童权利提供全面保护。此外，儿童最大利益原则对儿童父母或其他法定监护人以及包括学校在内的相关机构均提出了以儿童的最大利益为首要考虑的要求。再其次，确保儿童的生命、存活与发展原则是评判和确定儿童最大利益的最低标准。其要求国家必须充分尊重儿童的生命权、生存权和发展权，并为保障儿童的存活和发展采取积极措施，建立一个关爱儿童的环境并确保每位儿童的整体发展。最后，尊重儿童意见原则要求国家确保儿童的意见得到尊重和适当看待，并在处置儿童监护事务的具体实践中，为相关儿童提供必要信息，提供自由表达意见的机会并确保儿童以直接或间接的方式实际表达自己的意见。

在规范标准层面，国际人权公约、人权宣言以及联合国人权条约机构的一般性意见等共同确立了国际人权标准的规范内容。作为国际人权法的主要渊源，国际人权公约及其有关议定书一方面明确了国家在儿童监护事务中的全局责任，要求国家尊重并不任意、非法干涉儿童的家庭监护，为儿童的家庭监护提供外部协助并为儿童及其家庭提供保护；另一方面规定了国家在儿童监护事务中的兜底保护责任，要求国家保护儿童在受照料时免受侵害，确保亲子分离符合儿童的最大利益且确有必要，并保护脱离家庭环境的儿童。以此为基础，联合国人权宣言对儿童监护国家义务作出了进一步的宣示和强调，而人权条约机构一般性意见则对国家履行公约规定的儿童监护义务的具体内容进行了细化阐释。

在具体实践层面，联合国儿童权利委员会、人权事务委员会以及消除对妇女歧视委员会等联合国人权条约机构通过受理的个人来文为儿童监护国家义务提供补充阐释。一方面，国家保障儿童与父母保持个人关系和直接联系的权利，确保儿童的父母双方对儿童的养育和发展负有共同责任，并在尊重儿童父母及其家庭权利的基础上，保障儿童不受侵犯地、无障碍地享有受监护权。另一方面，在儿童权利受到监护人侵害或儿童权利与父母权利发生冲突时，国家应以儿童的最大利益为首要考虑，对儿童父母的监护权进行依法限制，或在必要时剥夺儿童父母的监护权。

第三章
儿童国家监护的域外实践比较研究

　　儿童国家监护制度的确立是顺应时代发展的产物，对国家应承担儿童监护责任的共识在区域层面及国家层面的实践中均有所体现。本章从比较法的视角出发，集中探讨以欧洲为例的区域实践以及相关国家的具体实践，通过对法律政策及实践案例的探究和解读，归纳总结儿童国家监护的域外经验，为研究中国实践、分析中国问题并构建中国制度提供实践参考和依据。其中，欧洲区域实践包括以欧洲委员会为组织核心的实践、以欧盟为组织核心的实践以及欧洲人权法院的案例三部分主要内容，而国家实践将分别着眼于属于英美法系国家的英国和美国，以及属于大陆法系国家的德国和日本的具体实践。

第一节　儿童国家监护的欧洲区域规定及司法实践

欧洲区域层面保护人权的相关实践包括以欧洲委员会为组织核心的实践、以欧盟为组织核心的实践以及欧洲人权法院的案例三部分主要内容。早在 19 世纪就提出了建立一个统一的欧洲或建立有权代表整个欧洲发言或采取行动的机构的想法，而后第一次世界大战强化了其必要性，使这一想法得以逐步具体化。从整体来看，前述"欧洲思想"的主张大体可分为两类，即主张欧洲国家之间进行合作和政策协调而不要求国家放弃主权，以及主张建立一个欧洲联盟。伴随第二次世界大战的开始和结束，建立"统一"欧洲的思想获得越来越广泛的共识，大量支持和促进统一欧洲理念的私人运动和社会组织如雨后春笋般涌现。1948 年 5 月，约 800 名国家部长、国会议员、工会会员、艺术家、记者、经济学家和自由职业人士参加在海牙召开的代表大会，讨论并提出了建立一个代表民主欧洲的机构的建议。1949 年 5 月 5 日，以在欧洲范围内协调各国社会和法律行为以保护人权、维护议会民主为目的，比利时、丹麦、法国等 10 个国家签署《欧洲委员会法规》，成立了欧洲委员会，总部设在法国斯特拉斯堡。欧洲委员会的法定决策机构是由各成员国外交部长组成的部长委员会。[1]

1992 年 2 月 7 日，欧共体马斯特里赫特首脑会议通过了建立"欧洲经济货币联盟"和"欧洲政治联盟"的欧洲联盟条约，通称

---

[1] See "Introduction of the Council of Europe", available at https://www.coe.int/en/web/about-us/who-we-are, last visited on 2021-10-29.

《马斯特里赫特条约》，标志着欧盟的正式成立，实现了该经济实体向经济政治综合实体的过渡。截至 2007 年，欧洲委员会包括 47个成员国，其中有 27 个国家同是欧盟的成员国，所有国家均在加入欧盟之前先加入了欧洲委员会。欧洲委员会与欧盟在促进欧洲区域人权保障方面发挥了至关重要的作用，涉及对儿童权利的保护，在两组织的共同努力下，欧洲形成较为完善的区域体系，通过公约、宣言、宪章等人权文件为欧洲各国的国内实践提供了统一标准和指导。欧洲儿童权利法是建立在国际和国内层面的现有法律规则之上的。在研究欧洲儿童权利法时，欧洲委员会和欧盟法律框架下的法律文件是主要的法律渊源，欧洲委员会与欧盟之间的跨机构合作尤为突出。[1]

一、欧洲委员会的实践

欧洲委员会是欧洲区域层面尊重、促进和保护人权的重要机构。1950 年 11 月 4 日，在欧洲委员会的主持下，其 12 个成员国在意大利罗马签署了《欧洲人权公约》（又称《保护人权和基本自由公约》），该公约于 1953 年 9 月 3 日生效。作为欧洲委员会通过的第一部公约，《欧洲人权公约》使得《世界人权宣言》中载列的权利实际生效并对缔约各国产生法律约束力，自此实现了普遍人权在事实上优先于国家的立法和实践。批准《欧洲人权公约》是加入欧洲委员会的先决条件，因此，欧洲委员会的 47 个成员国均是《欧洲人权公约》的缔约国，受公约条款的法律约束。值得注意的是，位于斯特拉斯堡的欧洲人权法院是唯一由《欧洲人权公约》设立的真正意义上的司法机构。该法院由与公约缔约国数

---

〔1〕 欧盟基本权利机构、欧洲理事会：《欧洲儿童权利法律手册》，张伟、刘林语译，中国政法大学出版社 2021 年版，第 4—6 页。

目相等的法官组成。法院自 1998 年 11 月开始全职运作，在欧洲区域保护基本人权的事业中发挥了重要作用。

《欧洲人权公约》明确了对个人生命权及家庭的保护。公约第 2 条规定生命权应受法律保护，不得故意剥夺任何人的生命。此外，第 8 条从保护隐私的角度强调了对个人家庭的尊重，要求国家公共机构在没有法定理由的任何情况下不得干预个人和家庭的隐私。[1]由此，根据《欧洲人权公约》，各缔约国应保护儿童的生命权，尊重儿童的家庭并保障其不受非法干预。《欧洲人权公约》自生效以来进行了多次修订和补充，除了在原始公约中增加某项权利，还通过了几项议定书修订了其中的某些条款。1952 年 3 月 20 日，欧洲委员会通过《欧洲人权公约第一议定书》，该议定书于 1954 年 5 月 18 日生效。关于国家应尊重儿童父母为子女选择教育相关的权利，议定书第 2 条规定，国家在行使与儿童教育和教学有关的任何职能时，应尊重父母确保此种教育和教学符合其自身宗教和哲学信仰之权利。[2]此外，于 1961 年 10 月 18 日通过的《欧洲社会宪章》亦明确了保护家庭的国家义务，其第 16 条规定国家促进家庭充分发展，第 17 条明确儿童享有父母照顾的权利及与父母保持联系的权利等内容。[3]对此，欧洲社会权利委员会强调，历史变迁使得国家必须在保护家庭方面发挥更大的作用，现代国家应创造必需的生活条件以确保家庭能够充分发挥作

---

〔1〕　See *European Convention on Human Rights*, signed on 4 November 1950 by 12 member states of the Council of Europe, entered into force on 3 September 1953.

〔2〕　*Protocol to the Convention for the Protection of Human Rights and Fundamental Freedoms*, as amended by Protocol No. 11, 20 March 1952, available at https://rm. coe. int/1680 06377c, last visited on 2021-10-29.

〔3〕　*European Social Charter* (*Revised*), adopted by the Council of Europe, CETS No. 163, 3 May 1996.

用。[1]

以《欧洲人权公约》所强调的基本权利和自由为遵循和指导，涉及对儿童权利及儿童家庭的保护，欧洲委员会先后通过了一系列区域性人权公约，确立了对各缔约国而言具有法律约束力的区域标准。其一，涉及在儿童领养事务中的儿童权利及父母同意问题，欧洲委员会于 1967 年 4 月 24 日通过《欧洲儿童收养公约》，强调领养儿童必须经司法机关或行政当局的批准，批准领养儿童的决定必须得到父母双方的自愿接受，且领养必须符合儿童的利益。[2]该公约于 2008 年 11 月 27 日进行修订，明确"儿童的最大利益"必须始终优先于任何其他考虑。[3]其二，为保护儿童充分享有受监护权，欧洲委员会于 1980 年 5 月 20 日通过《关于承认和执行关于儿童监护权及恢复儿童监护权决定的欧洲公约》，强调国家应保护在跨国情形下的监护权和探视权，要求由各国指定的职责部门应为寻找被不当带离家庭的儿童的下落以及恢复儿童父母的监护权提供免费的、及时的协助。[4]其三，为在涉及儿童利益的家庭诉讼中保护儿童的权利，欧洲委员会于 1996 年 1 月 25 日通过《欧洲执行儿童权利公约》。该公约以保

〔1〕 *Statement of Interpretation on Article 16 of the European Social Charter*, adopted by the European Committee of Social Rights (ECSR) on 31 May 1969.

〔2〕 *European Convention on the Adoption of Children*, adopted on 24 April 1967 at Strasbourg, entered into force on 26 April 1968, available at https://rm. coe. int/168006ff60, last visited on 2021-10-29.

〔3〕 *European Convention on the Adoption of Children (Revised)*, adopted on 27 November 2008 at Strasbourg, entered into force on 1 September 2011, available at https://rm. coe. int/1680084823, last visited on 2021-10-29.

〔4〕 *European Convention on Recognition and Enforcement of Decisions concerning Custody of Children and on Restoration of Custody of Children*, adopted on 20 May 1980 at Luxembourg, entered into force on 1 September 1983, available at https://www. coe. int/en/web/conventions/by-subject-matters1? module=treaty-detail&treatynum=105, last visited on 2021-10-29.

护儿童的最大利益为目的，设置了一系列程序性措施，通过在诉讼程序中为儿童指定代表等途径充分保障儿童的知情权和表达意见权，在涉及儿童利益的监护权、居住权、探视权、出身问题、收养、法定代理人、儿童财产管理、照料程序以及父母责任的限制或剥夺等案件中实现了国家公权力对儿童的全面保护。[1]其四，为确保儿童在成长过程中能够与其父母保持接触和联系，欧洲委员会于 2003 年 5 月 15 日通过《儿童相关接触公约》，明确了儿童享有与其父母定期保持接触的基本权利，尤其在跨国情况下，国家应采取措施保障儿童与父母接触的权利的有效实现。与此同时，该公约强调，从考虑儿童最大利益的角度出发，在必要时，儿童的该项权利可以扩大到包括儿童与其父母以外的其他人之间的接触，特别是在儿童与相关人存在家庭联系时。[2]其五，为保护儿童免遭虐待、性剥削以及家庭暴力等不法侵害，欧洲委员会于 2007 年 10 月 25 日通过《欧洲委员会保护儿童免遭性剥削和性虐待公约》，其作为第一部将对儿童的性虐待界定为刑事犯罪的文书，特别强调了禁止在家庭中使用武力、胁迫或威胁对儿童实施此类虐待。[3]与之相关，2011 年 5 月 11 日，欧洲委员会

〔1〕 European Convention on the Exercise of Children's Rights, adopted on 25 January 1996 at Strasbourg, entered into force on 1 July 2000, in the website of the Council of Europe: https://www. coe. int/en/web/conventions/by-subject-matters1? module=treaty-detail& treatynum=160, last visited at 29 October 2021.

〔2〕 Convention on Contact concerning Children, adopted on 15 May 2003 at Strasbourg, entered into force on 1 September 2005, in the website of the Council of Europe: https://www. coe. int/en/web/conventions/by-subject-matters1? module=treaty-detail&treatynum=192, last visited at 29 October 2021.

〔3〕 Council of Europe Convention on the Protection of Children against Sexual Exploitation and Sexual Abuse, adopted on 25 October 2007 at Lanzarote, entered into force on 1 July 2010, in the website of the Council of Europe: https://www. coe. int/en/web/conventions/by-subject-matters1? module=treaty-detail&treatynum=201, last visited at 29 October 2021.

在伊斯坦布尔通过《欧洲委员会关于预防和打击暴力侵害妇女行为及家庭暴力的公约》，再次重申了保护儿童免遭家庭暴力侵害的重要性。[1]

此外，除具有法律约束力的人权公约外，欧洲委员会亦作出了很多努力阐明父母在家庭中的责任，以促进欧洲各国在协助父母履行职责方面发挥作用。例如，欧洲委员会在 1984 年的一项建议书中指出，"父母责任"是义务、权利和权力的集合，其目的在于确保儿童的道德和物质福祉。[2]此外，欧洲委员会 2011 年的"关于儿童权利和法律地位以及家长责任的建议草案"也力求界定父母责任，并列明了家长的"照料、保护和教育"的义务，强调父母责任应由父母双方平等承担。[3]

总结而言，在以欧洲委员会为主导的欧洲区域体系的指导下，欧洲各国在儿童监护事务中扮演的角色可归纳为两个主要类型：其一，国家根据以《儿童权利公约》为核心的国际标准以及以《欧洲人权公约》为核心的区域标准，对儿童的各项基本人权进行全面保护。其二，以欧洲人权法院确立的判例法为依据，国家在符合程序条件及实质条件时行使公权力直接介入儿童家庭监护事务。例如，在监护人严重侵害被监护儿童权利的情形中，法院可判决撤销监护人资格并从维护儿童最大利益的角度出发确立儿童

---

〔1〕 *Council of Europe Convention on preventing and combating violence against women and domestic violence*, adopted on 11 May 2011 at Istanbul, entered into force on 1 August 2014, available at https://www. coe. int/en/web/conventions/by – subject – matters1? module = treaty – detail&treatynum=210, last visited on 2021-10-29.

〔2〕 Council of Europe, Reommendation No. R (84) 4 of the Committee of Ministers to Member States on Parental Responsibility, 28 February 1984.

〔3〕 [澳] 本·索尔、戴维·金利、杰奎琳·莫布雷:《〈经济社会文化权利国际公约〉评注、案例与资料》，孙世彦译，法律出版社 2019 年版，第 667 页。

的其他监护形式，以实现国家对儿童的保护。[1]值得注意的是，欧洲法院将比例原则作为一种辅助性标准，审查公共行政部门对公民私权的干预和介入是否适当。[2]

二、欧洲联盟的实践

作为欧盟的前身，欧洲共同体法律体系在形成之初的很长一段时间内主要以经济法律为主。与《欧洲人权公约》及其缔约国规定基本权利的国内宪法相比，欧共体的早期实践中几乎没有关于基本权利的相关规定，更不涉及具有约束力的专门针对人权保护的法律文书。1992年标志欧盟正式成立的《马斯特里赫特条约》在序言中提到了人权，并明确规定"联盟应尊重基本权利"。此后，于1997年6月公布的《阿姆斯特丹条约》进一步声明了基本人权和自由是欧盟建立的基础。自此，以欧盟为组织框架核心的人权保护制度逐渐发展完善。

为推动欧洲各国支持儿童父母履行监护职责，经过各成员国一系列复杂的协商，欧盟于1992年颁布的《怀孕工人令》，[3]于1996年颁布的《育儿假令》，[4]均从性别平等视角出发，明确要

〔1〕　Josep Ferrer-Riba, "Parental Responsibility in A European Perspective", in Jens M. Scherpe ed., *European Family Law Volume III: Family Law in A European Perspective*, Edward Elgar Publishing, 2016, pp. 301-307.

〔2〕　See Margherita Poto, "The Principle of Proportionality in Comparative Perspective", *German Law Journal* 2007, Vol. 8, pp. 835-870.

〔3〕　*Pregnant Workers Directive*, adopted by the Council of the European Communities, Council Directive 92/85/EEC, 19 October 1992, available at https://eur-lex. europa. eu/legal-content/EN/TXT/PDF/? uri = CELEX：31992L0085&qid = 1635491558781&from = EN, last visited on 2021-10-29.

〔4〕　*Parental Leave Directive*, adopted by the Council of the European Communities, Council Directive 96/34/EC, 3 June 1996, available at https://eur-lex. europa. eu/legal-content/EN/TXT/PDF/? uri=CELEX：31996L0034&qid=1635491765076&from=EN, last visited on

求保障儿童父母双方在权利和义务上的平等。[1]根据欧盟的规范指引，部分欧洲国家以产假与育儿假相结合的方式为儿童母亲提供了长达一年的带薪假期，而无薪假期则可长达四年。[2]值得特别关注的是，2000 年，欧盟通过了关于人权和基本自由的重要文件——《欧盟基本权利宪章》，这标志着欧盟成员国在保护欧盟公民基本权利方面达成了具有历史性的共识。[3]其被称为是迄今为止国际上有关人权保障的最完整的法律文件，亦在欧洲区域层面强调了对儿童权利的保护。[4]《欧盟基本权利宪章》从三个方面明确了对儿童权利及家庭权利的保护：其一，宪章第 14 条规定了受教育权，明确国家应尊重儿童父母按照其宗教、哲学和教育理念对子女进行教育和教学的权利。其二，宪章第 24 条专门规定了对儿童权利的保护，并强调了将儿童的最大利益作为首要考虑这一保护儿童权利应遵循的基本原则。此外，宪章指出儿童应有权获得其福祉所必需的保护和照顾，并可以自由表达他们的观点。国家应根据儿童的年龄和成熟程度对儿童的意见予以适当看待。值得注意的是，涉及儿童与父母相关的权利，宪章明确每个儿童都有权与其父母双方定期保持个人关系和直接联系，除非这违背了他或她的利益。其三，宪章第 32 条规定了对童工的禁止以及对年轻工人的

（接上页）2021-10-29.

〔1〕 Margarita Léon, S. Millns, "Parental, Maternity and Paternity Leave: European Legal Constructions of Unpaid Care Giving", *Northern Ireland Legal Quarterly* 2007, Vol. 58, pp. 343-358.

〔2〕 Nancy E. Dowd, "Race, Gender, and Work/Family Policy", *Washington University Journal of Law & Policy* 2004, Vol. 15, pp. 219-252.

〔3〕 *Charter of Fundamental Rights of the European Union*, 2000/C 364/01, 18 December 2000.

〔4〕 参见顾敏康：《〈欧盟基本权利宪章〉的启迪》，载《人权》2002 年第 4 期，第 50—54 页。

保护等相关内容。

《欧盟基本权利宪章》通过后，欧盟继续在为儿童及其家庭提供保护和协助方面进行探索。2003 年，欧盟制定《关于婚姻及父母责任事项的管辖权及判决承认和执行条例》，明确"父母责任"是指由发生法律效力的判决、司法或协议赋予具有法律人格者对有关儿童人身或财产的权利和义务的总称。2007 年，欧盟通过《里斯本条约》，通过修改《马斯特里赫特条约》和《欧洲共同体条约》（现《欧洲联盟运作条约》），对欧盟的体制、程序和宪法进行了重要修改，将"保护儿童权利"确定为欧盟的重要目标。[1]在政策层面，欧盟理事会于 2007 年通过《欧盟促进和保护儿童权利指导方针》[2]，以指导各国保护儿童权利的国家实践。[3]此外，为保护儿童免遭色情和性剥削的侵害，欧盟要求成员国为儿童及其父母提供支持和援助。2011 年 12 月 13 日，欧盟颁布《关于打击对儿童的性虐待和性剥削以及儿童色情制品法令》，规定会员国应向受害儿童提供短期和长期援助，并在相关者并非所涉罪行的嫌疑人的情况下，向儿童受害者的父母或监护人提供援助和建议，以帮助他们在整个诉讼过程中协助儿童获得权利救济。此外，该法令强调了在相关刑事案件的调查和诉讼中保护儿童权利的重要性，要求各国主管当局在父母责任承担者不能代表儿童、与受害儿童之间存在利益冲突，或者儿童无人陪伴、与家人分离的情况下为

---

〔1〕 *The Treaty of Lisbon* amending *the Treaty on European Union* and *the Treaty establishing the European Community*, adopted by the European Union, OJC 306, 17 December 2007.

〔2〕 *European Union Guidelines for the Promotion and Protection of the Rights of the Child*, adopted by the Council of the European Union on 10 December 2007.

〔3〕 Oana Mihaela Jivan, "Current Problems of Directors on Child Protection in the European System", *Journal of Law and Administrative Sciences* 2015, Vol. 733, pp. 733-753.

受害儿童指定特别代表。[1]2019 年 5 月 22 日，欧盟发布《关于优质幼儿教育和保育系统的意见》，明确家庭应参与教育和照顾儿童的各个方面，父母和监护人应对每个孩子的幸福、健康和发展负责。同时，国家应努力确保所有儿童都能在父母提出要求时尽早获得高质量的幼儿教育和护理，尤其应采取具体措施为处境不利的儿童创造更多机会。国家应尊重父母的选择，同时应考虑不同家庭的供需情况，以便更好地根据他们的需求提供幼儿教育和保育服务。值得注意的是，该意见指出，为所有儿童提供优质的幼儿教育和护理服务有助于减少社会不平等并缩小具有不同社会经济背景的儿童之间的能力差距。公平的机会对于确保儿童父母，尤其是女性能够灵活地融入或重新融入劳动力市场也是必不可少的。[2]2019 年 6 月 20 日，为保障儿童充分享有父母照料，促进儿童受监护权的有效实现，欧盟颁布《关于儿童父母和照顾者的工作与生活平衡法令》，要求各成员国鼓励女性和男性平等分担照顾责任，并考虑完善陪产假制度，采取必要措施，确保有子女未达到规定年龄（至少 8 岁）的工人和照顾者有权要求灵活的工作安排以便照料子女。[3]

总结而言，欧洲区域法律体系赋予儿童最大利益原则以重要地位，以儿童最大利益为首要考虑的基本理念在欧洲委员会、欧盟、海牙国际私法会议、欧洲人权法院以及欧洲家庭法委员会中

---

〔1〕 *Directive of the European Parliament and of the Council on Combating the Sexual A-buse and Sexual Exploitation of Children and Child Pornography*, Directive 2011/93/EU, 13 December 2011.

〔2〕 *Council Recommendation on High-Quality Early Childhood Education and Care System*, 2019/C 189/02, 22 May 2019.

〔3〕 *Directive of the European Parliament and of the Council on Work-life Balance for Parents and Carers*, 2010/18/EU, 20 June 2019.

成为共识。[1]以儿童最大利益原则为指导，欧洲委员会和欧盟分别颁布了一系列法律文件，为缔约国或成员国保护儿童权利以及为儿童父母和家庭提供支持服务和帮助的相关实践提供规范法的依据和统一的指导。值得注意的是，涉及儿童的监护照料事宜，在欧盟和欧洲委员会的共同努力下，在欧洲区域实践中针对儿童的替代性照料形成了较为完善的规范体系。其普遍遵循六项基本原则：其一，明确替代性照料是确保儿童临时性安全的保护措施，应尽可能地使儿童返回家庭。其二，家庭型照料（如寄养）是实现儿童保护和确保儿童发展的最佳替代照料形式。其三，儿童获得监护人或法定代理人的权利是保障其各项实质性权利的关键。其四，国家有义务采取积极措施，确保针对儿童的安置决策遵循儿童最大利益原则。其五，儿童在《儿童权利公约》及欧洲区域儿童法律体系中所享有的权利适用于替代性照料。其六，国家应采取一切适当和必要的措施，为暂时或永久脱离家庭监护的儿童提供特别保护和援助。[2]此外，除欧洲委员会和欧盟外，欧洲区域层面的保护儿童受监护权的其他实践也值得关注。例如，由来自 22 个国家的代表出席的在 2001 年成立的欧洲家庭法委员会寻求制定跨司法辖区的家庭法共同原则，在设定养育子女原则时也使用了"父母责任"这一通用语言。[3]

---

〔1〕　Josep Ferrer-Riba, "Parental Responsibility in A European Perspective", in Jens M. Scherpe ed. , *European Family Law Volume III*: *Family Law in A European Perspective*, Edward Elgar Publishing, 2016, p. 284.

〔2〕　欧盟基本权利机构、欧洲理事会：《欧洲儿童权利法律手册》，张伟、刘林语译，中国政法大学出版社 2021 年版，第 80—82 页。

〔3〕　［澳］帕特里克·帕金森：《永远的父母：家庭法中亲子关系的持续性》，冉启玉主译，法律出版社 2015 年版，第 64—64 页。

三、相关案例

欧洲区域的相关案例在一定程度上既体现了国家对儿童父母及其家庭权利的保护，亦实现了在儿童权利与父母权利发生冲突时对儿童最大利益原则的适用。欧洲区域层面的司法实践既包括欧盟法院的相关实践，亦包括欧洲人权法院的相关实践。但值得注意的是，欧盟法院直到最近几年才审理了少量儿童权利案件，而与欧盟法院相比，欧洲人权法院在儿童权利方面有较为丰富的案例。[1]故此，本部分将以欧洲人权法院的案例为基础，梳理在欧洲区域实践中对儿童及其家庭权利的保护，以及在儿童与父母权利冲突时对儿童权利的保护。

1. 对儿童父母及家庭权利的保护：奥尔森诉瑞典案[2]

在根据《欧洲人权公约》第 8 条规定的家庭生活权审理的奥尔森（Olsson）诉瑞典案中，欧洲人权法院要求以"对儿童利益的足够充分和重要的考虑"来证明将儿童与父母分离具有正当性。分离家庭是一种性质非常严重的干涉，这一步骤必须足够充分和审慎地考虑儿童利益。

1983 年 6 月 10 日，两名瑞典公民奥尔森夫妇根据《欧洲人权公约》第 25 条向欧洲人权委员会提出针对瑞典（瑞典王国）的申请，该案于 1987 年 3 月 13 日由欧洲人权委员会受理，并于 1987 年 4 月 13 日由瑞典政府转至欧洲人权法院。申请人奥尔森夫妇分别出生于 1941 年和 1944 年，他们均是住在瑞典哥德堡的瑞典公民。该案涉及的三个婚生子女分别是 1971 年 6 月出生的斯特凡

---

[1] 参见欧盟基本权利机构、欧洲理事会：《欧洲儿童权利法律手册》，张伟、刘林语译，中国政法大学出版社 2021 年版，第 14—16 页。

[2] Olsson v. Sweden（No.1），European Court of Human Rights，Application Number：10465/83，24 March 1988.

（Stefan）、1976 年 12 月出生的海伦娜（Helena）以及 1979 年 1 月出生的托马斯（Thomas）（以下统称"孩子们"）。两位申请人及孩子们均属于瑞典教会，但申请人的会员资格完全是名义上的，因为他们认为自己是无神论者。奥尔森夫妇年轻时曾在智力障碍人士之家生活过一段时间，但 1982 年一位心理学家的检查报告显示：奥尔森夫妇当时的智力处于平均水平。在他们的三个孩子中，斯特凡自 1975 年以来一直在接受各种形式的特殊教育并因智力障碍而在残疾人社会福利局登记，其他两个孩子则处于社会照料下。在导致本案的事件发生之前，许多不同的社会当局都参与了对这个家庭的协助。在 1971 年至 1976 年，奥尔森先生领取残疾抚恤金，而奥尔森夫人则获得了某些额外的社会救助。奥尔森夫妇曾分居两次，第一次分居三个月，第二次分居达八个月。他们在 1977 年 5 月至 1979 年 12 月获得了家庭治疗师的支助，并在 1979 年后与精神科工作组保持联系。在此期间申请人奥尔森夫妇出现难以与社会当局合作的情况。

在 1979 年 10 月 26 日、1979 年 11 月 29 日以及 1980 年 1 月 10 日举行的案件会议上，各有关社会当局的代表讨论了奥尔森家庭的情况。申请人奥尔森夫妇出席了最后一次会议，在此期间商定了针对儿童的不同预防措施。据政府称，因为申请人放弃所以并没有达成任何协议。1980 年 1 月 22 日，哥德堡第六社会区委员会根据 1960 年《儿童福利法》作出决定，鉴于儿童的父母无法满足儿童对于照料和监管的需求，应将儿童置于地方当局的监管之下。1980 年 3 月 13 日和 5 月 29 日举行了进一步的案件会议，申请人奥尔森夫妇均出席了该会议。8 月 22 日，哥德堡第六社会区委员会主席根据 1960 年《儿童福利法》第 30 条决定应临时照顾儿童以便调查他们的情况，此时奥尔森夫妇处于分居状态，并于 8 月 26 日对决定进行了确认。

　　1980 年 9 月 16 日，哥德堡第六社会区委员会在申请人奥尔森夫妇出席的会议上决定，根据 1960 年《儿童福利法》第 25（a）条和第 29 条，孩子们应被送进照料机构。作出该决定是基于社会行政部门编写的、日期为 1980 年 9 月 11 日的报告。报告回顾了奥尔森家族的历史和背景，也记录了申请人反对将孩子送进照料机构的意见。报告认为孩子们的发展处于危险境地，因为他们生活在一个无法令人满意的环境中，并且他们的父母无法满足儿童对于照顾、激励和监督的需要。此外，报告注意到已采取但没有成效的预防措施，建议将儿童安置在照料机构中。申请人奥尔森夫妇对委员会于 1980 年 9 月 16 日作出的决定提出反对，因此案件转至哥德堡县行政法院。县行政法院于 1980 年 12 月 18 日举行了听证会，并于 1980 年 12 月 30 日作出判决，确认了哥德堡第六社会区委员会的决定。此后，奥尔森夫人向哥德堡行政上诉法院提出上诉，其丈夫也同意上诉。上诉法院于 1981 年 7 月 8 日确认了县行政法院的判决。然而，上诉法院的三名法官中的一名和两名非专业陪审中的一名在同意将海伦娜送到照料机构的同时，对斯特凡和托马斯的安置有不同意见。奥尔森夫人试图向最高行政法院提出上诉，但最高行政法院于 1981 年 8 月 27 日驳回了她的上诉。

　　此后应申请人奥尔森夫妇要求终止将儿童安置在照料机构的决定，哥德堡第六社会区委员会办公室于 1982 年 6 月 1 日举行了一次会议，拒绝了申请人的请求。该拒绝的决定是根据社会行政部门编制的、日期为 1982 年 5 月 24 日、25 日和 26 日的报告作出的，报告认为奥尔森夫妇当时没有能力给予孩子必要的支持和鼓励。报告中附有心理学家、社会工作者和一名学校教师的陈述，表明孩子们自被安置在照料机构以来取得了令人满意的进步。此后申请人奥尔森夫妇继续上诉，希望重获孩子的监护权。几经周折，1983 年 6 月 10 日，奥尔森夫妇将该案提交至欧洲人权委员会，称将孩子们送到照料机构的决定和安置构成了对其《欧洲人权公约》第 8 条规定权利的侵犯。在此期间，孩子们先是被安置在哥德堡的儿童之家，随后，海伦娜和托马斯被安置在不同的寄养家庭中。在 1980 年 10 月 1 日，申请人奥尔森夫妇将斯特凡从儿童之家带走，并将他藏了大约一个月。随后，斯特凡被安置在哥德堡的一个教育之家，由儿童委员会管理，但他的父母再次将他带走并藏了大约两个月。在 1981 年 2 月 28 日，斯特凡在警方的协助下被安置在了寄养家庭，距离奥尔森夫妇的家大约 100 公里。1983 年 6 月 28 日，在亲生父母和养父母之间存在冲突这一情况的促使下，儿童委员会决定将斯特凡安置在位于哥德堡北面约 80 公里处的儿童之家。

1985 年 5 月 15 日，欧洲人权委员会宣布该申请可受理，但决定不对该申诉采取任何行动。此后欧洲人权委员会在 1986 年 12 月 2 日通过的报告中表示：其一，以 8 票对 5 票通过有关申请人子女的照料问题的决定以及将他们安置在远离申请人的单独寄养家庭的决定违反了《欧洲人权公约》第 8 条的规定；其二，同意该决定没有违反公约第 3 条、第 6 条、第 13 条、第 14 条或《欧洲人权公约第一议定书》第 2 条的规定。此后在 1987 年 9 月 21 日举行的听证会上，瑞典政府要求法院认定"本案不存在违反《欧洲人权公约》的情况"。欧洲人权法院认为，将儿童移送照料机构应被视为是一项临时措施，在情况允许时应立即停止。在该案中，任何措施都应与使奥尔森家庭团聚的最终目标相一致，但瑞典当局采取的步骤与这一目标背道而驰。三个孩子中的海伦娜和托马斯与他们的父母和兄弟斯特凡的距离相当远，这阻碍了他们之间的接触和联络。此外，瑞典当局对奥尔森夫妇行使探望权的限制使这种情况更加复杂，尽管这些限制在一定程度上可能是由于申请人奥尔森夫妇对寄养家庭的负面态度造成的。虽然申请人奥尔森夫妇表现出不合作，但瑞典当局为执行移送照料之决定而采取的措施并没有"充分"的理由来证明其与所追求的合法目标相称。因此，尽管国内当局有一定的自由判断余地，但这些措施并非"民主社会所必需的"。对《欧洲人权公约》第 8 条的违反在于将儿童送进照料机构这一决定的实施过程，而非此决定本身。[1]

总结而言，在该案中，虽然有足够的证据表明三名儿童的发育严重受损，且父母无力适足地照顾他们，欧洲人权法院同意有必要将这些儿童送进照料机构的决定，但是与此同时，欧洲人权法院指出这一决定的实施是不成比例的，其并非在民主社会中的"必需"。因为该案中的三名儿童被分别安置了，其中两个被安置在离父母很远的地方，导致父母很难探视，这阻碍了达成家庭重聚的最终目的。造成此案的部分原因在于国家只考虑了行政因素而没有考虑儿童及其家庭的利益。家庭应得到国家的支持，以便能够适当地照顾儿童。带走儿童通常被认为是一种临时措施，国家应注意始终确保儿童在被带走期间与家庭持续联系，并将儿童与家庭重新融合作为相关决策和行动的最终目的。[2]

2. 为维护儿童的最大利益而限制父亲的权利：埃尔索茨诉德国案[3]

儿童的最大利益可能会压倒父母的意见，如在埃格伯特·埃尔索茨（Egbert Elsholz）诉德国案中，欧洲人权法院指出，在儿童的利益和父母的利益之间必须取得一种适当的平衡。其中，要特别重视儿童的最大利益，这种利益根据其性质和重大程度可能会

[1] See Olsson v. Sweden (No.1), European Court of Human Rights, Application Number: 104 65/83, 24 March 1988.
[2] [澳]本·索尔、戴维·金利、杰奎琳·莫布雷：《〈经济社会文化权利国际公约〉评注、案例与资料》，孙世彦译，法律出版社 2019 年版，第 639—640 页。
[3] Elsholz v. Germany, European Court of Human Rights, Application Number: 257 35/94, 13 July 2000.

压倒父母的利益。父母无权要求国家采取可能损害儿童的健康和发展的各种措施。[1]

　　案件的申请人德国公民埃格伯特·埃尔索茨先生出生于1947年，是居住在汉堡的德国国民。他是于1986年12月13日出生的非婚生孩子C的父亲。1987年1月9日，申请人承认自己的父亲身份，承诺支付抚养费并定期履行这一义务。自1985年11月开始，申请人一直与孩子的母亲及她的大儿子一起生活。1988年6月，母亲带着两个孩子搬出了公寓。直到1991年7月之前，申请人都能经常见到他的儿子，有几次他还与两个孩子及他们的母亲一起度假，但后来就再没能进行探望了。申请人试图在青年办公室的调解人的协助下探望他的儿子。1991年12月，儿童C向来家中的青年办公室调解人表示他不想与申请人进一步接触。1992年8月19日，申请人向梅特曼（Mettmann）地方法院申请，授权他在每月第一个星期六的下午1点到6点探望儿子C。申请人称，孩子的母亲拒绝他接触C，因为他曾指责她未能有效监管孩子以致C于1991年7月在操场事故中摔断了胳膊，并停止了法律规定的子女抚养费之外曾承诺孩子母亲每月自愿支付的额外的700马克费用。孩子母亲对申请人的意见提出异议，她称申请人并没有支付她任何抚养费。地方法院在1992年11月4日举行听证会并在1992年11月9日听取了孩子C的意见，后于1992年12月4日驳回了申请人的请求。父亲与其非婚生子女进行个人接触的权利被视为必须严格解释的免责条款，因此，只有在对儿童的福祉有益的情况下，法院才应下令进行此类接触。然而，根据法院的调查，该案的申请人不符合前述有益于儿童福祉的前提条件。地方法院注意

---

〔1〕　[澳]本·索尔、戴维·金利、杰奎琳·莫布雷：《〈经济社会文化权利国际公约〉评注、案例与资料》，孙世彦译，法律出版社2019年版，第656页。

到并听取了该案所涉儿童的意见，他表示不希望见到他的父亲。孩子 C 称，他的父亲很坏并多次殴打他的母亲。孩子的母亲同样对申请人表示了强烈的排斥并将此意见传导给孩子，因此孩子不可能与父亲建立公正的关系。因此，地方法院得出结论，在此案中，与父亲接触不会提高儿童的幸福感。

　　1993 年 9 月 8 日，申请人向地方法院申请命令，要求孩子的母亲同意他和孩子接受家庭治疗，并在与儿子成功恢复关系后确认他的探视权。地方法院于 1993 年 12 月 8 日听取了 C 的意见并于 1993 年 12 月 15 日在口头听证中听取了父母的意见，后于 1993 年 12 月 17 日驳回了申请人重新提出的准予探视的请求，指出申请人与孩子母亲的关系紧张，执行探视权不符合孩子的福祉。孩子 C 知晓实际抚养自己的母亲排斥申请人，如果违背母亲的意愿与申请人在一起将使他陷入事关对母亲忠诚与否的困境，这是他无法应对的局面并切实影响着他的福利。法院补充认为，父母当中谁应该对这一紧张局势负责并不重要，应特别强调的是现实存在着这样严重的紧张局势，与父亲的任何进一步接触都有可能影响孩子在家庭中不受侵扰的发展。在与孩子进行两次长时间的面谈后，地方法院得出结论，如果孩子违背母亲的意愿与父亲接触，他的发展将受到威胁。

　　1994 年 1 月 13 日，申请人对地方法院的决定提起上诉，要求撤销该决定并相应地确定其作为孩子父亲的探视权。1994 年 1 月 21 日，伍珀塔尔（Wuppertal）区域法院未经审理，驳回了申请人的上诉，指出其上诉的可受理性存在疑问，因为申请人在 1994 年 1 月 12 日的信中向初审法院表示他将尊重该法院的决定。此外，区域法院认定，申请人提交的材料中所包含的上诉理由与申请人向一审法院提出的请求不完全一致。然而，区域法院最终没有明确上诉是否不可受理，而决定在任何情况下都必须驳回申请人的探视权请求，因为探视不符合儿童的福祉。探视必须是有好处的，且是儿童安宁生活所必需的，而是否符合这些条件必须从儿童的情况及案件的所有情况来判断。就此方面，有必要审查父亲希望与孩子接触的原因，即他的动机是出于感情需求还是其他因素。在此种情况下，父母之间的关系也必须考虑在内。在该案中，地区法院得出结论，认为此案中父母之间的紧张关系对孩子产生了不利影响，这一点在 1992 年 11 月 4 日和 1993 年 12 月 8 日召开的听证会上得到证实。因此，与父亲接触并不符合孩子的最大利益，且这种联系实际上已经中断了大约两年半。此时，判断谁应对共同生活的破裂负责并不重要，重要的是在目前的情况下与父亲接触会对孩子产生负面影响。此后 1994 年 4 月 19 日，联邦宪法法院的三名法官组成的陪审团拒绝受理申请人的宪法申诉。联邦宪法法院称，该申诉没有提出任何涉及宪法的一般性问题。1994 年 10 月 31 日，申请人根据《欧洲人权公约》原第 25 条向欧洲人权委员会提出的针对德意志联邦共和国的第 25735/94 号申请。在该申请中，申请人声称他被拒绝接触自己的非婚生子女，这违反了《欧洲人权公约》第 8 条、第 16 条的规定，且根据《欧洲人权公约》第 6 条第 1 款，德国法院的诉讼程序是不公平的。欧洲人权委员会于 1997 年 6 月 30 日宣布部分申请可予受理。1999 年 5 月 25 日，申请人将该案提交至欧洲人权法院。

就申请人依据《欧洲人权公约》第 8 条规定而享有的家庭生活应受到尊重的权利是否被干涉的问题，欧洲人权法院认为，该条款下的家庭概念不限于婚姻关系，还可能包括双方未婚同居的其他事实上的"家庭"关系。从这种关系中出生的孩子自出生起就理所当然地是该家庭单位的一部分。因此，孩子和他的父母之间存在着一种相当于家庭生活的纽带。即使父母之间的关系破裂，父母和子女间的权利仍构成家庭生活的基本要素，而阻碍这种权利的国内措施即是干涉了《欧洲人权公约》第 8 条规定的权利。前款所指的干涉，除依据法律、为达到第 8 条第 2 款所规定的合法目的且可被认为是"民主社会所必需"外，均构成对第 8 条的违法。法院指出，地方法院于 1993 年 12 月 17 日作出的决定显然是考虑到了若该儿童违背母亲意愿与申请人接触可能给其成长带来的风险，区域法院在 1994 年 1 月 21 日作出的裁决同样是考量了探望会对儿童产生的不利影响。因此，儿童的福利所面临的风险是首要考虑因素。[1]

在该案件中，欧洲人权法院将儿童的最大利益及儿童的福祉作为判断是否尊重儿童父母家庭生活权的考量依据，指出虽然父母之间的关系破裂并不能阻断父母和子女间的权利关系，但出于维护儿童最大利益的目的，国家应全面审视相关儿童与未共同生活的父母一方接触可能给其成长带来的风险。在儿童与父母一方接触会给儿童的健康成长带来风险时，对父母一方的探望权进行限制是合法合理的，这体现了优先保护儿童权利的意旨。

第二节　儿童国家监护制度的外国规定及司法实践

第二次世界大战后，西方国家大力发展社会保障制度。各国基于不同的社会、经济、政治、历史和文化背景，逐步形成了不同的社会发展模式。[2]自 20 世纪 80 年代开始，许多早期福利国家，特别是西欧国家相继受到来自政治、经济和社会的巨大压力，

---

〔1〕 See Elsholz v. Germany, European Court of Human Rights, Application Number: 25735/94, 13 July 2000.

〔2〕 参见丁建定、王伟：《西方国家社会保障制度发展模式研究》，载《东岳论丛》2021 年第 3 期，第 139—145 页。

劳动力成本的上升制约了福利国家的竞争力，而高福利也在一定程度上削弱了劳动者的工作积极性，改革成为福利国家发展进程中的关键词。[1]然而，无论如何变革，家庭政策始终是福利国家的重要标志性政策。在国际社会就保护儿童权利达成普遍共识的背景之下，不同国家保护儿童的法律制度虽有所不同，但体现出了一定共同特征。有学者总结，在许多国家的儿童立法实践中，国家亲权主义和儿童人权理念是具体法律制度的理论基础，儿童最大利益被确认为核心原则，儿童保护制度、儿童福利制度与儿童司法制度共同构成了儿童保护体系的基础制度，而种类繁多的专门立法则构成儿童保护法律体系的重要形式。[2]现代国家在儿童监护事务中的责任承担主要分为两个层面，一方面，国家间接承担监护责任，即从外部参与监护关系，建立相应的国家法律政策，指导并监督儿童监护人的履职行为；另一方面，国家直接承担监护责任，在儿童监护缺位、监护不力或严重危害儿童合法权益时，限制或剥夺儿童父母的监护人资格并由国家公权力机关担任监护人。[3]从比较研究视角出发，通过法律政策的解读及典型案例的分析，探究以英国、美国为代表的英美法系国家，以及以德国、日本为代表的大陆法系国家的儿童监护制度的相关实践，有利于为总结中国取得的成就、分析实践中存在的问题并进一步探索完善路径提供参考和借鉴，并以此为基础构建较为完备的中国儿童国家监护法治体系。

---

〔1〕　参见徐清：《欧洲福利制度主要模式的比较与借鉴》，载《现代经济探讨》2021 年第 3 期，第 126—132 页。

〔2〕　宋英辉、苑宁宁：《完善我国未成年人法律体系研究》，载《国家检察官学院学报》2017 年第 4 期，第 119—133 页。

〔3〕　参见邓丽：《多法域交会下的国家监护：法律特质与运行机制》，载《中华女子学院学报》2018 年第 4 期，第 16—23 页。

一、英美法系国家的实践

英美法系是在英国中世纪法律，特别是在普通法基础上发展起来的法律模式。其最初的影响范围集中在英国及其原殖民地。伴随第二次世界大战后美国政治、经济、文化超级大国地位的确立，英美法系的法律制度对世界许多国家和地区产生了重大影响。[1]英美法系国家在处理儿童监护事务时存在的比较优势是分析其国内相关实践的价值所在，对其法律政策及司法实践的比较研究能够为推进我国儿童监护法治体系的构建提供参考和借鉴。

（一）英国实践

英国涉及儿童监护的相关实践既体现在规定儿童监护制度的相关法律和政策文件中，亦体现在英国法院处理涉儿童监护案件的具体案例中，二者在英国儿童监护制度体系中缺一不可。为此，本部分将首先分析英国儿童监护相关立法政策的确立和发展，并以此为基础探讨其涉及儿童监护事务的司法实践。

1. 英国的儿童监护制度

18世纪之前，英国普通法体系中关于家庭法的相关内容长期处于相对停滞的状况，教会法、盎格鲁萨克森法以及相关案例都被认为是理解当时英国监护法律制度的重要参考因素。[2]近代英国的儿童监护制度呈现四个主要特点，即早期监护制度与财产流转密切相关、父权逐渐衰落而司法干预逐渐增强、母亲的监护权逐渐受到重视以及在监护权纠纷中司法机构开始关注儿童利益。[3]在成

---

〔1〕 杨君：《英美法系司法制度的主要经验及其启示》，载《理论探讨》2015年第1期，第170—173页。

〔2〕 曹诗权：《未成年人监护制度研究》，中国政法大学出版社2004年版，第198—199页。

〔3〕 董思远：《未成年人监护制度研究》，中国人民公安大学出版社2019年版，第61—63页。

为"福利国家"之前，英国就开始针对父母忽视、遗弃、利用乞
讨等不良行为立法，并赋予法庭权力，如在儿童虐待案中发布通
缉令，并明确法庭应听取儿童的意见。1839 年，英国颁布《婴幼
儿监护权法案》，确立了幼年原则在法律体系中的重要指导地位。
以此为基础，儿童的合法权益开始进入司法实践的考量范围。在
这一原则的指导下，儿童的母亲所享有的监护权得以与传统的父
权相抗衡。[1]1886 年，英国颁布《婴儿监护法》，首次将儿童福
利明确写入法律。[2]此后，英国于 1889 年颁布《防止虐待和忽视
儿童法》，赋予法庭调查家庭内部事务以监督儿童父母履行监护职
责的权力，被称为是"全面处置家庭亲子关系的首次尝试"。但
是，该法案并未剥夺儿童父母的全部特权，如法案指出，这并不
影响父母、教师或其他依法管控或对儿童负责的人对儿童实施处
罚的权利，从而在一定程度上肯定了儿童父母的惩戒权。[3]然而，
伴随保护儿童权利理念的深化发展，英国 1908 年《儿童法》拓展
了儿童少年法庭的权力，其可以接受来自"任何人"提起的关于
儿童忽视、不适当对待和虐待的案件。这一规定经数次修改后，
发展成为英国 1989 年《儿童法》中国家强制干预儿童养育事务的
基础。平等原则开始作为保护儿童财产的手段在英国法院中得到
适用，法院开始作为平衡更为严格的普通法程序的手段而独立于
国王法庭。[4]

---

〔1〕　何海澜：《善待儿童：儿童最大利益原则及其在教育、家庭、刑事制度中的
运用》，中国法制出版社 2016 年版，第 43 页、第 57 页。

〔2〕　Michael Cretney, Judith Masson, Rebecca Bailey-Harris, *Principles of Family Law*,
7th ed. , Sweet & Maxwell, 2002, p. 636.

〔3〕　Stephen Cretney, *Family Law in the Twentieth Century: A History*, Oxford University
Press, 2005, p. 663.

〔4〕　Peter De Cruz, *Family Law, Sex and Society: A Comparative Study of Family Law*,
Routledge, 2010, p. 54.

　　此外，英国保护儿童权利的重要立法还包括 1989 年《儿童法》以及 1996 年修正的《家庭法》。一方面，《儿童法》明确了三项基本原则，即要求法庭在就儿童养育、儿童财产管理等事项作出决定时应将儿童福利作为首要考虑因素的福利原则，要求法庭在涉及儿童养育的案件中不得迟延的原则，以及非必要不作出决定的原则。如在离婚案件中，如果双方能够就儿童养育事宜达成协议，则无需法庭作出决定。根据《儿童法》，儿童利益在法庭的七项考量因素中处于优先地位，另外六项分别为：包括儿童的身体、情感及教育需求在内的儿童明确的想法及感受，改变环境对儿童造成的影响，儿童的年龄、性别及背景，儿童遭受的伤害及面临的伤害危险，儿童的父母满足其需求的能力以及法庭的权限。在涉及儿童监护和抚养事宜中，将儿童福利作为首要考量的儿童最大利益原则成为英国法的关键原则。当儿童的利益与父母的利益发生冲突时，则强调儿童利益至上。[1]但显然，这一原则存在不可避免的不确定性，需要根据不同案件的实际情况来进行理解，这就要求对涉及英国 1989 年《儿童法》规定中要求的案件进行全面审查。[2]1989 年《儿童法》对涉及儿童的国内法产生了根本和意义深远的影响。涉及《儿童法》的具体内容，首先，《儿童法》使用"父母责任"替代"父母权利"，规定父母责任指"父母对子女及其财产依法享有的权利、权力、权限及承担的义务和责任"。[3]英国法中的父母责任包括照顾、管理并且不能忽视子女，使子女接受教育，对子女的惩戒权，为子女选择宗教信仰的权利，

　　〔1〕　See Michael Freeman, "The Rights of the Child in England", *Columbia Human Rights Law Review* 1981, Vol. 13, pp. 601–674.

　　〔2〕　Peter De Cruz, *Family Law, Sex and Society: A Comparative Study of Family Law*, Routledge, 2010, pp. 54–56, pp. 72–73.

　　〔3〕　参见英国 1989 年《儿童法》第 3 条关于父母责任之含义的规定，载《英国婚姻家庭制定法选集》，蒋月等译，法律出版社 2008 年版，第 138 页。

管理子女财产的权利，为子女指定遗嘱监护人，同意 16 岁以下的未成年子女接受医学治疗的权利以及决定子女姓氏的权利。[1]"父母责任"明确儿童不再是父母的附属，其核心内容在于强调父母应照看和抚养儿童并使之身心健康地成长。[2]此后，儿童的父母对子女不再享有绝对权利，而是在享有权利的同时负有责任和义务。这一法律术语上的变革体现了许多意识形态层面的发展。英国在处理涉及儿童的事务时更加强调倾听儿童的声音，法律也逐步演变为以维护儿童利益为核心。[3]其次，英国 1989 年《儿童法》专章规定了地方当局对儿童及其家庭的资助，明确政府应以保障和提高儿童福利为目的，为包括残疾儿童，学龄前儿童，处于警察保护下、被拘留或被羁押候审等有需要的儿童及其家庭提供服务和援助。[4]涉及英国支持儿童家庭监护的相关实践，英国工会通过育儿假、带薪休假及工作分担等多种方式支持劳动者平衡工作和家庭，确保儿童充分享有受监护权。[5]最后，英国 1989 年《儿童法》规定了照管令、监督令、评估令以及紧急保护令等由国家公权力介入儿童监护事务的专门针对受侵害儿童的保护措施。根据《儿童法》，经地方当局或其他授权者申请，法院在确信儿童正在遭受或可能遭受重大伤害时，可以签发照管令或监督令。该"伤害"包括性虐待及非肉体虐待，损害身体或心理健康以及

---

〔1〕 王竹青、魏小莉编著：《亲属法比较研究》，中国人民公安大学出版社 2004 年版，第 176—177 页。

〔2〕 吴用：《儿童监护国际私法问题研究》，对外经济贸易大学出版社 2009 年版，第 26 页。

〔3〕 参见［美］凯特·斯丹德利：《家庭法》，屈广清译，中国政法大学出版社 2004 年版，第 4—5 页。

〔4〕 参见英国 1989 年《儿童法》第 17 条至第 30 条之规定，载《英国婚姻家庭制定法选集》，蒋月等译，法律出版社 2008 年版，第 147—161 页。

〔5〕 John W. Budd, Karen Mumford, "Trade Unions and Family-Friendly Policies in Britain", *Industrial and Labor Relations Review* 2004, Vol. 57, pp. 204-222.

损害身体、智力、情感、社会或行为发展等，还包括儿童在见到或听到他人遭受虐待时所受到的伤害。[1]照管令的生效要求地方当局承担儿童监护职责，对儿童承担父母责任。而监督令的生效要求监督人采取合理措施，为儿童提供建议、帮助和扶助。当有合理理由推定儿童正在遭受或可能遭受重大伤害时，经地方当局或授权者申请，法院可签发评估令以对儿童的健康、发展状况或其被对待的方式进行评估。为实现在紧急情况下对儿童的保护，任何人均可向法院申请签发紧急保护令。[2]此外，《儿童法》正式确立了儿童最大利益原则，重新定义了儿童抚养问题，从而引入了从公法和私法两个角度处理儿童和家庭关系的新措施，促进了法庭对家事诉讼的管理。2004年，英国再次修订《儿童法》，进一步强调了政府当局对儿童家庭事务的公权力干预。如在英格兰、苏格兰和威尔士为儿童设置电子记录，以确保国家公权力机构能够在必要时对儿童的生存状况进行追踪。[3]有研究统计，2007年英国离婚的夫妻家庭中超过一半（约51%）有至少一个不满16周岁的子女。也就是说，英国有将近12万不满16周岁的儿童在这一年中经历了父母离婚。其中，有20%的儿童不满5周岁，有63%的儿童不满11周岁。[4]因此，对于全面保护儿童权利而言，国家公权力的干预和介入有其必要性和重要意义。

另一方面，英国于1986年颁布《家庭法》并于1996年进行

---

〔1〕 参见英国1989年《儿童法》第31条、第35条之规定，载《英国婚姻家庭制定法选集》，蒋月等译，法律出版社2008年版，第161—162页。

〔2〕 参见英国1989年《儿童法》第43条、第44条之规定，载《英国婚姻家庭制定法选集》，蒋月等译，法律出版社2008年版，第169—170页。

〔3〕 参见何海澜：《善待儿童：儿童最大利益原则及其在教育、家庭、刑事制度中的运用》，中国法制出版社2016年版，第59页。

〔4〕 Peter De Cruz, *Family Law, Sex and Society: A Comparative Study of Family Law*, Routledge, 2010, p. 48.

修正。1996 年《家庭法》确立了"以子女利益为首要考量"的基本原则，明确了在家庭事务中对子女愿望及情感的尊重，并规定了禁止侵扰令、临时监护令及紧急保护令等可适用于儿童的国家公权力保护措施。首先，《家庭法》明确强调了对儿童利益的考量。根据《家庭法》第 11 条，在涉及父母离婚或分居的诉讼中，法院应行使 1989 年《儿童法》赋予的权力，从维护家庭中儿童的利益出发作出有关子女抚养等相关事宜的安排，保障儿童与父母保持尽可能良好的持续关系。[1]其次，《家庭法》要求法院在处理家事案件中，考虑相关儿童"与其年龄和理解力相适应而具有的可能的意愿、感受及其表达意愿的情形"。根据《家庭法》第 27 条，在家庭事务调解的过程中，应考虑各个子女的利益、愿望及情感，并为其提供适当的表达愿望及情感的机会。[2]最后，《家庭法》规定了包括禁止侵扰令、临时监护令及紧急保护令在内的保护措施。根据《家庭法》第 42 条、第 43 条，法院既可以经当事人申请，亦可以依职权直接签发禁止侵扰令，禁止相关被告侵扰有关子女。其中，未满 16 周岁的子女提出申请需经法院许可。[3]而后，《家庭法》第 52 条修改了对 1989 年《儿童法》有关临时保护令、紧急保护令的相关规定，强化了国家公权力对儿童权利的保护。[4]

　　总体而言，英国儿童监护制度的发展与变革充分体现了国家

　　〔1〕　参见英国 1996 年《家庭法》第 11 条之规定，载《英国婚姻家庭制定法选集》，蒋月等译，法律出版社 2008 年版，第 235—236 页。

　　〔2〕　参见英国 1996 年《家庭法》第 27 条之规定，载《英国婚姻家庭制定法选集》，蒋月等译，法律出版社 2008 年版，第 241 页。

　　〔3〕　参见英国 1996 年《家庭法》第 42 条、第 43 条之规定，载《英国婚姻家庭制定法选集》，蒋月等译，法律出版社 2008 年版，第 250 页。

　　〔4〕　参见英国 1996 年《家庭法》第 52 条之规定，载《英国婚姻家庭制定法选集》，蒋月等译，法律出版社 2008 年版，第 253 页。

公权力在其中发挥着越来越重要的作用。国家一方面为儿童的家庭监护提供支持，为儿童父母充分履行监护职责提供政策帮助和经济倾斜，从完善儿童家庭功能的角度出发提供国家福利。另一方面，当儿童权利在家庭中遭受侵害时，国家通过发布照管令、监督令、评估令及紧急保护令等形式，依法行使公权力干预和介入儿童的家庭监护事务，为儿童提供必要的权利救济和保护。

2. 典型案例分析

（1）儿童与母亲保持联系的权利：两名儿童安置案[1]

此案是关于两个年幼的儿童A（生于2018年9月10日）以及B（生于2020年1月12日）的安置问题。他们的父母是48岁的F和41岁的M。两名儿童均未和父母生活在一起，父母双方也都接受孩子不能和他们生活在一起的事实。A自出生三天后就和寄养人一起生活，B在出生后不久就被安置在A身边。在该案中，法院要决定两名儿童是否应该长期寄养并无限期地继续与母亲M接触，或者是否应该将他们送养。两名儿童目前的寄养安置是短期的，因此无论法院如何判决，他们都不可避免地必须搬到新家。地方当局计划将两名儿童一起安置在收养机构中，并申请对二人的照顾和安置令。然而后来地方当局变更了照料计划，转而为两名儿童寻找愿意与儿童母亲M保持联系的收养家庭。如收养家庭不愿意与母亲M接触，地方当局会在将儿童送养前为儿童父母安排与孩子们的最后见面。

儿童的母亲M最初希望孩子们回到她的照顾下，然而在2021

---

〔1〕 M and F（the children's parents）v. Local Authority, England and Wales Family Court（High Court Judges）, Neutral Citation Number：［2021］EWFC 10, 9 February 2021, a-vailable at http://www. bailii. org/cgi‐bin/format. cgi？doc＝/ew/cases/EWFC/HCJ/2021/10. html&query＝（（Children））+AND+（（deaf）+AND+（parent：）+AND+（assess-ment）+AND+（practice）），last visited on 2021‐10‐31.

年 1 月 8 日，她提交了一份声明表明了自己的立场变化。她认为自己现在不适合照顾孩子，所以愿意让孩子们有最好的安排。但是，她不认为是自己无法照顾孩子，而是她的需求没有得到地方当局的正确理解和支持。她认为自己并没有获得一个公平的机会，在接受一定支持和帮助的情况下照顾自己的孩子。她希望在未来情况好转时可以照顾自己的孩子，因此绝对不同意将孩子送养，认为让孩子远离她是不对的，对孩子来说长期寄养比收养更安全。M 希望尽可能多地见孩子，最好每周一两次，或至少每月一次，她认为法院应该允许她继续看孩子，并希望孩子长大后可以和她生活在一起。与此同时，儿童的父亲 F 也表示他现在无法为孩子们提供一个家。虽然他没有积极支持将孩子送养，但也并没有反对地方当局的送养计划。F 已经有很长一段时间没有与孩子们接触了，他称自己很沮丧，将无法与孩子们进行最后的告别。他接受自己对于孩子们来说可能是陌生人的结果，但希望能够通过信件与孩子们联系，同时也接受由专业人士来帮忙管理这个信箱。

　　儿童的母亲 M 是重度耳聋，在本案中被视为残疾人。专家评估称 M 抚养孩子的能力有严重缺陷，她对情绪状态的理解非常有限，并且很难顾及别人的感受，难以满足儿童的成长需求。但同时，M 在前后两次评估中表现出了一定的变化。在 2018 年的第一次评估中，M 看起来非常愿意倾听并且非常冷静，那时她没有和孩子的父亲 F 在一起。而在第二次，即于 2020 年 3 月 3 日进行的评估中，M 表现出不能真正倾听。此外在 M 的口述中，她表达了自己喜欢做妈妈的感受，喜欢与孩子们接触，因为他们让她微笑并感到快乐。除了儿童 A 和 B，M 还有几个年长的孩子。M 承认她在与孩子父亲的关系中受到了暴力虐待，并且他们的孩子曾因这种虐待而遭受了重大的情感和身体伤害。在儿童 B 于 2020 年 1 月 12 日出生时，地方当局启动了照护程序，儿童的母亲 M 曾作为临时照顾令的对象，与其两年前生育的儿子 A 被安置在同一个照护机构中。

法庭认为，一方面，对于儿童的母亲 M，根据英国 2010 年《平等法》，应保障残疾人能够尽可能充分地参与社会并确保其获得实质意义上的平等。这就要求：其一，地方当局应以对待聋人的方式对待 M。其二，法院应采取措施确保 M 能够公平有效地参与法律诉讼和法院审理。另一方面，涉及本案的核心，即儿童的安置问题，法庭认为长期寄养并不符合儿童的最大利益。在对相关证据进行全面评估，充分考虑地方当局的计划是否适合每个孩子并权衡长期寄养对儿童的利弊后，法官认为，儿童的利益至高无上，但法庭也应该认识到这些利益包括在原生家庭中长大，最好由亲生父母抚养或至少由其中一方抚养的利益，除非儿童福利的压倒性要求使其成为不可能。因此，为满足儿童对稳定性和安全性的需求，为其寻找收养家庭更符合儿童的长期利益，与此同时，应努力寻找能够或愿意促进儿童与亲生父母接触的潜在收养人。这既是对儿童权利的保护，也是对他们父母的权利的适当干涉。

在该案中，鉴于儿童父母目前无抚养能力，法院从维护儿童最大利益的角度出发，认为满足儿童对于安全、稳定的成长环境的需求是至关重要的，为此，应为其寻找稳定的收养家庭，并与此同时努力寻找能够或愿意促进儿童与亲生父母接触的潜在收养人。而无论以何种安置形式，都应使儿童回归正常的家庭生活环境。这在一方面体现了在评判儿童的最大利益时应综合考量多方因素的基本理念，也在另一方面表明了儿童与其亲生父母保持个人联系的重要意义，明确在条件允许的情况下，仍应保障儿童及其家庭的相关权利。

（2）为维护儿童的最大利益而限制父亲权利：禁止儿童父亲

接触儿童案[1]

在该案中，儿童 T 的母亲是 D，除了 T，D 还育有两个孩子，分别是 12 岁和 10 岁。儿童的父亲 B 与母亲 D 大约在一起生活了四年，期间发生过暴力行为。2005 年 2 月 1 日晚上，D 报警称其家中发生了严重的家庭暴力事件，但警方未能逮捕 B，未执行其处理家庭暴力的相关政策，也并未认定 D 的孩子需要保护。2005 年 2 月 3 日，也就是两天后，B 刺伤了 D，导致 D 因伤势过重而死亡。此后，投诉警察独立检察委员会（IPCC）对相关警察的行为启动了独立调查程序。在此次事件中，D 的母亲正在家中，也受了重伤。D 的母亲对警方进行证人陈述时称，在被 B 刺伤时 D 正抱着当时只有两岁的孩子 T。B 因谋杀 D 而受到指控。2005 年 8 月 16 日，根据英国《精神健康法》，B 因符合责任减轻情形而被判处过失杀人罪。此后，家中的三个孩子均被安置在地方当局的寄养机构中，地方当局启动了对儿童的照顾程序。

在儿童母亲 D 去世后的第一年，孩子们一直生活在寄养机构中。D 的姐姐 M 和她当时的伴侣称是三个孩子的长期照顾者，在通过了一系列评估程序后，孩子们依据临时照顾令被安置在了 M 的照顾下。过了一段时间后，M 和她的伴侣申请了特别监护令，这一请求得到了地方当局和儿童监护机构的支持。但是，在召开最终听证之前，M 和她的伴侣分居了，于是地方当局及儿童监护机构允许 M 独自照顾三名儿童。最终听证会于 2007 年 9 月 3 日举行，法院对三名儿童都颁发了特别监护令，自此三名儿童均处于 M 的监护之下。法院准许儿童的父亲 B 撤回其对父母责任令的申请，并达成了一项协议，即由孩子的姑姑 A 每年发给 B 三张卡片，

---

[1] National Youth Advocacy Service v. B (the father of child T), the England and Wales High Court of Justice (Family Division), Case Number: MK10PO0693, 8 March 2011.

B 可以通过卡片实现与孩子的间接联系，而与孩子面对面的直接联系将由此时享有孩子监护权的 M 来自行决定。B 自从被还押以来从未与 T 面对面联系，但间接联系了一段时间。在此期间，儿童 T 和她父系家庭的其他成员，特别是她的姑姑 A 之间有过直接联系。然而，在特别监护令下达不久之后，T 与其父系家庭其他成员间的所有形式的联系都停止了。

其后，M 在其 2010 年 8 月 12 日提交的书面声明中指出，法律诉讼在她实际照顾孩子后还持续了一段时间，因为孩子的父亲 B 仍享有探视权。这一状况持续到 2007 年 9 月孩子们的母亲去世两年半后，也就是最终听证会后才结束。在这些法律诉讼中，儿童 T 和她的兄弟姐妹始终处于不利境地，他们在寄养者之间辗转，社会工作者的参与、父亲 B 的来信、与心理学家的会面以及精神科医生的访问等都令儿童非常困扰。对于他们来说，那是一段非常不安的时期。此外，警方在听证会期间公开宣读了证人陈述，详细说明了 D 在生命的最后几天里所陈述的 B 对她造成的伤害，有关详情已在地方、地区和全国性报纸上公布，孩子们虽然没有出席听证会，但无疑在各种宣传中受到了影响。M 认为这对孩子们产生了严重的不利影响，尤其是对刚开始上中学的儿童 J 而言。

心理专家介入了此案并提出了专业意见，其认为在母亲被父亲杀害之后，需要权衡孩子们与父亲 B 进行联系的好处和弊端。一方面，这种联系可以保持有价值的亲子关系和依恋。在安全的地方看到父亲可能会帮助孩子获得安全感，有助于避免孩子产生责怪自己的心理，并允许父亲有机会道歉。另一方面，若实际照顾孩子的人对孩子父亲的联系感到威胁或生气时，这些感觉会被孩子们感知到，并且可能对他们不利。在某些情况下，父亲可能会通过联系孩子来试图将孩子母亲的死亡归咎于母亲。当父亲否认过错，或者干扰孩子与他们的照顾者之间的关系时，这种联系就会产生问题。心理专家认为处理涉及儿童的事务是一个非常复杂和微妙的事情，需要十分谨慎的对待。

2010年5月1日，儿童的父亲B申请与女儿T联系。该申请由律师代为提出，并得到了公共资金的资助，但后来他的资助资格被取消了。B在申请中指出，在此前诉讼中法院允许申请人与孩子间接联系，然而这种间接联系并没有得到孩子实际照顾人M的任何协助。此外，在最后一次听证会上，法院下令不应无限期地排除其与孩子的联系。因此，B希望恢复他与孩子的间接联系。

法庭依据英国1989年《儿童法》第1条，认为T的福利必须是法庭的首要考虑因素。而在明确什么对儿童T的福利最有利这一问题时，必须在权衡法律所列儿童福利清单中的每个因素的基础上，寻求实现既相称又符合T的最大利益的结果。为此，在考量T符合年龄和理解能力的可确定的愿望和感受，其身体、情感和教育需求以及发生任何变化可能对她产生的影响的基础上，法庭认为T因母亲去世的事件而遭受了严重的情感伤害，重新与父亲直接或间接联系会增加进一步造成情感伤害的风险。法庭指出，实际监护人M自成为孩子们的看护人以来，在家人的支持下将孩子们照顾得很好，已成功地为这些儿童的生活带来了安全和稳定。而B在杀死D时患有严重的精神疾病，尽管医学证据表明他已经从疾病中有所恢复，但B的饮酒习惯及其最近吸食大麻的程度仍令人担忧，禁止父亲B与子女联系的命令既符合比例原则又符合儿童T的最大利益。因此，法庭驳回B与T联系的申请，要求B和T之间不得有任何联系。

在该案中，儿童的父亲因谋杀儿童母亲而获罪，法庭以儿童最大利益为首要考虑，在基于案件事实并充分考虑儿童的真实意见、相关评估专家意见以及儿童实际看护人的意见的基础上，认为来自父亲的进一步联系不符合儿童的最大利益，因此对儿童父亲行使探视权进行限制，充分体现了对保护儿童权利和确保儿童健康成长利益的优先考虑。

（二）美国实践

现代美国的儿童法正式确立于动荡的 20 世纪 60 年代，历经数十年的国内实践，逐步发展形成了相对全面的法律制度并在涉及儿童事务的具体司法实践中进行了积极探索。为此，本部分将首先梳理美国儿童监护相关立法政策的发展变化，并分析其涉及儿童监护事务的相关司法实践。

1. 美国的儿童监护制度

在美国现代家庭法中，家庭的概念有狭义与广义之分，狭义概念指由血缘和婚姻构成的团体，而广义的家庭指生活在同一家或一户中的团体。无论狭义还是广义的家庭，其最重要的功能都是共同生活、共享情感以及家庭成员之间经济上的相互扶助。由于家庭所具有的不可替代的作用，尽管美国社会在过去的一个世纪里对两性关系越来越宽容，但没有任何一种新的形态完全取代家庭。[1]然而，美国《1787 年宪法》及随后的人权法案并未明确规定对"家庭"的保护。原因在于：其一，立法者认为宪法保障的基本权利是容易受到政府侵犯的，而家庭历来被视为自治领域，不会受到政府的威胁而无需宪法保障；其二，美国的家庭法体系并未建立在全国性的统一法典的基础上，各州均有自己独立的家庭法。根据联邦分权原则，家庭法的立法权由各州保留。美国联邦最高法院反复强调，夫妻及父母子女间的家庭关系属于州法调整的范畴。[2]一方面，《1787 年宪法》第 10 条规定家庭法的立法

---

〔1〕 夏吟兰：《美国现代婚姻家庭制度》，中国政法大学出版社 1999 年版，第 4—5 页。

〔2〕 ［美］哈里·D. 格劳斯、大卫·D. 梅耶：《美国家庭法精要》（第五版），陈苇译，中国政法大学出版社 2010 年版，第 5 页。

权属于各州；另一方面，传统的约束使得联邦不能在家庭法领域内作出更多干预。尽管近年来美国联邦在家庭法领域的影响力有所提高，但从根本上看，家庭法的立法和司法权仍掌握在各州手中。因此，美国家庭法的渊源主要来自五个方面，即联邦宪法、各州的家庭法、司法案例、联邦法律和社会福利法以及地方性法规。[1]

1868 年 7 月，《美国宪法第十四修正案》通过，规定儿童父母的照顾、监护、控制其子女的基本权利受正当程序条款的保护。联邦最高法院依据此规定，通过解释将宪法拓展到家庭的私生活领域，影响着各州儿童监护的立法和司法实践，并实现了宪法与家庭法的连接。自 20 世纪 20 年代开始，联邦最高法院开始运用"正当法律程序"条款保护公民处理家庭事务的自主权利。其中，在 20 世纪 20 年代初期，美国宪法对家庭法的介入仅限于保障父母养育子女的权利。司法案例确立的家庭法价值体现了对儿童家庭和父母权利的尊重。但值得注意的是，在此时期，美国在家庭立法及司法判决中逐步确立了尊重儿童最大利益的基本原则。[2]美国虽然不是联合国《儿童权利公约》的缔约国，但其确立的儿童最大利益原则以及国家财政支持原则在一定程度上与《儿童权利公约》精神相契合。美国在早期儿童最大利益原则标准的创立过程中发挥了重要作用，其独特的法律文化使得儿童最大利益的标准在西方世界广泛传播。直至 20 世纪中期，美国通过判例法确立了儿童最大利益原则在亲子法和收养法领域的地位，并从最初的家庭法领域逐步拓展到少年司法乃至整个儿童法领域。[3]为维护

---

〔1〕　王竹青、魏小莉编著：《亲属法比较研究》，中国人民公安大学出版社 2004 年版，第 11—12 页。

〔2〕　姚国建：《宪法是如何介入家庭的？——判例法视角下的美国宪法对家庭法的影响及其争拗》，载《比较法研究》2011 年第 6 期，第 1—14 页。

〔3〕　何海澜：《善待儿童：儿童最大利益原则及其在教育、家庭、刑事制度中的运用》，中国法制出版社 2016 年版，第 45 页。

儿童的最大利益，一方面，法庭肯定父母对儿童的充分照料，因此认为国家没有理由介入儿童家庭监护的私领域，或质疑父母为养育儿童作出的最佳决策。即，假定儿童父母的行动或决策符合儿童的最大利益，法庭应认可父母对于儿童而言的特殊重要性。国家作为所有儿童的监护人，在通常情况下尊重父母的权威，如医疗决定、合理的父母管教等事宜。[1]另一方面，考虑到对父母遗弃、危害儿童案件的处理，法庭强调父母的权利并不是绝对的，因此允许儿童对父母提起侵权诉讼，尤其在父母针对儿童故意实施侵权行为时。关于在家庭破裂案件中确定儿童监护以及涉及儿童重大利益的事项，法庭均是最终的决定者。法庭代表国家公权力对儿童监护这一看似是私权领域的介入充分体现了国家对儿童人权的全面保护。[2]

随着时代的发展和现实的需求，从整体来看，美国越来越重视对儿童权利的保护。美国的儿童权利概念逐步发展为保护、照顾与参与三个层次的内容[3]，而其保护儿童权利的历史经历了五个重要阶段。其一，社会组织推动保护儿童权利的运动。在 19 世纪末期，儿童虐待和儿童忽视问题被美国一些非专业的慈善机构确定为社会问题，如著名的纽约州及波士顿州的地方防止虐待儿童协会（Societies for the Prevention of Cruelty to Children，SPCC），但二者逐渐形成了两种不同的观点：纽约防止虐待儿童协会主张的"救助"观念强调对儿童家庭进行干预并将儿童从存在父母虐

---

〔1〕 Walter Wadlington, Raymond C. O'Brien, *Family Law in Perspective*, 3rd ed., Foundation Press, 2012, p. 117.

〔2〕 陈汉、范钰：《美国监护制度中的未成年人保护概述》，载夏吟兰主编：《从父母责任到国家监护——以保障儿童人权为视角》，中国政法大学出版社 2018 年版，第 137—147 页。

〔3〕 孙云晓、张美英主编：《当代未成年人法律译丛》（美国卷），中国检察出版社 2006 年版，第 2—3 页。

待或疏忽的家庭中带离，通常是安置到相关机构；而波士顿防止虐待儿童协会所持的"预防性"方式强调通过社会服务和物质援助为家庭提供支持。[1]其二，逐步确立保护童工的相关立法。如由美国中产阶级社会改革者发起的 1890 年至 1920 年的革新运动，要求联邦政府规范童工的工作时限并改善童工的工作环境。其三，改善在少年司法机构中儿童犯的待遇。美国首个少年法庭于 1899 年在伊利诺斯州建立，改革者提出将儿童犯与成人区分，赋予其独立的法律地位。其四，教育领域以儿童为中心的改革。美国社会开始关注教育儿童成为社会中有责任感的公民。其五，适用国际法律规则实现对儿童权利的保护。自此，享受福利的儿童不再作为社会等式中的被忽视的因素。国家对儿童负有责任，应建立适当的法律制度为面对父母不合格这一处境的儿童提供平等的机会以及临时或永久性的照料安置。美国家庭法的改革力求在允许文化多样性和不同生活方式的基础上，确保政府在儿童基本利益受到威胁时及时介入和干预。[2]美国的儿童保护机制包括三方面的主要内容：特定的儿童监护事务需要由法院作出决定、建立以儿童服务管理局为职能核心的国家监护辅助制度以及建立以儿童服务管理局和法院为核心的公权力对儿童家庭监护事务的干预和监督制度。[3]

伴随公民权利立法、无过错离婚、性别平等的发展以及儿童权利的兴起，在 20 世纪 60 年代中期，美国最高法院的决定几乎影响

〔1〕 Kathleen G. Noonan, Charles F. Sabel, William H. Simon, "Legal Accountability in the Service-Based Welfare State: Lessons from Child Welfare Reform", *Law and Social Inquiry* 2009, Vol. 34, pp. 523~568.

〔2〕 Harry D. Krause, "Child Welfare, Parental Responsibility and the State", *Family Law Quarterly* 1972, Vol. 6, pp. 377~404.

〔3〕 李霞、张艳：《论〈民法总则〉中的未成年人国家监护》，载《青少年犯罪问题》2017 年第 6 期，第 12~18 页。

了所有区域的家庭法，儿童问题从"普通的家庭问题开始转而引发对个人权利的讨论"。[1]此后直至 20 世纪 70 年代，"受虐儿童综合症"（battered child syndrome）一词被引入医学诊断，美国在全国范围内强调了对虐待儿童和忽视儿童问题的关注。[2]20 世纪 70 年代以来，"家庭维护"（family preservation）及"家庭完整性"（family integrity）等词汇在社会福利领域被广泛使用，国家着手为遭遇严重困难将要面临解体的儿童家庭提供支持和服务。联邦政府于 1912 年设立儿童办公署，为各州儿童福利项目提供指引，同时也为对家庭的联邦资助提供引导。1935 年《社会保障法案》创建了一项向各州提供援助的联邦计划，以维持家庭收入和提供社会服务。此外，美国卫生与公共服务部于 1995 年明确，这些福利项目以家庭服务为核心并关注家庭的能力建设。[3]

美国法律中的儿童监护制度在发展演变中经历了父权优先、幼儿母亲优先、主要照顾者优先、强调以子女利益优先的儿童最大利益原则以及强调以尊重儿童意愿为基础的子女选择五个发展阶段。[4]自 19 世纪以来，美国确立了处理儿童监护案件的两项重要准则，即最早由南卡罗来纳州长亨利·德·索绪尔提出的儿童最大利益原则，以及在儿童年幼时倾向于赋予儿童母亲监护权的幼年原则（tender years doctrine）。儿童最大利益原则在美国的儿童监护制度中享有至关重要的地位，儿童监护权的设立、变更、终

---

〔1〕 Peter De Cruz, *Family Law, Sex and Society: A Comparative Study of Family Law*, Routledge, 2010, p. 98.

〔2〕 孙云晓、张美英主编:《当代未成年人法律译丛》（美国卷），中国检察出版社 2006 年版，第 17 页。

〔3〕 See Laurence D. Houlgate, *Philosophy, Law and the Family: A New Introduction to the Philosophy of Law*, Springer, 2017, p. 134.

〔4〕 董思远:《未成年人监护制度研究》，中国人民公安大学出版社 2019 年版，第 65 页。

止等均应以儿童本身的利益为出发点。有美国学者指出，儿童最大利益原则在现实发展中已经远远超越了其最开始的概念，其作为美国家庭法的核心原则，已经被普遍适用于儿童监护、抚养与收养等多个领域。[1]而涉及幼年原则，1987 年，阿拉巴马州最高法院指出，"对女婴来说，没有比失去母亲的照顾更大的灾难了"。幼年原则与母亲优先共同存在于儿童最大利益标准之中并被纳入州法规和判例法。[2]此外，美国法律明确系统地规定了法庭因儿童父母不宜继续行使父母权利而强制终止其权利所依据的法定事由。从美国多数州的立法来看，强制终止父母权利的法定要件相似，主要包括：其一，父母的遗弃行为。如 1993 年《美国加利福尼亚州民法典》第 232 节规定了遗弃的认定标准，即父母不尽抚养义务，儿童离开父母照顾或监护达 6 个月的，或儿童由一方照顾或监护达 1 年，他方不给付抚养费或尽其他抚养义务，或多年未联络的。此外，明尼苏达州规定，父母在儿童 6 岁以下达 6 个月不联络的，在儿童 6 岁至 11 岁之间 1 年不联络的，视为遗弃。[3]其二，父母的虐待、忽视行为。在科罗拉多州法院审理的一起母亲虐待孩子案中，与母亲同住的男子在相当长的时间内拘禁折磨三个儿童，儿童母亲既未带孩子看病治疗，也没有提供任何帮助。法院认定母亲已构成虐待，故强制终止了母亲的权利。在该案中法院指出，必须有证据证明虐待行为将持续到未来且不会改善，才能决定终止父母子女关系。其三，不适宜做父母。在迈克尔（Michael）收养案中，未来的养父母以婴儿母亲不适合做父母为

〔1〕 Lynne Maria Kohm, "Tracing the Foundations of the Best Interest of the Child Standard in American Jurisprudence", *Journal of Law & Family Studies* 2008, Vol. 2, pp. 337–376.

〔2〕 Peter De Cruz, *Family Law, Sex and Society: A Comparative Study of Family Law*, Routledge, 2010, p. 97.

〔3〕 王竹青、魏小莉编著：《亲属法比较研究》，中国人民公安大学出版社 2004 年版，第 186—187 页。

由，要求终止其父母权利。法院经审理后认定，该婴儿母亲曾有虐待其生母、当保姆时虐待所看管孩子的记录，并且有证据显示其有酗酒、吸毒问题，有因药物中毒住院和因自杀未遂住院治疗的记录。法院认为，当父母没有能力管理自己的生活且给儿童提供一个安全的环境，并有明显证据表明该父母的行为难以矫正时，应终止其父母权利。其四，父母的精神或身体无能。美国《统一收养法》规定父母被法院宣布为无行为能力或精神有缺陷时，可免除家长对子女收养事宜的同意权，加利福尼亚州法律也有类似规定。[1]此外，在联邦授权下，各州在向儿童父母收取抚养费事宜方面越来越谨慎，体现了国家公权力逐步加强对儿童家庭监护事务的干预和介入。[2]

随着美国的逐步发展，国家与公民私主体间的关系也发生了变化，国家逐渐加强了对家庭私领域的干预和介入。在虐待儿童问题成为美国在国家层面关注的重要问题后，美国联邦政府开始在儿童保护事业中扮演主导角色，政府对儿童监护事务的介入日益加强。[3]而公权力干预的出发点和落脚点始终是确保儿童能够在安全稳定的家庭环境中健康成长。[4]涉及对"虐待儿童"问题的特别关注，美国尤为重视预防和制止在家庭领域发生的父母或其他监护人虐待儿童的问题。1997 年的美国《收养和安全家庭法》

---

〔1〕 夏吟兰：《美国现代婚姻家庭制度》，中国政法大学出版社 1999 年版，第 106—107 页。

〔2〕 Walter Wadlington, Raymond C. O'Brien, *Family Law in Perspective*, 3rd ed., Foundation Press, 2012, pp. 133–134.

〔3〕 See John E. B. Myers, "A Short History of Child Protection in America", *Family Law Quarterly* 2008, Vol. 42, pp. 449–464.

〔4〕 参见罗清：《美国终止父母权利制度评述》，载夏吟兰主编：《从父母责任到国家监护——以保障儿童人权为视角》，中国政法大学出版社 2018 年版，第 148—163 页

明确指出，保证儿童的安全是首要任务，鼓励各州在处理部分儿童虐待或疏于照顾案件时尽快将儿童转移至收养家庭，而无须努力保全家庭。[1]在这部联邦立法的推动下，各州法院和儿童福利局比以前更迅速地终结对儿童有虐待或疏于照顾行为的父母的权利。此外，美国联邦于 1974 年颁布《儿童虐待预防与处理法》，创建了收集虐待儿童数据的联邦系统，并将联邦资金用于保护处于危险中的儿童。作为规范儿童保护的关键立法，修订后的《儿童虐待预防与处理法》指明，美国国会发现每年约有 90 万名美国儿童是虐待和忽视的受害者，应对儿童虐待和忽视问题是美国社会所有成员的共同责任，国家政策应增强家庭预防虐待和忽视儿童的能力，儿童保护系统应是全面的、以儿童为中心并关注家庭的。以该法案为依据，美国卫生与公共服务部的部长可设立虐待和忽视儿童办公室，并任命相关咨询委员会。此外，该法案规定，应设立有关虐待儿童的国家信息交流中心，并开展相关研究和资助行动，援助并引导社区、公共或民间机构为儿童和家庭提供保护。[2]以此为基础，一方面，美国规制了儿童忽视问题，在一般概念层面，经由判例法认定了六种形式的父母对儿童的身体忽视，包括拒绝健康照顾、延迟健康照顾、遗弃、驱逐、其他监护问题、监管不到位。另一方面，美国规制了儿童虐待问题。美国儿科学会将"心理虐待"定义为父母和儿童间反复出现的破坏性互动模式。这种模式可能是长期普遍的，也可能只在酒精或其他潜在因素触发时才会出现。儿童心理虐待发生在"一个人向儿童传达他或她毫无价值、有缺陷、不被爱、不受欢迎、处于危害，或者只

---

〔1〕　[美] 哈里·D. 格劳斯、大卫·D. 梅耶：《美国家庭法精要》（第五版），陈苇译，中国政法大学出版社 2010 年版，第 9—10 页、第 132 页。

〔2〕　参见孙云晓、张美英主编：《当代未成年人法律译丛》（美国卷），中国检察出版社 2006 年版，第 18—76 页。

是在满足他人的需要方面有价值的时候。犯罪行为包括抛弃、恐吓、孤立、忽视或损害儿童的社会化"[1]。以此为基础，美国确立了三重系统处理儿童虐待案件，即负责起诉父母或其他实施虐待行为的照顾者的刑法系统、从整体上为儿童及其家庭提供经济支持的公共福利系统以及旨在为受到权利侵害的儿童提供全面保护的社会儿童保护系统。

2. 典型案例分析

（1）父母子女间人身侵权豁免原则的早期适用：茹勒诉露露·茹勒案[2]

发生在美国华盛顿州的茹勒案中，华盛顿州的最高法院根据侵权豁免原则，判定女儿不能就强奸起诉她的父亲，因为这种诉讼会伤害到家庭和睦。该案是适用父母子女间人身侵权豁免原则的典型案件，其表明虽然早期的普通法认为夫妻一体，但父母与其未成年子女间则不适用这一理论，子女无论成年与否均可起诉其父母违反契约或侵害其财产权利并要求赔偿。但为达到稳定家庭关系之目的，普通法中不会针对父母对未成年子女造成的伤害提起侵权诉讼，即使犯罪行为是强奸并且相关违法父母已经因此被定罪。人身伤害侵权之诉在美国历史上长期适用父母子女间侵权豁免理论，子女无权就父母对自己的人身伤害提起诉讼。

茹勒（E. W. Roller）因强奸其未成年女儿露露·茹勒（Lulu Roller）被判处有期徒刑，在位于华盛顿州的沃拉沃拉监狱服刑。其后，15岁的露露·茹勒提起诉讼，要求当时已被判处强奸罪的被告承担2000美元的强奸损害赔偿，并要求享有其与被告共同居

---

〔1〕 Sarah H. Ramsey, Douglas E. Abrams, "A Primer on Child Abuse and Neglect Law", *Juvenile and Family Court Journal* 2010, Vol. 61, pp. 1-31.

〔2〕 Roller v. Roller, Supreme Court of Washington, Case Number: 37 Wash. 242, 27 February 1905.

住的宅基地所附权利。该共同居住住宅为被告茹勒与其已故妻子艾玛·茹勒（Emma Roller）共同拥有。被告茹勒对此提出异议，认为原告作为与自己共同生活的未成年儿童，无权提起针对父母（在该案中指被告自己）的侵权诉讼，因此原告提起诉讼的依据并不充分。具体反驳理由如下：①该土地属于宅基地，并不适用州法律；②联邦法律规定这样的财产免于承担许可签发之前的债务，但联邦法律并不适用于该土地。然而，法庭并未采纳该两项理由。在对案件进行审理后，法官判决原告胜诉，被告承担的赔偿金额为 2000 美元。此后，被告提出上诉，最终华盛顿最高法院在没有陪审团的情况下认定原法院错误地驳回了上诉人的反对意见。上诉人认为未成年子女不能就侵权行为造成的损害向父母提起诉讼，这样的行为是不被法律允许，且与公共政策相冲突的。禁止父母子女间诉讼的法律是基于维护家庭关系和谐的社会公益的考量，这是一种自文明政府最早建立以来就表现出来的利益，并受到普遍公认的事实的验证。维持和谐和适当的家庭关系有利于塑造良好的公民身份，因此有利于国家的利益。[1]

在现代，父母子女间侵权豁免原则被广泛批评，虽仍有些州坚持这一原则，但越来越多的州逐渐取消或限制父母子女人身侵权豁免原则的适用。然而，各州做法又有较大差别。有些州完全取消了豁免理论而适用"合格的父母"标准，有些州则区别适用侵权豁免理论，规定父母法定权利范围内的行为仍适用侵权豁免理论，而其他行为所导致的侵权不再适用豁免。[2]

---

〔1〕　See Roller v. Roller, from Pacific Reporter, Vol. 79, pp. 788-789.
〔2〕　夏吟兰：《美国现代婚姻家庭制度》，中国政法大学出版社 1999 年版，第 129 页。

（2）儿童最大利益原则在现代美国司法实践中的适用：格林
案〔1〕

在 1824 年罗德岛州发生的格林案中，父权原则受到了更强有
力的挑战。法庭认为，父母对儿童的监护权不可被任意剥夺，但
是，当父母危及儿童利益时，其权利亦不是绝对的。法庭明确宣
告，父母权利是以儿童利益为基础而存在的，其应服从于对儿童
利益的保护。在该案中，法庭的自由裁量被认为是对普通法原则
的合理适用，符合儿童最大利益原则。〔2〕在该案中，一位名为亚
伦·普特南（Aaron Putnam）的纽约州公民提出了针对罗德岛州公
民蒂莫西·格林（Timothy Green）的人身保护令，要求带回其已
故妻子伊丽莎·A. 普特南（Eliza A. Putnam）的尸体及实际获得
10 岁女儿的抚养权。普特南称他的女儿正错误地处于其外祖父，
也就是本案被告格林的监护之下。格林就执行令作出回复，称这
名女孩是其女儿玛丽的孩子。玛丽曾与普特南结婚，后来去世了。
在 1817 年，普特南曾粗暴地将玛丽和女儿送到格林位于北普罗维
登斯的家中，他们在那里住了两年，后来搬到了康涅狄格州，随
后经普特南同意再次回到位于北普罗维登斯的家中。玛丽于 1820
年在家中去世，去世前要求其父母格林夫妇将自己的女儿抚养长
大，格林夫妇同意了。该女孩自此开始直到近几个月一直生活在
格林家，格林夫妇将她送到了神学院接受教育。格林在一天早上
到神学院看望女孩，发现她已经不在那里了，校长也不知道她在
哪里以及她是如何离开的。女孩在格林家从未受到过任何约束，

---

〔1〕 United States v. Green, Circuit Court, D. Rhode Island, Case Number：15256, No-
vember 1824.

〔2〕 Lynne Marie Kohm, "Tracing the Foundations of the Best Interest of the Child
Standard in American Jurisprudence", *Journal of Law & Family Studies* 2008, Vol. 2, pp. 337–
376.

始终处于完全自由的状态，因此她十分不情愿和自己的父亲普特南一起生活。女孩被普特南带走后，普特南再次对被告提出附加申请，指出被告人格林并没有积极配合，此次将女孩送还是消极的，被告并没有说明其知晓的全部事实并将女孩送走以逃避程序。对此格林方称，将女孩送还是完全且直接的。人身保护令仅在一方受另一方强制限制的情况下发出，而在此案中并不存在强制限制，女孩在神学院而并不在自己的完全控制之下，因此他应该免于进一步的调查和程序。由此，"占有、权力和监护"（possession, power or custody）成为本案的焦点。被告格林回应了法院向他提出的一系列质询，但原告仍不满意。此后，被告代理人提出附加申请，由于这一动议，关于在该案中父亲的监护权问题引起了广泛的讨论。对于父亲是否享有对子女的监护权，通常情况下的答案是肯定的，但是这并不意味着父亲享有绝对的权利。法律假设处于亲生父母的照料下最符合儿童的利益，因此，法院应协助将儿童从他人手中带回并交由父亲监护，法院将调查所有情况并确定这是否符合儿童真正的、永久的利益。该案的诉讼一直持续到第二天早上，双方最终就儿童的监护权事宜达成了协议，法院批准了该协议。

该案最终以当事人达成协议的方式结束，但在审理过程中仍体现了法庭对儿童最大利益的考量。法庭一方面确认了在通常情况下，儿童的亲生父母享有监护权；另一方面也明确了父母的权利并不是绝对的，在具体案件中处理涉及儿童监护事务的争议时，应全面调查所有的情况并确定儿童真正的、永久的利益，以儿童的最大利益作为所有行动和决策的首要考虑。

二、大陆法系国家的实践

对大陆法系的描述在最开始包括"法律渊源只包括法律、法规及具有法的意义的习惯""法官是立法者设计和建造的机器的操作者",以及"为了法的确定性而在一定程度上摒弃法的灵活性"等内容。而后,2001年阿姆斯特丹大学教授马丁·W. 海塞林克出版《新的欧洲法律文化》一书,提出判例应被视为一种法律渊源,法官亦是法律政策的制定者。由此可知,大陆法系亦在发展变化。[1]我国的儿童保护立法正处于不断发展完善的历史进程之中,儿童监护制度亦正处在由绝对私权到逐步公法化、国家化的重要变革阶段,探索大陆法系国家的儿童监护制度相关实践和经验,能够为我国儿童监护体系的构建和完善提供比较法的视角和实践依据。

（一）德国实践

18世纪以来,德国的家庭逐渐失去其作为生产单位的意义,而成为纯粹的消费单位。家庭社会功能的弱化突出了其作为情感纽带的特征,体现出高度的人身属性。家庭作为私生活领域排除了国家公权力的干涉。随着20世纪以来个人主义思潮的觉醒、两性平等观念的兴起以及对儿童权利的重视,国家开始为婚姻和家庭提供法律层面的规范和标准。[2]第二次世界大战后,宪法理念延伸至私人生活的范畴,德国基本法亦通过"人格尊严""男女平等""婚姻与家庭"等规定从整体上架构起对家庭的规范体系。[3]1969年依据宪法第6条颁布的《非婚生子女法律地位法》是与儿童相关的重要变革,其规定法律授予非婚生儿童与婚生儿童在身体与精神发展方面同等的机会和同等的地位。在20世纪60年代早期,儿童心理学和心理学著作强调在心理层面上的儿童最大利益标准,

---

〔1〕 徐国栋:《大陆法系还能存在多久?——从梅利曼到海塞林克再到未来》,载《比较法研究》2010年第1期,第139—145页。

〔2〕 [德]迪特尔·施瓦布:《德国家庭法》,王葆莳译,法律出版社2010年版,第3—4页。

〔3〕 王琼雯:《家庭权初论》,吉林大学出版社2020年版,第37页。

在决定儿童抚养安排时应确保儿童的意见得到认同，将儿童的福利作为处置父母离婚后儿童抚养问题的首要考量因素。[1]此外，有研究者认为，以 1979 年《亲属照顾权新调整法》为核心，德国从保护儿童利益的角度改革监护制度，尽可能实现亲属法的私法化，将亲权建立在儿童利益的基础上。[2]

　　德国的少年立法开始较早，法律制度相对健全，法律规范较为复杂。探究德国监护制度立法体系可以发现，德国关于监护的相关规定大多集中在《德国民法典》的第四编"亲属法"之中，包括父母照顾和监护等内容。[3]以《德国民法典》为核心确立的儿童监护制度，区分了儿童的父母照顾、辅佐与不处于父母照顾下儿童的监护，即使用狭义的监护概念，对父母照顾与非父母照顾进行了区分。[4]一方面，《德国民法典》确立了遵循儿童最大利益的基本法律原则，其第 1697a 条明确规定法院应作出最符合子女最大利益的裁判。另一方面，《德国民法典》在修改后强调国家责任，使用"父母照顾权"代替"亲权"，规定了儿童最大利益原则以及在儿童财产受到危害的情况下法院应采取救济措施。[5]根据《德国民法典》第 1666 条之规定，如因儿童父母的过错、失职或因第三人的行为使儿童遭受身体上、精神上或财产上的损害，则在儿童父母无意愿或无能力消除危害的情形下，应由家庭法院采取消除对儿童危害所必需的措施。然而，值得注意的是，将儿童

〔1〕　Peter De Cruz, *Family Law*, *Sex and Society*: *A Comparative Study of Family Law*, Routledge, 2010, p. 70-71.

〔2〕　龙卫球:《民法总论》，中国法制出版社 2001 年版，第 302 页。

〔3〕　参见《德国民法典》（第 4 版），陈卫佐译注，法律出版社 2015 年版。

〔4〕　陈韦、李艳:《中国民法典之监护制度立法体系构建研究》，载《西南政法大学学报》2017 年第 2 期，第 76—92 页。

〔5〕　德国民法典第 1666 条、第 1667 条、第 1791c 条，载《德国民法典》（第 4 版），陈卫佐译注，法律出版社 2015 年版。

与父母家庭分离的最后措施只有在以其他方式，包括通过公共机构的帮助仍不能消除危害的情况下才可以实施。也就是说，只有在其他措施均无效果或可以推定其不足以消除危害的情形下，才可以剥夺儿童父母全部的监护权。[1] 在此基础上，《德国民法典》第 1800 条规定了监护人的具体职责，监护人照顾被监护人的权利和义务与父母行使亲权的内容相同。具体而言，父母对儿童的人身权利包括照顾儿童、教育儿童、监督以及决定儿童住所等。德国民法强调，对于有关儿童教育的相关事务，父母特别应当考虑儿童的能力和爱好。值得注意的是，《德国民法典》对儿童接受宗教教育作出了特别规定，即法院有权在监护人的信仰与被监护儿童应接受的信仰教育不同时，剥夺监护人对被监护儿童进行宗教教育的权利。在对被监护儿童进行移送时，也要考虑被监护儿童及其家庭的宗教信仰或者世界观。[2] 此外，为保护监护人缺位或父母被剥夺监护权的儿童，《德国民法典》明确了包括社团监护、少年局的官方监护等落实儿童监护的具体形式。

德国于 1922 年制定《青少年福利法》，在法律层面确立了国家监护制度，为国家对家庭监护提供帮助并在必要时进行干预提供了法律依据。在公法领域（除刑法外）统领与儿童、少年有关各项规定的法律是《社会法典》。涉及国家促进儿童福利问题，现为《社会法典》第八编的"儿童与少年救助法"通过规定青少年福利局以及志愿团体对父母教育子女工作的帮助，推动完善了少年教育。[3] 依据该法，父母具有照管和教育儿童的自然权利与义

---

〔1〕《德国民法典》（第 4 版），陈卫佐译注，法律出版社 2015 年版。

〔2〕 李燕：《论〈民法总则〉对未成年人国家监护制度规定的不足及立法完善》，载《河北法学》2018 年第 8 期，第 111—120 页。

〔3〕 孙云晓、张美英主编：《当代未成年人法律译丛》（德国卷），中国检察出版社 2005 年版，第 1—3 页。

务，与此同时，国家应确保为父母和其他教育权利人提供咨询和支持，为儿童及其家庭获得有益的生活条件和愉快的环境作出贡献。国家提供的支助和贡献包括救助委托照管的儿童、为儿童家庭教育提供资助、为儿童提供临时性保护措施等内容。[1]德国保护儿童权利的国家监护制度具有如下特征：其一，涉及儿童监护事务，德国提倡政府与儿童家庭之间的合作并构建了以家庭为中心，由政府发挥支持、服务、干预及监管功能的监护模式。其二，强调国家监护的补充性。德国法律明确规定只有在儿童的父母无遗嘱指定监护人的情况下，家庭法院才可介入并指定监护人。此外，只有在无适宜的个体监护人或社团监护人的情形下，青少年福利局才可被选任为监护人。其三，在明确政府部门职责的前提下，非政府组织也广泛参与儿童权益保障事务。其四，国家为儿童保护提供资金保障。其五，明确监护监督人制度，以协助父母和其他监护人履行监护职责，对监护人进行监督，并就监护、协助等事项向家庭法院提出建议及报告。[2]

此外，在机构设置方面，首先，德国在立法机构中设置致力于少年救助保护事务的少年救助委员会，对少年及其家庭面临的实际问题进行研究，并以此为基础提出意见及立法建议。其次，在行政机构方面，德国法律规定州一级须设置青少年福利局，协助少年救助委员会及其行政管理部门推动对少年和儿童的保护。[3]最后，作为司法机构的德国家庭法院在为儿童选任监护人以及进行监

---

〔1〕　孙云晓、张美英主编：《当代未成年人法律译丛》（德国卷），中国检察出版社2005年版，第11—84页。

〔2〕　陈翰丹、陈伯礼：《论未成年人国家监护制度中的政府主导责任》，载《社会科学研究》2014年第2期，第81—86页。

〔3〕　刘向宁、黄淘涛：《论未成年人保护机构的设置》，载《中国青年研究》2007年第10期，第32—35页。

护监督中发挥着重要作用。[1]德国建立了保护儿童的儿童代理人机制。根据德国《家庭诉讼法》第158条第1款，在涉及监护事务时，为保护儿童利益，应为儿童选任代理人，这有效推动了儿童表达意见权的实现。[2]

(二) 日本实践

日本于1946年通过的《日本国宪法》对保护儿童权利产生了根本性影响。在宪法精神的指引下，儿童获得了独立的权利主体地位。《日本国宪法》第24条通过明确家庭生活中的个人主义与民主主义，要求在家庭内尊重儿童的独立人格。此外，《日本国宪法》第25条明确公民享有生存权。以该生存权之规定为基础，日本于1947年制定了《儿童福利法》。[3]从整体来看，日本在儿童监护事务中的国家责任主要体现为两个层面的内容，即国家从外部对儿童的家庭监护给予适当协助，以及在出现虐待儿童等情形时，由国家公权力介入家庭监护事务为儿童提供兜底性保护。[4]

日本的儿童保护体系主要建立在1947年《儿童福利法》、2000年《儿童虐待防止法》以及1896年《日本民法典》等法律规范的基础上。在国家干预和介入儿童家庭监护事务方面，首先，日本《儿童福利法》赋予地方政府及儿童指导中心 (Child Guidance Centres) 采取行政措施满足儿童及其父母的需求的权力。自20世

---

〔1〕 林艳琴：《我国未成年人监护制度的理论与实践》，中国法制出版社2017年版，第125页。

〔2〕 Dieter Martiny, "The Changing Concept of 'Family' and Challenges for Family Law in Germany", in Jens M. Scherpe ed., *European Family Law Volume II: The Charging Concept of 'Family' and Challenges for Domestic Family Law*, Edward Elgar Publishing, 2016, p. 79.

〔3〕 孙云晓、张美英主编：《当代未成年人法律译丛》（日本卷），中国检察出版社2006年版，第1—2页。

〔4〕 Ayako Harada, "The Japanese Child Protection System: Developments in the Laws and the Issues Left Unsolved", *International Survey of Family Law* 2010, Vol. 2010, pp. 217–236.

纪 90 年代以来，该法通过修正案进一步扩大了政府在儿童保护事务中的权力和责任，规定了政府在维护和增进母婴健康、为母子生活提供支援设施等方面的重要职责。其次，日本《儿童虐待防止法》明确了国家和地方政府在防止儿童虐待和忽视中的责任，要求国家保护儿童免于侵害。值得注意的是，《儿童虐待防止法》第 2 条明确"儿童虐待"是指保护人，即亲权行使人、儿童监护人及其他正在监护儿童的人对自身所监护的儿童实施的侵害行为。以此为基础，该法案进一步明确了儿童虐待的早期发现、通告、调查、援助、对施虐者的指导、对会面或通信的限制、听取意见、对虐待儿童的支援以及对亲权行使的监督和剥夺等内容。[1]最后，作为规范私主体权利义务关系的基本法，《日本民法典》在其第一编"总则"与第四编"亲属"之第四章"亲权"以及第五章"监护"中规定了父母对未成年子女的亲权以及父母之外的其他人对未成年人的监护，明确了父母子女间的权利义务关系，并特别强调了保护儿童的相关内容。[2]其中，涉及父母损害儿童权益问题，《日本民法典》区分了人身照顾和财产管理两个层面。具体而言，人身照顾方面的规范主要关注虐待儿童和恶意遗弃儿童。《日本民法典》第 834 条规定，遭受虐待或遗弃的儿童本人、监护人、监护监督人以及检察官均有权向家庭法院提出申请停止父母亲权。而财产管理方面的规范则关注父母不能行使财产管理权或者行使不妥当对子女造成的损害。

为保护儿童权利，日本于 2003 年 7 月第 120 号法律通过《培育下一代支持对策促进法》，明确了国家和政府应为儿童的家庭提

---

〔1〕　孙云晓、张美英主编：《当代未成年人法律译丛》（日本卷），中国检察出版社 2006 年版，第 36—44 页。

〔2〕　《日本民法典》，王爱群译，法律出版社 2014 年版。

供支助，并采取措施完善确保儿童健康成长的相关外部环境。[1]
此外，在机构设置层面，根据日本《儿童福利法》，都道府县须设
置儿童福利审议会等合议机构以审议儿童福利相关事项。此外，
日本从中央到地方的各级政府均设立了职权明确的儿童救助与福
利行政机构[2]，包括儿童咨询所、儿童委员会、福利事业所及保
健所等。[3]此外，日本确立了较为完善的"公共利益代表人"制
度。在父母损害儿童权利案件中，检察官作为"公共利益代表人"
有权向法院申请终止父母权利，即，在出现应履行儿童监护职责
的人员缺位或相关人员怠于履行职责的情形时，检察官有权代表
国家行使公权力向法院提出终止监护人权利的诉讼。[4]在儿童父
母滥用亲权或有严重不轨行为时，家庭法院可根据儿童亲属或检
察官的请求，宣告其丧失亲权。[5]

总结而言，在日本的儿童监护体系中，国家同样扮演着儿童
"兜底"监护人的角色，一方面为儿童的家庭监护提供规范、指导
和帮助，另一方面为遭受权利侵害的儿童提供全面的救济和保护，
在必要时采取公权干预措施介入儿童家庭监护的私领域，限制或
剥夺儿童父母的监护权。

---

〔1〕 孙云晓、张美英主编：《当代未成年人法律译丛》（日本卷），中国检察出版社
2006 年版，第 25 页。

〔2〕 赵祯祺：《完善监护制度，呵护儿童健康成长》，载《中国人大》2018 年第
19 期，第 33—35 页。

〔3〕 刘向宁、黄淘涛：《论未成年人保护机构的设置》，载《中国青年研究》2007
年第 10 期，第 32—35 页。

〔4〕 王竹青：《论未成年人国家监护的立法构建——兼论民法典婚姻家庭编监护
部分的制度设计》，载《河北法学》2017 年第 5 期，第 106—116 页。

〔5〕 王竹青、魏小莉编著：《亲属法比较研究》，中国人民公安大学出版社 2004
年版，第 162 页。

第三节　基于域外实践的比较研究

儿童的健康成长对于国家的未来发展而言具有重要意义，保障儿童充分享有包括受监护权在内的各项基本人权日益成为各国的普遍共识。然而，在分析儿童国家监护的域外实践时，我们应充分考虑国别差异，立足我国与其他国家在价值观念及社会现实层面的不同，以此为基础，探究在域外实践中可供我国参考和借鉴的有益之举。整体而言，对儿童最大利益原则的强调、对儿童家庭监护的协助、对儿童家庭监护的适当干预以及对儿童权利的兜底保护既是相关外国履行儿童监护义务的具体体现，也是我国构建儿童国家监护法治体系应予以全面考量的重点内容。

一、国家对儿童最大利益原则的强调

儿童最大利益原则是保护儿童权利应遵循的核心原则。通过对儿童国家监护相关域外实践的比较研究，可以总结如下两个层面的经验：其一，欧洲在区域层面通过欧洲委员会及欧盟的实践，一方面，以公约、宣言、宪章等人权文件为基础，为欧洲各国的国内实践提供了统一标准和指导；另一方面，通过欧洲人权法院的相关司法案例为涉及儿童监护事务的基本法律原则及具体法律规范提供了进一步的阐释和实践参考。值得注意的是，欧洲各国均是《儿童权利公约》的缔约国，在此背景之下，欧洲的区域实践充分体现了对公约的尊重和适用，对儿童最大利益原则的强调始终贯穿其中。其二，涉及相关国家的具体实践，虽然不同国家保护儿童的具体法律制度有所不同，但表现出了一定的共同特征，即在多国保护儿童权利的国内实践中，儿童最大利益原则被确认为应该得到始终遵循的核心原则。这一特征不仅体现在包括英国、德国、日本等在内的《儿童权利公约》缔约国的相关立法中，也体现在了美国这一非缔约国的国内实践中。美国在家庭法及司法判决中逐步确立了维护儿童最大利益的基本原则。

将儿童的最大利益作为一种首要考虑是以《儿童权利公约》为核心的联合国人权文件所共同确立的人权准则，其以最大限度地保护儿童的基本人权为意旨，具有各个国家均应遵循的普适性价值。在前述分析总结中，欧洲区域及相关国家的实践均体现了对儿童最大利益原则的强调，这既有助于从比较法视角出发对我国语境下的"最有利于未成年人"原则进行充分肯定，也在一定程度上为立足我国现实，进一步诠释儿童最大利益原则的具体内涵提供了借鉴和参考。儿童最大利益原则要求国家在一切立法、行政执法及司法实践中始终将儿童的最大利益置于优先考虑地位，在涉及儿童监护主体、监护类型、监护职责、监护终止等具体事务中综合考虑各方面因素，将维护儿童的最大利益作为国家决策和行动的重要依据。

二、国家对儿童家庭监护的协助

国家积极采取措施为儿童的家庭监护提供支持和帮助，既是履行《儿童权利公约》规定的国家人权义务的具体体现，也是在当今复杂多变的社会环境中有效应对儿童权利保护面临的新问题和新挑战的必要方式。一方面，涉及欧洲区域的相关实践，以《欧洲人权公约》为核心的区域文件明确了欧洲各国对个人及家庭的保护义务，规定国家应为父母教育和照顾儿童提供必要的条件并为儿童父母充分行使监护权提供免费、及时的协助。另一方面，涉及相关各国的具体实践，为确保实现儿童的受监护权，英国通过育儿假、带薪休假及工作分担等多种方式支持儿童父母平衡工作和家庭的需求；美国以维护"家庭的完整"为目的，通过推动相关领域调查研究、开设家庭资助项目、提供社会服务等途径关注家庭的能力建设，并为遭遇严重困难将要面临解体的儿童家庭提供援助；德国强调国家在促进儿童福利事业中的积极作用，提倡政府与儿童家庭之间的合作，通过设立青少年福利局、救助委托照管的儿童、为儿童家庭教育提供资助等途径为儿童及其家庭提供支持和帮助；日本以《日本民法典》《儿童福利法》为依据，赋予地方政府采取行政措施满足儿童及其父母需求的权力，规定了政府在维护和增进母婴健康、为母子生活提供支援设施等方面的重要职责。

综上所述，无论是在欧洲区域统一标准指导下的儿童保护实践，还是各国以国内立法为依据的具体保护措施，均强调了国家对儿童家庭监护的协助。国家公权力具有能在最大限度内动员国内资源的独有优势，以国家强制力为依托能够有效协调各方力量形成为儿童的家庭监护提供支持和帮助的合力。我国应在充分考虑现有的儿童保护制度体系以及社会经济现实条件的基础上，借鉴前述有益的域外实践，进一步通过家庭经济资助、父母工资补贴、家庭社会服务等形式为儿童的家长履行监护职责提供协助，促进儿童家庭监护功能的充分实现，保障儿童在最天然的家庭环境中健康成长。

三、国家对儿童家庭监护的适当干预

儿童的监护事务既属于家庭生活的私领域，遵循家庭自治的基本原则，也要求国家发挥积极职能，在必要时以保护儿童权利为目的采取公权干预措施。通过对儿童国家监护相关域外实践的比较研究，可以总结得出：一方面，涉及欧洲区域实践，根据以《欧洲人权公约》为核心的人权文件，缔约国承担着保护儿童包括

生命权在内的基本人权的国家义务，与此同时也明确了必须始终将"儿童的最大利益"优先于任何其他考虑因素的基本准则，强调国家应在涉及儿童利益的监护权、居住权、探视权、照料程序以及父母责任的限制或剥夺等案件中行使公权力为儿童提供全面的保护，包括禁止家长在家庭中使用武力、胁迫或威胁等手段虐待儿童的行为。此外，以欧洲人权法院确立的判例法为依据，国家在符合程序条件及实质条件时应当行使公权力直接介入儿童家庭监护事务。另一方面，涉及儿童国家监护的相关各国实践，英国针对父母忽视、遗弃儿童或利用儿童乞讨等不良行为立法，赋予法庭接受来自"任何人"提起的关于儿童忽视、不适当对待和虐待的案件的权力，并规定了照护令、监督令、评估令以及紧急保护令等针对受侵害儿童的由国家公权力介入儿童监护事务的保护措施；美国也考虑到了父母遗弃、危害儿童权益的案件，强调父母的权利并不是绝对的，在涉及儿童的重大利益，尤其是虐待儿童案件时，法庭是最终的决定者；德国则以《德国民法典》为依据，强调在因儿童父母的过错、失职或因第三人的行为使儿童遭受身体上、精神上或财产上的损害，且儿童父母无意愿或无能力消除危害时，由家庭法院采取消除对儿童危害所必需的措施。此外，日本也规定了对亲权人以及监护人对儿童实施侵害行为的国家干预，并明确了对儿童虐待的早期发现、通告、调查等干预儿童家庭监护的相关程序。

国家在儿童家庭监护失能、不力或不利时采取措施干预和介入儿童家庭监护的私领域，充分体现了国家对儿童权利的全面保护。然而，值得注意的是，国家对家庭事务的干预和介入要符合比例原则。有学者指出："家庭法在很大程度上反映了社会和文化的发展，家庭规模结构的多样化和家庭价值观的多元化对家庭法的张弛应对提出了挑战，也为家庭法介入家庭关系的具体界限及标准提出了更高的要求。"〔1〕为此，我国应全面考量干预和介入儿童家庭监护的域外经验，以现有的国内实践为依据，在厘清国家公权力与家庭自治边界的基础上，探索干预儿童家庭监护事务的适当措施。

四、国家对儿童权利的兜底监护

国家作为儿童的"兜底"监护人，应该在儿童家庭监护缺位或失能时及时补位，为儿童提供其健康成长所必需的监护照料，实现国家对儿童的兜底监护。就相关域外实践而言，一方面，在欧洲区域标准的统一规范和指引下，国家承担着确保儿童在成长过程中能够充分享有受监护权的人权义务。为此，其一，国家应确保儿童与其父母保持接触和联系并尽可能地使脱离家庭的儿童重返家庭。其二，国家应建立健全实现儿童保护和确保儿童发展的替代照料形式，确保针对儿童的安置决策遵循儿童最大利益原则。其三，国家应在父母或其他监护人不能代表儿童或与儿童存在利益冲突，或儿童无人陪伴或与家人分离的情况下为受害儿童指定代表，在相关程序中维护儿童的合法权益。另一方面，涉及相关国家的具体实践，英国法律既强调保障儿童与父母之间尽可能良好的持续关系，又明确了国家应在儿童父母实施虐待或其他侵害行为时提供兜底监护措施；美国为儿童提供兜底监护的国家政策以确保儿童能够在安全稳定的家庭环境中健康成长为目的，在此基础上明确了在处理部分儿童虐待或疏于照顾案件时将儿童转移至收养家庭的安置措施；德国法强调将儿童与父母家庭分离作为最后措施，只有在以其他方式，包括通过公共机构的帮助仍

---

〔1〕 夏江皓：《家庭法介入家庭关系的界限及其对婚姻家庭编实施的启示》，载《中国法学》2022 年第 1 期，第 55—76 页。

不能消除危害的情况下才可以实施，与此同时明确了在对儿童进行安置时应考虑儿童及其家庭的宗教信仰；日本则设立了包括儿童咨询所、儿童委员会、福利事业所及保健所等在内的儿童救助与福利行政机构，专门从事儿童保护工作，推动实现国家对儿童权利的兜底监护。

国家采取措施为儿童提供兜底监护是解决我国在实践中面临的监护人缺位、不履行或不适当履行监护职责以及实施侵权行为严重危害儿童健康成长等现实困境的有效途径。前述相关域外实践在一定程度上为我国提供了参考，我国应立足实际情况，在设立包括国务院未成年人保护工作领导小组、国务院妇女儿童工作委员会以及民政部儿童福利司在内的保护儿童权利的专职机构的基础上，进一步探索完善专门针对儿童的临时照料设施及长期监护安置的可行路径，以符合儿童最大利益的方式实现国家对儿童的兜底监护。

小　结

儿童国家监护制度的确立是顺应时代发展的产物，国家应承担儿童监护责任的共识在欧洲区域层面以及相关各国的实践中均有所体现。本章以区域及具体国家两个层面为划分依据，从比较法的视角出发对以欧洲为例的区域实践以及相关国家的具体实践进行分析和论证。

首先，在欧洲区域层面，保护儿童受监护权的相关实践包括以欧洲委员会为组织核心的实践、以欧盟为组织核心的实践以及欧洲人权法院的案例三部分主要内容。其一，在欧洲委员会的主导下，国家依据以《儿童权利公约》为核心的国际人权标准及以

《欧洲人权公约》为核心的区域标准，对儿童的各项基本人权进行全面保护；其二，欧盟通过《欧盟基本权利宪章》以及《欧盟促进和保护儿童权利指导方针》等政策文件，确立了保护儿童权利的基本原则以及国家为儿童及其家庭提供保护和协助的具体职责；其三，国家以欧洲人权法院确立的判例法为依据，在符合程序条件及实质条件时行使公权力直接介入儿童的家庭监护事务。整体而言，欧洲的区域法律体系赋予儿童最大利益原则重要地位，以儿童最大利益为首要考虑的基本理念在欧洲委员会、欧盟、海牙国际私法会议、欧洲人权法院以及欧洲家庭法委员会层面成为共识。

其次，就相关国家实践而言，家庭政策始终是福利国家的重要标志性政策。伴随第二次世界大战后人权理念的深化演变，儿童逐渐成为各国家庭政策的核心。基于对以英国、美国为代表的英美法系国家，以及以德国和日本为代表的大陆法系国家的儿童监护制度的分析，可以发现在国际社会就保护儿童权利达成普遍共识的背景之下，不同国家的儿童监护制度虽有所不同，但体现出了一定的共同特征，即现代国家在儿童监护事务中的国家责任主要表现为两个方面：一方面，国家间接承担监护责任，即从外部参与监护关系，通过施行相关的法律政策为儿童规定、选任监护人，并指导监护行为使之符合法律规范和被监护儿童的利益。另一方面，国家直接承担监护责任，在儿童家庭监护缺位、监护不力或监护人严重侵犯儿童权利时，由国家公权力机关直接担任儿童的监护人，弥补家庭监护功能的不足。

最后，应注意的是，在分析儿童国家监护的域外实践时，我们应充分考虑国别差异，立足我国与其他国家在价值观念及社会现实层面的不同，并以此为基础探究相关域外实践中可供我国参考和借鉴的具体举措。

　　总结而言，国家对儿童最大利益原则进行强调、为儿童的家庭监护提供协助、对儿童的家庭监护进行适当干预并为儿童提供兜底监护是相关区域和国家儿童监护实践的共性趋势，也是我国构建儿童国家监护法治体系应予以全面考量的重点内容。

第四章

儿童国家监护的中国实践

　　探究儿童国家监护议题，在立足儿童国家监护基础理论，分析儿童国家监护国际标准和域外实践的基础上，应进一步回归中国视角，总结中国儿童国家监护相关实践取得的成就和现存的问题。一个国家对儿童权利的保障情况在一定程度上反映了其社会发展水平，可以通过儿童来观察社会的希望程度。[1]父母在家庭中承担抚养、教育、监管和保护儿童的社会职能，承担对儿童的监护职责。随着历史发展，儿童的父母监护从自然的生活逻辑逐步发展为社会化的法律逻辑，由规范、乡约民俗、契约关系转向法规条文、法制与法律关系。[2]中国的儿童监护事务经历了从传统

---

〔1〕　徐显明：《以新理念引领身体障碍人事业的发展》，载《残疾人研究》2012年第1期，第75页。

〔2〕　程丽：《儿童家庭监护制度的历史嬗变及价值取向》，载《理论与改革》2016年第2期，第158—162页。

归属于家庭私领域到国家公权力逐步干预和介入的重大变革。在中国传统的家庭观念中，父亲居于主导地位，孩子无权利主体地位而处于附属地位。家庭是绝对的私领域，国家公权力极少干预家庭监护事务。这保障了家庭的稳定，与此同时也导致儿童在遭受监护人侵害时得不到及时有效的保护。近年来，伴随父母或其他监护人侵害儿童权利案件的频发，国家采取积极措施介入儿童监护事务为儿童提供权利保护成为解决现实问题的必要方法。

在 2004 年 3 月 14 日通过的《宪法修正案》中，"国家尊重和保障人权"这一规定被正式纳入根本大法，这标志着人权理念在中国的进一步深化演变。人人不受歧视享有人权的根本法原则极大促进了国家公权力对包括儿童在内的在社会和家庭生活中处于弱势地位的群体的权利保护。此外，涉及儿童监护事务，来自社会层面的积极力量大力推动对家庭监护缺位、不力或不利的儿童的权利保护。一方面，包括妇联、共青团在内的社会组织积极介入监护人侵害儿童权利案件，为遭受忽视和虐待的儿童提供救济和保护；另一方面，诸多专家学者通过调查和研究，促进儿童国家监护相关立法和具体制度措施的不断健全和完善。在多方因素的共同推动下，儿童国家监护的相关规定得以在国家立法中逐步确立下来。国家主义的儿童监护成为儿童监护立法改革的方向。[1]为实现儿童的最大利益，国家开始对监护承担补充连带责任。《民法典》设"父母子女关系和其他近亲属关系"专节，明确并进一步强调了国家在儿童监护事务中应承担的兜底监护责任。此外，2020 年10 月 17 日修订的《未成年人保护法》明确规定"最有利于未成年人"的基本法律原则，要求国家为儿童的父母及其他监护人履行

---

〔1〕 参见曹诗权：《未成年人监护制度研究》，中国政法大学出版社 2004 年版，第 240 页。

监护职责提供指导和协助，并在家庭监护缺位、监护不力或不利时采取公权干预措施保障儿童充分享有受监护权。儿童监护的国家责任具有补充性和连带性。[1]为探究儿童国家监护的中国实践，本章将首先分析中国儿童监护制度的源流，明确儿童国家监护的现代发展，并在此基础上，归纳总结中国已有实践取得的成就与现存的问题。

第一节　中国儿童监护制度的源流

亲缘伦理是中华民族悠久文明的突出特点，个体因亲缘关系而在家庭中具有天然的长幼辈分之序。[2]长久以来，家长——通常是父亲——在家庭中居于主导地位，而孩子居于附属地位。在这样的传统家庭伦理影响下，家长对子女享有绝对的权力，国家公权力鲜少介入家庭监护事务。探究中国古代以血缘为纽带的宗法家族伦理观念，能够在一定程度上解释传统观念在现代中国儿童监护法律和制度中延续的合理性。

一、中国古代以血缘为纽带的传统家庭伦理观念

中国古代虽无形式意义上的儿童监护制度，但在实质意义上形成了规范儿童监护事务的家庭道德伦理。[3]以宗法家族为本位的伦理法是构成中国传统法律文化的基本要素。作为家族本位伦

---

〔1〕　参见熊金才、冯源：《论国家监护的补充连带责任——以亲权与监护的二元分立为视角》，载《中华女子学院学报》2014年第4期，第5—13页。

〔2〕　参见谭琳、姜秀花主编：《家庭和谐、社会进步与性别平等》，社会科学文献出版社2015年版，第110页。

〔3〕　参见董思远：《未成年人监护制度研究》，中国人民公安大学出版社2019年版，第77页。

理法形成的经济基础，中国长期以来占统治地位的经济结构是以农耕为中心的自然经济，这极大影响着古代中国的政治格局和社会制度。这种以积蓄农产品为终极目的的生产方式是内向的、封闭的，为了维持人口与土地的平衡，其要求把劳动人口固定在土地上，限制劳动人口外流和社会人口流入。[1]自然经济的闭塞性和保守性使家长制家庭得以长存，并逐步发展成为稳固的社会共同体。在走向阶级社会的过程中，原始的氏族血缘纽带为新兴的统治阶级所利用，成为古代中国的基本组织原则。如张晋藩先生指出，在古代中国，无论是国家的政治结构，还是国家的行动，均遵循血缘与政治的双重准则。[2]

在宗法家族伦理中，家长是统治的首脑，一切权力都集于他手，家长的权力是绝对的、永久的、不可撼动的。[3]由家长、族长主导的家内相互关系发展成为以权利和义务为基本内涵的法律关系，法律赋予家长对子女的惩戒权、婚姻决定权以及财产支配权。[4]如"天无二日，国无二君，家无二尊"[5]，"君君臣臣，父父子子"[6]，均强调了家父的绝对权力。此外，《吕氏春秋》云："家无怒笞，则竖子、婴儿之有过也立见。"[7]《颜氏家训》

---

〔1〕 参见武树臣：《中国传统法律文化》，北京大学出版社 1994 年版，第 723—724 页。

〔2〕 参见张晋藩：《中国传统法律文化十二讲》，高等教育出版社 2018 年版，第 19—20 页。

〔3〕 参见瞿同祖：《中国法律与中国社会》，中华书局 2007 年版，第 6 页。

〔4〕 参见张晋藩：《中国传统法律文化十二讲》，高等教育出版社 2018 年版，第 21 页。

〔5〕 参见《孔子家语·本命解》，载王盛元译注：《孔子家语译注》，上海三联书店 2018 年版，第 262 页。

〔6〕 参见王雪梅：《儿童权利保护的"最大利益原则"研究（下）》，载《环球法律评论》2003 年第 1 期，第 114 页。

〔7〕 参见《吕氏春秋·荡兵》，载陆玖译注：《吕氏春秋》（上），中华书局 2011 年版，第 197 页。

亦云："笞怒废于家,则竖子之过立见。"[1]均意在警示众人,若家中无训斥与责打,童仆、小儿的过错就会滋生。在中国古代社会中,家长对子女进行约束和惩戒是被广泛认可并在一定程度上得到推崇的。

中国宗法家族伦理观念对儿童监护制度的历史发展产生了深远的影响。在家庭伦理规范的约束下,子女对父母、妻子对丈夫表现出绝对服从。[2]长久以来,儿童监护处于以家长权为核心的家庭治理体系之中,没有独立的社会价值,体现出儿童事务家长专属、监护形式局限于家庭内部、家庭高度自治、国家职责缺位以及以家长利益而非儿童利益为指向的特点。[3]这一中国传统家庭治理结构无论在社会伦理层面还是在法律和具体制度中,均赋予家庭监护绝对权力,从而在根本上限制了国家公权力对儿童监护的干预和介入。以排除国家公权力干预为主要特征的儿童监护制度一直延续到了清朝末年,在此之后,儿童监护规范开始向近代监护法的方向发展。

二、中国近代儿童监护制度的发展演变

近代中国的儿童监护制度既可见于《大清民律草案》及《民国民律草案》,也体现在了南京国民党政府时期颁布的《中华民国民法》之中。儿童监护制度在《中华民国民法》中首次得到落实。

(一)两部民律草案中儿童监护立法的发端

中国历史上的两部民律草案,即《大清民律草案》和《民国

---

[1] 参见《颜氏家训·治家第五》,载庄辉明、章义和撰:《颜氏家训译注》,上海古籍出版社 2006 年版,第 33 页。

[2] 曹贤信:《亲属法的伦理性及其限度研究》,群众出版社 2012 年版,第 77 页。

[3] 参见曹诗权:《未成年人监护制度研究》,中国政法大学出版社 2004 年版,第 261 页。

民律草案》，均是在中国处于半殖民地半封建社会时期颁布的，因此带有浓厚的历史色彩。与现代法律相比，《大清民律草案》与《民国民律草案》显然是落后和不完善的。但是，这两部草案脱胎于中国封建社会时期，并在当时的社会背景下实现了立法的变革，在法律史上亦具有不容忽视的积极意义。两部草案均区分亲权与监护，规定了父母或其他监护人对儿童进行抚养、教育、代管财产以及施以惩戒的权利，在一定程度上完善了中国近代法律中的亲属制度。

1.《大清民律草案》

中国古代传统民法与欧洲国家民法的形式和内容有所不同，中国古代民法是实质意义上的民法。1840 年鸦片战争后，中国的社会性质以及中国的基本国情发生了巨大变化，来自西方国家的法律文化开始得到一些开明人士的认同。清朝末年，清政府迫于压力进行立法改革，以德国、日本等国的民法典为参考制定《大清民律草案》。《大清民律草案》初稿于 1910 年 12 月形成，于 1911 年 10 月 26 日正式编纂完成。其虽因清廷瓦解而未正式实施，但在一定程度上推动了形式意义上中国儿童监护制度的确立与发展。《大清民律草案》在中国民法史上第一次突破了中华法系民法的传统，采用西方国家编纂民法典的基本理念及方法。[1]有学者指出，"民国初建，法典未备，大清律例，与国体不相抵触者，暂予援用……直至民法施行后，始归废止云"[2]。《大清民律草案》的制定在中国儿童监护的历史上具有重要意义，为后来儿童监护制度的确立和发展提供了立法参考。

《大清民律草案》首次使用"监护"一词，并对亲权与监护作

---

[1] 参见杨立新主编：《中国百年民法典汇编》，中国法制出版社 2011 年版，第 8 页。
[2] 梅仲协：《民法要义》，中国政法大学出版社 1998 年版，第 16 页。

出了区分。其共 5 编，1569 条规定。其中，第 4 编对"亲属关系的种类及范围、家庭制度、婚姻制度、未成年人和成年人的监护、亲属间的抚养"等作出了规定，体现了家族本位的立法特色，强调了家长在家庭中的重要作用。如草案第 1324 条规定"家长，以一家中之最长者为之"，第 1327 条规定"家政统于家长"。涉及儿童在家庭中的地位，与《大清律例》相同，《大清民律草案》重申嫡庶之别，规定妻所生之子为嫡子，非妻所生之子为庶子，且肯定了立嗣的合法性。涉及儿童的亲权与监护问题，草案规定，行使亲权的儿童父母应护养并教育子女、为子女指定居所、管理子女财产，并享有在必要时对子女施以惩戒的权利。此外，《大清民律草案》明确规定监护人应承担抚养和教育的法定职责，可以为未成年人指定住所，亦可在必要范围内惩戒未成年人。值得注意的是，草案第 1374 条明确规定父母在必要时可亲自惩戒子女，或呈请审判衙门将子女送入惩戒所接受惩戒。[1]此条规定与大清律例一致，肯定了儿童父母对子女的惩戒权，体现了宗法家长制的传统观念。

中国古代民事法律的核心在于封建礼教思想，强调父母子女间权利地位并不对等的家族宗法观念，而《大清民律草案》虽仍保留一定的封建传统，延续了许多父子、夫妻、男女间的不平等关系，但就指导理念而言，其强调"注重世界最普遍之法则，原本后出最精确之法理，求最适于中国民法之法则，期于改进上最有利益之法则"[2]，在一定程度上反映了在中国制定体现平等、自由、公正、正义的民法的决心。晚清民律的制定使人们在法观

---

〔1〕 参见《大清民律草案》第四编第四章"亲子"及第五章"监护"，第 1370 条至第 1431 条，载杨立新主编：《中国百年民法典汇编》，中国法制出版社 2011 年版，第 197—203 页。

〔2〕 参见张晋藩：《清代民法综论》，中国政法大学出版社 1998 年版，第 251—252 页。

念上受到了启蒙，在一定程度上变革了封建专制统治下重公权而轻私权的传统观念，推动了对私权的保障并为后来的相关法律制度奠定了重要基础。

2.《民国民律草案》

中国在民国初期并未制定民法，当时由司法部颁行的《中华民国暂行民律草案》与《大清民律草案》类同，二者的基本体例与条文并无区别。1914年，北洋政府开始组织修订民律草案，并于1926年完成了《民国民律草案》的全部编纂工作。

《民国民律草案》共5编，1320条。其中，第4编第4章规定亲子，第5章规定监护的相关内容。涉及亲子关系，《民国民律草案》明确规定"亲权之效力"与"亲权之丧失"两节内容，既肯定了父母护养和教育子女、为子女指定居所以及惩戒子女的权利，亦规定了父母"滥用亲权，或品行不检确有滥用亲权之虞者"，法院可基于亲属或检察官的请求宣示父母丧失亲权。这一规定在一定程度上体现了在保护儿童权利方面的观念进步和法律制度的变革。此外，涉及儿童监护，《民国民律草案》规定在儿童没有亲权人以及亲权人不能履行亲权职责时，国家应为其选任监护人。在此情形下，监护人能够行使亲权人的权利，应履行亲权人所负的义务。[1]

就总则和亲属编而言，《民国民律草案》与《大清民律草案》相比体现出了如下不同：其一，《民国民律草案》在总则部分"削弱个人主义，弱化私权观念"；其二，《民国民律草案》改变了《大清民律草案》在亲属编中已有的进步规定，更多沿袭了封建礼教的内容，扩大了家长权，在对亲属的相关规定方面表现出了一

---

〔1〕 参见《民国民律草案》第四编第四章"亲子"及第五章"监护"，第1162条至第1263条，载杨立新主编：《中国百年民法典汇编》，中国法制出版社2011年版，第346—356页。

定程度的倒退。[1]但是，就《民国民律草案》中对儿童父母滥用亲权时"丧失亲权"的特别规定而言，其在一定程度上体现了优先保护儿童权利的先进思想，为现代中国儿童监护制度中的"撤销监护人资格"等提供了较为良好的制度基础。

（二）《中华民国民法》中儿童监护制度的确立和发展

南京国民党政府成立后，在法律制度层面既沿用北洋政府时期的已有法律法规，与此同时又建立法制局，拟定新的法律并对已有立法进行修订完善。1928年12月，南京国民党政府立法院成立。次年1月29日，立法院设立民法起草委员会，开始民法的起草工作。[2]历时三年，民法五编相继完成立法程序。其以大陆法系的德国、瑞士、法国、日本等国的民法典为参考并借鉴南京临时政府、北洋政府时期的立法经验，形成了较为完整的民法典体系和内容。[3]自此南京国民党政府时期的六法体系形成，体现了近代中国在移植西方法律文化与将法律资源本土化方面取得进展，标志着具有近代特征的法律制度在中国确立并成长。

作为中国历史上第一部颁布实施的民法典，《中华民国民法》中形式意义上的未成年人监护制度首次得到落实。《中华民国民法》共5编，1225条。其中，第4编"亲属"亦采取区分亲权与监护的立法模式，在第3章中规定父母子女关系，第4章中规定监护。值得注意的是，《中华民国民法》废除了中国延续数千年的"嫡子""庶子""嗣子"以及"私生子"的称谓，转而从整体上规定父母子女及监护事宜。涉及父母子女关系，《中华民国民法》

---

〔1〕　杨立新主编：《中国百年民法典汇编》，中国法制出版社2011年版，第10页。

〔2〕　胡长清：《中国民法总论》，中国政法大学出版社1997年版，第17—18页。

〔3〕　参见杨立新主编：《中国百年民法典汇编》，中国法制出版社2011年版，第17—18页。

明确了父母对未成年子女负有保护及教养的权利义务，并"得于必要范围内惩戒其子女"。涉及儿童监护问题，《中华民国民法》规定在未成年人无父母或父母不能行使亲权时由政府为其设置监护。[1]

《中华民国民法》是回应社会新兴民事关系及民事生活的调整需求，反映帝国主义压迫中国进行民事立法的客观要求，并以《大清民律草案》及《民国民律草案》之法律文本为基础的现代化民法典。其继承了沈家本修律以来所确定的基本指导方针，采世界之普遍法则为立法原则，适用符合现代思潮的立法形式和体例，在注重我国国情的基础上改革了固有的封建恶习，具有重要的进步意义和历史价值。《中华民国民法》确立了平等的亲属制度，废除了中国传统制度中对儿童的嫡子、庶子、嗣子、私生子之地位划分，采用罗马法的亲等计算法，推动了中国民事法律对儿童在家庭中享有权利的平等保护。[2]

第二节　儿童国家监护的现代发展

以血缘关系为自然驱动的家庭监护具有高度的主动性和自愿性，同时兼具私人自治的属性。现代法律的许多规则并不适用于家庭纠纷的处置，国家法律对家庭事务亦持回避态度。法律的这一态度使家庭成为一个自由的自治领域。但是，近代立宪主义的兴起使个人得以摆脱家庭的束缚，个人的权利主体地位得到了进

---

〔1〕 参见《中华民国民法》第四编第三章"父母子女"及第四章"监护"，第1059条至第1109条，载杨立新主编：《中国百年民法典汇编》，中国法制出版社2011年版，第503—508页。

〔2〕 杨立新主编：《中国百年民法典汇编》，中国法制出版社2011年版，第21页。

一步尊重和肯定。法律赋予家庭基于保障家庭成员自由发展的目的而抵御国家干涉的权利，同时也规定国家应对与家庭监护相关的事务进行监督，防止在家庭中处于相对弱势地位的被监护人的权利受到侵害。国家须在尊重家庭私生活自主的同时，对家庭生活中那些关乎家庭成员的具体法益有所为、有所不为。儿童监护的目的在于保障儿童的合法权益，国家应为家庭以及家庭生活中的弱者，例如儿童提供特别保护。这是国家介入家庭监护事务的根本动因。[1]家庭的自治是相对的，这一属性决定了家庭中的成员有权获得国家的公权保护。[2]中国儿童国家监护的已有实践既体现在规定儿童国家监护相关内容的立法及政策文件中，亦体现在保护儿童权利的具体措施中。总结中国履行儿童监护国家义务的经验和成就并客观分析已有实践中反馈出的现实问题，能够为构建以人权保障为核心的、符合中国实际的、成体系的儿童国家监护法治体系提供现实依据。

一、儿童国家监护相关立法的规范

在尊重和保障人权理念的指导下，儿童监护的国家责任在中国既得到了宪法和民事基本法层面的肯认，也必须遵循儿童保护专门立法及相关规范性文件的具体规范和要求。

（一）宪法对国家保护儿童责任的肯认

在各国宪法中，除国家权力配置和公民权利确认此两类传统宪法调整领域外，何种国家秩序应被确认为宪法上的应然秩序，取决于制宪者对社会规律的认识以及现实条件的变化。在我国《宪法》中，政治秩序、经济秩序、民族秩序、家庭秩序、文化秩

---

〔1〕　王琼雯：《家庭权初论》，吉林大学出版社 2020 年版，第7—8 页。

〔2〕　参见周安平：《性别与法律——性别平等的法律进路》，法律出版社 2007 年版，第 164 页。

序以及环境秩序都可见原则性和概括性规定。家庭是社会的基本单元，是培养人伦、延续传统、照料生活的核心场域，家庭的特质决定了国家和社会的特质。我国《宪法》第 33 条第 3 款规定："国家尊重和保障人权。"将国家对人权的保护提升到了根本大法的层面。第 49 条规定了婚姻、家庭、母亲和儿童受国家的保护；父母有抚养教育未成年子女的义务等内容，将涉及家庭的相关内容写入宪法文本，为家庭生活领域提供来自根本法规范的整体保护。宪法对家庭的规范体现在多个方面，其对家庭关系的介入势必会影响《民法典》婚姻家庭编以及其他相关立法的具体内容。[1]然而，作为社会生活高度浓缩体的宪法与丰富多样的社会生活间难以达到完全一致。[2]为此，成文宪法虽都是规定了严格修改程序的刚性宪法，但其稳定性并非完全绝对的。随着社会生活的变化，对宪法条款的理解也会不断丰富和发展。[3]立足宪法文本，儿童监护是儿童父母、国家和社会的共同责任，而涉及在国家层面对儿童及其家庭权利的保护，应理解为既包括提供外部支持和帮助、进行监督和干预，亦包括剥夺儿童父母监护权而由国家公权力机关直接担任儿童监护人的最后措施。

具体而言，我国《宪法》第 49 条第 1 款规定，"婚姻、家庭、母亲和儿童受国家的保护"，第 3 款规定，"父母有抚养教育未成年子女的义务……"明确国家对母亲和儿童的保护，并要求父母履行儿童监护职责，既在根本法层面体现了国家人权义务的履行，亦体现了国家对儿童这一特定群体权利的特别保护。儿童是国家

---

〔1〕 任喜荣：《民法典对宪法秩序建构的回应及其反思》，载《当代法学》2021年第 3 期，第 33—42 页。

〔2〕 徐秀义、韩大元主编：《现代宪法学基本原理》，中国人民公安大学出版社2001 年版，第 157 页。

〔3〕 参见刘建辉、周世中：《论改革与宪法的冲突及协调》，载《广西社会科学》2016 年第 3 期，第 134—138 页。

的未来和民族的希望，在童年时期确保受监护权等各项基本权利的充分实现对儿童的成长和未来发展至关重要。与成年人相比，儿童的特殊性表现为其所具有的依赖性、成长性和理性不足，这在一定程度上导致了早期儿童权利主体地位的缺失。为弥补儿童在能力及成熟度方面的不足，为其提供特殊、优先的权利保护具有必要性和重要意义。一般而言，父母是儿童天然的"保护人"，国家公权力对儿童家庭监护的干预和介入应始终秉持审慎的态度。基于此，《宪法》首先规定了国家对家庭的保护，并在立法层面明确了儿童父母的监护职责。然而，由于各种原因，在儿童父母无法履行监护职责或履行监护职责不当使儿童权利难以有效实现时，儿童就成为需要国家公权力提供特别保护的"弱势儿童"。[1]在宪法的肯认之下，儿童享有的生存与发展权、健康与保健服务权、受教育权、适当生活水准权、残疾儿童的特别照顾权等权利均应得到国家的特别保护。国家行使公权力为儿童权利提供特别保护应以满足儿童生存和发展需求，分散儿童成长中的经济、健康、安全风险，确保儿童在幸福、快乐、自由、和谐的环境中成长为主要内容。[2]

（二）《民法典》对儿童国家监护的强调和指引

《民法典》是 21 世纪具有中国特色的民事法典，其确认了宪法的法律位阶秩序、巩固了宪法确立的国家基本制度，并积极回应宪法在核心价值层面上的共识。《民法典》对国家的儿童监护职责进行了明确并为其履行提供了指引。

第十三届全国人民代表大会第三次会议于 2020 年 5 月 28 日表

---

[1]　管华：《论儿童宪法权利的制度保障》，载《江苏行政学院学报》2012 年第 5 期，第 131—136 页。

[2]　参见吴鹏飞：《儿童福利权体系构成及内容初探——以宪法人权理论为视角》，载《政治与法律》2015 年第 2 期，第 62—71 页。

决通过《民法典》，将加强国家对婚姻家庭的保护作为重要立法理念之一。《民法典》婚姻家庭编第 1041 条第 1 款明确指出"婚姻家庭受国家保护"，这既是对《宪法》规定的国家保护婚姻家庭责任的回应与重申，亦体现了《民法典》本身的价值追求。作为社会生活的百科全书，《民法典》是新中国成立以来首部以"典"命名的法律，是改革开放 40 多年民事立法的集大成者。《民法典》是最为重要的民事法律规则，具有基础性、典范性的特点。其以"关心人、培养人、发展人、使人之为人"作为立法的基本使命，秉持人本主义精神并反映人的全面发展，保护人的个性与人格尊严，全面保障个人权利的充分实现。[1]《民法典》将对人的保护作为基础价值，体现了现代社会以人为本的要求。其在某种意义上告别了传统的私法法典的编纂模式，实现"回到民法"，回到统一的"人"的概念，尊重"人之为人"的伦理观念，关注处于具体情境中的个体的利益保护。[2]《民法典》的制定以法典化的理念为基础，将涉及民众生活的私法关系在一定原则之下作出通盘完整的规范。[3]在此基础上，《民法典》充分体现了对实质正义和实质平等的追求，强调了对弱势群体的保护和关爱。

　　儿童是国家的未来和社会主义建设事业的生力军，延续儿童权益保护制度体现了《民法典》所追求的维护社会和谐稳定的立法价值。维护儿童的人身权益和财产权益，既是体现亲子伦理、家庭伦理的必然要求，也是关乎收养伦理、代际伦理的重要内容。《民法典》婚姻家庭编既延续了亲子、祖孙、兄弟姐妹间的抚养、

---

　　〔1〕 王利明：《彰显时代性：中国民法典的鲜明特色》，载《东方法学》2020 年第 4 期，第 5—17 页。

　　〔2〕 薛军：《人的保护：中国民法典编撰的价值基础》，载《中国社会科学》2006 年第 4 期，第 117—128 页。

　　〔3〕 王泽鉴：《民法总则》，北京大学出版社 2009 年版，第 24 页。

教育及保护制度，亦从维护儿童权益的角度出发延续了收养权益保护。[1]《民法典》保护儿童权益的理念既体现在立法价值当中，亦指引着其内部体系的逻辑化与完整统一。我国自 1980 年《婚姻法》以来，父母子女关系一直包含在家庭关系之中，在体例上未单独列明。《民法典》婚姻家庭编之"家庭关系"章设"父母子女关系和其他近亲属关系"专节，将家庭关系中父母子女间的权利义务关系与夫妻间的权利义务关系区别开来，既体现了亲子关系在家庭关系中的独立性，也体现了《民法典》在立法理念上对亲子关系的特别关注，强调了父母对儿童健康成长应承担的法定职责。[2]

儿童监护以对儿童的照顾、教育、监督和保护为主要内容，关乎儿童的生存、受保护和发展等权利的充分实现。《民法典》在民事基本法层面明确了儿童监护事务相关的重要内容。其一，我国儿童监护制度历经从以父母权利为主导到以儿童权利为主导的转变，逐步在立法中确立了最有利于未成年人原则。作为儿童最大利益原则在中国语境下的表达，最有利于未成年人原则在《民法典》中有明确体现。涉及儿童监护责任的履行，《民法典》第35 条强调监护人应根据"最有利于被监护人的原则"积极履行监护职责，为被监护人的合法权益提供必要保障。[3]此外，《民法典》在确定履行儿童监护职责的法定顺序、赋予所有子女平等的法律地位、亲子关系的确认和否认、离婚时的子女抚养以及儿童收养等方面，均要求遵循儿童最大利益原则，保护儿童的合法

---

〔1〕 参见王歌雅：《民法典婚姻家庭编的价值阐释与制度修为》，载《东方法学》2020 年第 4 期，第 170—183 页。

〔2〕 夏吟兰：《婚姻家庭编的创新和发展》，载《中国法学》2020 年第 4 期，第 66—87 页。

〔3〕 郭开元：《论〈民法典〉与最有利于未成年人原则》，载《中国青年社会科学》2021 年第 1 期，第 118—125 页。

权益。[1]其二,《民法典》强调在监护事务中对儿童意愿的尊重,规定监护人应当充分考虑被监护人的年龄和智力状况,尊重其在关涉自身利益的事务中发表意见的权利。其三,《民法典》强调了国家应对儿童监护事务承担兜底责任。《民法典》第 32 条规定了由民政部门,具备履行监护职责条件的被监护人住所地的居民委员会、村民委员会担任监护人的兜底监护职责,回应了 2017 年《民法总则》确立的"以家庭监护为基础,社会监护为补充,国家监护为兜底"的儿童监护制度体系[2],奠定了儿童国家监护的民事法律的基本格局。其四,《民法典》明确了在包括儿童在内的在家庭中处于相对弱势地位的人的合法权益遭到严重侵害时,国家公权力对家庭事务的干预和介入。特别针对家庭暴力问题,《民法典》婚姻家庭编将"禁止家庭暴力"作为基本原则,体现了对施暴者的制裁以及对女性、儿童、老年人、残疾人等在人格、身份、地位等方面处于不平等地位的群体的权利保障和救济。

值得注意的是,保护民事主体的婚姻家庭权益在适用《民法典》统一规范的基础上,还应根据不同的主体及其特别的权益保护路径,不同的程序、方法及措施适用相关的社会法规范,以实现对特定群体合法权益的保障。如涉及儿童权益保护问题,除《民法典》外,还应适用《未成年人保护法》的有关规定。[3]

(三) 儿童保护专门立法的要求

为实现对儿童权利的全面保护,中国先后颁布了一系列儿童

---

〔1〕 陈苇、贺海燕:《论中国民法典婚姻家庭编的立法理念与制度新规》,载《河北法学》2021 年第 1 期,第 15—39 页。

〔2〕 李建国:《关于〈中华人民共和国民法总则(草案)〉的说明(2017 年 3 月 8 日第十二届全国人民代表大会第五次会议)》,载《民法总则立法背景与观点全集》编写组编:《民法总则立法背景与观点全集》,法律出版社 2017 年版,第 8 页。

〔3〕 王歌雅:《民法典婚姻家庭编的价值阐释与制度修为》,载《东方法学》2020 年第 4 期,第 170—183 页。

保护专门立法。中国儿童监护制度的实践体现在《未成年人保护法》对国家监护责任的细化、《预防未成年人犯罪法》对国家监护责任的补充以及《义务教育法》对国家保障儿童受教育权的相关规定上。

1. 《未成年人保护法》[1]对国家监护责任的细化

《未成年人保护法》制定于 1991 年,在 2006 年、2012 年曾对部分条文进行修改。伴随儿童权利保护方面出现的新情况,原《未成年人保护法》中较多的宣示性、倡导性条款体现出可操作性不强的现实问题。为解决这些问题,全国人大常委会 2018 年立法工作计划将修订《未成年人保护法》列入预备审议项目。经三次审议并广泛征求社会意见,第十三届全国人民代表大会常务委员会第二十二次会议于 2020 年 10 月 17 日表决通过了修订后的《未成年人保护法》。[2]

修订后的《未成年人保护法》共 132 个条文,在总则中强调了保护未成年人权利的国家责任,将最有利于未成年人原则确立为基本原则,作为其整体规范结构、新增法律制度以及现有制度更新的精神线索和最高意志。[3]在篇章体例方面,新修订的《未成年人保护法》增设"政府保护"专章内容,规定各级政府推动实现儿童受监护权的法定职责。此外,《未成年人保护法》强调了国家机关及其工作人员在发现儿童遭受侵害时的强制报告义务,并进一步明确了有关部门在办理涉儿童案件时建立专门机制的重要意义,强化了国家对儿童的特殊保护。

---

[1] 《未成年人保护法》已于 2024 年 4 月 26 日第十四届全国人民代表大会第九次会议第二次修正,本章仅针对 2020 年《未成年人保护法》进行论述。

[2] 宋英辉、刘铃悦:《〈未成年人保护法〉修订的基本思路和重点内容》,载《中国青年社会科学》2020 年第 6 期,第 109—119 页。

[3] 高维俭:《〈未成年人保护法(2020 修正案)〉评述》,载《内蒙古社会科学》2021 年第 2 期,第 88—96 页。

　　具体而言，第一，《未成年人保护法》明确了儿童家庭监护的首要责任。首先，突出父母接受教育指导的重要性。根据《未成年人保护法》第 15 条，儿童父母或其他监护人应学习并接受教育指导，创造良好的家庭环境；其他家庭成员应协助儿童父母或其他监护人履行监护职责。[1]其次，强化了监护职责，明确了儿童父母或其他监护人履行监护职责的具体内容以及不得实施的特定行为。一方面，关于儿童父母或其他监护人的职责和义务，根据第 16 条，儿童父母应为儿童提供引导和教育，保障儿童的人身和财产安全。[2]在此基础上，《未成年人保护法》进一步强调了儿童父母或其他监护人为儿童提供安全家庭生活环境、听取儿童意见、为遭受侵害的儿童提供保护以及避免儿童单独生活等方面的职责和义务。另一方面，关于儿童父母或其他监护人不得实施的行为，《未成年人保护法》第 17 条规定了儿童父母或其他监护人不得实施的"忽视放任"及"直接侵害"两个层面的十一项特定行为。[3]最

---

　　[1]　参见《未成年人保护法》第 15 条："未成年人的父母或者其他监护人应当学习家庭教育知识，接受家庭教育指导，创造良好、和睦、文明的家庭环境。共同生活的其他成年家庭成员应当协助未成年人的父母或者其他监护人抚养、教育和保护未成年人。"

　　[2]　参见《未成年人保护法》第 16 条："未成年人的父母或者其他监护人应当履行下列监护职责：（一）为未成年人提供生活、健康、安全等方面的保障；（二）关注未成年人的生理、心理状况和情感需求；（三）教育和引导未成年人遵纪守法、勤俭节约，养成良好的思想品德和行为习惯；（四）对未成年人进行安全教育，提高未成年人的自我保护意识和能力；（五）尊重未成年人受教育的权利，保障适龄未成年人依法接受并完成义务教育；（六）保障未成年人休息、娱乐和体育锻炼的时间，引导未成年人进行有益身心健康的活动；（七）妥善管理和保护未成年人的财产；（八）依法代理未成年人实施民事法律行为；（九）预防和制止未成年人的不良行为和违法犯罪行为，并进行合理管教；（十）其他应当履行的监护职责。"

　　[3]　参见《未成年人保护法》第 17 条："未成年人的父母或者其他监护人不得实施下列行为：（一）虐待、遗弃、非法送养未成年人或者对未成年人实施家庭暴力；（二）放任、教唆或者利用未成年人实施违法犯罪行为；（三）放任、唆使未成年人参与邪教、迷信活动或者接受恐怖主义、分裂主义、极端主义等侵害；（四）放任、唆使

后，完善了委托照护制度，《未成年人保护法》第 22 条规定了儿童父母或其他监护人因外出务工等原因而委托他人照顾儿童的考虑因素及不得作为被委托人的具体情形。[1]

第二，《未成年人保护法》强调了国家对儿童家庭监护的支持、帮助，以及在儿童家庭监护缺位时由民政部门担任儿童监护人的兜底监护措施。一方面，国家支持和帮助儿童的家庭监护。根据《未成年人保护法》第 7 条，儿童父母承担监护儿童的职责，而国家应"采取措施指导、支持、帮助和监督未成年人的父母或者其他监护人履行监护职责"。另一方面，国家在儿童家庭监护缺位时为儿童提供兜底性保护。其中，《未成年人保护法》第 92 条规定了由民政部门承担儿童临时监护职责的法定情形，第 94 条规定了由民政部门承担儿童长期监护职责的法定情形。

第三，《未成年人保护法》规定了在特定情形下国家行使公权力对儿童父母监护权的限制和剥夺。根据《未成年人保护法》第

（接上页）未成年人吸烟（含电子烟，下同）、饮酒、赌博、流浪乞讨或者欺凌他人；（五）放任或者迫使应当接受义务教育的未成年人失学、辍学；（六）放任未成年人沉迷网络，接触危害或可能影响其身心健康的图书、报刊、电影、广播电视节目、音像制品、电子出版物和网络信息等；（七）放任未成年人进入营业性娱乐场所、酒吧、互联网上网服务营业场所等不适宜未成年人活动的场所；（八）允许或者迫使未成年人从事国家规定以外的劳动；（九）允许、迫使未成年人结婚或为未成年人订立婚约；（十）违法处分、侵吞未成年人的财产或者利用未成年人牟取不正当利益；（十一）其他侵犯未成年人身心健康、财产权益或者不依法履行未成年人保护义务的行为。"

〔1〕　参见《未成年人保护法》第 22 条："未成年人的父母或者其他监护人因外出务工等原因在一定期限内不能完全履行监护职责的，应当委托具有照护能力的完全民事行为能力人代为照护；无正当理由的，不得委托他人代为照护。未成年人的父母或者其他监护人在确定被委托人时，应当综合考虑其道德品质、家庭状况、身心健康状况、与未成年人生活情感上的联系等情况，并听取有表达意愿能力未成年人的意见。具有下列情形之一的，不得作为被委托人：（一）曾实施性侵害、虐待、遗弃、拐卖、暴力伤害等违法犯罪行为；（二）有吸毒、酗酒、赌博等恶习；（三）曾拒不履行或者长期怠于履行监护、照护职责；（四）其他不适宜担任被委托人的情形。"

108 条，在儿童父母或其他监护人不履行监护职责或严重侵犯儿童合法权益时，人民法院可作出人身安全保护令，或撤销儿童父母的监护人资格。此外，针对儿童对其监护人侵犯自身权利难以独立提起诉讼的现实问题，《未成年人保护法》新增检察机关督促、支持起诉制度以及公益诉讼制度，在一定程度上破解了监护利益冲突的难题。

第四，《未成年人保护法》明确了针对侵害儿童情形的强制报告义务，在法律层面确认了此前由 2020 年《关于建立侵害未成年人案件强制报告制度的意见（试行）》提出的强制报告制度。根据《未成年人保护法》第 11 条，对于儿童受到侵害、疑似受到侵害或者面临其他危险的情形，一方面，国家机关、居民委员会、村民委员会以及密切接触儿童的单位及其工作人员负有及时报告的义务；另一方面，任何组织或者个人有权劝阻、制止或提出检举、控告。[1]尤其针对发生在较为隐蔽的家庭领域中的监护人侵犯儿童权利案件，来自家庭成员、学校教师、医护人员及其他社会部门的主体积极履行报告义务对保护儿童权益至关重要。

作为儿童保护领域的基础性、综合性法律，自 2021 年 6 月 1 日起实施的《未成年人保护法》完善了儿童监护制度，切实回应了社会广泛关注的现实问题，体现了与联合国《儿童权利公约》的衔接，并较好协调了与其他部门法律的关系，增强了法律的刚

---

〔1〕 参见《未成年人保护法》第 11 条："任何组织或者个人发现不利于未成年人身心健康或者侵犯未成年人合法权益的情形，都有权劝阻、制止或者向公安、民政、教育等有关部门提出检举、控告。国家机关、居民委员会、村民委员会、密切接触未成年人的单位及其工作人员，在工作中发现未成年人身心健康受到侵害、疑似受到侵害或者面临其他危险情形的，应当立即向公安、民政、教育等有关部门报告。有关部门接到涉及未成年人的检举、控告或者报告，应当依法及时受理、处置，并以适当方式将处理结果告知相关单位和人员。"

性和可操作性。[1]

2.《预防未成年人犯罪法》对国家监护责任的补充

1990 年 12 月 14 日，联合国大会通过《联合国预防少年犯罪准则》（又称《利雅得准则》）以指导各国预防少年犯罪的相关工作。该准则在伊始便指出，预防少年违法犯罪是社会预防犯罪的一个关键部分，需要整个社会为之共同努力。[2]1999 年 6 月 28 日，第九届全国人民代表大会常务委员会第十次会议通过了《预防未成年人犯罪法》。有学者指出，国外对预防未成年人犯罪问题进行专门性、宏观性的立法较为少见。在各国立法中，与预防未成年人犯罪有关的核心立法体现为贯彻"最好的社会政策就是最好的刑事政策"思路的儿童福利法，以及规定干预未成年人罪错行为具体措施的司法型少年法。我国《预防未成年人犯罪法》与二者均不相同，属于以预防未成年人犯罪为目的的"社会法"。[3]回顾立法过程可以发现，《预防未成年人犯罪法》的总体立法思路是建立健全有助于儿童安全、健康成长的社会环境。[4]提供保护即是预防犯罪的最好手段。[5]

《预防未成年人犯罪法》确立了预防儿童犯罪的综合治理责任。一般而言，家庭环境、家庭结构和家庭功能均是影响儿童犯

---

〔1〕 宋英辉、刘铃悦：《〈未成年人保护法〉修订的基本思路和重点内容》，载《中国青年社会科学》2020 年第 6 期，第 109—119 页。

〔2〕《联合国预防少年犯罪准则》（《利雅得准则》），联合国大会 1990 年 12 月 14 日第 45/112 号决议通过，载 https://www.un.org/chinese/children/issue/riyadh.shtml，最后访问日期：2021 年 8 月 19 日。

〔3〕 姚建龙：《论〈预防未成年人犯罪法〉的修订》，载《法学评论》2014 年第 5 期，第 114—123 页。

〔4〕 参见姚建龙：《未成年人罪错"四分说"的考量与立场——兼评新修订〈预防未成年人犯罪法〉》，载《内蒙古社会科学》2021 年第 2 期，第 79—87 页。

〔5〕 参见姚建龙：《未成年人法的困境与出路——论〈未成年人保护法〉与〈预防未成年人犯罪法〉的修改》，载《青年研究》2019 年第 1 期，第 1—15 页。

罪的家庭因素。[1]父母素质、家庭关系、家庭生活环境等方面的状况不良很可能诱发儿童的不良行为或导致儿童实施犯罪。家庭是儿童的基本生活环境，亦是预防犯罪的基础。然而，考虑到家庭问题纷繁复杂的现实情况，政府、学校、社区、公安局、检察院、法院、司法行政机关等机构应承担各自职责，协助家庭做好儿童犯罪预防工作。[2]根据《预防未成年人犯罪法》第4条，各相关主体应履行各自职责，消除滋生犯罪的因素并为未成年人提供良好的成长环境。[3]

第一，《预防未成年人犯罪法》明确了儿童父母或其他监护人应承担的预防和制止儿童犯罪的责任。一方面，儿童父母或其他监护人应为儿童提供与犯罪预防相关的教育。根据《预防未成年人犯罪法》第16条，儿童的父母或者其他监护人对教育儿童预防犯罪负有直接责任。其应依法履行监护职责，并在发现儿童心理或行为异常时及时了解情况并进行教育、引导和劝诫。[4]另一方面，儿童父母或其他监护人应对儿童的不良行为进行制止和管教，并在发现有构成犯罪嫌疑时及时报告。该法第29条规定，"未成年人的父母或者其他监护人发现未成年人有不良行为的，应当及

---

〔1〕 李旭东：《未成年人犯罪的家庭不良因素影响及预防对策》，载《中国青年政治学院学报》2005年第2期，第15—20页。

〔2〕 关颖：《预防未成年人犯罪的基本点：提升父母教育素质》，载《青少年犯罪问题》2011年第2期，第34—38页。

〔3〕《预防未成年人犯罪法》第4条："预防未成年人犯罪，在各级人民政府组织下，实行综合治理。国家机关、人民团体、社会组织、企业事业单位、居民委员会、村民委员会、学校、家庭等各负其责、相互配合，共同做好预防未成年人犯罪工作，及时消除滋生未成年人违法犯罪行为的各种消极因素，为未成年人身心健康发展创造良好的社会环境。"

〔4〕《预防未成年人犯罪法》第16条："未成年人的父母或者其他监护人对未成年人的预防犯罪教育负有直接责任，应当依法履行监护职责，树立优良家风，培养未成年人良好品行；发现未成年人心理或者行为异常的，应当及时了解情况并进行教育、引导和劝诫，不得拒绝或者怠于履行监护职责。"

时制止并加强管教"。在发现儿童组织或参加实施不良行为的团伙有构成犯罪嫌疑时，儿童父母或其他监护人负有向公安机关报告的义务。〔1〕此外，儿童父母或其他监护人负有配合学校对儿童进行管理和教育、配合公安机关对儿童进行矫治教育的义务。根据该法第 32 条，儿童父母或者其他监护人应支持和配合学校进行管理和教育。根据该法第 42 条第 2 款，儿童的父母或者其他监护人应当对针对儿童实施的矫治教育措施予以积极配合。

第二，《预防未成年人犯罪法》明确了包括各级政府、公安机关、人民检察院、人民法院、司法行政部门等国家公权力机关在预防和制止儿童犯罪方面的工作职责。其中，各级政府应在制定工作规划、组织各部门开展工作、提供政策支持及经费保障、检查法律实施及政策执行情况以及开展宣传教育等方面积极履行预防儿童犯罪的法定职责。〔2〕公安机关、人民检察院、人民法院、司法行政部门应当有专门机构或专门人员负责预防儿童犯罪工作。公安机关应及时制止儿童的不良行为、进行矫治教育或在必要时将儿童送入专门学校接受专门教育。

第三，《预防未成年人犯罪法》明确学校和教育行政部门在预防和制止儿童犯罪方面的工作职责。一方面，为预防儿童犯罪，学校应建立家校合作机制，做好与儿童父母或其他监护人的沟通

---

〔1〕《预防未成年人犯罪法》第 37 条："未成年人的父母或者其他监护人、学校发现未成年人组织或者参加实施不良行为的团伙，应当及时制止；发现该团伙有违法犯罪嫌疑的，应当立即向公安机关报告。"

〔2〕《预防未成年人犯罪法》第 5 条："各级人民政府在预防未成年人犯罪方面的工作职责是：（一）制定预防未成年人犯罪工作规划；（二）组织公安、教育、民政、文化和旅游、市场监督管理、网信、卫生健康、新闻出版、电影、广播电视、司法行政等有关部门开展预防未成年人犯罪工作；（三）为预防未成年人犯罪工作提供政策支持和经费保障；（四）对本法的实施情况和工作规划的执行情况进行检查；（五）组织开展预防未成年人犯罪宣传教育；（六）其他预防未成年人犯罪工作职责。"

交流，并在发现问题、采取措施时履行向儿童父母告知的义务。另一方面，学校应配合公安机关做好儿童犯罪预防和矫治工作。学校对儿童无故夜不归宿，离家出走，参加有违法犯罪嫌疑的团伙，以及有人教唆、胁迫、引诱儿童实施严重不良行为的情况，应及时向公安机关报告。此外，对于实施严重不良行为而家长及学校无力管教或管教无效的儿童，可由教育行政部门决定将其送入专门学校接受专门教育。专门学校应当对接受专门教育的儿童分级分类进行教育和矫治。

总结而言，通过强化儿童父母或其他监护人、国家公权力机关以及儿童学校的具体职责，《预防未成年人犯罪法》从预防和制止儿童犯罪的角度，推动了国家对儿童的全面保护，体现了国家对儿童负责的理念和价值追求。

3.《义务教育法》对国家保障儿童受教育权的规定

教育是儿童生存、发展所必需的、重要的且基本的手段之一。关于儿童享有受教育权的国际共识是历史生成的，并通过一系列国际文件的颁布逐渐完善。[1]受教育权是指儿童依法享有的要求国家积极提供均等的受教育条件和机会，通过学习发展个体个性、才智和身心能力，以获得平等的生存和发展机会的根本权利。受教育权是每个公民享有的宪法基本权利，是依赖国家提供教育资源的典型社会权。[2]人权的本原反映了人应当享有人权、国家应当保障人权的正当理由。[3]受教育权作为基本人权的重要组成部分，推动儿童充分享有受教育权有利于实现儿童这一具有自然生

〔1〕 沈俊强：《儿童受教育权国际共识的形成及其推进》，载《基础教育》2015年第2期，第10—18页。

〔2〕 龚向和：《论新时代公平优质受教育权》，载《教育研究》2021年第8期，第48—58页。

〔3〕 李步云：《论人权的本原》，载《政法论坛》2004年第2期，第10—18页。

物属性的个体的社会性发展。儿童的受教育权应得到国家、社会及家庭的尊重、促进和保护。与此同时应注意，接受教育亦是儿童应履行的义务。就国内外与保障受教育权相关的立法实践而言，其普遍认为，作为教育国家化的体现，接受教育既是相关主体的权利也是相关主体的义务。法律一方面向公民赋权，另一方面也规定了公民在受教育方面所负的义务。[1]为了保障适龄儿童、少年的受教育权，第六届全国人民代表大会第四次会议于 1986 年 4 月 12 日审议通过了《义务教育法》。这不仅是新中国第一部规定义务教育相关内容的专门立法，也在较长的时间里被认为是中国在儿童教育领域的最关键的法律。自 1986 年至今，《义务教育法》不仅在条文上得到了进一步的丰富和完善，同时也在结构体例上更为科学严谨。[2]其确认了儿童享有受教育权，规定了保障儿童受教育权的义务主体及其各自职责，并以此为基础奠定了国家九年义务教育制度的基本法律框架。

第一，《义务教育法》强调了父母或其他监护人保障儿童受教育权的责任和义务。根据其第 5 条第 2 款，适龄儿童、少年的父母或者其他法定监护人有义务确保儿童、少年能够按时进入学校学习，接受并实际完成法律规定的义务教育。[3]具体而言，儿童的父母或其他监护人有送适龄儿童入学接受教育的义务[4]，为未成年学生接受教育提供必要条件的义务，以及配合学校对未成年学生

---

[1]　劳凯声：《受教育权新论》，载《教育研究》2021 年第 8 期，第 23—34 页。

[2]　参见湛中乐：《公民受教育权的制度保障——兼析〈义务教育法〉的制定与实施》，载《华南师范大学学报（社会科学版）》2016 年第 3 期，第 56—62 页。

[3]　参见《义务教育法》第 5 条第 2 款："适龄儿童、少年的父母或者其他法定监护人应当依法保证其按时入学接受并完成义务教育。"

[4]　参见《义务教育法》第 11 条第 1 款："凡年满六周岁的儿童，其父母或者其他法定监护人应当送其入学接受并完成义务教育；条件不具备的地区的儿童，可以推迟到七周岁。"

进行教育、管理和保护的义务。值得注意的是，确保儿童接受义务教育既是儿童父母的义务，也具有一定的权利属性。父母的教育权植根于父母亲权，既包含父母对儿童人格性格的培养，又包括对儿童进行知识和技能教育、教导等内容。

第二，《义务教育法》明确了国家公权力机关采取措施促进儿童充分享有受教育权的国家义务。其明确了义务教育的性质，并以此为基础强调国家应保障儿童享有受教育权。根据《义务教育法》第2条，义务教育是"国家必须予以保障的公益性事业"。[1]基于此，各级政府及其教育行政部门负有推动义务教育的法定职责，应采取各项措施，保障适龄儿童和少年充分接受教育。此外，有关部门应对未履行教育义务或直接侵犯儿童受教育权的行为进行依法追责。荷兰人权学者冯·科曼斯提出了国家义务矩阵，从"社会"和"自由"两个维度分析受教育权。其中，社会维度包括教育的可进入性和可利用性，而自由维度包括选择教育的自由和设立教育机构的自由。国家在此两个维度均应承担尊重、保护和实现的义务。不应简单划分保障儿童受教育权的国家义务，而应明确其是一种相互关联的连续统一体。[2]受教育权是一项宪法权利，其受宪法保护的基本内涵使立法机关在法律中有义务规定政府在实现公民受教育权方面的最低限度的保障责任，而在政府未承担保障责任的领域，公民应充分享有受教育的自由。[3]国家的

---

〔1〕 参见《义务教育法》第2条："国家实行九年义务教育制度。义务教育是国家统一实施的所有适龄儿童、少年必须接受的教育，是国家必须予以保障的公益性事业。实施义务教育，不收学费、杂费。国家建立义务教育经费保障机制，保证义务教育制度实施。"

〔2〕 尹文强、张卫国：《受教育权的国家义务分类浅析》，载《比较教育研究》2007年第3期，第69—73页。

〔3〕 莫纪宏：《受教育权宪法保护的内涵》，载《法学家》2003年第3期，第45—54页。

教育权来源、从属并服务于公民的受教育权。国家权力应集中体现于提供基本教育制度、维持基本教育秩序、实现特定教育目的等宏观教育事项。[1]

第三，《义务教育法》明确了学校和教师落实儿童受教育权的具体职责，要求教育教学工作应符合教育规律和学生的身心发展特点，应注重德、智、体、美等方面教育的有机统一，促进学生的全面发展。[2]从宏观层面来看，教育的发达程度关乎国家发展的深度与广度，而从微观视角审视，儿童接受教育的状况关切儿童的未来发展。儿童教育是国家关心的重要事务，也是家庭关注的核心问题。科学的教育方式是促进受教育权真正实现的重要保障。[3]为此，一方面，代表国家公权力的有关部门应严格依据《义务教育法》，为学校建设及均衡发展，维护校园安全，维护学校周边秩序，确定教学制度、教学内容及课程以及设置特殊教育等环节提供统一的指导和资金支持；另一方面，儿童的父母或其他监护人应积极配合儿童的学校教育，为学校和教师提供支持和协助。

总结而言，《义务教育法》从儿童父母或其他监护人、国家及学校三个层面出发，规定了各主体保障儿童受教育权的具体职责及不履行职责应承担的相应法律责任。儿童父母或其他监护人、国家和学校是保障儿童受教育权的利益相关者和主要责任者，其对儿童教育权的分担长期处于此消彼长的动态发展过程。然而，虽然近年来儿童父母或其他监护人在教育法律关系中的地位得到了重视和

---

〔1〕　劳凯声：《受教育权新论》，载《教育研究》2021年第8期，第23—34页。

〔2〕　参见《义务教育法》第34条："教育教学工作应当符合教育规律和学生身心发展特点，面向全体学生，教书育人，将德育、智育、体育、美育等有机统一在教育教学活动中，注重培养学生独立思考能力、创新能力和实践能力，促进学生全面发展。"

〔3〕　崔玲玲：《教育公益诉讼：受教育权司法保护的新途径》，载《东方法学》2019年第4期，第138—149页。

强调，但无论如何考量其与国家、学校间的关系，均应始终以保障和实现儿童的受教育权为根本出发点和最终落脚点。[1]

二、儿童国家监护相关政策文件的指导

中国涉及儿童国家监护的相关政策和指导文件较为分散，本部分将其大致分为两类：其一，全面促进儿童福利和发展的国家政策；其二，为特定儿童群体提供特别保护的国家政策。

（一）全面促进儿童福利和发展的国家政策

国务院于 1992 年颁布了《九十年代中国儿童发展规划纲要》，是中国首部以儿童发展为主题的国家行动计划，其响应了 1990 年召开的世界儿童问题首脑会议通过的《儿童生存、保护和发展世界宣言》以及《执行九十年代儿童生存、保护和发展世界宣言行动计划》，在降低婴儿和儿童的死亡率以及保障儿童的健康权、发展权、受教育权等合法权益方面提出了要求，并在"策略与措施"层面特别强调了开展全国性家庭教育宣传、咨询及服务工作的重要内容。[2]随后，当时的中华人民共和国文化部、教育部、广电部、农业部、新闻出版总署、共青团中央、全国妇联以及全国少年儿童文化艺术委员会联合发布《九十年代中国儿童文化艺术事业发展纲要》（又称"蒲公英计划"），中共中央、国务院印发《中国教育改革和发展纲要》，国务院办公厅《中国营养改善行动计划》等等，将儿童权利保护作为 20 世纪 90 年代社会主义现代化建设的重要内容，从教育、文化艺术、医疗卫生等领域为儿童发

---

〔1〕 姚建龙、刘悦：《教育法视野中的未成年学生监护人》，载《华东师范大学学报（教育科学版）》2021 年第 1 期，第 69—77 页。

〔2〕 国务院：《九十年代中国儿童发展规划纲要》，载 http://www.nwccw.gov.cn/2017/04/19/99338964.html，最后访问日期：2021 年 9 月 1 日。

展提供全面系统的支持。[1]

国务院于 2001 年出台《中国儿童发展纲要 （2001—2010 年）》，作为国家儿童工作的行动纲领。此后于 2011 年颁布的《中国儿童发展纲要 （2011—2020 年）》，在国家层面确认了"儿童优先原则"。《中国儿童发展纲要 （2011—2020 年）》从儿童健康、儿童教育、儿童福利、儿童社会环境、儿童法律保护五个领域提出了儿童发展的主要目标和策略措施。其中，"儿童法律保护的第 6 项策略措施关注儿童监护问题，指出要提高儿童父母和其他监护人的责任意识，逐步完善并在司法实践中实际落实撤销监护人资格制度。根据国家统计局于 2020 年 12 月发布的统计监测报告，《中国儿童发展纲要 （2011—2020 年）》实施总体进展顺利，绝大多数指标已提前实现目标。在儿童健康领域，儿童的健康水平得到了显著提升，发育状况不断改善，疾病防治效果显著；在儿童教育领域，儿童的学前教育得到进一步重视和加强，实现了全面普及义务教育，高中阶段的教育规模持续扩大，特殊教育也得到了较大发展；在儿童福利领域，儿童福利和救助机构数量有所增加，孤儿的生活质量得到了进一步改善；在儿童社会环境领域，儿童的生活环境日益改善，社会环境持续优化，文化产品和活动场所也越来越丰富；在儿童法律保护领域，保护儿童权利的立法体系更加完善，儿童合法权益得到了进一步保障，儿童法律援助能力有所提升，未成年人犯罪比重持续降低。[2]此后，《中国儿童发展纲要 （2021—2030 年）》进一步强调了儿童家庭监护的

---

〔1〕 李保强、陈晓雨：《中国儿童权利保护：成功经验、现实挑战与未来展望》，载《教育科学研究》2020 年第 6 期，第 5—12 页。

〔2〕 国家统计局：《2019 年〈中国儿童发展纲要 （2011—2020 年）〉统计监测报告》，载 http://www.gov.cn/xinwen/2020-12/19/content_ 5571132.htm，最后访问日期：2021 年 8 月 18 日。

重要性。《中国儿童发展纲要（2021—2030 年）》专门关注"儿童与家庭"领域议题，对增加家庭监护责任意识及能力、建设良好家风和亲子关系以及国家构建家庭教育指导服务体系、强化对家庭教育指导服务的支持和保障等内容提出了具体要求。[1]

为促进贫困地区儿童的发展，国务院办公厅于 2014 年 12 月 25 日印发《国家贫困地区儿童发展规划（2014—2020 年）》。《国家贫困地区儿童发展规划（2014—2020 年）》关注特殊困难儿童的教育和关爱，指出要完善特殊困难儿童福利制度、保证残疾儿童的受教育权、完善儿童社会服务体系并健全农村留守儿童关爱服务体系，通过支持建立儿童福利院或社会福利机构、完善困境儿童基本生活保障制度、发挥流浪儿童救助保护制度作用以及健全农村留守儿童关爱服务体系等措施，实现国家全面促进儿童福利与发展，推动对儿童权利的全面保护。[2]

儿童人权是普遍性人权中不可分割、不可剥夺的一部分。我国于 2009 年 4 月发布《国家人权行动计划（2009—2010 年）》，"儿童权利"已作为重要议题之一载列其中，此后的行动计划也都遵循这一结构安排，为保护儿童权利制定规划并提出具体要求。此后，我国于 2021 年 9 月发布《国家人权行动计划（2021—2025 年）》，确定了 2021—2025 年中国尊重、保护和促进人权的目标和具体任务。这是中国发布的第四期国家人权行动计划，关注经济、社会和文化权利，公民权利和政治权利，环境权利，特定群体权益保障，人权教育和研究，参与全球人权治理以及实施、监

---

〔1〕 国务院：《关于印发中国妇女发展纲要和中国儿童发展纲要的通知》（国发〔2021〕16 号），载 http://www.gov.cn/zhengce/content/2021-09/27/content_5639412.htm，最后访问日期：2021 年 10 月 31 日。

〔2〕 国务院办公厅：《国家贫困地区儿童发展规划（2014—2020 年）》，载 http://www.gov.cn/zhengce/content/2015_01/15/content_9398.htm，最后访问日期：2021 年 8 月 18 日。

督和评估七个方面内容。其中，涉及对儿童权利的保护，计划在受教育权议题中指出要切实保障困境儿童受教育权、预防性侵害和性骚扰、遏制校园欺凌并有效预防在线教育数字鸿沟。此外，该计划将对儿童权利的保护作为专门内容列入特定群体保护部分，指明要坚持"儿童优先原则"，促进实现儿童的人格权、知情权、参与权、健康权等权利，关注对残疾儿童、困境儿童、童工等特定儿童群体的权利保护。涉及儿童监护制度，其一，计划特别强调了儿童家庭监护的相关内容，要求强化儿童父母或者其他监护人的监护职责并依法规范委托照护儿童的行为。其二，计划强调了对儿童家庭监护的监督和补充。一方面，计划指出要强化村民委员会、居民委员会对儿童父母或其他监护人履职行为的监督工作及针对侵害儿童案件的发现、核实和报告工作。另一方面，计划明确了儿童国家监护的相关内容，指出符合法定情形的儿童应由县级以上民政部门代表国家进行监护。[1]改革开放后，我国的社会政策长期以来都强调家庭责任，但欠缺对家庭的支持。政府和社会只有在家庭出现危机或遇到自身无法解决的困难时才会干预。[2]这一行动计划对儿童监护制度进行专门关注，既体现了对儿童监护国家责任的强调，也通过明确具体任务要求为国家支持、帮助和监督儿童的家庭监护提供指引。

此外，为了落实《"健康中国2030"规划纲要》，切实保障母婴安全，促进儿童健康成长，国务院卫生健康委员会于2018年制定并印发了《母婴安全行动计划（2018—2020年）》以及《健康

---

〔1〕 参见国务院新闻办公室：《国家人权行动计划（2021—2025年）》，载 http://www.gov.cn/xinwen/2021-09/09/content_5636384.htm，最后访问日期：2021年9月19日。

〔2〕 孙艳艳：《未成年人权利保护政策的新发展与未来取向——〈国家人权行动计划〉中儿童权利部分的文本解析》，载《中国青年研究》2013年第4期，第15—19页。

儿童行动计划（2018—2020 年）》等若干配套政策，细化了儿童权利保护的具体工作任务，推动了国家对儿童权利的全面保护。[1]

（二）为特定儿童群体提供特别保护的国家政策

积极为农村留守儿童、流动儿童、流浪儿童、困境儿童等特定儿童群体提供救助和国家兜底保护，是我国在儿童监护领域取得的重要成就。首先，涉及对农村留守儿童的保护，根据《全国农村留守儿童状况研究报告》，农村留守儿童是指："父母双方或一方从农村流动到其他地区，孩子留在户籍所在地农村，并因此不能和父母双方共同生活的 17 周岁及以下的未成年人。"[2]根据民政部发布的统计数据，截至 2018 年 8 月底，全国共有农村留守儿童 697 万人，与 2016 年摸底排查数据 902 万人相比，下降了 22.7%。其中，四川省农村留守儿童规模最大，为 76.5 万人，其次为安徽省、湖南省、河南省、江西省、湖北省和贵州省。以上 7 省农村留守儿童总人数为 484.4 万人，占全国总数的 69.5%。[3]我国农村留守儿童总体数量有所减少，但由于缺少父母的照顾，农村留守儿童权利面临严峻挑战。[4]农村留守儿童普遍欠缺健康安全知识，公民性发展不足并容易产生道德问题，认知水平整体偏低，情感能力发展容易受到阻碍，个性发展两极化且社会性程

---

〔1〕 参见国家卫生健康委员会：《关于印发母婴安全行动计划（2018—2020 年）和健康儿童行动计划（2018—2020 年）的通知》，载 http://www.nhc.gov.cn/fys/s3581/201805/7e002ad138a3489b9799ca18b09e3244.shtml，最后访问日期：2021 年 9 月 1 日。

〔2〕 参见全国妇联：《全国农村留守儿童状况研究报告（节选）》，载《中国妇运》2008 年第 6 期，第 34—37 页。

〔3〕 林晖、罗争光：《全国农村留守儿童数量下降》，载 http://www.gov.cn/xinwen/2018—10/30/content_5335992.htm，最后访问日期：2021 年 8 月 18 日。

〔4〕 项焱、郑耿扬、李沉：《留守儿童权利状况考察报告——以湖北农村地区为例》，载《法学评论》2009 年第 6 期，第 92 页。

度普遍偏低。此外，农村留守儿童的艺术和审美学习资源也相对较为匮乏。[1]为解决农村留守儿童监护缺失问题，中国先后出台了多部政策文件，强调了国家对农村留守儿童的关爱和保护。2016 年 2 月 4 日，国务院发布《关于加强农村留守儿童关爱保护工作的意见》，明确规定"留守儿童是指父母双方外出务工或一方外出务工另一方无监护能力、不满十六周岁的未成年人"。以此为基础，该意见提出了完善农村留守儿童关爱服务体系、建立健全农村留守儿童救助保护机制、从源头上减少儿童留守现象以及强化农村留守儿童关爱保护工作保障措施四个层面的具体要求，强调落实儿童家庭的监护职责、政府的支持和保护职责并提高教育部门和学校的保护力度。[2]同年 4 月，民政部发布《关于贯彻落实国务院关于加强农村留守儿童关爱保护工作的意见的通知》，强调了各级民政部门在留守儿童保护工作中的兜底保护职责。[3]2017 年 7 月，民政部、教育部、财政部等联合印发《关于在农村留守儿童关爱保护中发挥社会工作专业人才作用的指导意见》，将非政府组织与社工视为关爱农村留守儿童的重要力量。[4]在此基础上，2019 年 4 月 30 日，民政部等十个部门联合发布《关于进一步健全农村留守儿童和困境儿童关爱服务体系的意

---

[1]　朱旭东、薄艳玲：《农村留守儿童全面发展及其综合支持系统的建构》，载《北京大学教育评论》2020 年第 3 期，第 104—120 页。

[2]　国务院：《关于加强农村留守儿童关爱保护工作的意见》（国发〔2016〕13 号），载 http://www.gov.cn/zhengce/content/2016-02/14/content_5041066.htm，最后访问日期：2021 年 8 月 18 日最后。

[3]　民政部：《关于贯彻落实国务院关于加强农村留守儿童关爱保护工作的意见的通知》（民函〔2016〕119 号），载 http://mzzt.mca.gov.cn/article/nxlsrtbjlxhy/xgwj/201611/20161100887426.shtml，最后访问日期：2021 年 9 月 1 日。

[4]　参见民政部、教育部、财政部、共青团中央、全国妇联：《关于在农村留守儿童关爱保护中发挥社会工作专业人才作用的指导意见》，载 http://www.mca.gov.cn/article/gk/wj/201708/20170815005497.shtml，最后访问日期：2021 年 9 月 9 日。

见》，提出要完善机构功能以提升关爱服务能力，鼓励多方参与以凝聚关爱服务力量，健全机制措施以形成关爱服务合力。其中，该实施意见特别强调了由民政部门设立的儿童福利机构、由县级以上人民政府及其民政部门设立的儿童救助保护机构以及依托乡村（社区）建立的儿童之家等机构在推进农村留守儿童和困境儿童关爱服务，对生活无着的流浪乞讨、遭受监护侵害、暂时无人监护等未成年人实施救助以及维护儿童权益等方面的重要作用。[1]

其次，国家颁布了一系列保护流动儿童的政策文件。流动儿童权益保护政策发展大致经历了三个主要阶段：1992 年至 1998 年，我国初步形成了流动儿童教育、健康及保护政策体系；2000 年至 2010 年，教育和健康保护政策得到了深入推进；2011 年至 2018 年，流动儿童权益保护政策的关注议题拓展到家庭教育、社会融合等领域。[2]具体而言，1998 年，国家教育委员会、公安部颁布的《流动儿童少年就学暂行办法》曾对"流动儿童"的范围进行界定。流动儿童应指"6 至 14 周岁（或 7 至 15 周岁），随父母或其他监护人在流入地暂时居住半年以上有学习能力的儿童少年"[3]。将流动儿童界定为在义务教育年龄段的儿童。此外，根据国家统计局、联合国儿童基金会、联合国人口基金会联合发布

---

〔1〕 民政部、教育部、公安部、司法部、财政部、人力资源社会保障部、国务院妇儿工委办公室、共青团中央、全国妇联、中国残联：《关于进一步健全农村留守儿童和困境儿童关爱服务体系的意见》（民发〔2019〕34 号），载 http://www.mca.gov.cn/article/gk/wj/201905/20190500017508.shtml，最后访问日期：2021 年 8 月 18 日。

〔2〕 刘玉兰：《儿童为中心视角下流动儿童权益保护的政策目标定位》，载《中州学刊》2019 年第 9 期，第 87—92 页。

〔3〕 原国家教育委员会、公安部：《流动儿童少年就学暂行办法》（教基〔1998〕2 号），载 http://www.moe.gov.cn/s78/A02/zfs__left/s5911/moe_621/201001/t20100129_3192.html，最后访问日期：2021 年 8 月 17 日。

的《2015 年中国儿童人口状况——事实与数据》，流动儿童是指流动人口中 0—17 周岁的儿童。流动人口是指居住地与户口登记地所在的乡镇街道不一致且离开户口登记地半年以上的人口中，扣除市辖区内人户分离者[1]。儿童的流动和留守状态并不总是固定的，可能随着家庭状况、个人所处的年龄和受教育阶段在流动与留守之间转换。随着流动儿童问题引发越来越多的社会关注，流动儿童的名称呈现出多样化的特点，如"进城务工就业农民子女""农民工子女""进城务工人员随迁子女"等。[2]具体而言，2003年教育部等部门发布《关于进一步做好进城务工就业农民子女义务教育工作的意见》，对进城务工就业农民子女接受教育问题提出要求，指出政府要制定相关政策，协调有关方面做好进城务工就业农民子女的教育工作。[3]2004 年财政部发布《关于规范收费管理促进农民增加收入的通知》，明确在缴纳杂费、学费、住宿费、课本费等教育费用方面，农民工子女应受到平等对待，对经济困难的农民工子女要酌情减免相关费用。[4]此外，国务院于 2006 年 3月发布《关于解决农民工问题的若干意见》，专门提出"保障农民工子女平等接受义务教育"问题，要求政府承担起保障农民工子女

---

〔1〕　韩嘉玲、张亚楠、刘月：《流动儿童与留守儿童定义的变迁及新特征》，载《民族教育研究》2020 年第 6 期，第 81—88 页。

〔2〕　国家统计局、联合国儿童基金会、联合国人口基金会：《2015 年中国儿童人口状况：事实与数据》，载 https://www.unicef.cn/reports/population – status – children – china-2015，最后访问日期：2021 年 9 月 1 日。

〔3〕　教育部、中央编办、公安部、发展改革委、财政部、劳动保障部：《关于进一步做好进城务工就业农民子女义务教育工作的意见》，载 http://www.gov.cn/zwgk/2005-08/14/content_ 22464.htm，最后访问日期：2021 年 9 月 1 日。

〔4〕　财政部：《关于规范收费管理促进农民增加收入的通知》（财综〔2004〕17号），载 http://www.mof.gov.cn/zhengwuxinxi/zhengcefabu/2004zcfb/200805/t20080519_ 20813.htm，最后访问日期：2021 年 9 月 1 日。

接受义务教育的责任，保障农民工子女平等享有受教育权。[1]此后，于同年 8 月发布的《关于做好免除城市义务教育阶段学生学杂费工作的通知》，明确要求切实解决好进城务工人员随迁子女的就学问题，相关政府要积极履行相应职责。[2]2011 年，全国妇联、中央社会管理综合治理委员会办公室、国家发展和改革委员会、教育部联合发布《关于开展全国农村留守流动儿童关爱服务体系试点工作的通知》，提出建立流动儿童关爱服务的领导协调机制。[3]自 2011 年开始，流动儿童保护亦开始关注儿童的多元化需求，逐步涵盖了儿童家庭教育、儿童安全、社区安全等领域。

再其次，涉及对流浪儿童的保护，国务院于 1992 年颁布的《九十年代中国儿童发展规划纲要》，明确指出国家将为面临困难的儿童提供保护并妥善解决流浪儿童面临的基本生活和接受教育问题。此后 1995 年，民政部在全国设立了首批共 10 个流浪儿童救助保护中心。[4]流浪儿童在某种程度上是社会结构转型与城市化、现代化进程的产物，为了救助包括儿童在内的流浪乞讨人员，健全相应的社会制度，2003 年 6 月 18 日，国务院通过《城市生活无着的流浪乞讨人员救助管理办法》。该办法明确了县级以上人民政府及其设立的救助站的具体职能，并强调对流浪乞讨人员中的儿

---

〔1〕 国务院：《关于解决农民工问题的若干意见》（国发〔2006〕5 号），载 http://www.gov.cn/zhuanti/2015-06/13/content_ 2878968.htm，最后访问日期：2021 年 9 月 1 日。

〔2〕 国务院：《关于做好免除城市义务教育阶段学生学杂费工作的通知》（国发〔2008〕25 号），载 http://www.gov.cn/zwgk/2008—08/15/content_ 1072915.htm，最后访问日期：2021 年 9 月 1 日。

〔3〕 参见全国妇联、中央社会管理综合治理委员会办公室、国家发展和改革委员会、教育部：《关于开展全国农村留守流动儿童关爱服务体系试点工作的通知》（妇字〔2011〕32 号），2011 年 11 月 21 日。

〔4〕 民政部法制办公室编：《民政工作文件选编》（1995 年），中国社会出版社1996 年版，第 474 页。

童应给予引导并护送至救助站，政府应为其提供帮助，救助站应对其进行照顾。[1]此后，专门针对儿童流浪现象，为预防和制止胁迫、诱骗、利用流浪儿童进行乞讨和实施违法犯罪活动，2011年8月15日，国务院办公厅发布《关于加强和改进流浪未成年人救助保护工作的意见》，明确五个层面的政策措施，对儿童家庭监护进行监督，并为家庭监护缺失的流浪儿童提供救助和保护，促进其生存权、发展权、参与权及受保护权的充分实现。[2]此后2011年12月，民政部等八个部门联合发布《关于在全国开展"接送流浪孩子回家"专项行动的通知》，指出要以全面、及时、有效的方式救助保护流浪儿童，大力健全流浪儿童救助保护体系，依法打击拐卖、拐骗和操控流浪儿童的违法犯罪行为，积极开展经常化救助保护服务，及时接送流浪儿童回家并强化对儿童流浪问题的源头预防和治理。[3]

最后，为从整体上加强对困境儿童的保护，国务院于2016年

---

〔1〕 参见《城市生活无着的流浪乞讨人员救助管理办法》第5条："公安机关和其他有关行政机关的工作人员在执行职务时发现流浪乞讨人员的，应当告知其向救助站求助；对其中的残疾人、未成年人、老年人和行动不便的其他人员，还应当引导、护送到救助站。"第11条："救助站应当劝导受助人员返回其住所地或者所在单位，不得限制受助人员离开救助站。救助站对受助的残疾人、未成年人、老年人应当给予照顾；对查明住址的，及时通知其亲属或者所在单位领回；对无家可归的，由其户籍所在地人民政府妥善安置。"第12条："受助人员住所地的县级人民政府应当采取措施，帮助受助人员解决生产、生活困难，教育遗弃残疾人、未成年人、老年人的近亲属或者其他监护人履行抚养、赡养义务。"

〔2〕 国务院办公厅：《关于加强和改进流浪未成年人救助保护工作的意见》（国办发〔2011〕39号），载 http://www.gov.cn/zhengce/content/2011 - 08/18/content _ 6556. htm，最后访问日期：2021年8月18日。

〔3〕 参见民政部、中央综治办、教育部、公安部、财政部、人力资源社会保障部、住房城乡建设部、卫生部：《关于在全国开展"接送流浪孩子回家"专项行动的通知》（民发〔2011〕200号），载民政部政策法规司编：《民政工作文件选编（2011年）》，中国社会出版社2012年版，第441页。

发布《关于加强困境儿童保障工作的意见》，指出"困境儿童包括因家庭贫困导致生活、就医、就学等困难的儿童，因自身残疾导致康复、照料、护理和社会融入等困难的儿童，以及因家庭监护缺失或监护不当遭受虐待、遗弃、意外伤害、不法侵害等导致人身安全受到威胁或侵害的儿童"[1]。《关于加强困境儿童保障工作的意见》提出了保障基本生活、保障基本医疗、强化教育保障、落实监护责任以及加强残疾儿童福利服务五个层面的保障措施，明确了由民政部门担任监护人的儿童，由民政部门设立的儿童福利机构收留抚养的国家对儿童的兜底监护职责。此外，2014 年 12 月 18 日，为处理监护人侵害儿童权益案件，最高人民法院、最高人民检察院、公安部、民政部联合发布《关于依法处理监护人侵害未成年人权益行为若干问题的意见》，详细规定了撤销监护人资格等干预措施，增强了民政部门等国家公权力机关干预儿童家庭监护事务的可行性。撤销儿童父母监护人资格这一措施能够为国家在监护人未履行监护义务或严重侵害儿童权益时干预儿童的家庭监护提供法律依据，拓宽了国家承担儿童监护责任的方式和渠道。此后 2015 年 9 月，为采取有效措施预防和制止家庭暴力，并为遭受家庭暴力的儿童提供支持和援助，民政部与全国妇联发布《关于做好家庭暴力受害人庇护救助工作的指导意见》，明确了保护因遭受家庭暴力而需要庇护救助的未成年人的工作原则、工作内容及要求。[2]

---

〔1〕 国务院：《关于加强困境儿童保障工作的意见》（国发〔2016〕36 号），载 http://www.gov.cn/zhengce/content/2016-06/16/content_ 5082800. htm，最后访问日期：2021 年 8 月 18 日。

〔2〕 参见民政部、全国妇联：《关于做好家庭暴力受害人庇护救助工作的指导意见》，载 http://www.gov.cn/xinwen/2015-10/21/content_ 2951328. htm，最后访问日期：2020 年 10 月 9 日。

第三节　中国儿童国家监护已有实践的成就与问题

中国履行儿童监护国家义务的已有实践既取得了一系列的进展并积累了一定的良好经验，同时也存在一些问题有待进一步解决和完善。以国际人权标准为依据，立足中国的现实情况进行分析和总结，能够为构建中国儿童国家监护法治体系提供较为客观、全面的现实依据。

一、中国儿童国家监护实践取得的成就

整体而言，中国儿童国家监护的相关实践在价值理念、机制体制以及具体措施层面均取得了一定进展。中国的已有实践强调了保障儿童人权的国家责任，设立并发展了保护儿童权利的专职机构及部门，并推动了国家公权力对儿童的全面兜底保护。

（一）强调了保障儿童人权的国家责任

人权是人之为人最基本的权利。有学者指出："人权作为一项社会制度，通过强调人之作为人所应有的资格、利益、能力和自由，来维护人的尊严和价值，防止和扼制任何把人作为手段或工具的功利主义的、结果主义的考虑。"[1]儿童人权概念的提出体现了人权理念的重大革新，其标志着儿童从单纯受保护的对象转变为独立的人权主体，对儿童权利的保护从传统的强调基本权利发展为尊重儿童的生命和人格尊严。[2]联合国大会于1989年通过的

---

〔1〕　夏勇：《人权概念起源——权利的历史哲学》，中国政法大学出版社2001年版，第176页。

〔2〕　周尚君：《儿童人权的中国语境》，载《青少年犯罪问题》2012年第5期，第4—8页。

《儿童权利公约》将儿童界定为十八周岁以下的任何人，并以此为基础奠定了儿童人权的基本概念。世界儿童问题首脑会议于 1990 年通过《儿童生存、保护和发展世界宣言》及《执行九十年代儿童生存、保护和发展世界宣言行动计划》两部国际法律文件，确定了儿童生存、保护和发展的基本目标。1993 年《维也纳宣言和行动纲领》再次重申了对儿童人权的保护，并敦促各国以儿童的最大利益为首要考虑，促进儿童的身心发展，确保儿童在家庭环境中成长并为家庭提供更多的保护。[1] 为积极履行保障儿童权利的国家人权义务，我国于 1995 年、2003 年及 2010 年先后三次就《儿童权利公约》的执行情况提交缔约国报告。

由此，一方面，国家对保障儿童的基本人权承担道德层面的职责。社会的人权保障程度与人权教育有关，国家对开展人权教育负有责任。[2] 另一方面，国家基于其签署并批准的国际人权公约对保障儿童人权承担强制性义务，有义务建立全面的儿童权利保障机制，并加强关于儿童权利的宣传教育。[3]

（二）设立并发展了保护儿童权利的专职机构和部门

我国在新中国成立后的较长一段时间里并未设立保护儿童权利的专职部门，儿童保护工作由多个部门相互配合、共同负责。随着儿童权利保护问题的日益复杂化，设立保护儿童权利的专职部门和专职机构成为妥善解决现实问题的有效路径。

第一，设立了国务院妇女儿童工作委员会。我国于 1990 年 2

---

〔1〕 参见《维也纳宣言和行动纲领》，维也纳世界人权会议于 1993 年 6 月 25 日通过，第 21 条。

〔2〕 Jessica I. Yeh, "Promoting Human Rights in China through Education: An Empirical Impact Evaluation of the Swedish Approach from a Student Perspective", *Asian-Pacific Law and Policy Journal* 2008, Vol. 1, pp. 114—167.

〔3〕 段立章：《观念的阻隔与超越：当代中国儿童权利文化的构建》，载《山东大学学报（哲学社会科学版）》2014 年第 2 期，第 88—94 页。

月 22 日在国务院下设立妇女儿童工作协调委员会，作为负责妇女儿童工作的议事协调机构。1993 年，该委员会更名为国务院妇女儿童工作委员会。[1]国务院妇女儿童工作委员会的成立标志着妇女儿童保护工作迈入崭新的历史阶段，自此，妇女儿童相关工作由"妇联工作"转变为"国家政策法律"。[2]国务院妇女儿童工作委员会自成立以来始终坚持儿童优先原则，在推动儿童权利保护方面发挥重要作用。一方面，其协助制定《中国儿童发展纲要》等政策文件，另一方面，其充分发挥议事协调职能，配合政府部门应对和解决儿童权利保护事业中面临的现实问题。此外，国务院妇女儿童工作委员会积极开展宣传推广及教育培训工作，推动建立健全相关政策的监测评估机制，为发展儿童保护事业提供了坚实的组织基础。

第二，设立了民政部儿童福利司。我国主管儿童福利工作的政府部门最早可追溯到 1949 年中央人民政府内务部下设的社会司。此后经过数次机构改革，直至 2006 年，儿童福利工作才得以单独列出，开始由民政部的福利二处专门负责。[3]历经多次机构改革后，民政部于 2018 年 12 月 31 日正式设立儿童福利司，承担"拟定儿童福利、孤弃儿童保障、儿童收养、儿童救助保护政策、标准，健全农村留守儿童关爱服务体系和困境儿童保障制度，指导儿童福利、收养登记、救助保护机构管理工作"等职能，关注儿童

〔1〕　参见国务院妇女儿童工作委员会：《国务院妇女儿童工作委员会简介》，载 http://www.nwccw.gov.cn/jigo.shtml，最后访问日期：2021 年 9 月 1 日。

〔2〕　刘继同：《当代中国妇女工作的历史经验、结构转型与发展方向》，载《中共中央党校学报》2017 年第 6 期，第 80—92 页。

〔3〕　姚建龙、刘悦：《解析儿童福利司：比较、历史与未来》，载《中国青年社会科学》2020 年第 3 期，第 115—125 页。

的生活保障和替代照料，并为儿童及其家庭提供支持和服务。[1]
设立专职部门保障处于社会弱势地位的儿童的权利，不仅是对现
实需求的回应，而且体现了我国以人为本的治国理念。增设儿童
福利司标志着儿童权利保护工作成为民政部的独立业务类型，我
国自此开始逐步形成了适应时代发展的儿童福利制度。

第三，设立了预防青少年违法犯罪工作领导小组（以下简称
"中央预青工作组"）。2001 年，中央综治委成立预防青少年违法
犯罪工作领导小组，办公室设在共青团中央。2010 年 8 月，中央
预青工作组等六部门联合发布《关于进一步建立和完善办理未成
年人刑事案件配套工作体系的若干意见》，要求进一步建立、巩固
和完善办理未成年人刑事案件的专门机构，以加强对儿童合法权
益的保护。[2]2011 年 1 月 20 日，中央预青工作组召开全体会议，
提出为青少年的成长提供安全、健康的外部环境[3]，强调要"保
障青少年的合法权益，减少诱发青少年犯罪的不良因素"[4]。此
后 2011 年 9 月，预防青少年违法犯罪专项组成立，包括 22 个成员
单位。[5]中央一级虽未设未成年人保护委员会，但全国 70%以上的

〔1〕 参见中国机构编制网：《民政部职能配置、内设机构和人员编制规定》，载
http://www. gov. cn/zhengce/2019-01/25/content_ 5361053. htm，最后访问日期：2021 年
8 月 31 日。
〔2〕 参见中央综治委预防青少年违法犯罪工作领导小组、最高人民法院、最高人
民检察院、公安部、司法部、共青团中央：《关于进一步建立和完善办理未成年人刑事
案件配套工作体系的若干意见》（综治委预青领联字〔2010〕1 号）。
〔3〕 参见廖文根：《中央综治委预防青少年违法犯罪工作领导小组全体会议在京
召开》，载《人民日报》2011 年 1 月 21 日，第 6 版。
〔4〕 参见《2011 年中央央综治委预防青少年违法犯罪工作领导小组全体会议举
行》，载《青少年犯罪问题》2011 年第 2 期，第 73 页。
〔5〕 参见《中央综治委预防青少年违法犯罪专项组》，载《中国青年报》2012 年
3 月 19 日，第 7 版。

地市级设立了未成年人保护委员会，办公室均设在同级团委。[1]中央预青工作组在预防儿童犯罪工作中发挥协调领导作用，推动了国家对儿童权利的全面保护。

第四，设立了国务院未成年人保护工作领导小组。2021 年 4 月 21 日，为进一步加强对儿童保护工作的统筹、协调、督促和指导，更好地保护儿童的身心健康及合法权益，国务院办公厅发布《关于成立国务院未成年人保护工作领导小组的通知》，决定成立国务院未成年人保护工作领导小组。[2]国务院未成年人保护工作领导小组负责统筹协调全国儿童保护工作，在推进有关单位制定和实施儿童保护规划、政策、措施、标准，推进《未成年人保护法》等相关法律法规和制度政策的落实，督办侵害儿童合法权益重大案件，指导各地区、各有关单位开展儿童保护工作以及组织开展统计调查、宣传教育和表彰奖励等方面发挥重要作用。

此外，为实现与立法工作的协调配合，国家还设立了全国人民代表大会内务司法委员会妇女儿童专门小组、中国人民政治协商会议全国妇女协会等专门性机构，负责监督、落实法律政策并从多个层面发力共同促进儿童保护事业的健康发展。[3]

（三）推动了国家公权力对儿童的全面兜底保护

一般而言，父母是儿童的天然保护人，国家公权力无需过分介入家庭生活。然而，在儿童父母无法履行监护职责或履行监护职责不当使儿童处于严重危困境地时，国家应为处于弱势地位的

---

〔1〕 参见郭元凯：《新中国成立 70 年共青团权益工作的积极探索与创新发展》，载《中国青年研究》2020 年第 4 期，第 58—59 页。

〔2〕 国务院办公厅：《关于成立国务院未成年人保护工作领导小组的通知》（国办函〔2021〕41 号），载 http://www.gov.cn/zhengce/content/2021 - 04/27/content_5603215.htm，最后访问日期：2021 年 8 月 18 日。

〔3〕 李保强、陈晓雨：《中国儿童权利保护：成功经验、现实挑战与未来展望》，载《教育科学研究》2020 年第 6 期，第 5—12 页。

儿童提供全面兜底的权利保护。我国的已有实践既从整体上为儿童提供了一般意义上的保护，全面促进儿童各项权利的充分实现，亦关注权利受到侵害的儿童的特殊境况，为遭受权利侵害的儿童提供及时有效的权利救济。

1. 全面促进和实现儿童权利

国家从整体上保护儿童权利的已有进展既体现在对儿童福利的全面促进方面，也体现在对来自特定群体的儿童的特别保护方面。就全面促进和实现儿童权利而言，我国的已有实践取得了如下成就。

一方面，国家采取措施促进了儿童福利。根据国务院新闻办公室于 2021 年 8 月 12 日发布的《全面建成小康社会：中国人权事业发展的光辉篇章》白皮书统计数据，首先，中国在保障儿童健康权领域取得了显著成就。2020 年我国的婴儿死亡率为 5.4‰，相较于改革开放初期的 37.6‰有大幅下降，5 岁以下儿童死亡率为 7.5‰，相较于 1991 年的 61‰有明显降低。截至 2020 年，累计有 1120 万儿童从国家贫困地区儿童营养改善项目中受益。其次，中国在保障儿童受教育权领域实现了巨大突破，实现了学前教育基本普及。2020 年全国九年义务教育巩固率为 95.2%，残疾儿童义务教育入学率达 95%以上。最后，中国在为儿童提供特别关爱和特殊保护层面取得了较大进展。截至 2020 年，全国共有儿童社区服务中心 2.9 万个，社区服务站 24.9 万个，城乡社区家长学校 36 万个，城乡社区儿童之家 32 万余个，[1]这充分体现了国家对儿童的关爱和特别保护。

另一方面，国家推动了对农村留守儿童、流动儿童等来自特定群体的儿童的保护。农村留守儿童指处于农村地区因父母双方

---

[1] 参见国务院新闻办公室：《全面建成小康社会：中国人权事业发展的光辉篇章》，载 http://www.xinhuanet.com/politics/2021-08/12/c_ 1127753430.htm，最后访问日期：2021 年 9 月 1 日。

或单方长期在外务工而被交由父母单方或长辈、他人来抚养、教育和管理的儿童。[1]由于欠缺必要的父母照料，农村留守儿童的身心健康和受教育权等面临较大困境，且容易产生孤独、缺乏安全感等心理问题，容易养成不良生活习惯，出现行为问题的倾向性也更大。[2]国家在保护农村留守儿童方面取得了显著进展，根据新华社统计数据，2011年至2012年，我国大力推动农村留守流动儿童关爱服务体系的试点工作。[3]2013年，教育部、全国妇联等在全国19个留守流动儿童集中地区建立了40个健全农村留守儿童关爱服务体系试点。国家也采取措施加强了对流动儿童的保护。从2014年开始，财政部、民政部通过购买服务的方式，支持社会组织参与流动儿童服务项目。[4]此外，基层儿童工作队伍的儿童关爱服务水平不断提高，全面加强了对孤儿、残疾儿童、农村留守儿童、困境儿童等特殊群体的关爱保护。[5]

2. 为儿童权利提供救济

国家采取措施为合法权益受到侵害的儿童提供保护。首先，我国建立并不断完善了针对侵害儿童案件的强制报告制度，推动了国家对儿童权利的公权救济和兜底保护。2013年5月，民政部

---

〔1〕 叶敬忠等：《父母外出务工对农村留守儿童学习的影响》，载《农村经济》2006年第7期，第119—123页。

〔2〕 管华：《论儿童宪法权利的制度保障》，载《江苏行政学院学报》2012年第5期，第131—136页。

〔3〕 李菲：《"同一片蓝天下"——全国农村留守流动儿童关爱服务体系试点工作成效显著》，载http://www.gov.cn/jrzg/2013-05/30/content_2415032.htm，最后访问日期：2021年9月1日。

〔4〕 刘玉兰：《儿童为中心视角下流动儿童权益保护的政策目标定位》，载《中州学刊》2019年第9期，第87—92页。

〔5〕 陈洁：《国新办发表〈全面建成小康社会：中国人权事业发展的光辉篇章〉白皮书，我国妇女儿童权益保障持续加强》，载http://www.nwccw.gov.cn/2021—08/13/content_294418.htm，最后访问日期：2021年9月1日。

下发《关于开展未成年人社会保护试点工作的通知》，要求建立受伤害儿童的发现、报告和响应机制，协调相关部门对忽视、虐待、遗弃儿童相关事件进行调查核实，并为儿童提供权利保护、心理疏导和法律援助等服务。[1]此外，为加强国家机关对儿童的保护，2020 年 5 月 7 日，最高人民检察院、国家监察委员会等九部门联合印发《关于建立侵害未成年人案件强制报告制度的意见（试行）》，确立了国家机关、法律法规授权行使公权力的各类组织及法律规定的公职人员等发现儿童遭受侵害时的强制报告义务。值得注意的是，该试行意见第 4 条明确了包括儿童遭受或疑似遭受家庭暴力、遭受或疑似遭受性侵、被遗弃或长期处于无人照料状态以及被组织乞讨等九类应报告的法定情形，[2]体现了国家以保护儿童权利为目的，行使公权力对儿童监护事务的干预和介入。2020 年 5 月 29 日，最高人民检察院发布关于侵害未成年人案件强制报告的典型案例，公开了对发现儿童遭受侵害而未报告的相关人员的问责和处理。由人民检察院等国家公权力机关对相关人员履行强制报告义务进行法律监督，有利于敦促相关人员及时为儿童提供保护，推动在援助受害儿童方面形成合力。

其次，我国加强了对监护人侵犯儿童合法权益的干预和介入，积极行使国家公权力介入儿童的家庭监护事务，为儿童提供国家兜底保护。2014 年 12 月 18 日，最高人民法院、最高人民检察院、公安部、民政部四部门《关于依法处理监护人侵害未成年人权益

---

〔1〕 参见民政部：《关于开展未成年人社会保护试点工作的通知》，载中华人民共和国中央人民政府网站；http：//www.gov.cn/zwgk/2013—05/14/content_ 2401998. htm，最后访问日期：2021 年 8 月 26 日。

〔2〕 最高人民检察院、国家监察委员会、教育部、公安部、民政部、司法部、国家卫生健康委员会、中国共产主义青年团中央委员会、中华全国妇女联合会：《关于建立侵害未成年人案件强制报告制度的意见（试行）》，载 https://www.spp.gov.cn/spp/xwfbh/wsfbt/202005/t20200529_ 463482. shtml#1，最后访问日期：2021 年 8 月 18 日。

行为若干问题的意见》发布后，2015年2月4日，江苏省徐州市铜山区人民法院作出首例由民政部门申请撤销父母监护人资格的判决。[1]2016年5月，最高人民法院发布12起侵害儿童权益被撤销监护人资格典型案例，梳理了父母因实施殴打、虐待、忽视或强奸未成年子女的行为而被撤销监护权的现实案例。[2]2019年6月，江苏省高级人民法院、妇联向社会联合发布维护妇女儿童合法权益十大典型案例，其中包括了撤销监护人资格以保护儿童权益的案件。[3]根据最高人民检察院《未成年人检察工作白皮书（2020）》，2020年各级检察机关结合办案共对监护侵害、监护缺失行为支持起诉311件，发出检察建议202件，撤销或变更监护权261件。[4]研究显示，在各地民政机关和司法机关的积极作为下，因侵害被监护儿童权益而被撤销监护人资格的案件数量明显增多，相关案件涉及的监护人行为既包括不履行监护职责、遗弃儿童等，也包括对被监护未成年人实施的构成犯罪的性侵害及暴力伤害。[5]

最后，我国加强了对性侵儿童案件的防治和处罚。通过对立法及相关司法政策的调整，我国加大了对性侵儿童行为的惩处力

〔1〕 江苏省徐州市铜山区人民法院（2015）铜民特字第0001号民事判决书。

〔2〕 吴某某被撤销监护人资格案，卿某某被撤销监护人资格案，卢某某被撤销监护人资格案，王某被撤销监护人资格案，何某某被撤销监护人资格案，周某被撤销监护人资格案，何某某被撤销监护人资格案，耿某某、马某某被撤销监护人资格案，徐某被撤销监护人资格案，岳某某被撤销监护人资格案，邵某某、王某某被撤销监护人资格案，林某某被撤销监护人资格案。

〔3〕 中国妇女报：《江苏发布维护妇女儿童合法权益十大典型案例》，载 http://www. women. org. cn/art/2019/6/10/art_9_161771. html，最后访问日期：2021年8月18日。

〔4〕 最高人民检察院：《未成年人检察工作白皮书（2020）》，载 https://baijiahao. baidu. com/s？id=1701336951415789489&wfr=spider&for=pc，最后访问日期：2021年9月22日。

〔5〕 张柳：《29省份110例撤销未成年人监护权案件呈现六大特点》，载 http://www. bnu1. org/show_1326. html，最后访问日期：2021年8月27日。

度。[1]2013 年出台的《关于依法惩治性侵害未成年人犯罪的意见》，明确从严从重处罚、特殊优先保护儿童合法权益的基本要求。[2]此后，2015 年《刑法修正案（九）》废除嫖宿幼女罪，并明确猥亵儿童应从重处罚。[3]2020 年《刑法修正案（十一）》增设奸淫不满 10 周岁的幼女或者造成幼女伤害的加重处罚条款，增设负有照护职责的人奸淫已满 14 周岁不满 16 周岁女性的入罪条款，并明确"猥亵儿童多人或者多次""造成儿童严重伤害或者其他严重后果""猥亵手段恶劣"等加重处罚情节，[4]加强了对性侵儿童犯罪的惩治力度。此外，《国家人权行动计划（2021—2025 年）》将预防和依法严惩性侵害未成年人的违法犯罪作为重要议题，要求针对性侵未成年人的犯罪人员建立信息查询系统、完善从业禁止机制并探索相关信息公开制度。[5]根据《未成年人检察工作白皮书（2020）》，为打击性侵儿童的犯罪行为，2020 年检察机关共起诉强奸未成年人犯罪 15 365 人，猥亵儿童犯罪 5880 人，强制猥亵、侮辱未成年人犯罪 1461 人，同比分别上升 19%、14.75% 和 12.21%。[6]对相关现实案件的办理体现了国家公权力机关保护儿

　　〔1〕 赵俊甫：《刑法修正背景下性侵儿童犯罪的司法规制：理念、技艺与制度适用》，载《政治与法律》2021 年第 6 期，第 26—38 页。

　　〔2〕 最高人民法院、最高人民检察院、公安部、司法部：《关于依法惩治性侵害未成年人犯罪的意见》，载 https://www.spp.gov.cn/zdgz/201310/t20131025_ 63797.shtml，最后访问日期：2021 年 9 月 23 日。

　　〔3〕 参见《中华人民共和国刑法修正案（九）》，2015 年 8 月 29 日第十二届全国人民代表大会常务委员会第十六次会议通过。

　　〔4〕 参见《中华人民共和国刑法修正案（十一）》，2020 年 12 月 26 日第十三届全国人民代表大会常务委员会第二十四次会议通过。

　　〔5〕 参见国务院新闻办公室：《国家人权行动计划（2021—2025 年）》，载 http://www.gov.cn/xinwen/2021-09/09/content_ 5636384.htm，最后访问日期：2021 年 9 月 22 日。

　　〔6〕 最高人民检察院：《未成年人检察工作白皮书（2020）》，载 https://baijiahao.baidu.com/s? id=1701336951415789489&wfr=spider&for=pc，最后访问日期：2021 年 9 月 22 日。

童权利的积极履职行为。

二、中国儿童国家监护实践存在的问题

分析总结中国儿童国家监护的已有实践，应明确尚未建立儿童国家监护法治体系、相关立法有待进一步明确细化、国家支持和干预儿童家庭监护的措施不健全，以及欠缺儿童监护监督机制均是在实践中面临的亟待解决的问题。

（一）尚未建立儿童国家监护法治体系

儿童监护事务事关社会公益，监护制度是兼具公私法特性的民法制度。[1]儿童享有基本人权对应着不同的国家义务，因此，建立完善的儿童国家监护法治体系是国家保障儿童基本人权的重要体现和必要途径。涉及构建儿童国家监护法治体系应关注的核心要素，首先，国家应明确以儿童的最大利益为保护儿童权利的一切行动的首要考虑，在价值理念层面逐步缩小与国际人权标准之间的差距。其次，在制度设计过程中应注重落实政府的主导责任，为政府部门履行国家监护组织者和管理者的相应职责提出明确标准和具体要求，[2]确保政府实际成为能够为儿童提供兜底性权利保障的兜底监护人。最后，在具体实践环节应保证包括国家立法机关、人民法院、人民检察院、公安机关等国家公权力机关的积极参与和有效衔接，形成保护儿童权利的合力，为儿童提供及时、全面的权利保护。

近现代西方国家在公权力监督、干预和介入儿童的家庭监护方面形成了较为完备的国家机制。[3]国家监护既应包括国家为儿

---

〔1〕 林秀雄：《论未成年人之监护人及"民法"第一千零九十四条之修正》，载谢在全等著：《物权·亲属编》，中国政法大学出版社 2002 年版，第 293 页。

〔2〕 参见陈翰丹、陈伯礼：《论未成年人国家监护制度中的政府主导责任》，载《社会科学研究》2014 年第 2 期，第 81—86 页。

〔3〕 参见王竹青：《论未成年人国家监护的立法构建——兼论民法典婚姻家庭编监护部分的制度设计》，载《河北法学》2017 年第 5 期，第 106—116 页。

童的家庭监护提供支持和帮助的福利措施，也应包括国家在家庭监护不利或缺位时行使公权力积极介入家庭监护事务，为儿童提供权利保障的干预措施。国家监护是儿童家庭监护的重要补充，建立完善的儿童国家监护法治体系对在当今复杂的社会环境中保护儿童权利尤为重要。然而，我国保护儿童权利的相关立法和组织架构虽然在一定程度上对以儿童为中心的国家、家庭和社会的权责进行了说明，在实践中形成了初步的儿童保护网络，但是，我国的儿童国家监护起步相对较晚，在立法体系和具体制度及措施层面均有待进一步完善，尚未建立起完善的儿童国家监护法治体系。儿童保护相关具体实践中的国家与家庭的边界并不十分明确，严重制约了国家在儿童家庭监护失能时的及时干预和补位，不利于为儿童提供全面兜底的权利保障。

（二）相关立法有待进一步明确细化

我国现有关于儿童国家监护的立法规定有待进一步明确细化。首先，现有立法对相关主体各自的法定职责有待进一步明确细化。《未成年人保护法》在明确保护儿童权利的共同责任的基础上，强调任何组织和个人均有权劝阻、制止侵犯儿童合法权益的行为或对侵犯儿童合法权益的行为提出检举和控告。[1]然而，该规定虽确立了保护儿童权利的共同责任并赋予相关主体劝阻、制止与控告的权力，但存在职责主体过多、职责权限重合、对每一主体的

---

〔1〕 参见《未成年人保护法》第6条："保护未成年人，是国家机关、武装力量、政党、人民团体、企业事业单位、社会组织、城乡基层群众性自治组织、未成年人的监护人以及其他成年人的共同责任。国家、社会、学校和家庭应当教育和帮助未成年人维护自身合法权益，增强自我保护的意识和能力。"第11条第1款和第2款："任何组织或者个人发现不利于未成年人身心健康或者侵犯未成年人合法权益的情形，都有权劝阻、制止或者向公安、民政、教育等有关部门提出检举、控告。国家机关、居民委员会、村民委员会、密切接触未成年人的单位及其工作人员，在工作中发现未成年人身心健康受到侵害、疑似受到侵害或者面临其他危险情形的，应当立即向公安、民政、教育等有关部门报告。"

履责规定有待进一步明确细化的问题。为切实有效地保障儿童权利，避免"有组织的不负责任"，应在相关法律规定的具体条款中进一步明确细化各主体的职责，避免不同层级立法间的矛盾，避免不同主体保护儿童权益之法定职责的交叉或缺位。此外，应实现多元主体为儿童权利提供保护的行为之间的利益关联，建立促进儿童权利保护的动力机制。[1]

其次，现有立法对特定概念及特定行为的界定有待进一步明确。如针对儿童遭受家庭暴力侵害之问题，《未成年人保护法》对虐待、遗弃儿童的概念以及对儿童实施家庭暴力行为的界定并不明确。这在一定程度上制约了相关职责主体对儿童父母或其他监护人的行为属性作出判断，也影响了国家公权力介入儿童家庭监护为儿童的生命权和健康权提供保护的及时性和有效性。立法规定的不明确一方面降低了法律的可操作性，导致各有关部门在处理侵害儿童权益的具体案件时无"法"可依，各部门之间难以形成相互协作的合力，另一方面也极大降低了相关法律的可预期性。有关单位及个人难以对相关行为的法律后果作出预判，不利于为儿童提供及时有效的权利保护。此外，在立法层面的不明确阻碍了社会公众意识的提高，不利于相关个人及单位及时识别侵害儿童权益的行为并积极履行强制报告义务。为此，立法应明确界定儿童家庭暴力与儿童虐待等法律概念，并从儿童生理、心理以及社会发展等层面综合考量伤害后果，以此为基础划分伤害情节严重程度并规定相应的法律责任。

再其次，相关法律规定存在道德引导性强而法律强制约束力弱的问题，应进一步明确相关主体不履行职责应承担的法律责任。

---

〔1〕 贾玉娇：《儿童保护中国家干预力穿破家庭壁垒研究》，载《治理研究》2021年第3期，第28—35页。

儿童国家监护论

例如，针对儿童监护问题，《未成年人保护法》第 16 条规定了儿童父母或其他监护人应当履行的监护职责，第 17 条规定了儿童父母或其他监护人不得实施的行为。然而，"应当""不得"等用语的道德引导性较强，而强制约束力有待进一步提高。有学者指出，自法律诞生时起，强制力与威慑性便成为法律的本质特征，使其区别于其他类型的社会控制系统，并通过定分止争的功能有效维系人类社会的秩序。法律的强制力和威慑性对于法律概念来说具有重要意义。[1]为此，应进一步明确相关行为的法律责任，强化相关法律规定的强制约束力，以此为基础实现国家立法保护儿童权利的规范目的。

最后，"问题倒逼式"立法仍是现有立法的主要模式，相关法律有待从儿童保护的整体需求出发进行系统设计，而非仅针对社会中出现的现实问题进行补漏式、应急式立法。例如，自 2013 年"南京饿死幼女事件"曝光后，父母不履行监护职责、严重侵害被监护儿童权益的事件成为社会各界的关注热点。2014 年 12 月 18 日，最高人民法院、最高人民检察院、公安部、民政部联合发布《关于依法处理监护人侵害未成年人权益行为若干问题的意见》，对撤销监护人资格申请、审理及判后安置等环节进行了详细规定，自此激活了"沉睡"多年的撤销监护人资格制度。此后，《民法典》及《未成年人保护法》均对撤销监护人资格制度进行了规定和进一步完善。撤销监护人资格相关法律规范的健全和完善在一方面体现了由社会问题引发的儿童保护领域相关法律和政策的发展和变革，另一方面也要求我们关注系统性、全面性立法的重要性。只有从全面保护儿童权利的视角出发思考并解决现实问题，

---

[1] 钱锦宇：《法律强制力观念的弱化与法家思想的时代性危机——一个初步的批判与阐释》，载《理论探索》2017 年第 1 期，第 23—30 页。

才能在立法层面取得较大的进步。

（三）国家支持和干预儿童家庭监护的措施不健全

就国家的支持和干预措施而言，一方面，我国对儿童家庭监护的支持措施有待进一步丰富和完善。国家对儿童监护事务承担全面兜底责任，应采取措施为儿童父母或其他监护人履行监护职责提供支持和必要帮助，如为儿童家庭提供经济帮助，为家庭教育及维系亲子关系提供服务和指导等。[1]国家通过公共政策和服务支持等措施为家庭抚育儿童提供支持和帮助是儿童国家监护的重要内容。尤其针对儿童父母或其他监护人经济困难、缺乏育儿知识和技能、身患疾病、正在服刑或难以实现家庭与工作相平衡等情形，国家应采取一系列监护支持措施，为儿童的家庭监护提供教育指导、托育服务以及经济补贴等外部帮助，以确保儿童受监护权的充分实现。[2]国家通过干预措施帮助父母正确履行监护职责并提高监护能力，能够促进家庭的完整，从根源处消除父母侵害儿童权益问题。[3]例如，瑞典针对16岁以下儿童设置"儿童津贴"，每月为每个子女提供1050瑞典克朗的资金支持。[4]此外，日本、意大利等国也颁布相应政策，为儿童父母提供工资补贴。[5]

---

〔1〕　林艳琴：《我国未成年人监护法律制度现状检讨与完善构想》，载《东南学术》2013年第2期，第173—182页。

〔2〕　程福财：《中国儿童保护制度建设论纲》，载《当代青年研究》2014年第5期，第65—70页。

〔3〕　王慧：《〈民法总则〉撤销父母监护权条款的罅漏与完善》，载《江西社会科学》2017年第6期，第161—169页。

〔4〕　参见全国妇联儿童工作部：《瑞典儿童保护与家庭教育的实践及启示》，载《中国妇运》2012年第2期，第37—41页。

〔5〕　日本政府决定在疫情防控期间，对企业支付每人每天最高8330日元（约合人民币553.36元）的补贴，用于补偿因学校停课放假而需要停工回家照顾未成年子女的企业员工。对于因未成年子女停课而停工的自由职业者，补偿每天4100日元（约合人民币272元）。意大利内阁于2020年3月16日通过了拨款12亿欧元给有未成年子女的家庭提供半薪休假，或领取补贴雇佣保姆照看子女的应急措施。

立足我国现实情况并参考前述经验，我国应进一步丰富为儿童的家庭监护提供支持和帮助的形式和具体措施。

另一方面，我国对儿童家庭监护的干预措施有待进一步健全和明确。国家有关部门在必要时行使公权力对儿童家庭监护进行干预和介入是实现儿童国家监护的重要内容，然而，就我国的已有实践而言，相关干预措施仍有待进一步完善。例如，在儿童父母或其他监护人侵犯儿童权利的案件中，往往需要在一定程度的举证后才能启动法律程序。然而，由于受害者是缺乏行为能力的儿童且侵害行为大多发生在家庭私领域内，在此种情况下的举证难度相对较大。为此，应进一步加强对儿童权利的特别保护，畅通儿童寻求权利救济的渠道，并通过设立"儿童代理人"等途径在提供外部帮助的基础上弥补儿童自身在能力和成熟度方面的不足。此外，尤其涉及父母或其他监护人暴力侵害儿童案件，国家干预往往体现在制裁和事后救济环节，由于事前、事中干预措施的不健全，国家公权力机关难以及时有效地介入儿童家庭监护事务，为受到伤害的儿童提供全环节的国家保护。

（四）欠缺儿童监护监督机制

监护是对缺乏自我保护和自我生活能力的人的监督或照顾制度。儿童监护制度涵盖对儿童的照顾、扶助、教育、监督和保护等内容。儿童因欠缺行为能力而处于被监护、被保护的地位，依靠监护人履行监护职责满足其自身的生存和发展。[1]儿童与父母或其他监护人之间具有特殊的亲密关系，家庭的私密性为儿童的成长提供了天然环境，也在一定程度上导致了监护人侵犯儿童权益的案件难以及时被外界发现和识别。监护监督主要强调通过对监

---

〔1〕 于晶：《论我国未成年监护人监督机制的建立》，载《中国青年研究》2012年第9期，第96—100页。

护人履行监护职责的外部监督，督促其积极、规范地行使监护权，保障被监护人的合法权益。[1]设立监护监督机构和监护监督人是实现儿童国家监护的重要保障，督促监护人履行监护职责对保护被监护儿童的权利而言至关重要。

监护监督兼具公法和私法的双重属性。国家监督需要从多个方面展开。[2]总结各国实践，有权对监护人履行职责进行监督的机构包括监护权力机构（如监护行政官署或监护法院）、亲属会议[3]以及监护监督人。大陆法系国家的法国、德国及日本均建立了监护监督人制度，规定监护监督人应在涉及监护事务的多个环节中履行监督职责，包括在监护人缺位时请求法院选任监护人、代表被监护人对监护人的侵权行为提起诉讼等。此外，法国在建立监护监督人制度之外，还设有亲属会议及民事裁判所。[4]德国的家庭法院亦具有监督监护人履行监护职责的功能。根据《德国民法典》第 1837 条规定，家庭法院可以向监护人提供咨询意见，并对监护人及监护监督人的活动进行监督。[5]监护监督人具有辅助法院的功能，负责就监护人履行监护职责相关事宜向法院报告。

然而，我国尚未建立监护监督机制。无论是监护监督人还是监护监督机构，无论是私力监督还是公力监管，均存在缺位。[6]

---

〔1〕　钱笑、孙洪旺：《未成年人监护权撤销制度的法律适用及其完善》，载《法律适用》2020 年第 10 期，第 8—20 页。

〔2〕　张露：《论我国未成年人监护监督制度的完善——以国家监督为导向》，载《广西社会科学》2019 年第 6 期，第 108—115 页。

〔3〕　德国于 1980 年废除亲属会议，日本的新民法亦取消了这一制度。但亲属会议在法国、瑞士、秘鲁仍有保留。

〔4〕　陈苇主编：《外国婚姻家庭法比较研究》，群众出版社 2006 年版，第 494 页。

〔5〕　《德国民法典》（第 4 版），陈卫佐译注，法律出版社 2015 年版，第 1837 条。

〔6〕　李霞、张艳：《论〈民法总则〉中的未成年人国家监护》，载《青少年犯罪问题》2017 年第 6 期，第 12—18 页。

监护监督机制的欠缺在学理研究、相关立法及具体实践三个层面均有体现。首先，从学理层面来看，我国并未统一明确的监护监督概念，欠缺对监护监督功能的研究，监护监督理论难以体系化。传统观点认为，监护监督是对监护人履行职责的情况进行监督。然而，儿童监护是一个长期的过程，儿童的生存发展利益需要得到持续性的保护。基于此，有学者认为监护监督应采广义概念，即除应包括对监护人履行监护职责的监督，还应包括对监护人选任、监护失职的法律责任承担以及发现监护失职后提供权利救济的监督。监护监督应以国家的公权力为依托，强调国家责任，以此为基础涵盖法院在任命监护人时的事前监督，监护监督人或监护监督机构对监护人依法履职的事中监督，以及司法机关对监护失职情形的事后监督三个维度的内容。[1]

其次，从立法层面来看，我国现有立法对监护监督有待进一步强调和重视。充分享有受监护权是儿童生存和发展的前提和基础，建立儿童监护监督机制是"子女本位"立法的必然要求。虽然《民法典》第 36 条对撤销监护人资格制度进行了完善，《未成年人保护法》第 43 条亦规定了居民委员会、村民委员会对监护人履行监护职责的监督及报告义务，在一定程度上体现了监护监督的理念，但无论是《民法典》还是《未成年人保护法》，均未能建立起系统的儿童监护监督机制。一方面，《民法典》未明确"监护监督"的概念，未规定儿童监护监督主体；另一方面，《未成年人保护法》虽对儿童监护监督有所规定，但对行使监护监督权的主体及其职责有待进一步明确细化。监护监督应是指"国家保障监护职责顺利履行所进行的公权干预"，包括事前、事中及事后的全

---

〔1〕 谢芳：《完善我国未成年人监护监督制度的原则及路径》，载《中国青年社会科学》2021 年第 1 期，第 126—132 页。

过程，任何一个环节的监督缺失都会导致儿童的受监护权难以得到有效保障。

最后，从实践层面来看，我国尚未建立起专门的监护监督制度。人民法院在我国具有监督监护人履行监护义务的职责，但法院监督受限于诸多因素，在实践中只有在启动司法程序后才能实现。[1]我国传统的监护观念不区分亲权与监护，将监护视为一种身份权，因此国家对此并没有过多介入。随着儿童权利保护意识的提高及监护义务属性的强化，有必要在监护人的忠诚和道德约束的基础上，加强对监护人勤勉履行监护职责的外部监督。[2]立足中国实践，一方面，根据国务院《关于加强困境儿童保障工作的意见》，村民委员会、居民委员会要设立儿童福利督导员或儿童权利监察员，负责宣传和日常工作，并通过全面排查和定期走访等途径及时掌握困境儿童的家庭、监护、就学等基本情况，为家庭依法履行监护职责提供指导和监督。据此，儿童福利督导员及儿童权利监察员可在一定程度上承担监护监督职责。[3]另一方面，民政部门和法院作为监护监督机构具有一定的群众基础。为此可考虑设立由民政部门为主导的行政监督，以及由法院、检察院及公安机关为主要力量的司法监督。

---

〔1〕 谢芳：《完善我国未成年人监护监督制度的原则及路径》，载《中国青年社会科学》2021 年第 1 期，第 126—132 页。

〔2〕 叶榅平：《罗马法监护监督制度的理念及其意义》，载《华中科技大学学报（社会科学版）》2009 年第 6 期，第 44—49 页。

〔3〕 国务院：《关于加强困境儿童保障工作的意见》（国发〔2016〕36 号），载 http://www.gov.cn/zhengce/content/2016-06/16/content_5082800.htm，最后访问日期：2021 年 9 月 14 日。

小　结

　　我国的儿童监护事务经历了绝对从属于家庭私领域到国家公权力逐步干预和介入的重大变革。近年来，随着父母或其他监护人侵害儿童权利案件的频发，国家采取公权干预措施积极介入儿童家庭监护事务为儿童提供全面兜底保护成为解决现实问题的重要途径。伴随人权理念在中国的不断发展和深化演进，在司法实践的推动和社会组织、专家学者等多方力量的共同呼吁和努力下，儿童国家监护的相关内容在国家立法中逐步确立下来，国家公权力干预和介入儿童家庭监护的相关实践逐步完善。以《宪法》《民法典》《未成年人保护法》等法律为依据，我国初步构建了"以家庭监护为基础，社会监护为补充，国家监护为兜底"的儿童监护体系，国家承担为儿童家长履行监护职责提供指导和协助，并在家庭监护缺位、监护不力或不利时采取措施保障儿童受监护权的国家义务。

　　我国儿童国家监护的相关实践在立法完善、机制建立以及具体措施层面均取得了一定进展。在立法层面以批准的国际人权公约为参照强调了保障儿童人权的国家义务；在行政执法层面设立并发展了包括国务院妇女儿童工作委员会、民政部儿童福利司、中央预青工作组以及国务院未成年人保护工作领导小组等在内的保护儿童权利的专职机构和部门，并在司法实践中通过对存在问题的儿童家庭监护的必要干预和介入实现了国家对儿童的全面兜底保护。然而，分析总结中国儿童监护的已有实践，应承认我国尚未建立起完善的儿童国家监护法治体系。在立法层面，儿童国家监护的相关法律规定有待进一步明确细化；在行政执法及其他措施层面，国家对儿童家庭监护的支持和干预措施以及对儿童家庭监护的监督机制仍有待进一步健全和完善。儿童具有身心发育不成熟的特殊性，其充分享有受监护权是实现其他各项基本人权的前提和基础。儿童国家监护是以强有力的国家公权力为保障促进儿童实现受监护权的重要方式，从体系化的视角出发，构建以人权保障为核心的儿童国家监护法治体系，既是解决儿童保护实践面临的诸多新问题和新挑战的现实需要，也是国家积极履行人权义务的重要体现。

第五章

构建中国儿童国家监护法治体系

　　中国尚未建立起完善的儿童国家监护法治体系，儿童国家监护的相关实践在立法、司法及行政执法层面均有待进一步完善。立足前述第一章关于基础理论的学理探讨，并综合考量第二章对国际标准的梳理总结及第三章对域外实践的比较研究，应明确儿童国家监护除了要贯彻私法自治理念，尊重当事人意愿，更强调监护领域适度的国家义务与社会责任。国家监护既有明线，体现为国家与儿童间的关系，亦有暗线，体现为国家与家庭对儿童责任的分配。从这一角度分析，国家监护的义务性更为明显。国家的创制依赖于公民权利的让渡，这种权利的让渡要求国家为处于弱势地位的公民提供保护，儿童是弱势中的更弱势，应受到国家的关注和照顾。[1]监护权的核心内容是义务，儿童监护是家庭、社会和国家的共同责任，与此同时自然亲权优先，国家监护具有补充性。为应对现代社会中存在的风险，实现对儿童权利的有效保护，国家须在必要时对儿童的父母监护进行补位。构建儿童国家监护法治体系，实现国家在儿童的家庭监护缺位、父母或其他监护人不能履行监护职责或严重侵害儿童的合法权益时行使公权力干预和介入儿童的家庭监护事务，是解决儿童保护实践面临诸多新问题和新挑战的现实路径，也是国家积极履行保护儿童权利人权义务的重要体现。

《中共中央关于全面推进依法治国若干重大问题的决定》指出："全面推进依法治国，总目标是建设中国特色社会主义法治体系，建设社会主义法治国家。"[2]该决定对我国法治体系的构成板块作了如下规定：一是立法体系；二是法治政府及其行政法治体系；三是司法体制及司法权的法治过程；四是法律的社会治理；五是党内法治问题。[3]法治是一个系统工程，仅有法律规范体系是不够的，还须有多个要素系统支持法治的实现。法律体系是构建法治体系的前提和基础，而从立法到法律的实施均是法治的环节。[4]法治体系与法律体系不同，其构建涉及多个层面的动态考察。涉及儿童国家监护议题，尤应立足儿童国家监护相关基础理论，遵

---

〔1〕 冯源：《儿童监护模式的现代转型与民法典的妥当安置》，载《东方法学》2019 年第 4 期，第 150—160 页。

〔2〕 新华社：《中共中央关于全面推进依法治国若干重大问题的决定》，载 http://www.npc.gov.cn/zgrdw/npc/zt/qt/sbjszqh/2014-10/29/content_1883449.htm，最后访问日期：2022 年 5 月 31 日。

〔3〕 关保英：《法治体系形成指标的法理研究》，载《中国法学》2015 年第 5 期，第 53—72 页。

〔4〕 陈金钊、宋保振：《法治体系及其意义阐释》，载《山东社会科学》2015 年第 1 期，第 13—22 页。

循儿童国家监护相关国际标准，以中国实践为依据并借鉴域外经验，探究植根于中国国情并体现中国特色的儿童国家监护法治体系基本价值，并以此为基础，全面考量立法、司法及行政执法三个层面的具体路径。

第一节　中国儿童国家监护法治体系的基本价值

当代中国建立和发展儿童保护制度的重要使命之一，是推进国家公权力以特定法定形式对儿童家庭监护进行干预，确保儿童父母或其他监护人的监护行为受到国家的规范和监督，保障儿童的受监护权得以充分实现。[1]在基本价值层面，儿童国家监护法治体系应植根于中国延续数千年的传统文化和家庭伦理，并立足建党百年来中国经济社会发展取得的显著成就和历史经验，从中国国情出发，体现儿童国家监护法治体系的中国特色和制度优势，真正践行习近平总书记在中共中央政治局集体学习会上强调的："把人权普遍性原则同中国实际结合起来，从我国国情和人民要求出发推动人权事业发展，确保人民依法享有广泛充分、真实具体、有效管用的人权。"[2]

一、传统家庭伦理的历史延续

中国的"伦理"一词原指音乐现象，《礼记·乐记》云："凡

---

〔1〕　程福财：《中国儿童保护制度建设论纲》，载《当代青年研究》2014年第5期，第65—70页。

〔2〕　《习近平：坚定不移走中国人权发展道路　更好推动我国人权事业发展》，载 https://baijiahao.baidu.com/s？id=1725796970912144476&wfr=spider&for=pc，最后访问日期：2022年3月12日。

音者，生于人心者也；乐者，通伦理者也。"[1]指根据特定的乐器来调试琴弦松紧、配置砝码，并按照律吕规范进行乐曲演奏。而孟子早在先秦时期便提出"人伦"的概念，指出理想的人伦关系应是"父子有亲，君臣有义，夫妇有别，长幼有序，朋友有信"。[2]随着社会发展，伦理一词拓展为关乎人们行为品质、生活方式乃至生命意义的概念，成为指示人与人之间关系与处理相互关系的原则。[3]而"道德"以善恶、正邪、诚实和虚伪来评价和调节人们的行为，是依靠社会舆论和人的内心信念维持的规范总和。以道德伦理为约束是中华民族悠久文明的突出特点，在家庭中以血缘关系为基础形成了天然的长幼辈分之序。传统家庭伦理不仅贯穿于中国数千年的法律制度与思想文化，对现代中国的儿童监护制度也产生了深远影响。一方面，中国以传统伦理道德为基础的文化内核确保了中国式家庭关系的和谐与稳定；另一方面，中国的儿童监护在较长的历史阶段中表现出重家庭责任而轻国家责任的显著特征。

（一）以伦理文化为根基的和谐稳定

中国古代并没有像古希腊、古罗马一般崇尚法治的传统，而把治理国家看作"修身、齐家、治国、平天下"的道德修养过程，从而在长期的历史文化中主张向"内"挖掘，试图通过提高人的觉悟，依靠伦理道德而非外在的法律规范和制度去约束人们的行为。以传统道德伦理为基础的中国式家庭文化体现出以对人的关怀为核心的价值取向，并从根本上奠定了中国式家庭关系的和谐稳定。"君君臣臣，父父子子""孝治天下，德治天下"既反映出伦理道德在社会制度层面的生命力，也时刻体现着传统文化对于

---

〔1〕　参见《礼记·乐记》。
〔2〕　参见《孟子·滕文公上》。
〔3〕　业露华：《中国佛教伦理思想》，上海社会科学院出版社2000年版，第1页。

每个个体言行举止的指引与约束。尊重长辈、呵护幼小的家庭伦理构成了中华传统美德的重要内容，而庞大连贯的传统文化体系亦源源不断地滋养着促进家庭和谐稳定的精神支柱。在中国传统家庭伦理的支配下，个体被赋予不同的道德期望、道德权利和道德责任，父母在家庭中承担着抚养、照顾、教育、监管和保护子女的社会职能。传统上，家庭作为国家权力统治下的自治单位，由家长代表国家按照伦理法则对家庭进行管理。父母，通常是父亲在家庭中处于权力主导地位，而子女处于附属地位。伴随经济发展和生产力水平的提高，个体的社会化程度不断加深，儿童监护事务从遵循传统的自然生活逻辑逐步发展为遵循社会化的法律逻辑，父母子女关系由家庭伦理关系发展为权利义务明确的法律关系。中国的儿童监护事务经历了从传统归属于家庭私领域到国家公权和法律逐步干预和介入的重大变革。

在中国漫长的历史中发展形成的传统伦理道德既是中华文明的思想内核，也是中国社会法律制度的重要内容。有学者指出："法律是文化的表现形式之一，与传统、习惯等因素一道共同构成文化的固有内容。法律文化作为文化的一种，与历史习惯和传统密切相连，是一个民族长期的生活方式、宗教伦理、思维方式沉淀和凝结的结果，深深融会于人们的观念和意识中，具有极强的地域性、民族性和稳定性。"[1]这一认识既指明了法律与民族文化不可分割的密切联系，也从反面进一步论证了伯尔曼提出的"法律必须被信仰，否则形同虚设"的经典论断。[2]法律之所以能够被有效遵循，前提在于其符合人的基本理性和伦理价值从而被社会公众所信仰。因此，在中国构建儿童国家监护法治体系，必须

---

〔1〕 赵万一:《民法的伦理分析》（第二版），法律出版社 2012 年版，第 3—6 页。

〔2〕 ［美］哈罗德·J. 伯尔曼:《法律与宗教》，梁治平译，生活·读书·新知三联书店 1991 年版，第 8 页。

以在中国延续数千年的传统伦理文化为根基。

（二）重家庭责任而轻国家责任的早期特点

重家庭责任、轻国家责任是中国早期儿童监护的重要特征，这一特征在《民法通则》《婚姻法》等法律中有所体现。中国于1986年4月12日颁布《民法通则》，作为调整平等主体间民事法律关系的重要法律规范。通过对《民法通则》的分析，可在一定程度上发现早期国家公权力机关在儿童监护事务中的缺位。根据《民法通则》第16条，一方面，在由愿意承担监护责任的其他亲属、朋友担任监护人时，同意权归属于未成年人父母所在单位以及未成年人住所地的居民委员会、村民委员会；另一方面，在担任监护人有争议时，指定权也归属于未成年人父母所在单位以及未成年人住所地的居民委员会、村民委员会。由此，父母所在单位及未成年人住所地的居民委员会、村民委员会承担着为未成年人确定监护人的法定职责，而应代表国家在涉民政工作中行使公权力的民政部门并未发挥有效作用。

此外，中国于1950年5月1日颁行《婚姻法》，从法律层面调整民事主体的婚姻关系及家庭关系。涉及儿童监护事务，《婚姻法》强调父母具有保护和教育未成年子女的权利和义务。[1]然而，该法仅规定了父母责任，并未进一步明确为儿童父母及家庭提供适当协助的国家责任。根据《儿童权利公约》第18条第2款，国家"应在父母和法定监护人履行其抚养儿童的责任方面给予适当

---

[1] 参见《婚姻法》第21条："父母对子女有抚养教育的义务；子女对父母有赡养扶助的义务。父母不履行抚养义务时，未成年的或不能独立生活的子女，有要求父母付给抚养费的权利。子女不履行赡养义务时，无劳动能力的或生活困难的父母，有要求子女付给赡养费的权利。禁止溺婴、弃婴和其他残害婴儿的行为。"第23条："父母有保护和教育未成年子女的权利和义务。在未成年子女对国家、集体或他人造成损害时，父母有承担民事责任的义务。"

协助，并应确保发展育儿机构、设施和服务"〔1〕。中国是《儿童权利公约》的缔约国，应在规定父母责任的基础上进一步明确儿童监护的国家责任。

综上所述，中国传统家庭伦理对构建儿童监护制度体系产生了深远影响，其既从精神层面为中国式家庭关系的和谐稳定奠定基础，也在制度层面塑造了中国早期儿童监护的特征。构建中国儿童国家监护法治体系，既要发挥传统伦理文化的特色和优势，也应客观认识和把握传统观念对现代法治兼具推动与制约的双重作用。

二、经济社会发展的现实条件

新中国成立以来，党和人民共同努力深化改革，不断发展并完善中国特色社会主义制度体系。〔2〕立足中国国情、顺应时代潮流，中国特色社会主义制度为我国的经济社会发展奠定了制度基础。2017 年 10 月 18 日至 24 日，中国共产党第十九次全国代表大会召开，把习近平新时代中国特色社会主义思想确立为党必须长期坚持的指导思想并庄严地写入党章。此后 2018 年 1 月 18 日至 19 日，党的十九届二中全会在北京举行，把习近平新时代中国特色社会主义思想载入宪法。习近平新时代中国特色社会主义思想是中国共产党在新的历史时期最大的理论成果，在新发展理念的指

---

〔1〕　See Paragraph 2, Article 18 of the *Convention on the Rights of the Child*："For the purpose of guaranteeing and promoting the rights set forth in the present Convention, States Parties shall render appropriate assistance to parents and legal guardians in the performance of their child-rearing responsibilities and shall ensure the development of institutions, facilities and services for the care of children."

〔2〕　参见赵秀芳：《中国特色社会主义制度：确立、优势、坚持和完善》，载《湖北社会科学》2012 年第 3 期，第 13—16 页。

导下，推动高质量发展成为我国经济社会发展的主题。[1]高质量的经济社会发展有效推动了国家公权力对社会福利事业的支持和投入。涉及儿童国家监护，一方面，应认识到雄厚的经济基础为国家干预儿童监护事务提供了强有力的人力物力保障；另一方面，应明确现阶段我国与发达国家仍存在经济差距的现实情况。我国儿童国家监护法治体系的构建必须立足现实，符合我国的基本国情。

（一）经济发展为国家干预提供强有力保障

经济基础与上层建筑的关系问题是马克思主义法哲学的根本性问题。经济基础决定上层建筑，而随着经济基础的变更，上层建筑也或慢或快地发生着变革。[2]经济基础对于上层建筑的决定性作用证明了为推动历史向前发展提供所必需的物质条件的重要性。[3]唯有实现国家经济的高质量发展，才能为建立健全增进人民福祉的各项社会制度奠定基础。儿童国家监护是国家行使公权力，以保护儿童权利为目的对儿童监护事务的全环节介入。构建具有中国特色的儿童国家监护法治体系，必须明确相关制度体系得以充分发展的经济基础。

新中国成立后，我国加强工业化体系建设，不断推动经济发展。改革开放以来，我国以经济建设为中心推动国民经济和人民

---

〔1〕　参见孙业礼：《新时代新阶段的发展必须贯彻新发展理念》，载《马克思主义与现实》2021 年第 1 期，第 1—6 页。

〔2〕　马克思指出："人们在自己生活的社会生产中发生一定的、必然的、不以他们意志为转移的关系，即同他们的物质生产力的一定发展阶段相适合的生产关系。这些生产关系的总和构成社会的经济结构，即有法律的和政治的上层建筑竖立其上并有一定的社会意识形式与之相适应的现实基础。"参见中共中央马克思恩格斯列宁斯大林著作编译局编译：《马克思恩格斯文集》（第二卷），人民出版社 2009 年版，第 591—592 页。

〔3〕　庞艳宾、刘金清：《重新理解系统发展的"经济基础-上层建筑"科学构想——解蔽马克思的"经济基础-上层建筑"隐喻》，载《系统科学学报》2022 年第 2 期，第 6—11 页。

生活的发展，推动中国特色社会主义进入新时代。党的十九大报告提出"不断满足人民日益增长的美好生活需要"。[1]当前，中国已经发展成为世界第二大经济体，彻底消灭了绝对贫困，实现了全面建成小康社会的奋斗目标。[2]以此为基础，始终坚持人民至上的法治理念得到进一步深化强调。儿童是国家的希望和民族的未来，经济社会发展为国家采取各项措施为儿童及其家庭提供支持和帮助并在必要时行使公权力干预儿童的家庭监护提供强有力的物质保障，也从确保经济社会可持续发展的层面对国家积极履行儿童监护国家义务提出了要求。为进一步贯彻落实以人为本的发展理念，确保实现经济社会的高质量发展，国家应为在家庭和社会中处于弱势地位的儿童提供全面的权利保护，这既是应对经济社会发展引发新问题和新挑战的重要途径，也是国家经济社会可持续发展的应有之义。

（二）现阶段与发达国家仍存在经济差距

立足我国全面建成小康社会取得伟大历史性成就的现实背景，2021 年 3 月 11 日，第十三届全国人民代表大会第四次会议表决通过了《中华人民共和国国民经济和社会发展第十四个五年规划和2035 年远景目标纲要》，从经济发展、改革开放、社会文明、生态文明、民生福祉、国家治理六个方面提出了我国"十四五"时期经济社会发展的主要目标。[3]新中国成立 70 余年来，我国经济社会发展取得了显著成就，但与发达国家相比现阶段仍存在经济差

---

〔1〕习近平：《决胜全面建成小康社会 夺取新时代中国特色社会主义伟大胜利——在中国共产党第十九次全国代表大会上的报告》，人民出版社 2017 年版，第 45 页。

〔2〕韩喜平：《中国共产党百年领导经济发展成就与经验启示》，载《人民论坛·学术前沿》2021 年第 11 期，第 47—55 页。

〔3〕参见新华社：《中华人民共和国国民经济和社会发展第十四个五年规划和 2035 年远景目标纲要》，载 http：//www. gov. cn/xinwen/2021-03/13/content_ 5592681. htm？pc，最后访问日期：2022 年 2 月 6 日。

距。有学者指出，历史研究证明经济发展具有阶段性，发达国家的经济发展阶段性划分可以通过不同方法实现，利用不同方法划分的阶段与我国现阶段的对比虽有所差异，但也有一定的相似性。例如，基于单一总量指标法划分的对比，以世界银行的标准来看，我国处于世界银行标准的中高等收入国家行列，而基于钱纳里标准，我国仅相当于发达国家 20 世纪 60 年代初的平均经济发展水平。总的来看，尽管我国有些行业已经具有尖端技术，但经济整体表现依然在发达国家 20 世纪 70 年代前后的水平徘徊。[1]

　　构建儿童国家监护法治体系，特别是在借鉴发达国家儿童监护体系相关经验时，必须充分考虑我国现阶段的经济发展水平，考虑我国与其他国家存在的发展差异以及我国新时代发展的现实特点，遵循历史发展的客观规律和我国的基本国情。一方面，在支持儿童家庭监护的相关举措方面，应侧重基础性、普惠性和兜底性的国家支持措施的落实，立足我国现阶段的经济发展水平，确保国家支持和帮助措施的全面覆盖和可持续性；另一方面，在干预和介入儿童家庭监护的相关举措方面，应强调优先维护儿童天然的家庭监护，将由国家公权力机关直接担任儿童监护人的国家代位监护作为"不得已而为之"的最后手段，确保国家资源在儿童监护的各个环节发挥最大效用，避免对儿童家庭监护的过度干预和国家行政资源的不必要浪费。

　　综上所述，立足我国的传统家庭伦理的历史影响以及我国经济社会发展的现实情况，构建儿童国家监护法治体系应不断完善对儿童的全面兜底保护并有效制止和惩戒侵犯儿童权利的行为，从增进儿童福祉的角度出发加强国家干预力度，建立立足中国实

---

　　[1]　参见孙虹、俞会新：《从发展阶段划分看中国经济与发达国家的差距》，载《学术交流》2019 年第 9 期，第 126—136 页。

际并体现中国特色的儿童国家监护法治体系。我国的儿童国家监护应包括两个层面的内容：其一，国家采取补救措施，在儿童家庭监护不力或监护不能时为家庭提供支持和帮助，弥补儿童家庭监护的不足，帮助儿童的家庭监护恢复其应有的功能并承担抚养教育儿童的社会职能。其二，国家采取必要的干预和介入措施，对儿童的家庭监护进行强有力的监督。监督的内容既应包括设置专门机构或委托有关单位或个人推动对儿童权益的保护，亦应包括在儿童父母或其他监护人损害儿童权益时，行使国家公权力对儿童父母的监护权进行必要限制或由国家公权力机关直接担任儿童的监护人。[1]

第二节　构建儿童国家监护法治体系的立法面向

提高儿童权利保护的法治化水平，健全儿童国家监护相关的各项法律法规，有利于推动完善以保护儿童人权为核心的国家救助和国家干预，为在实践中构建儿童国家监护法治体系提供清晰的法律指引。有学者指出，评价儿童保护立法是否良好的标准包括五项内容：其一，相关法律的价值取向是否将儿童作为权利主体，是否将儿童的最大利益作为首要考虑；其二，相关法律是否对处于更弱势地位的困境儿童给予优先而特别的保护；其三，相关法律的内容是否充分考虑儿童的特殊性和现实问题的复杂性；其四，相关法律是否用语表述准确且具有可操作性；其五，相关法律是否形成效力等级、实体与程序相配套的完善体系。[2]由此，

---

〔1〕陈菲菲、王太高：《论政府监护理论在我国的确立及其制度构建》，载《南京社会科学》2017年第7期，第105—111页。

〔2〕尹力：《良法视域下中国儿童保护法律制度的发展》，载《北京师范大学学报（社会科学版）》2015年第3期，第40—50页。

完善儿童国家监护相关立法，一方面，应确保各相关立法内部的明确细化。在充分考虑儿童的特殊性及儿童权利保护面临现实问题复杂性的基础上，推动原有原则化、抽象化法律规定的不断完善，理顺各职责主体间的关系，增强法律的可操作性及其对解决现实问题的指导意义。另一方面，应理顺各相关立法之间的关系，实现以宪法价值和宪法精神为根本遵循，以民法典基本规范为核心指引的各专门立法及其他相关规范性文件间的协调和统一。

一、明确保护儿童国家责任的根本法强调

宪法确认了一个国家的基本法治秩序，现代法治秩序可以在宪法中找到基本原则性的、概括性的规范依据。宪法是限制国家公权力之法，通过将国家设定为社会发展之责任主体的方式实现对国家权力的控制，其决定了一个国家的政治统一性和社会秩序的整体状态。[1]有学者指出，宪法是人为了自己的生存和发展有意识地组织政治共同体的规则，以及由该规则所构建的社会秩序。[2]在法律体系中遵循宪法的精神和原则，有利于在不同的社会领域确立统一的宪法秩序，进而促进社会共识的达成。

（一）宪法强调国家保护责任的应然标准

作为根本大法，宪法的至上地位是保证权力服从法律的关键所在。[3]美国思想家托马斯·潘恩强调了宪法的至高地位，认为"宪法是一样先于政府的东西，而政府只是宪法的产物。一国的宪

---

〔1〕　参见［德］卡尔·施米特：《宪法学说》（修订译本），刘锋译，上海人民出版社 2016 年版，第 23 页。

〔2〕　刘茂林：《宪法究竟是什么》，载《中国法学》2002 年第 6 期，第 21—23 页。

〔3〕　安然：《宪法在中国特色社会主义法律体系中的地位与作用》，载《法学杂志》2012 年第 4 期，第 132—136 页。

法不是其政府的决议，而是建立起政府的人民的决议"〔1〕。人本主义是宪政文化的核心思想。以人为本是中国传统伦理精神的重要内涵，其植根于中国古代传统的人本思想和民本思想。从价值层面来看，以人为本既是对中国传统伦理精神的发展与超越，又兼涵西方人文主义的合理内容。在立法层面，以人为本体现于权利本位、人格独立、自由平等、政府不得滥用权力等诸多内容之中。这一理念要求亲属法必须以人为出发点和落脚点，承认人的自然本性，尊重人的尊严，保障人的权利。其强调实质平等，要求国家公权力为弱者提供人文关怀和特别保护。〔2〕

　　较之于其他法律，宪法有很多特性，宪法是典型的"授权法"。〔3〕宪法是国家和社会生活中的基本法，这在一定意义上指明了宪法所具有的保障人之为人的根本权利的功能。宪法授予儿童权利会对儿童权利保护产生结构性影响。一方面，宪法的特别规定在宪法解释学和解释宪法过程中发挥重要作用。其不仅体现了儿童权利的优先性，还形成了保护儿童权利的以宪法为核心的体系性结构。另一方面，宪法的特别规定为儿童权利保护提供了最高的和最核心的规范，统领着儿童权利保护的规范体系和具体制度。宪法能够为儿童国家监护法治体系的构建提供最根本的应然标准。首先，宪法人权保护机制为国家保护儿童权利提供前提和基础；其次，宪法在不同主体间的协调机制影响着对儿童的权利保护；再其次，宪法构建的权力分工和监督制约是保护儿童权利的重要内容；最后，宪法体系下的福利与公平实现机制为保护儿

---

〔1〕　［美］托马斯·潘恩：《潘恩选集》，马清槐等译，商务印书馆1981年版，第250页。

〔2〕　曹贤信：《亲属法的伦理性及其限度研究》，群众出版社2012年版，第236页。

〔3〕　张千帆：《宪法学导论：原理与应用》（第二版），法律出版社2008年版，第25页。

童权利提供方式和途径。[1]

（二）宪法对构建儿童国家监护法治体系的实然约束

与近代宪法相比，福利国家对宪法约束国家的功能的挑战，新主体、新手段和新程序对宪法公私基本划分的消解以及在国际化和全球化浪潮中"去国家化"对宪法界限的模糊，均使得现代宪法的实现条件发生了巨大变化。现代宪法的内容日益宽泛，涉及政治、经济和婚姻家庭制度等诸多内容。[2]我国《宪法》在对各项公民基本权利进行肯认的基础上，在第49条第1款中特别规定"婚姻、家庭、母亲和儿童受国家的保护"，并以此为基础进一步强调了未成年子女享有受父母抚养教育的权利。《宪法》明确了对儿童权利的特别保护，而作为宪法权利的一般主体，其他基本权利条款对儿童亦可适用。[3]由此，儿童既享有普遍意义上的生命权、隐私权、人身自由和人格尊严、通信自由和通信秘密、受教育权、参与权等权利，也享有特殊保护层面上的受保护权及受监护权。

从宪法角度来看，包括儿童在内的社会弱势群体拥有和普通大众平等的权利，而其相对弱势、弱能的特殊性决定了为其提供权利保护的重要性和迫切性。[4]对包括儿童在内的特定群体的权利保护构成了宪法上的一种独特法益。一方面，宪法保护特定群体的权益意味着特定主体的个人利益及群体利益获得了宪法规范

〔1〕 卢雍政：《论特殊主体权利的宪法特别保护》，载《法律适用》2012年第5期，第56—59页。

〔2〕 任喜荣：《民法典对宪法秩序建构的回应及其反思》，载《当代法学》2021年第3期，第33—42页。

〔3〕 管华：《论儿童宪法权利的制度保障》，载《江苏行政学院学报》2012年第5期，第131—136页。

〔4〕 赫正芬：《论社会弱势群体的宪法保护》，载《理论与改革》2013年第3期，第150—152页。

的确认，并在宪法实践中受到重视；另一方面，由于特定群体本身所具有的特殊性，保护特定群体的权利构成了公共利益和道德上的共识。在衡量法益冲突的天平上，宪法对特定主体权利的保护具有优先性。[1]

具体而言，涉及儿童国家监护法治体系的构建：其一，宪法明确了家庭是实现儿童健康成长的最天然的环境，国家应确保对儿童及其家庭的保护，并确保国家公权力机关对家庭的尊重及不任意干涉。其二，宪法对儿童权利的肯认和保护要求国家在儿童的家庭监护存在缺位、不力或不利时，从维护家庭基本功能的角度出发，为儿童家庭提供支持和帮助，协助家庭履行养育儿童的法定职责。其三，宪法对儿童权利的肯认和保护要求国家在儿童家庭监护缺位或儿童父母或其他法定监护人严重侵犯儿童权利时，从维护儿童最大利益的角度出发，采取积极的干预措施及时介入儿童的家庭监护，履行保护儿童权利的国家责任，为儿童提供全面、兜底的公权力保护。值得注意的是，在法律化和制度化的过程中，宪法确认的公民基本权利常常被设定界限，而这些界限因存在削弱宪法基本权利的风险而需接受合宪性检验，为基本权利提供救济机制是宪法制度的重要内容。[2]为此，完善儿童国家监护相关立法，应为儿童及其家庭提供寻求权利救济的法定程序和补救措施。

二、规范儿童国家监护制度的民事基本法指引

《民法典》是新中国第一部以"典"命名的法律，其是社会生

---

[1] 卢雍政：《论特殊主体权利的宪法特别保护》，载《法律适用》2012年第5期，第56—59页。

[2] 任喜荣：《理解宪法基本价值的五个维度——重塑依宪治国的观念基础》，载《吉林大学社会科学学报》2015年第2期，第17—25页。

活的百科全书，是市场经济的基本法，亦是保护公民权利的宣言书。习近平总书记强调，"民法典在中国特色社会主义法律体系中具有重要地位"。[1]为实现民法典对构建儿童国家监护法治体系的规范指引，一方面，应明确《民法典》保障儿童受监护权相关法律规范的基础性地位；另一方面，应探析《民法典》对儿童国家监护作出的具体规范，为进一步理解并逐步完善儿童国家监护法治体系中的其他相关立法提供统一标准。

（一）明确《民法典》保障儿童受监护权的定位

正确实施《民法典》关于保障儿童受监护权的规定，首先要明确《民法典》的基本定位，准确处理好在涉及儿童国家监护事务时，《民法典》与《宪法》这一根本大法，与公法、单行法和司法解释的关系。首先，《民法典》因其以"人的保护"为基础法律价值而被视为是民事权利的宣言书，[2]其与作为"共同体基本法秩序"[3]的《宪法》在调整对象上存在部分竞合。民法作为法律体系的构成部分，其进行价值判断的根本来源在于宪法。从法律体系的内在统一性出发，《民法典》应回应宪法秩序所体现的国家立法理性。[4]长期以来，宪法致力于分配国家权力并确认公民权利，宪法中权利规范的效力也主要限于个人与国家或公共权力之间的关系以及国家或公共权力内部的关系。然而，现代宪法以其

---

〔1〕　新华网：《习近平在中央政治局第二十次集体学习时强调 充分认识颁布实施民法典重大意义 依法更好保障人民合法权益》，载 https://www.spp.gov.cn/spp/tt/202005/t20200529_463584.shtml，最后访问日期：2021 年 11 月 13 日。

〔2〕　薛军：《人的保护：中国民法典编撰的价值基础》，载《中国社会科学》2006 年第 4 期，第 117—128 页。

〔3〕　〔德〕康拉德·黑塞：《联邦德国宪法纲要》，李辉译，商务印书馆 2007 年版，第 18 页。

〔4〕　任喜荣：《民法典对宪法秩序建构的回应及其反思》，载《当代法学》2021 年第 3 期，第 33—42 页。

调整的社会关系领域的广泛性、体系结构的完整性以及法律效力的最高性，将其价值判断渗透进广泛的社会领域，包括婚姻家庭制度，形成"宪法与民法之间在规范上对向互化、彼此交融"〔1〕的现状。《民法典》第1条规定"根据宪法，制定本法"，确认了宪法的法律位阶秩序，并在此基础上将宪法规定的包括家庭制度在内的制度具体化。〔2〕

其次，《民法典》与公法有机衔接，前者主要保障民事主体私权利，注重社会治理中的自由自治，而后者规范国家公权力，强调公权力对社会秩序的有效干预和对公民权利的公法保障。虽然公法与私法的界限较为清晰，但立足社会现实，许多私法规范的适用需借助公法的保障。有学者指出，公法与私法间的互相渗透和影响是社会发展过程中的必然现象。〔3〕民法中存在的涉及国家民政部门等行政主体的规范是"公法与私法发展混融的结果"。《民法典》中的多条规范涉及行政主体的法律义务，这是民法视角的国家公权力机关对社会治理活动的参与。〔4〕尤其涉及对包括儿童在内的处于社会弱势地位者的权利保护，《民法典》需通过与公法衔接来实现公共利益与社会福利的最大化。保障公民的民事权利需要国家公权力机关的积极作为。《民法典》中的自由与自治都必须在宪法和法律规定的框架内才具有正当性，强行性法律规范是评价民事法律行为的尺度。如在《民法典》的监护制度中，在

〔1〕 林来梵：《民法典编纂的宪法学透析》，载《法学研究》2016年第4期，第99—118页。

〔2〕 秦小建、周瑞文：《〈民法典〉公序良俗规定的宪法向度》，载《湖北大学学报（哲学社会科学版）》2021年第4期，第97—109页。

〔3〕 张淑芳：《私法渗入公法的必然与边界》，载《中国法学》2019年第4期，第84—105页。

〔4〕 张国敏、郝培轩：《公法与私法的融合性社会治理——以民法典中行政主体义务性规范为视角》，载《河北法学》2021年第6期，第121—132页。

儿童监护缺位或其父母或其他监护人无法履行监护职责时，政府部门可直接作为儿童等特殊主体的监护人，以避免儿童处于无人保护的状态，国家公权力填补了儿童家庭监护的不足。[1]《民法典》在保障私权领域发挥重要作用，也在一定程度上规范了公权力的行使。应始终明确公权来自私权的让渡，其应为私权提供保障。同时私权确定了公权行使的界限，公权的设立目标就是保障私权，未经法定程序和法定条件，任何人不得非法侵害或剥夺民事权利。[2]《民法典》作为多部调整民事关系的部门规章及地方政府规章的上位法，能够发挥权力制约的作用，避免公权力对公民私权的过度干预。《民法典》这一基础性法律的颁布实施要求与之冲突的公法规范进行修改和统一。

　　再其次，《民法典》的适用、价值和解释都具有基础性地位，相关单行法应根据《民法典》的规则进行调整和完善。自 20 世纪以来，大陆法系国家和地区多在民法典之外制定大量单行法以应对现实需求，这一"去法典化"在一定程度上加剧了人们对法律渊源在认识层面上的混乱。"《民法典》的制定乃基于法典化的理念，将涉及民众生活的私法关系，在一定原则之下作通盘完整的规范。"[3]《民法典》的颁行有效整合了散乱的民事单行法，构建了在统一价值指导下的完整系统的规范体系。[4]其与单行法应是基本法与特别法的关系，《民法典》是基础，单行法应在《民法典》的统率下来制定和解释。在价值理念层面，各单行法应严格

---

〔1〕　李永军：《民法典编纂中的行政法因素》，载《行政法学研究》2019 年第 5 期，第 3—19 页。

〔2〕　汪习根主编：《发展、人权与法治研究——法治国家、法治政府与法治社会一体化建设研究》，武汉大学出版社 2014 年版，第 268 页。

〔3〕　王泽鉴：《民法总则》（增订版），中国政法大学出版社 2001 年版，第 22 页。

〔4〕　王利明：《民法典的体系化功能及其实现》，载《法商研究》2021 年第 4 期，第 3—15 页。

遵循《民法典》所确立的平等、自愿、诚实守信、公序良俗等基本价值精神；在具体规范层面，各单行法应以《民法典》确立的规则为依据和指导，不断完善自身的相关规定以实现现代性和科学性。

最后，应准确处理《民法典》与司法解释之间的关系。《民法典》涉及的大量规则来自司法实践，是在总结司法实践经验的基础上进行修改补充提炼形成的。但是，应明确司法解释是对法律的解释，不能与法律的规定、精神和价值理念冲突或矛盾。为此，一方面，在已有司法解释中被《民法典》吸收的规则以及与《民法典》规定不一致或有违《民法典》基本价值理念的规则应被废止；另一方面，《民法典》中比较抽象、原则性的规定需要通过司法解释来进行进一步解释。对《民法典》的司法解释必须符合《民法典》的基本原则和人文关怀等价值理念，其应以问题为导向，有针对性并与指导性案例相结合，不应向立法那样追求体系性而过多地创设新的规则。[1]

（二）厘清《民法典》对儿童国家监护制度的统一规范

自然人是家庭关系的主体，因而对家庭关系进行法律调整的终极目标是实现自然人的人权和家庭和谐，这决定了中国民法的法理思想。《民法典》对儿童国家监护制度的规范应充分体现人伦正义。人伦正义之原意是调整父母子女关系的行为准则，后拓展到基于父母子女关系而产生的直系血亲和旁系血亲关系。国家监护的实质是保护儿童权利的国家责任，国家干预要解决的终极命题是国家、家庭和儿童之间的关系。《民法典》规定儿童监护制度，既要明确父母子女间以及其他亲属间应该做什么以及不能做

---

〔1〕 王利明：《正确适用民法典应处理好三种关系》，载《现代法学》2020年第6期，第3—16页。

什么，这是维持家庭成员内部生活秩序，保护在家庭中处于弱势地位的儿童的权益，促进家庭和谐稳定的基础；[1]又要明确国家公权力干预和介入儿童家庭监护事务的边界和限度，以实现儿童最大利益和保护家庭中的弱者利益为目的，加强国家对儿童家庭的保护的同时尊重家庭自治。[2]应平衡好国家与家庭的关系，明确国家公权力应在尊重家庭领域内意思自治的基础上从预防家庭问题和解决家庭问题的角度介入家庭关系。[3]

《民法典》为儿童权利和儿童健康发展提供了全方位、多角度的保障。首先，《民法典》在基本原则层面明确了在处理涉及儿童的事务时应遵循最有利于未成年人原则。作为儿童最大利益原则在中国语境下的表达，最有利于未成年人原则涵盖了儿童利益优先的内涵。民法典体系下的儿童监护制度要求将最有利于未成年人原则确立为未成年人监护人履行监护职责以及为未成年人指定监护人等事项均应遵循的基本原则，这是在民事基本法层面提供的统一规范和指导。[4]其次，《民法典》明确了国家民政部门应承担的兜底监护职责。为构建全面的儿童国家监护法治体系，应注意在明确民政部门的兜底监护职责之外，还应适当扩充民政部门的权限，赋予其进行儿童监护事务的管理、监督、执行的公共职责和权限，推进形成统一的专业化社会管控和政府公权力服务体系。[5]最

---

〔1〕　龙翼飞：《编纂民法典婚姻家庭编的法理思考与立法建议》，载《法制与社会发展》2020年第2期，第39—53页。

〔2〕　陈苇、贺海燕：《论中国民法典婚姻家庭编的立法理念与制度新规》，载《河北法学》2021年第1期，第15—39页。

〔3〕　肖新喜：《论民法典婚姻家庭编的社会化》，载《中国法学》2019年第3期，第105—122页。

〔4〕　郭开元：《论〈民法典〉与最有利于未成年人原则》，载《中国青年社会科学》2021年第1期，第118—125页。

〔5〕　梁春程：《公法视角下未成年人国家监护制度研究》，载《理论月刊》2019年第3期，第102—109页。

后,《民法典》应进一步明确相关部门不履行相应职责或履行职责不到位时应承担的法律责任,在民事基本法层面确立统一的标准和指导,并以此提高各有关部门对保护儿童权利的关注和重视。

三、完善儿童国家监护制度的专门法规定

我国儿童国家监护相关的专门立法既包括《未成年人保护法》这一全面保护儿童各项权利的核心法律,又包括《预防未成年人犯罪法》以及《义务教育法》等对儿童监护和儿童权利保护相关内容有所涉及的其他专门立法。构建儿童国家监护立法体系,既要求各专门立法严格遵循《宪法》的强调和《民法典》的统一规范,又应确保不同专门立法间的有效衔接和补充,以此为基础实现儿童保护专门立法对其他规范性文件的指引。

(一) 对《宪法》及《民法典》的遵循

严格遵循宪法和民事基本法的强调和统一规范贯穿在我国儿童保护专门立法的发展历程之中,也应在构建以人权保障为核心的儿童国家监护立法体系中继续得到贯彻和落实。我国儿童保护专门立法的发展可总结为四个阶段,第一阶段始于 20 世纪 70 年代后期至 20 世纪 80 年代初期,期间儿童犯罪数量猛增,由此引发以建立专门立法的舆论准备为先导的先期探索。第二阶段始于 1985 年上海市颁布《上海市青少年保护条例》,实现了我国儿童保护专门立法"从无到有"的突破,其取得的明显成效激发了各地人大研究起草儿童保护专门立法的积极性。第三阶段始于 1991 年 9 月,以《未成年人保护法》及《预防未成年人犯罪法》的颁布实施为代表。在此时期,我国儿童保护法律体系的基本框架基本形成。第四阶段为进入 21 世纪以来,伴随儿童权利保护需求的增加,国家和各地着手修改和完善相关未成年人保护专门立法,关注法律

内涵的时效性及科学性。[1]儿童保护专门立法的发展始终顺应社会的发展，始终关注儿童的特殊需求，始终遵循《宪法》和《民法典》的规范。

《宪法》和《民法典》为儿童国家监护提供了宏观层面的强调和指引。一方面，作为国家的根本大法，《宪法》强调了国家对基本人权的尊重和保护，明确了儿童父母的监护职责，并在规范儿童家庭监护的基础上，要求国家为儿童及其家庭提供支持和保护；另一方面，作为儿童最大利益原则的中国化表达，《民法典》确立了"最有利于未成年子女"的基本原则，并在这一原则的指导下，规定了国家民政部门在儿童家庭监护失能时应承担的兜底监护职责。《民法典》的颁布实施进一步明确了我国"以家庭监护为基础，社会监护为补充，国家监护为兜底"的儿童监护体系，为此，各儿童保护专门立法均应严格以《宪法》和《民法典》为依据，在各自的专门领域内积极发挥法律的规范作用，为各部门及相关个人处理儿童监护事务提供规范标准和职责要求。

（二）各专门立法间的衔接和补充

《未成年人保护法》以最有利于未成年人原则为指导，奠定了儿童保护专门立法的总体格局。其明确了儿童家庭监护的首要责任，强调了国家对儿童家庭监护的支持、帮助以及在儿童家庭监护缺位时由民政部门承担监护职责的兜底性保护措施，并在此基础上规定了在特定情形下国家公权力对儿童父母监护权的限制和剥夺，以及针对侵害儿童情形的强制报告机制。在此总体框架之下，《预防未成年人犯罪法》从预防儿童犯罪的角度出发，明确了儿童父母或其他监护人应承担的预防和制止儿童犯罪的义务，并

---

[1]　肖建国：《我国未成年人专门立法的发展思考》，载《预防青少年犯罪研究》2017 年第 3 期，第 32—41 页。

强调了包括各级政府、公安机关、人民检察院、人民法院、司法行政部门等国家公权力机关及学校在预防和制止儿童犯罪方面的工作职责。此外，《义务教育法》以保障儿童的受教育权为核心，强调了父母或其他监护人保障儿童受教育权的职责和义务，明确了国家公权力机关采取措施促进儿童充分享有受教育权的国家责任，并规定了学校和教师落实儿童受教育权的具体职责。为实现儿童保护各专门立法间的衔接和补充，应明确各专门立法的立法重心和基本定位。

国家公权力干预和介入儿童监护事务的本质在于当儿童的家庭不能提供有效监护时，由国家补位为儿童提供支持、保护和替代监护。为此，一方面，《未成年人保护法》虽从整体上规定对儿童各项权利的全面保护，但应区别于一般的普惠型儿童福利法，而侧重保护更需要法律庇护的困境儿童，更关注儿童的受保护权。坚持《未成年人保护法》的"保护法"定位是现实可行的，在保护法的基础上依据普惠性儿童福利的发展战略进行适度的"福利化"，既符合我国维护儿童最大利益的基本理念，也能够满足我国儿童保护的现实需要。[1]另一方面，《预防未成年人犯罪法》及《义务教育法》应继续以预防和制止儿童犯罪以及保护儿童受教育权的特定目标为着力点，在不同的重点领域为国家保护儿童权利提供补充规范和行动指南。在《宪法》和《民法典》统一标准的基础上，实现不同专门立法在涉及儿童权利保护不同议题时的有效衔接与相互补充，有利于为构建完善的儿童国家监护立法体系提供基本架构层面的坚实基础。

（三）相关立法对其他规范性文件的指引

在构建儿童国家监护的相关立法体系时，明确法律位阶是实

---

〔1〕 参见姚建龙：《未成年人法的困境与出路——论〈未成年人保护法〉与〈预防未成年人犯罪法〉的修改》，载《青年研究》2019年第1期，第1—15页。

现法律秩序内部和谐的前提和基础。凯尔森指出："法律秩序并不是一个互相对等的、如同在一个平面上并立的诸规范体系，而是一个不同级的诸规范的等级体系。"[1]法律位阶明确了具体法律规范的适用顺序，并强调了"宪法至上"的基本法律原则。这就要求，一方面，当不同的规范性文件相互冲突时，应确认处于上位阶的法律规范的优先地位；另一方面，实践中的每一个规范性文件都应能够从更高位阶的规范性文件中寻找依据。[2]

在我国涉及儿童国家监护的相关立法中，《宪法》基于其根本大法的地位应始终位于最高法律位阶，《民法典》和其他专门立法应以《宪法》确立的基本规范和原则为依据，而各专门立法亦应遵循《民法典》确立的统一规范和指引。值得注意的是，除《宪法》《民法典》以及规定儿童权利保护的诸多专门立法外，我国还颁布了一系列其他规范性政策文件以解决在儿童保护具体实践中出现的新问题和现实困境。例如，为解决农村留守儿童监护缺失问题，国务院于 2016 年 2 月 4 日发布《关于加强农村留守儿童关爱保护工作的意见》，对儿童家庭、相关儿童福利救助机构以及相关政府部门履行职责提出了明确具体的要求。再如，为促进国家公权力对因家庭贫困、自身残疾等因素而处于困境的儿童的权利进行保护，国务院于 2016 年 6 月 13 日发布《关于加强困境儿童保障工作的意见》，明确了由国家民政部门担任儿童监护人的兜底监护措施。此外，为实现对遭受监护人侵害的儿童的特别保护，2014 年 12 月 18 日，最高人民法院、最高人民检察院、公安部、民政部联合发布《关于依法处理监护人侵害未成年人权益行为若

---

〔1〕 [奥] 凯尔森：《法与国家的一般理论》，沈宗灵译，中国大百科全书出版社 1996 年版，第 125—141 页。

〔2〕 参见胡玉鸿：《试论法律位阶制度的前提预设》，载《浙江学刊》2006 年第 2 期，第 140—145 页。

干问题的意见》。国家各部门颁布的前述规范性文件均以解决儿童保护领域面临的现实问题为出发点和落脚点，理应在相关法律法规的已有框架内，以现存立法规定为依据进行具体解释并提出进一步的细化要求。

第三节　构建儿童国家监护法治体系的司法路径

立法上对儿童国家监护的强调需要相应的司法制度予以积极回应。国家对儿童监护事务的干预应以司法干预为核心，在遵循儿童最大利益原则的基础上实现多种干预手段并举。作为国家司法干预儿童监护事务的典型代表，少年司法制度可追溯至美国的早期实践，法官明确提出国家扮演"父亲的角色"，司法机关应履行职责，在父母或监护人不能或不愿履行监护职责时，使儿童处于国家监护的保护之下。[1]国家在儿童家庭监护失能时，通过相应司法措施及时有效地进行干预是履行国家人权保障义务的应有之义。健全国家对儿童家庭监护的司法干预并加强国家对儿童监护事务的司法监督，有利于在司法实践层面为儿童充分享有受监护权提供公权力保护。

一、健全国家对儿童监护事务的司法干预

健全国家对儿童监护事务的司法干预，应首先明确我国现有干预措施的种类及其适用条件和范围，在此基础上，完善已有措施并加强国家在干预儿童家庭事务相关司法实践的各个环节对儿

---

〔1〕　冯源：《儿童监护事务的国家干预标准——以儿童最大利益原则为基础》，载《北京社会科学》2016 年第 3 期，第 25—34 页。

童权利的特别保护。

（一）完善限制父母监护权的司法措施

以保护儿童权利为目的限制儿童父母监护权的司法措施包括作出人身安全保护裁定以及撤销监护人资格等。值得注意的是，限制父母的监护权应与为儿童变更、指定监护人的国家监护相衔接，确保儿童在成年之前享有必要的监护和照料。

具体而言，一方面，人身安全保护令被世界各国公认为预防家庭暴力的有效措施，其将国家公权力的干预环节前置，强调为潜在的家庭暴力受害者提供事前保护而非对施暴者进行事后惩罚。我国《反家庭暴力法》第四章专章规定人身安全保护令的相关内容。依据该法，遭受家庭暴力或面临家庭暴力现实危险的人有权向人民法院申请人身安全保护令，而对于儿童等无民事行为能力人、限制民事行为能力人，近亲属、公安机关等可代为申请。[1]人身安全保护令作为民事诉讼中行为保全措施的一种，是预防和阻断儿童遭遇家庭暴力的重要举措。保护令的执行可以使遭受家庭暴力侵害的儿童得到国家公权力保护，从而免于人身和财产权利的更大损害。[2]为此，应充分考虑儿童的特殊性，在人身安全保护令制度中增加对儿童的特别保护。如《关于加强人身安全保护令制度贯彻实施的意见》指出的，实施人身安全保护令应坚持最有利于未成年人原则，就未成年人接受询问、提供证言等环节，有针对

---

〔1〕　参见《反家庭暴力法》第 23 条："当事人因遭受家庭暴力或者面临家庭暴力的现实危险，向人民法院申请人身安全保护令的，人民法院应当受理。当事人是无民事行为能力人、限制民事行为能力人，或者因受到强制、威吓等原因无法申请人身安全保护令的，其近亲属、公安机关、妇女联合会、居民委员会、村民委员会、救助管理机构可以代为申请。"

〔2〕　李静：《未成年人遭遇家暴的司法保护》，载《中国青年社会科学》2017 年第 3 期，第 114—120 页。

性地为其提供适宜的场所和环境，充分考虑未成年人身心特点。[1] 此外有学者认为，儿童的近亲属应为申请人身安全保护令的义务主体，而各级组织应实行首问责任制。儿童的近亲属或有关部门应提出人身安全保护令申请而未提出的，可与强制报告义务人不履行强制报告义务承担同样的法律责任。[2]

另一方面，撤销监护人资格是以剥夺儿童父母的监护权并将该监护权转移给其他合适的人或组织的司法措施，这一措施的适用有利于及时阻止监护人侵犯儿童权利的行为。有学者指出，应将撤销儿童父母的监护人资格定义为"父母之一方或者双方，严重滥用其对未成年子女之权利或存在严重义务懈怠或者父母无力承担未成年子女的监护职责的情形，经相关人员或机构申请，法院宣告其监护权全部或部分停止或丧失的制度"[3]。就我国相关立法而言，撤销监护人资格存在可恢复及完全丧失两种不同情形。根据《关于依法处理监护人侵害未成年人权益行为若干问题的意见》，性侵害、出卖儿童，遗弃、虐待儿童达六个月以上、多次遗弃造成重伤以上严重后果；以及因对被监护儿童实施侵权行为而被判处五年以上有期徒刑的，属于不得恢复监护人资格的法定情形。[4]

---

〔1〕 最高人民法院、全国妇联、教育部、公安部、民政部、司法部、卫生健康委：《关于加强人身安全保护令制度贯彻实施的意见》（法发〔2022〕10 号），载 http://www.gov.cn/zhengce/zhengceku/2022-03/08/content_ 5677902.htm，最后访问日期：2022 年 3 月 12 日。

〔2〕 于晶：《父母对未成年子女的家庭暴力防治探究》，载《中国青年社会科学》2017 年第 3 期，第 107—113 页。

〔3〕 金眉：《未成年人父母的监护人资格撤销制度比较研究》，载《南京大学学报（哲学·人文科学·社会科学》2016 年第 6 期，第 68—156 页。

〔4〕 参见《关于依法处理监护人侵害未成年人权益行为若干问题的意见》第 40 条："人民法院经审理认为申请人确有悔改表现并且适宜担任监护人的，可以判决恢复其监护人资格，原指定监护人的监护人资格终止。申请人具有下列情形之一的，一般不得判决恢复其监护人资格：（一）性侵害、出卖未成年人的；（二）虐待、遗弃未成年

　　完善撤销监护人资格制度，首先，要注意平衡儿童、父母与国家间的关系，应尽量维护儿童家庭的完整性，以破坏性最小的方式介入父母子女关系。[1]家庭是儿童健康成长最天然的环境，应尽可能确保儿童在家庭中生活。撤销监护人资格具有"不得已而为之"的属性，在司法实践中对于判决撤销监护人资格应持审慎态度，除非监护人不履行监护职责使儿童处于严重危困状态或实施侵权行为严重损害儿童的身心健康，否则一般不判决撤销监护人资格。[2]涉及儿童监护事务的具体案件各不相同，法院在审查儿童父母的身体、精神、物质状况及其监护行为时，必须时刻铭记对儿童的可能影响，作出最符合儿童利益的裁判。[3]良好的儿童监护权评估应由多种因素构成，其中，引入具有适当技能和知识背景的评估者是获得科学结论的基础，其应对所有相关方展开广泛、公平且客观的评估并提供清晰、有根据的评估报告。[4]

　　其次，应关注撤销监护人资格与相关刑事诉讼的衔接。监护人侵犯儿童权益案件可能同时涉及刑事及民事法律，对此应明确，撤销监护人资格是以维护儿童利益为目的，为避免儿童持续遭受监护人侵害而采取的保护性干预措施，而并非针对相关监护人的惩罚措施。儿童监护人的侵害行为构成犯罪是法院判决撤销监护人

（接上页）人六个月以上、多次遗弃未成年人，并且造成重伤以上严重后果的；（三）因监护侵害行为被判处五年有期徒刑以上刑罚的。"

　　〔1〕　王慧：《〈民法总则〉撤销父母监护权条款的罅漏与完善》，载《江西社会科学》2017年第6期，第161—169页。

　　〔2〕　钱笑、孙洪旺：《未成年人监护权撤销制度的法律适用及其完善》，载《法律适用》2020年第10期，第8—20页。

　　〔3〕　Carmen Oana Mihǎilǎ，"Is the Alternative Residence in the Best Interest of the Child after Parental Divorce?"，*Revista Facultǎt*，*ii de Drept Oradea* 2020，Vol. 2020，pp. 83-96.

　　〔4〕　See Beth K. Clark："Acting in the Best Interest of the Child：Essential Components of a Child Custody Evaluation"，*Family Law Quarterly* 1995，Vol. 29，pp. 19-38.

资格的重要依据，但在撤销监护人资格的同时亦应追究相关监护人的刑事责任。在此基础上，有学者进一步提出了"撤销监护人资格案件适用刑事附带民事诉讼的必要性及可行性"。[1]在监护人侵害儿童权益案件中适用刑事附带民事诉讼可在一定程度上拓展国家积极主动介入儿童家庭监护的方式和途径。[2]

最后，应考虑将检察机关纳入撤销监护人资格申请主体的可行性。实践中存在撤销监护人资格程序启动困难的现实问题，一方面，有权申请撤销监护人资格的法定主体提出申请的积极性和主动性有待提高；另一方面，在现有法律体系下，检察机关无权申请撤销监护人资格，而仅能发挥督促和支持的职能。根据《关于依法处理监护人侵害未成年人权益行为若干问题的意见》第30条，对于监护人侵权被提起公诉的案件，人民检察院负有书面告知的义务以及在相关单位和人员未提起诉讼时提出书面建议的义务。[3]儿童父母或其他监护人对处于其监护之下的儿童实施侵权行为，不仅严重危害儿童的健康成长，从长远角度来看亦侵犯了国家和社会的公共利益，检察机关应在处理监护人侵害儿童权益案件时发挥更加积极的作用。近年来，检察机关对侵害未成年人权益犯罪的打击更加准确、有力。[4]儿童监护事务是儿童司法保

---

[1] 陈光中主编：《刑事诉讼法》（第六版），北京大学出版社、高等教育出版社2016年版，第273页。

[2] 何挺：《论监护侵害未成年人与监护人资格撤销的刑民程序合一——以附带民事诉讼的适用为切入点》，载《政治与法律》2021年第6期，第15—25页。

[3] 参见《关于依法处理监护人侵害未成年人权益行为若干问题的意见》第30条："监护人因监护侵害行为被提起公诉的案件，人民检察院应当书面告知未成年人及其临时照料人有权依法申请撤销监护人资格。对于监护侵害行为符合本意见第35条规定情形而相关单位和人员没有提起诉讼的，人民检察院应当书面建议当地民政部门或者未成年人救助保护机构向人民法院申请撤销监护人资格。"

[4] 郑赫南：《13省份将试点统一集中办理未成年人刑事执行、民行检察业务》，载《检察日报》2017年12月29日，第1版。

护关注的重点领域。2020 年，检察机关支持起诉、建议撤销监护案件 513 件，是 2019 年的 6.3 倍。[1]《民法典》《未成年人保护法》等法律对新时代的未成年人检察工作提出了新的要求。自 2021 年起，涉未成年人诉讼由未检部门统一集中办理在全国推行。[2] 以此为基础，应进一步确立检察机关在申请撤销儿童父母监护人资格案件中的主体地位，推动其直接参与到对受监护人侵害的儿童的保护事业中来。

（二）　明确在司法干预中对儿童的特别保护

儿童保护是一项系统工程，建立适合于儿童身心特点的司法制度在儿童保护体系中具有重要地位。[3] 涉儿童监护案件就其性质而言属于发生在家庭成员之间的纠纷，基于长期性、非单一性以及与情感的密切相关性，具有延续性、永久性的特点。因此，在涉及儿童监护事务的司法干预程序中，简单的定分止争已不能满足案件的需求，对矛盾的调和、情感的弥合成为对司法机关的更高要求。[4] 儿童具有成长性和可持续发展性，相对于成年人而言，儿童的特性要求他们在相关司法实践中得到特别的保护。[5] 在涉及儿童监护的相关案件中，审判机关代表国家扮演着涉案儿童"监护人"的角色。在司法干预中对儿童进行特别保护的理念

---

〔1〕　最高人民检察院：《最高检部署开展未成年人保护法律监督专项行动：坚持督导而不替代　助推职能部门依法履职尽责》，载 https://www.spp.gov.cn/spp/xwfbh/wsfbt/202104/t20210429_517069.shtml#1，最后访问日期：2021 年 8 月 27 日。

〔2〕　李春薇：《未成年人检察业务统一集中办理工作将稳步全面推开》，载《检察日报》2020 年 12 月 25 日，第 1 版。

〔3〕　See M. Van Waters, *Youth in Conflict*, Republic Publicshing Company, 1925, p.3.

〔4〕　参见褚宁：《司法改革背景下的少年家事审判融合发展路径探索》，载《法律适用》2019 年第 11 期，第 88—99 页。

〔5〕　参见汤兆云：《台湾地区的少年司法保护制度及其启示》，载《青少年犯罪问题》2013 年第 4 期，第 89—93 页。

是儿童最大利益原则的具体表现，有利于使处于特殊地位的儿童得到公正的对待，其意见得到充分尊重，权利得到全面的保护。

司法机关应当全面、充分考虑儿童的最大利益，最大限度避免和降低司法活动给儿童权利带来的不利影响。在我国的司法实践中，虽然初步形成了"政法一条龙"的良好体系，但支持未成年人司法的相关配套体系尚有待进一步建立健全。此外，专业的司法及社会工作者较为匮乏，在司法程序中国家义务的履行和社会支持体系的作用仍显不足。为实现在司法干预中为儿童提供特别保护，首先，应以儿童最大利益原则为指导，进一步强化保护儿童的国家责任。一方面，国家应为儿童提供全面、兜底的权利保障。应强调在司法干预相关实践中通过作出人身安全保护裁定等积极举措，及时阻断对儿童的持续性伤害，并在最大程度上为权利受到监护人侵害的儿童提供公权力救助和保护。另一方面，在相关司法程序中为儿童提供特别保护是实现儿童最大利益的重要保障。国家应加强司法机构和人员的专业化水平，推动加强相关机构工作人员对儿童权利的认识，提高其在处理儿童监护事务中保护儿童权利的能力。其次，应尊重儿童的权利主体地位，在涉及家庭监护、家庭教育等与儿童利益相关的案件中，通过选任诉讼代理人等途径保障儿童的表达意见权和参与权。最后，应鼓励专业化社会组织发挥积极作用，在司法活动中为儿童提供支持和保护。其中，应特别强调密切接触儿童的相关行业的工作人员积极履行职责的重要意义，通过组织宣传或培训等形式增强其保护儿童权利的意识，并提高其参与相关司法程序的能力。[1]

---

〔1〕 参见孙谦：《中国未成年人司法制度的建构路径》，载《政治与法律》2021年第6期，第2—14页。

二、加强国家对儿童监护事务的司法监督

国家司法机关对儿童享有各项权利的现实状况进行有效监督是推动儿童权利实现，并在儿童权利受到侵害时提供救济的重要途径。对儿童监护事务进行司法监督充分体现了国家公权力对儿童家庭私权领域的干预和介入。强化来自国家司法机关的监督不仅应明确行使司法监督权的职责主体，还应规范行使司法监督权的各阶段侧重，以此确保对儿童家庭监护采取的监督措施在维护儿童最大利益的同时符合正当程序和比例原则。

（一）明确行使司法监督权的职责主体

根据《未成年人保护法》第100条，"公安机关、人民检察院、人民法院和司法行政部门应当依法履行职责，保障未成年人合法权益"。前述各部门均应在儿童保护事业中发挥积极作用。其中，享有特定职权的人民法院、人民检察院和公安机关尤应履行相应职责，在必要时代表国家公权力对儿童的家庭监护进行监督并为儿童提供兜底性的权利救济和保护。

首先，在我国的司法实践中，加强人民法院的监督功能具有必要性。多数国家都将法院作为监护监督机构。[1]法院对监护人的设立、变更、中止、撤销等享有裁判权，同时承担着监护相关具体案件的审理工作，其在司法实务中通过对监护人的监护意愿、监护能力以及是否具有不适合担任监护人的情形进行审查，维护儿童权利，实现儿童的最大利益。法院应在相关案件指定由近亲属以外的人担任儿童监护人时，指定监护监督人并明确其相应的职责和义务，以此为基础对监护人履行监护职责进行监督。

---

[1] 王亚利：《我国未成年人监护事务中的国家责任》，载《宁夏社会科学》2014年第1期，第20—23页。

其次，赋予检察机关对儿童监护的监督职能具有可行性。从立法层面来看，《宪法》及《人民检察院组织法》规定了检察机关是法律监督机关。检察机关基于其自身职能及专业性应在维护国家利益、公共利益中扮演积极角色，在处理涉及儿童监护事务的案件中积极履行检察监督职能，保护儿童的合法权益和家庭公益秩序。根据《关于依法处理监护人侵害未成年人权益行为若干问题的意见》第 30 条，检察院在办理公诉案件过程中，对符合撤销监护人资格的情形负有告知和建议的法定义务。即在监护人侵害被监护儿童权益的案件中，检察机关应行使诉讼告知权及检察建议权。[1]《未成年人保护法》第 106 条也规定了人民检察院督促、支持诉讼的职能，[2]以此肯认了检察机关督促和支持起诉的功能。基于此，检察机关应在涉及儿童监护事务的司法实践中发挥监督职责。[3]从实践层面来看，检察机关在办理涉及儿童虐待、遗弃、组织乞讨等犯罪案件时，能够及时发现并有效识别监护人的侵权行为。与此同时，作为专业的司法机关，检察机关在调查取证方面具有专业优势，往往能够在申请撤销儿童父母监护人资格的案件中发挥重要的推动作用。[4]由此，赋予检察机关对儿童监护的监督职能具有一定的必要性和可行性。检察机关应加强对儿童监护工作的监督，在必要时对相关人员进行告知、向有关部门提出书面检

〔1〕 赵信会、祝文莉：《未成年人权益的检察保护——以检察机关提起国家监护诉讼为例》，载《中国青年社会科学》2017 年第 1 期，第 128—134 页。

〔2〕 参见《未成年人保护法》第 106 条："未成年人合法权益受到侵犯，相关组织和个人未代为提起诉讼的，人民检察院可以督促、支持其提起诉讼；涉及公共利益的，人民检察院有权提起公益诉讼。"

〔3〕 谢芳：《完善我国未成年人监护监督制度的原则及路径》，载《中国青年社会科学》2021 年第 1 期，第 126—132 页。

〔4〕 梁春程：《公法视角下未成年人国家监护制度研究》，载《理论月刊》2019 年第 3 期，第 102—109 页。

察建议、对监护侵害行为提起公诉，并对有关职能部门的失职行为依法追究其刑事责任。此外有学者补充，若将检察机关的职能仅限制于撤销或变更父母监护权则过于狭窄，还应涉及儿童保护、家庭伦理、婚姻家庭秩序以及反家庭暴力等领域。代表国家行使公权力的检察机关应积极维护家事领域的公益，在家庭中儿童利益遭受侵害、涉及家庭身份伦理以及处理家庭暴力案件时维护包括儿童、妇女、老年人在内的处于弱势地位的人群的合法权益。[1]

最后，公安机关应积极履行职责，对儿童的家庭监护进行必要监督并及时采取措施为儿童提供保护。根据《关于依法处理监护人侵害未成年人权益行为若干问题的意见》第 3 条第 1 款至第 3 款[2]、第 11 条第 1 款[3]及第 14 条第 1 款[4]，公安机关在发现儿童父母或其他监护人的侵权行为后应及时采取制止措施，在情况紧急，发现儿童身体受到严重伤害、面临严重人身安全威胁或

---

〔1〕　陈爱武：《论家事检察公益诉讼》，载《国家检察官学院学报》2020 年第 5 期，第 64—79 页。

〔2〕　参见《关于依法处理监护人侵害未成年人权益行为若干问题的意见》第 3 条第 1 款、第 2 款、第 3 款："对于监护侵害行为，任何组织和个人都有权劝阻、制止或者举报。公安机关应当采取措施，及时制止在工作中发现以及单位、个人举报的监护侵害行为，情况紧急时将未成年人带离监护人。民政部门应当设立未成年人救助保护机构（包括救助管理站、未成年人救助保护中心），对因受到监护侵害进入机构的未成年人承担临时监护责任，必要时向人民法院申请撤销监护人资格。"

〔3〕　参见《关于依法处理监护人侵害未成年人权益行为若干问题的意见》第 11 条第 1 款："公安机关在出警过程中，发现未成年人身体受到严重伤害、面临严重人身安全威胁或者处于无人照料等危险状态的，应当将其带离实施监护侵害行为的监护人，就近护送至其他监护人、亲属、村（居）民委员会或者未成年人救助保护机构，并办理书面交接手续。未成年人有表达能力的，应当就护送地点征求未成年人意见。"

〔4〕　参见《关于依法处理监护人侵害未成年人权益行为若干问题的意见》第 14 条第 1 款："监护侵害行为可能构成虐待罪的，公安机关应当告知未成年人及其近亲属有权告诉或者代为告诉，并通报所在地同级人民检察院。"

处于无人照料等危险状态时将儿童带离原家庭，并在监护侵害行为可能构成虐待罪时告知儿童及其近亲属有权告诉或者代为告诉。公安机关积极履行职责能够为儿童提供最及时有效的权利救济，确保国家公权力干预和介入侵害儿童案件的过程满足时效性要求。

（二）强调司法监督的阶段侧重

从传统意义上讲，司法仅指"与立法和行政相对应的审判活动"。而在当今背景下，司法是指"以法院为核心并以当事人的合意为基础和国家强制力为最后保证的、以解决纠纷为基本功能的一种法律活动"[1]。司法监督既应关注涉儿童监护案件发现、报告和处置的全过程，还应覆盖对儿童的案后安置及生活评估等后续环节。尤其在法院判决撤销儿童父母监护人资格的案件中，为确保脱离原生家庭的儿童能够实际处于有利于其健康成长的生活环境之中，相关司法部门有必要对儿童的监护安置进行长期评估和法律监督。

具体而言，一方面，在涉儿童监护案件的发现、报告和处置过程中，人民法院、人民检察院以及公安机关应积极履行各自职责，确保对儿童父母行使监护权的行为和活动进行有效监督，为儿童提供及时的权利救济和司法保护。具体而言，其一，法院有权通过对监护的设立、变更、中止、撤销等事项依法裁判，实现对儿童父母或其他法定监护人履行监护职责的司法监督，保障儿童充分享有受监护权。其二，检察机关有权对法律的实施情况进行监督并在必要时支持起诉。如在因监护人侵犯儿童权利而申请撤销儿童父母监护人资格案件中，人民检察院有权依法监督公安机关、人民法院进行的相关司法实践活动。其三，公安机关通过制止对儿童实施的监护侵害行为并在情况紧急时将儿童带离监护

---

[1] 杨一平：《司法正义论》，法律出版社 1999 年版，第 26 页。

人等措施，实现对儿童家庭监护的干预和监督。另一方面，司法
监督还应覆盖法院作出裁判后对儿童进行安置的后续环节。尤其
在监护人侵犯儿童权利的案件中，法院可作出人身安全保护令、
撤销监护人资格等对儿童的后续生活产生重大影响的司法裁判。
为确保儿童的判后安置符合儿童的最大利益和长远发展，应对安
置措施的实际效果进行监督和评估，以落实国家公权力对儿童的
兜底保护。此外，司法监督还应包括对行政权行使的监督。[1]由
于行政机关的活动直接并广泛地影响公民权利，尤其在行政机关
采取措施介入儿童监护事务时，有必要对行政权的行使进行监督
和制约，避免因权力滥用而出现对儿童家庭私领域的侵犯。

第四节　构建儿童国家监护法治体系的行政措施

《民法典》及《未成年人保护法》等立法文件的编纂和进一步
修订标志着我国"以家庭监护为基础，社会监护为补充，国家监
护为兜底"的儿童监护体系的逐步发展完善。国家行政机关应在
儿童监护事务中发挥兜底作用，为儿童的家庭监护提供帮助、对
儿童的家庭监护进行监督并在必要时直接担任儿童的监护人。

一、丰富对儿童家庭的支持和帮助措施

家庭具有的受益权功能对应了国家的给付义务。受益权功能
通常指"公民基本权利所具有的请求国家作为某种行为，从而享
受一定利益的功能"[2]。国家给付义务的积极内涵要求国家为实

---

〔1〕　参见崔永东：《司法权监督行政权的路径试探》，载《首都师范大学学报
（社会科学版）》2019年第4期，第35—41页。

〔2〕　曾繁康：《比较宪法》，三民书局1978年版，第119页。

现公民的基本权利为公民提供某项利益。[1]为此，国家行政机关作为给付义务的主要承担者，应采取措施为有需要的家庭提供支持帮助和救济保障，补足家庭在儿童监护方面的功能不足。

(一) 完善家庭走访制度

家庭走访是及时发现存在儿童权益受到侵害或存在受侵害风险的家庭的重要手段。完善家庭走访机制，干预家庭或为家庭提供支持和帮助，能够有效预防并及时制止侵害儿童权益的行为，实现消解并改善儿童家庭监护困境的最终目的。立足我国人口众多而社会公共资源相对有限的现实情况，实现对所有儿童家庭的全面走访并不实际，且从保护家庭私生活角度来看不宜对儿童保护状况良好的家庭进行过度干预。因此，应明确民政部门及村民委员会、居民委员会有权走访的重点家庭类型，关注儿童权利遭受侵害或面临侵权风险的特殊情况。民政部门及其设立的儿童福利机构应完善对特殊儿童家庭的走访制度，对重点家庭给予关注，及时为有需要的家庭提供支持和帮助并畅通儿童寻求公权力救济的渠道。

值得注意的是，接受走访的重点家庭应包括监护人资格撤销后恢复的儿童家庭、监护人曾被申请撤销监护人资格但判决不予撤销的儿童家庭、监护人曾伤害儿童或不履行监护职责但未被申请撤销监护人资格的儿童家庭以及监护人有不良嗜好的儿童家庭等。[2]村民委员会、居民委员会及民政部门应依职权对前述重点家庭进行定期走访，在家庭走访中关注儿童父母的精神状态、性格取向、就业状况、婚姻状况、经济状况以及失范行为等并记录

---

〔1〕 参见张翔：《基本权利的规范建构》（增订版），法律出版社 2017 年版，第 188 页。

〔2〕 董思远：《未成年人监护制度研究》，中国人民公安大学出版社 2019 年版，第 290 页。

在案，以此为基础采取不同类别、不同等级的国家干预措施，从保护儿童权利的视角出发制定儿童家庭维护方案，并在儿童权利受到严重侵害的必要情形下将儿童带离家庭。[1]

（二）拓展支持和帮助途径

《儿童权利公约》第18条明确规定了协助儿童家庭监护的国家人权义务。作为《儿童权利公约》的缔约国，我国先后颁布了一系列法律政策，明确了国家为儿童家庭提供协助的相关举措。但就儿童享有受监护权的现实情况而言，仍存在儿童父母因能力不足而不能履行监护职责的情形。为确保国家能够通过在具体实践中支持和协助儿童的家庭实现对儿童的全面兜底保护，应进一步拓展为儿童家庭提供支持和帮助的途径，通过国家提供有效帮助解决实践中儿童家庭监护面临的现实问题，确保儿童充分享有受监护权。对于国家法律政策的制定者及服务的提供者而言，为儿童及其家庭提供必要的支持和帮助，确保儿童的家庭及相关服务机构有能力为儿童提供健康成长所必需的环境和照顾至关重要。[2]

具体而言，其一，应以社区为基础为儿童的家庭监护提供科学指导和专业培训。中国共产党第十九届中央委员会第四次会议通过的《中共中央关于坚持和完善中国特色社会主义制度推进国家治理体系和治理能力现代化若干重大问题的决定》指出，国家应"构建覆盖城乡的家庭教育指导服务体系"[3]。这一决定明确

----

〔1〕　贾玉娇：《儿童保护中国家干预力穿破家庭壁垒研究》，载《治理研究》2021年第3期，第28—35页。

〔2〕　See Deirdre M. Smith, "Keeping it in the Family: Minor Guardianship as Private Child Protection", *Connecticut Public Interest Law Journal* 2019, Vol. 18, pp. 269-356.

〔3〕　《中共中央关于坚持和完善中国特色社会主义制度 推进国家治理体系和治理能力现代化若干重大问题的决定》，载 https://www.12371.cn/2019/11/05/ARTI1572948 516253457.shtml，最后访问日期：2021年11月30日。

了国家应为家庭教育提供指导和服务。在当今复杂多变的社会环境下，父母以其个人的经验和学识难以实现对子女多方位的教育和引导，需要政府、学校和社区等主体为儿童的家庭教育提供支持，协助儿童父母更好履行监护职责。[1]而社区作为由家庭构成的单元，应在最基层发挥对家庭的支持和协助作用。国家应加大对社区的支持力度，鼓励其积极组织针对儿童家长的宣传教育和家庭培训。其二，应发展育儿机构、设施和服务，为儿童父母提供支持和帮助。国家应大力发展儿童照料服务，通过幼儿托育、学龄儿童课后照顾等方式适当减轻儿童父母养育子女的家庭负担。此外，有学者指出，立足中国的现实情况，可构建普惠性的 0 至 12 岁托幼、幼儿园和小学服务，通过学校托管与社区托管相结合的方式，解决父母工作期间的儿童接送和照料问题。[2]其三，应建立针对有子女家庭的经济补贴制度并加大对经济困难儿童家庭的救助力度。一方面，可借鉴相关国外的经验，通过减免税金、设置生育补贴等途径给予儿童父母，尤其是就业父母一定的经济支持，降低养育子女带来的家庭经济风险；另一方面，应建立向有子女家庭适当倾斜的社会保障制度，通过扩大助学贷款比例、增加最低生活保障金额等途径，加大对存在经济困难儿童家庭的帮助力度，确保儿童达到适当的生活水准。此外，可以加强对儿童监护的物质补贴并将其视为一种预防策略，通过给予有子女的家庭经济补助，防止儿童家庭陷入"危困状态"，也避免前述困难家庭中的儿童进入寄养系统，因与家人分离而产生情感创伤。[3]

---

〔1〕 参见祁占勇等：《论家庭教育指导服务支持体系的供给主体及其行为选择》，载《中国教育学刊》2021 年第 6 期，第 33—38 页。

〔2〕 参见刘叶等：《支持三孩政策的家庭亲善福利体系的构建》，载《社会工作》2021 年第 3 期，第 91—110 页。

〔3〕 See Eliza Patten, "The Subordination of Subsidized Guardianship in Child Welfare Proceedings", *New York University Review of Law & Social Change* 2004, Vol. 29, pp. 237-276.

二、强化对侵害儿童案件的强制报告责任

近年来，侵害儿童权益案件表现出高发、频发的趋势。根据最高人民检察院发布的《未成年人检察工作白皮书（2020）》，2020 年侵害未成年人犯罪数占未成年人检察案件总数的比例过半，检察机关批准逮捕侵害未成年人犯罪 38 854 人，提起公诉 57 295 人。[1] 及时发现和识别侵害儿童权利的行为和存在的侵权风险是构建儿童保护和防御机制的重要环节，是国家行使公权力全面保护儿童权利应落实的现实举措。在世界各国普遍存在的儿童虐待和忽视问题具有隐秘性、隐私性及个体性的特点，为此，诸多国家建立了儿童保护强制报告制度以及时发现并有效应对儿童虐待和忽视问题。美国是最早建立针对严重侵害儿童问题强制报告制度的国家，其规定从事和儿童有关工作的教师、医生、社会工作者等在发现儿童有受到虐待的迹象时有义务向有关机构进行报告。近年来，一方面，许多早期设立儿童保护强制报告的国家和地区不断对已有制度进行完善；另一方面，许多国家和地区也逐步加入制定儿童保护强制报告制度的行列。建立针对侵害儿童行为的强制报告制度是干预和介入儿童虐待案件的第一步，落实强制报告制度有助于及时为遭受侵害的儿童提供保护。强制报告具有以政府为主导并要求社会各方面力量广泛参与的多元性、相关主体的报告义务由法律规定并由国家公权力保障实施的强制性等特征。[2] 明确相关主体的强制报告职责能够有效监督儿童父母积极履行监护义务，

---

〔1〕 最高人民检察院:《未成年人检察工作白皮书（2020）》，载 https://baijiahao. baidu. com/s？id＝1701336951415789489&wfr＝spider&for＝pc，最后访问日期：2022 年 3 月 8 日。

〔2〕 徐富海:《中国儿童保护强制报告制度：政策实践与未来选择》，载《社会保障评论》2021 年第 3 期，第 95—109 页。

有效制止针对儿童实施的家庭暴力等侵害行为，充分体现了国家公权力为均衡家庭权利及儿童权利所做出的努力和创新。

（一）完善强制报告的职责主体

各国对强制报告职责主体的相关规定主要采用两种立法模式。多数国家将因从事相关职业而可能接触儿童虐待和忽视事件的人规定为强制报告的职责主体，也有部分国家将所有人均视为是职责主体。如美国有 18 个州规定无论从事何种职业，任何人在怀疑存在儿童虐待或忽视情形时均负有报告义务。[1]此外，许多国家规定了对报告主体的保护措施，如对报告者的身份信息严格保密、不追求"善意"（good faith）报告者责任等。儿童是在社会及家庭中通常处于弱势地位的群体，为儿童权利提供特别保护是社会发展的必然要求。强制报告制度要求相关职责主体在发现儿童遭受或疑似遭受侵害时施以援手，明确强制报告的职责主体是启动调查及后续服务的前提和基础。然而，综合现有立法，我国对强制报告职责主体的相关规定有待进一步细化和完善。

根据《未成年人保护法》第 11 条，应履行强制报告义务的主体主要包括两大类：一是有权劝阻、制止或检举、控告的任何组织或个人；二是应立即报告的国家机关、基层群众性自治组织及其他密切接触儿童的相关单位及其工作人员。这一规定中的两类主体虽看似涵盖所有人，但是，一方面，对于第一类主体而言，法律规定其"有权"劝阻、制止或检举、控告，而非"应当"劝阻、制止或检举、控告，相关组织和个人的报告义务相对较弱；另一方面，对于儿童疑似受到侵害或面临危险的情形，仅前述第二类主体，即国家机关、基层群众性自治组织及其他密切接触儿

---

〔1〕 参见杨志超：《比较法视角下儿童保护强制报告制度特征探析》，载《法律科学（西北政法大学学报）》2017 年第 1 期，第 159—168 页。

童的相关单位和个人有权报告，而第一类主体中的"任何组织或个人"并无该权利。[1]立法层面的不明确在一定程度上导致了在保护儿童具体实践中的现实问题。虽然与儿童密切接触的人员以及为儿童提供服务的专业工作者开始形成了针对暴力侵害儿童案件的报告意识，但相关主体的实际报案率仍有待进一步提高。有研究数据显示，在2008—2013年媒体报道的697例儿童遭受家庭暴力案件中，邻居、市民、村民等与儿童可能存在密切接触的人员报案的占32.85%，而医务人员、教师、民警等为儿童提供服务的专业工作者报告的案件占10.61%。[2]

为此，一方面，应在立法中明确对强制报告主体的保护并通过教育和培训等手段加强其能力建设。为提高相关主体履行报告义务的积极性和主动性，应在立法中明确规定对报告人相关信息的保密，并为相关报告行为提供免责或免于诉讼的特别保护措施。此外，为提高强制报告主体的判断能力和报告能力，可在医生、教师等职业的资格教育和日常培训中纳入履行强制报告职责的相关法律知识以及判断侵害儿童事件的基本方法，培养相关职责主体保护儿童权利的责任意识。另一方面，应适当扩大履行强制报告义务的职责主体的范围，鼓励社会力量的积极参与。儿童保护需要家庭、政府、儿童福利机构、社会组织、基层组织等机构和

---

〔1〕　参见《未成年人保护法》第11条："任何组织或者个人发现不利于未成年人身心健康或者侵犯未成年人合法权益的情形，都有权劝阻、制止或者向公安、民政、教育等有关部门提出检举、控告。国家机关、居民委员会、村民委员会、密切接触未成年人的单位及其工作人员，在工作中发现未成年人身心健康受到侵害、疑似受到侵害或者面临其他危险情形的，应当立即向公安、民政、教育等有关部门报告。有关部门接到涉及未成年人的检举、控告或者报告，应当依法及时受理、处置，并以适当方式将处理结果告知相关单位和人员。"

〔2〕　北京青少年法律援助与研究中心：《未成年人遭受家庭暴力案件调查分析与研究报告》，载 https://chinachild.org/index.php/2014/09/24/，最后访问日期：2021年8月27日。

人员的广泛参与，而动员与儿童接触的相关人员积极履行报告义务是及时发现儿童遭受或可能遭受虐待和权利侵害并为儿童提供权利保护的重要前置环节。尤其是针对性侵害等严重侵犯儿童合法权益的犯罪行为，应明确任何人均负有报告的义务。

（二）强化不履行强制报告义务的责任承担

法律责任是法律义务的延伸，其以不利后果及国家公权力的威慑来有效保障相关主体履行法律义务。[1]我国以《未成年人保护法》为核心的法律规范虽确立了强制报告制度，但一方面，现有立法对于报告的具体时限及报告方式未作出明确统一的规定；另一方面，"任何组织或者个人……都有权"的有关规定属于授权性规定，而非义务性或强制性的法律规范。换言之，除国家机关、基层群众性自治组织及其他密切接触儿童的相关单位及其工作人员外，向有关部门进行报告是其他报告主体的权利，而非义务。[2]此外，现有对相关主体不履行强制报告义务应承担的法律责任的规定过于原则，且追究法律责任要求"造成严重后果"，门槛过高而难以实现强制性立法目的。我国应在相关立法中进一步强化不履行强制报告义务应承担的法律责任。

前述法律责任应以公法责任为主，以私法责任为补充，体现民事、行政和刑事责任并存，惩罚性与补偿性并存的特点。为此，首先，不履行强制报告义务的职责主体应依法承担民事法律责任，即承担私法关系层面的利益减损，以实现对其不履行强制报告义务而造成儿童持续遭受侵害的损害后果的补偿。为此，可在相关立法中增加不履行强制报告义务的民事责任，要求相关责任人对

---

〔1〕 胡平仁：《法律义务新论——兼评张恒山教授〈义务先定论〉中的义务观》，载《法制与社会发展》2004 年第 6 期，第 130—136 页。

〔2〕 参见吴鹏飞：《我国儿童虐待防治法律制度的完善》，载《法学杂志》2012 年第 10 期，第 56—60 页。

造成儿童损害扩大的部分承担适当的补偿责任。其次，建议丰富行政责任的类型。在各国实践中，行政责任通常包括资格罚及财产罚两类。一方面，对于国家机关、基层群众性自治组织以及与儿童密切接触的相关工作人员而言，明确其不履行强制报告义务应受到的相应处分类型，视情况适用警告、行政记过等处分类别；另一方面，可以补充规定私有制公司、企业及其工作人员不履行强制报告义务造成一定后果应承担的相应法律责任，明确警告、罚款、暂扣或吊销许可证等行政处罚。最后，有必要进一步细化刑事责任。规定不履行强制报告义务的刑事责任能够充分体现国家对漠视儿童侵害问题的重视和强调。相关外国的强制报告刑事责任大多既包括财产罚，也包括自由罚。[1]作为典型的不作为犯罪，对于代表国家公权力的公职人员以及基层群众性自治组织中的工作人员，明知儿童受到侵害而拒绝履行强制报告义务的，可参照适用渎职、玩忽职守等罪名追究刑事责任。[2]

三、落实国家对儿童的直接监护措施

国家代位监护既包括在为儿童指定监护人之前或紧急状态下的临时监护，亦包括由国家机关直接担任儿童监护人的长期监护。临时监护指国家在较短期限内对儿童承担监护责任，而长期监护指国家对被监护人的监护责任是长期甚至是永久的。[3]政府应在儿童国家监护制度中承担主导责任，这既体现了我国政府"为人民服务"的职能定位，也体现了国家监护的本质属性，彰显了国

---

〔1〕　参见杨志超：《比较法视角下儿童保护强制报告制度特征探析》，载《法律科学（西北政法大学学报）》2017年第1期，第159—168页。

〔2〕　自正法：《侵害未成年人案件强制报告制度的法理基础与规范逻辑》，载《内蒙古社会科学》2021年第2期，第97—105页。

〔3〕　陈菲菲、王太高：《论政府监护理论在我国的确立及其制度构建》，载《南京社会科学》2017年第7期，第105—111页。

家公权力对监护领域的补充和渗透。在特定情况下，国家应为儿童提供支持和救助，承担儿童监护的兜底责任。[1]作为在家庭监护失能时的公权补充，儿童国家监护无论是体现为临时监护还是长期监护，均应以儿童的最大利益为首要考虑。

（一）临时监护措施

《民法典》对紧急状态下的国家临时监护进行了明确规定。《民法典》第34条第4款强调了在突发事件等紧急状态下的国家临时监护，弥补了原有立法的空白，是对原有监护救济制度"以私人救济为先，国家监护救济兜底"基本思路的进一步发展，充分体现了国家的公权救济属性。考虑到在紧急状态下寻求替代监护的紧急性、适用临时监护情形下监护权主体的不变性、监护职责转移的公共性、替代监护职责的有限性以及监护就近就便原则，紧急状态下的临时监护是在《民法典》第32条规定的国家长期监护难以启动时，由民政部门等主体代表国家公权力主动采取的临时性、救急性监护措施。[2]临时监护措施的有效落实能够为陷入生活困境的家庭成员，尤其是儿童提供及时全面的国家保护。

在儿童原有家庭监护功能丧失、父母不愿或不能履行监护职责而无法补救时，国家应行使公权力将儿童带离原家庭并在必要时撤销儿童父母的监护人资格。在此过程中尽快明确儿童的临时安置是为其提供及时的权利保护的前提和基础。尤其针对撤销监护人资格案件，我国一般采用从临时监护到长期监护相衔接的方式，首先启动由民政部门承担临时监护职责的临时监护，而后转由民政部门担任儿童监护人或转由他人监护的长期、稳定的监护

---

〔1〕 陈翰丹、陈伯礼：《论未成年人国家监护制度中的政府主导责任》，载《社会科学研究》2014年第2期，第81—86页。

〔2〕 参见张梦蝶：《论紧急状态下的国家监护制度》，载《行政法学研究》2021年第2期，第164—176页。

阶段。[1]临时监护措施作为确保儿童享有受监护权的即时保障环节，在国家干预儿童监护事务中发挥重要作用。然而，在保护儿童权利的具体实践中，关于临时监护措施的期限、临时监护人的职责等仍有待进一步明确。有学者指出，我国撤销儿童父母监护权的具体实践仍处于起步阶段，借鉴国外较为成熟的儿童安置制度具有重要意义。[2]为此，一方面，国家应以儿童最大利益原则为指导，在相关立法中进一步细化关于儿童临时监护的相关规定。明确对儿童的临时安置时间不得超过一年，规定承担儿童临时监护职责的相关机构和组织的具体职责，以及规定对其职责履行的必要监督和审查程序。另一方面，国家应加大对儿童保护事业的资金和人力投入，加强实际承担儿童照料职责的相关儿童福利机构的建设，确保并为儿童提供科学的、符合儿童特殊性的监护照料。

（二）长期监护措施

由国家公权力参与的儿童监护与儿童天然享有的父母亲权监护不同。在处理儿童监护事务中应承认，作为针对儿童采取的长期监护措施，无论是由国家民政部门直接担任儿童的监护人还是由法院指定其他组织或个人担任儿童的监护人，均不具备以父母子女间的血缘关系为纽带的信赖基础。儿童的长期监护措施在实践中存在着不同层面的问题。一方面，相关机构或个人可能在养育儿童方面经验匮乏，难以有效落实抚养和教育儿童的监护职责；另一方面，相关机构或个人可能不会从被监护儿童的利益出发，作出最有利于儿童健康成长的决策和安排。为此，虽然与寄养相

---

〔1〕 彭刚：《剥夺与回归：我国未成年人监护权撤销制度的建构机理及其完善》，载《宁夏社会科学》2015年第4期，第37—41页。

〔2〕 参见颜湘颖：《儿童权利视角下撤销父母监护权儿童的安置》，载《预防青少年犯罪研究》2021年第5期，第62—68页。

比，儿童的长期监护具有明显的优势，更有利于儿童在稳定的环境中健康成长，[1]但是，就儿童的长期监护措施而言，在相关立法明确具体职责的同时，还应通过在行政执法及司法层面的措施，为儿童的长期监护提供指导和支持，并对其进行有效的外部监督。

具体而言，一方面，国家应加强对相关儿童福利机构的管理，加大支持力度，促进其向更加专业化的方向不断发展。根据《未成年人保护法》第96条，民政部门应设立未成年救助保护机构、儿童福利机构，负责收留、抚养由其监护的儿童，而财政、教育、卫生健康、公安等部门应对民政部门履行儿童监护职责予以配合。有学者指出，我国目前的大多数儿童福利机构能力较弱，相关机构的改革和发展具有明显的滞后性。为此，国家在加大资金支持力度的同时，应培养儿童保护相关的专业人才，以此为基础从根本上提高相关儿童福利机构养育儿童的能力。[2]此外值得注意的是，确保儿童享有受监护权应首先致力于构建和谐的儿童家庭。[3]由监护人提供照料在很大程度上比处于寄养家庭或照料机构替代照料下更能满足儿童的需求。[4]为此，相关机构在承担儿童长期监护职责的同时，还应适当拓展其职能，借助其在儿童养育方面的专业背景开展亲职教育、亲子课堂等活动，在加强家庭的能力建设方面发挥积极作用。另一方面，应建立以民政部门为主导，由社会力量广泛参与的儿童监护监督机制。根据《未成年人保护

〔1〕 See Cynthia Godsoe, "Subsidized Guardianship: A New Permanancy Option", *Children's Legal Rights Journal* 2003, Vol. 23, pp. 11-20.

〔2〕 参见刘兰华、伏燕：《我国社会福利机构的能力建设：个案、反思与政策优化——以儿童福利院为例》，载《中国行政管理》2017年第9期，第106—110页。

〔3〕 陆士桢：《中国儿童社会福利需求探析》，载《中国青年政治学院学报》2001年第6期，第73—77页。

〔4〕 Hasseltine B. Taylor, "Guardianship or 'Permanent Placement' of Children", *California Law Review* 1966, Vol. 54, pp. 741-747.

法》第 81 条，县级以上人民政府承担未成年人保护协调机制具体工作的职能部门应明确负责儿童保护工作的相关内设机构或专门人员，乡镇人民政府和街道办事处应设立未成年人保护工作站或者指定专门人员办理未成年人相关事务。作为儿童的兜底监护人，民政部门应加强对由其设立而实际承担抚养儿童职责的儿童福利机构的指导和监督，确保儿童在福利机构中处于安全的环境，并关注儿童的福利和发展。[1]此外，在相关政府部门承担主要监督责任的基础上，应建立对儿童长期监护的多元监督机制，鼓励来自社区、学校、医疗等与儿童的生活密切相关的社会力量的积极参与，确保相关机构或个人不履行儿童监护职责的行为能够被及时发现，相关儿童能够及时获得权利救济和保护。

四、政府统筹指导社会力量的积极参与

儿童是国家未来发展的关键力量，全社会应共同努力，推动儿童保护事业发展。儿童成长于社会之中，儿童的成长需求需要通过社会途径来满足。在新的时代背景下，为保障儿童健康成长，在继续完善对儿童的立法、行政执法及司法保护的基础上，必须在全社会层面形成保护儿童权利的共识，培育关爱儿童的社会氛围并充分发挥社会力量的重要作用。[2]1991 年的《未成年人保护法》规定了保护儿童的社会责任，明确了对儿童的社会保护应遵循的基本原则和法律依据。多年来，社会力量通过推动相关立法及国家政策的健全和完善、制定指导性文件、开展宣传教育及组

---

〔1〕 Bobbe J. Bridge, "Reflections on the Future of Child Advocacy", *University of Michigan Journal of Law Reform* 2007, Vol.41, pp.259-268.

〔2〕 参见夏吟兰、张爱桐:《中国未成年人社会保护进展研究》，载李红勃主编:《中国未成年人法治发展报告》(1991~2021)，社会科学文献出版社 2021 年版，第 51—77 页。

织专项活动等形式，积极推动了对儿童权利的保护。立足我国现实情况，应在政府统一指导下鼓励社会力量对存在问题的儿童家庭进行有效监督，强化保护儿童权利的社会救济的全面参与。

（一）社会监督的补充

立足中国实践，儿童社会保护呈现两个方面的主要特点：其一，政府主导的社会组织作为儿童社会保护的重要力量。政府拥有强大的行政权力、行政资源和组织动员能力，建设服务型政府需要大量的社会组织来承接从政府剥离出来的职能；其二，蓬勃兴起的民间组织成为孕育儿童社会保护力量的土壤，越来越多的民间非政府组织在儿童保护工作中发挥积极作用。[1]社会组织的建立和发展是儿童社会保护的组织基础，其经历了自 1949 年至 1966 年的初期阶段、1967 年至 1978 年的停滞阶段、1979 年至 1995 年的恢复阶段并在 1995 年后至今取得突破性进展，逐步在社会经济和政治发展中扮演重要角色。[2]

社会力量植根于基层群众之中，应在识别存在问题的儿童家庭以及为权利受侵害的儿童提供保护等环节发挥重要作用。一方面，社会组织应在保护儿童权利方面发挥积极作用。例如，在申请撤销监护人资格保护儿童权益的已有实践中，各地妇联组织发挥了重要作用。在四川省珙县人民法院审理案件的监护人刘某某性侵 9 岁女儿案[3]、浙江省台州市黄岩区人民法院审理的监护人唐某某性侵 9 岁女儿案[4]、重庆市奉节县人民法院审理的监护人

---

〔1〕 参见李五一主编：《共青团协助政府管理青少年事务的研究与实践》，中国社会出版社 2009 年版，第 109—110 页。

〔2〕 参见杨芳勇：《社会工作机构参与社会治理的作用机制研究——以江西省未成年人社会保护项目为例》，载《社会工作》2017 年第 5 期，第 60 页。

〔3〕 参见四川省珙县人民法院（2019）川 1526 民特 396 号民事判决书。

〔4〕 参见浙江省台州市黄岩区人民法院（2019）浙 1003 民特 506 号民事判决书。

赵某某性侵继女案[1]等案件中，地方妇联均能够在发现监护人的犯罪事实后及时为受害儿童提供援助和庇护，并出于保护儿童的目的向法院申请撤销监护人资格。另一方面，保护儿童权利是整个社会的共同责任。有关部门应充分发动社会组织的力量，鼓励其通过开展宣传教育、组织普法培训活动等形式，加强社会中每个人的责任意识，鼓励人人参与为儿童提供关爱和保护，人人帮助儿童在权利受到侵犯时及时有效地获得国家公权力救济。

（二）社会救济的辅助

由政府统筹指导社会力量积极参与儿童保护和救济，能够全面提高保护儿童权利的公共意识，为构建儿童国家监护法治体系提供良好的社会基础，使包括各人民团体、社会组织和基金会在内的社会力量能够在为儿童提供保护和救济方面发挥积极作用。例如，在保障儿童的受教育权方面，全国妇联、中国儿童少年基金会自1989年设立了帮助女童入学的专项基金，基金于1992年更名为"春蕾计划"。[2]后于1996年增设"春蕾计划实用技术培训专项基金"，为贫困的大龄女童提供学习机会和技能培训。[3]根据中国儿童少年基金会于2019年发布的三十年成果报告，"春蕾计划"累计筹集社会爱心捐助21.18亿元，资助女童超过369万人。[4]此外，为预防和制止儿童权利受到侵害，全国妇联和公安部等部门与国际劳工组织共同启动了"中国预防以劳动剥削为目的的拐卖

---

〔1〕 参见重庆市奉节县人民法院（2019）渝0236民特646号民事判决书。

〔2〕 参见联合国儿童权利委员会：《1994年到期的缔约国首次报告·中国》，CRC/C/11/Add.7，1995年，第187段。

〔3〕 联合国儿童权利委员会：《审议缔约国根据〈儿童权利公约关于买卖儿童、儿童卖淫和儿童色情制品问题的任择议定书〉第12条第1款提交的报告·中国应于2005年提交的初步报告》，CRC/C/OPSA/CHN/1，2005年，第193段。

〔4〕 参见中国儿童少年基金会：《花开绽放 硕果丰实——"春蕾计划"实施30年成果报告》，载《中国妇运》2019年第11期，第23页。

女童和青年妇女项目"，通过采取措施降低女童和青年妇女的脆弱性，预防其落入被剥削的境地。[1]全国律协于 2003 年 5 月成立未成年人保护专业委员会，推动形成反对儿童暴力的社会共识并帮助受害儿童及时得到救助。[2]这都是来自社会力量的良好实践。

伴随社会经济的快速发展和人们生活的丰富多元化，儿童的成长环境更加复杂，侵害留守儿童权益、利用互联网等新技术侵犯儿童权益等新类型案件不断出现，保护儿童权利面临更严峻的挑战。[3]为确保社会力量在儿童救济保护领域发挥积极作用，一方面，国家应充分考虑儿童的脆弱性以及社会环境的复杂性，培育从事儿童保护工作的专业化社会组织。20 世纪 70 年代以来，从"输血式"到"造血式"的积极福利观成为改革的方向，这种观念认为多元社会主体承担应对社会风险的共同责任。公民在普遍享受国家福利的同时，也应最大限度地发挥自我能动性。[4]专业化社会组织是社会力量的集合，建立和发展专业化社会组织有利于推动社会中的每个个体都参与到儿童保护事业中来，在更广泛的社会层面为儿童提供权利保护。另一方面，国家应指导、协调并推动志愿者队伍建设。根据志愿中国网数据，截至 2022 年 3 月 12 日，中国共有注册志愿者超九千万。[5]面对现有庞大的志愿者队

---

[1] 联合国儿童权利委员会：《审议缔约国根据〈儿童权利公约关于买卖儿童、儿童卖淫和儿童色情制品问题的任择议定书〉第 12 条第 1 款提交的报告·中国应于 2005 年提交的初步报告》，CRC/C/OPSA/CHN/1，2005 年，第 232 段。

[2] 参见联合国儿童权利委员会：《应于 2009 年提交的缔约国第三次和第四次定期报告·中国》，CRC/C/CHN/3-4，2012 年，第 125 段。

[3] 参见佟丽华：《未成年人需要更专业的关爱》，载《环球时报》2020 年 6 月 2 日，第 15 版。

[4] 杨思斌：《社会救助立法：国际比较视野与本土构建思路》，载《社会保障评论》2019 年第 3 期，第 120—131 页。

[5] 参见志愿中国网：https://www.zyz.org.cn，最后访问日期：2022 年 3 月 12 日。

伍，如何加强协调和指导，推动志愿者群体形成合力，在儿童保护中发挥更积极有效的作用是亟待思考的问题。党的十九大报告指出要加强思想道德建设，推进志愿服务制度化。[1]完善志愿者的发展组织机制，有利于发动更广泛的社会力量共同参与儿童保护事业，为儿童的健康成长保驾护航。

小　结

儿童国家监护既涉及国家与儿童间的关系，也关涉国家与家庭对儿童保护责任的分配。构建以人权保障为核心的儿童国家监护法治体系，应立足于第一章关于儿童国家监护基础理论的学理探讨，并参考第二章对国际标准的梳理总结、第三章对欧洲区域及相关外国实践的比较研究以及第四章对中国实践的分析和考察。国家是儿童的"兜底监护人"，全面的儿童国家监护法治体系既应关注由国家公权力机关直接担任儿童监护人的国家兜底监护，也应强调国家以保护儿童权利为目的对儿童家庭监护的支持和帮助以及在必要时的干预和介入。从保障儿童基本人权的视角出发，在中国构建儿童国家监护法治体系应遵循植根于中国国情并体现中国特色的中国价值，以此为基础考量立法、司法及行政执法三个层次的具体内容。

首先，立足中国传统家庭伦理的历史影响及经济社会发展的现实条件，明确中国儿童国家监护法治体系的基本价值是构建中国儿童国家监护法治体系的前提和基础。一方面，中国自古以来

---

〔1〕 参见习近平：《决胜全面建成小康社会 夺取新时代中国特色社会主义伟大胜利——在中国共产党第十九次全国代表大会上的报告》，载 http://www.xinhuanet.com/2017-10/27/c_ 1121867529. htm，最后访问日期：2020 年 10 月 15 日。

的伦理文化观念奠定了中国式家庭、社会和国家的和谐稳定，体现了中国儿童监护制度重家庭责任而轻国家责任的早期特点；另一方面，新中国成立以来经济社会的快速发展为国家公权力干预儿童家庭监护私领域提供了强有力的物质保障。与此同时应承认，我国现阶段与发达国家仍存在经济差距，构建儿童国家监护法治体系必须立足我国经济社会发展的现实情况，符合我国现阶段的基本国情并体现中国特色社会主义制度的优势和精髓。

其次，建立健全的立法体系是完善儿童国家监护其他层面相关实践的重要前置环节。构建儿童国家监护立法体系应综合考虑应然层面的法律标准以及立法实践层面的现实情况。一方面，确保各相关立法内部的明确细化，在充分考虑儿童的特殊性及儿童权利保护面临现实问题的复杂性的基础上，推动原有原则化、抽象化的法律规定不断完善，理顺各职责主体间的关系，增强法律的可操作性并提高其对解决现实问题的指导意义；另一方面，应进一步理顺相关立法之间的关系，实现以宪法价值和宪法精神为根本遵循，以民法典基本规范为核心指引的各专门立法及其他相关规范性文件间的协调和统一。

再其次，立法上对儿童国家监护的强调需要相应的司法制度予以积极回应。在儿童的家庭不能履行相应监护职责的情形下，国家通过相应司法程序及时有效地干预儿童家庭监护是履行国家人权保障义务的应有之义。构建儿童国家监护司法体系，一方面，应健全国家对儿童家庭监护的司法干预，完善人身安全保护令、撤销监护人资格等国家干预措施并在司法干预中为儿童提供特别的权利保护；另一方面，应进一步加强国家对儿童监护事务的司法监督，明确在司法监督程序各个环节的相应职责主体及各阶段侧重，为儿童提供涵盖事前、事中和事后全过程的权利保护和救济。

最后，国家行政机关应在儿童国家监护中发挥积极作用，采取措施为儿童的家庭监护提供帮助，对儿童的家庭监护进行监督，并在必要时采取行政措施及时干预和介入。完善儿童国家监护的行政执法措施应以国际人权法规范确立的标准为依据，进一步丰富国家对儿童家庭的支持和帮助，强化对侵害儿童案件强制报告的法定职责，落实国家对儿童的直接监护措施并统筹指导社会力量的积极参与。民政部门作为代表国家行使公权力的重要行政单位，应采取措施为有需要的儿童家庭提供支持帮助和救济保障，补足家庭在儿童监护方面的功能不足。

结　论

　　儿童是国家的未来和民族的希望，建立完善的儿童国家监护法治体系为儿童提供全面的、兜底的权利保护，既是解决当下儿童保护事业面临的诸多现实问题的有效路径，更是中国积极履行国家人权义务的重要体现。儿童具有身心发育不成熟的特殊性，其充分享有受监护权是实现其他各项基本人权的前提和基础。儿童的家庭监护并非始终"完美"，父母子女间可能存在的权利冲突为国家行使公权力干预儿童监护事务提供了必要性基础。伴随人权保障理念的深化演进以及"二战"后福利国家的建立和发展，国家作为儿童"兜底监护人"的理念在联合国、相关区域以及多数国家层面成为共识。值得注意的是，儿童国家监护体现着国家与儿童、国家与家庭以及家庭与儿童间的多重关系，这决定了国家对儿童监护事务的干预应秉持适当性的理念，遵循比例原则和正当程序原则，在明确权力边界的基础上避免国家对公民家庭私生活的过度干预。

儿童国家监护应指国家行使公权力对原属于私法领域的儿童监护事务的全环节介入，构建儿童国家监护法治体系既应关注由国家公权力机关直接担任儿童监护人的国家兜底监护，也应强调国家对儿童家庭监护的支持帮助和监督干预。儿童国家监护有三个层面的要求：其一，在基本定位层面，儿童国家监护强调国家是儿童的兜底监护人，承担全面保护儿童权利的人权义务并应为履行此义务在国内立法、行政执法及其他实践中采取积极措施。其二，在遵循原则层面，儿童国家监护以儿童最大利益原则为核心，在为儿童家庭监护提供外部支持和帮助、进行必要监督和干预以及由国家公权力机关直接担任儿童监护人的各个环节始终以维护儿童的最大利益为首要考量。其三，在具体内涵层面，儿童国家监护强调国家监护的兜底保障性。在儿童父母不履行监护职责、不适当履行监护职责或实施侵权行为严重危害儿童的合法权益时，国家有权突破亲子关系的屏障，以保护儿童权利为目的对儿童的家庭监护予以强制性干预，采取措施限制、剥夺或代为行使儿童父母的监护权。

中国的儿童监护制度经历了由绝对从属于家庭私领域到国家公权力逐步干预和介入的历史性变革。国家先后采取了一系列立法、行政执法及其他措施，强调了保障儿童人权的国家义务，设立并发展了以保护儿童权利为工作重点的专职机构和部门逐步推动了国家公权力对儿童权利的全面兜底保护。但不得不承认，中国尚未建立起完善的儿童国家监护法治体系，已有的儿童国家监护相关实践在立法层面有待进一步明确细化，在实施机制及具体措施层面也有待进一步体系化和完善。

国家是国际人权法的首要义务主体，应积极履行保护儿童权利的人权义务。构建中国儿童国家监护法治体系，必须立足中国传统家庭伦理的历史影响以及经济社会发展的现实条件，在明确中国特色和中国价值的基础上，遵循以国际人权公约为核心的国际人权标准的规范和指引，并借鉴确立儿童监护国家义务的域外经验。在立法层面，应明确儿童国家监护的根本法强调，完善儿童国家监护的民事基本法指引，细化儿童国家监护的专门法规定；在司法层面，应健全国家对儿童监护事务的司法干预并加强国家对儿童监护事务的司法监督；在行政执法层面，应丰富国家对儿童家庭的支持和帮助措施，强化对侵害儿童案件的强制报告义务，完善国家直接监护的具体措施并有效统筹指导社会力量的积极参与。

保护儿童权利是家庭、社会和国家的共同责任。中国的儿童监护已初步形成"以家庭监护为基础，社会监护为补充，国家监护为兜底"的基本制度体系。在当今复杂多变的社会背景下，构建完善的儿童国家监护法治体系，强化儿童监护的国家责任，能够实现以强有力的国家公权力和强大的国家资源为依托有效应对保障儿童受监护权面临的诸多新问题和新挑战。构建中国儿童国家监护法治体系应以中国延续数千年的传统文化和家庭伦理为基础，立足建党百年来中国经济社会发展取得的显著成就和历史经验，从增进儿童福祉的角度出发不断发挥国家公权力的积极作用，发挥儿童国家监护法治体系的中国特色和制度优势，确保真正实现国家为儿童的健康成长保驾护航。

参考文献

一、著作

（一）中文著作

1. 夏吟兰主编：《从父母责任到国家监护——以保障儿童人权为视角》，中国政法大学出版社 2018 年版。

2. 陈苇主编：《外国婚姻家庭法比较研究》，群众出版社 2006 年版。

3. 《民法总则立法背景与观点全集》编写组编：《民法总则立法背景与观点全集》，法律出版社 2017 年版。

4. 洪秀敏：《儿童发展理论与应用》，北京师范大学出版社 2015 年版。

5. 张文霞、朱冬亮：《家庭社会工作》，社会科学文献出版社 2005 年版。

6. 孙本文：《社会学原理》（下册），商务印书馆 1935 年版。

7. 王琼雯：《家庭权初论》，吉林大学出版社 2020 年版。

8. 周安平：《性别与法律——性别平等的法律进路》，法律出版社 2007 年版。

9. 曹贤余：《儿童最大利益原则下的亲子法研究》，群众出版社 2015 年版。

10. 蒋月：《婚姻家庭法前沿导论》（第二版），法律出版社 2016 年版。

11. 董思远：《未成年人监护制度研究》，中国人民公安大学出版社 2019 年版。

12. 周枏：《罗马法原论》（上册），商务印书馆 2014 年版。

13. 费孝通：《生育制度》，商务印书馆 1999 年版。

14. 何海澜：《善待儿童：儿童最大利益原则及其在教育、家庭、刑事制度中的运用》，中国法制出版社 2016 年版。

15. 朱强：《家庭社会学》，华中科技大学出版社 2012 年版。

16. 《马克思恩格斯全集》（第二十一卷），人民出版社 1965 年版。

17. 彭怀真：《进入社会学的世界》，洞察出版社 1988 年版。

18. 法学教材编辑部《西方法律思想史编写组》编：《西方法律思想史资料选

编》，北京大学出版社 1983 年版。

19. 曹贤信：《亲属法的伦理性及其限度研究》，群众出版社 2012 年版。

20. 方富熹、方格：《儿童发展心理学》，人民教育出版社 2005 年版。

21. 刘晓东：《儿童教育新论》（第二版），江苏教育出版社 2008 年版。

22. 王云龙、陈界、胡鹏：《福利国家：欧洲再现代化的经历与经验》，北京大学出版社 2010 年版。

23. 许庆雄：《社会权论》，众文图书公司 1991 年版。

24. 邹小琴：《传统文化视角下的亲子法律问题研究》，九州出版社 2020 年版。

25. 郑净方：《家庭法视域下儿童权利研究——以〈联合国儿童权利公约〉为文本分析》，法律出版社 2020 年版。

26. 姜明安主编：《行政法与行政诉讼法》（第七版），北京大学出版社、高等教育出版社 2019 年版。

27. 柴发邦：《体制改革与完善诉讼制度》，中国人民公安大学出版社 1991 年版。

28. 张伟主编：《联合国核心人权文件汇编》，中国财富出版社 2013 年版。

29. 段小松：《联合国〈儿童权利公约〉研究》，人民出版社 2018 年版。

30. 徐显明主编：《国际人权法》，法律出版社 2004 年版。

31. 王勇民：《儿童权利保护的国际法研究》，法律出版社 2010 年版。

32. 曹诗权：《未成年人监护制度研究》，中国政法大学出版社 2004 年版。

33. 王竹青、魏小莉编著：《亲属法比较研究》，中国人民公安大学出版社 2004 年版。

34. 吴用：《儿童监护国际私法问题研究》，对外经济贸易大学出版社 2009 年版。

35. 夏吟兰：《美国现代婚姻家庭制度》，中国政法大学出版社 1999 年版。

36. 孙云晓、张美英主编：《当代未成年人法律译丛》（美国卷），中国检察出版社 2006 年版。

37. 龙卫球：《民法总论》，中国法制出版社 2001 年版。

38. 孙云晓、张美英主编：《当代未成年人法律译丛》（德国卷），中国检察出版社 2005 年版。

39. 林艳琴：《我国未成年人监护制度的理论与实践》，中国法制出版社 2017

年版。

40. 孙云晓、张美英主编：《当代未成年人法律译丛》（日本卷），中国检察出版社 2006 年版。

41. 《日本民法典》，王爱群译，法律出版社 2014 年版。

42. 谭琳、姜秀花主编：《家庭和谐、社会进步与性别平等》，社会科学文献出版社 2015 年版。

43. 武树臣：《中国传统法律文化》，北京大学出版社 1994 年版。

44. 张晋藩：《中国传统法律文化十二讲》，高等教育出版社 2018 年版。

45. 瞿同祖：《中国法律与中国社会》，中华书局 2007 年版。

46. 杨立新主编：《中国百年民法典汇编》，中国法制出版社 2011 年版。

47. 梅仲协：《民法要义》，中国政法大学出版社 1998 年版。

48. 张晋藩：《清代民法综论》，中国政法大学出版社 1998 年版。

49. 胡长清：《中国民法总论》，中国政法大学出版社 1997 年版。

50. 徐秀义、韩大元主编：《现代宪法学基本原理》，中国人民公安大学出版社 2001 年版。

51. 王泽鉴：《民法总则》，北京大学出版社 2009 年版。

52. 民政部法制办公室编：《民政工作文件选编》（1995 年），中国社会出版社 1996 年版。

53. 夏勇：《人权概念起源——权利的历史哲学》，中国政法大学出版社 2001 年版。

54. 业露华：《中国佛教伦理思想》，上海社会科学院出版社 2000 年版。

55. 赵万一：《民法的伦理分析》（第二版），法律出版社 2012 年版。

56. 中共中央马克思恩格斯列宁斯大林著作编译局编译：《马克思恩格斯文集》（第二卷），人民出版社 2009 年版。

57. 习近平：《决胜全面建成小康社会 夺取新时代中国特色社会主义伟大胜利——在中国共产党第十九次全国代表大会上的报告》，人民出版社 2017 年版。

58. 张千帆：《宪法学导论：原理与应用》（第二版），法律出版社 2008 年版。

59. 汪习根主编：《发展、人权与法治研究——法治国家、法治政府与法治社会一体化建设研究》，武汉大学出版社 2014 年版。

60. 王泽鉴:《民法总则》(增订版),中国政法大学出版社2001年版。

61. 陈光中主编:《刑事诉讼法》(第六版),北京大学出版社、高等教育出版社2016年版。

62. 杨一平:《司法正义论》,法律出版社1999年版。

63. 曾繁康:《比较宪法》,三民书局1978年版。

64. 张翔:《基本权利的规范建构》(增订版),法律出版社2017年版。

65. 李红勃主编:《中国未成年人法治发展报告》(1991~2021),社会科学文献出版社2021年版。

66. 李五一主编:《共青团协助政府管理青少年事务的研究与实践》,中国社会出版社2009年版。

67. 陆玖译注:《吕氏春秋》(上),中华书局2011年版。

68. 庄辉明、章义和撰:《颜氏家训译注》,上海古籍出版社2006年版。

69. 王盛元译注:《孔子家语译注》,上海三联书店2018年版。

(二) 中文译著

1. [意] 玛利亚·蒙台梭利:《童年的秘密》,单中惠译,中国长安出版社2010年版。

2. [加] 唐纳德·柯林斯、[美] 凯瑟琳·乔登、[加] 希瑟·科尔曼:《家庭社会工作》(第四版),刘梦译,中国人民大学出版社2018年版。

3. [英] 鲁道夫·谢弗:《儿童心理学》,王莉译,电子工业出版社2010年版。

4. [澳] 帕特里克·帕金森:《永远的父母:家庭法中亲子关系的持续性》,冉启玉主译,法律出版社2015年版。

5. [意] 彼得罗·彭梵得:《罗马法教科书》,黄风译,中国政法大学出版社1992年版。

6. [美] 加里·斯坦利·贝克尔:《家庭论》,王献生、王宇译,商务印书馆2011年版。

7. [加] 大卫·切尔:《家庭生活的社会学》,彭铟旎译,中华书局2005年版。

8. [德] 恩格斯:《家庭、私有制和国家的起源》,载中共中央马克思恩格斯列宁斯大林著作编译局编:《马克思恩格斯选集》(第四卷),人民出版社

1972 年版。

9. ［德］黑格尔：《法哲学原理》，范扬、张企泰译，商务印书馆 1961 年版。

10. ［美］罗斯·埃什尔曼、理查德·布拉克罗夫特：《心理学：关于家庭》（第 12 版），徐晶星等译，上海人民出版社 2012 年版。

11. ［法］让-雅克·卢梭：《爱弥儿》，孟繁之译，上海三联书店 2017 年版。

12. ［美］罗伯特·诺齐克：《无政府、国家与乌托邦》，何怀宏等译，中国社会科学出版社 1991 年版。

13. ［日］芦部信喜：《宪法》（第三版），林来梵、凌维慈、龙绚丽译，北京大学出版社 2006 年版。

14. ［美］欧内斯特·盖尔霍恩、罗纳德·M. 利文：《行政法和行政程序概要》，黄列译，中国社会科学出版社 1996 年版。

15. 「澳］本·索尔、戴维·金利、杰奎琳·莫布雷：《〈经济社会文化权利国际公约〉评注、案例与资料》，孙世彦译，法律出版社 2019 年版。

16. 欧盟基本权利机构、欧洲理事会：《欧洲儿童权利法律手册》，张伟、刘林语译，中国政法大学出版社 2021 年版。

17.《英国婚姻家庭制定法选集》，蒋月等译，法律出版社 2008 年版。

18. ［美］凯特·斯丹德利：《家庭法》，屈广清译，中国政法大学出版社 2004 年版。

19. ［美］哈里·D. 格劳斯、大卫·D. 梅耶：《美国家庭法精要》（第五版），陈苇译，中国政法大学出版社 2010 年版。

20. ［德］迪特尔·施瓦布：《德国家庭法》，王葆莳译，法律出版社 2010 年版。

21.《德国民法典》（第 4 版），陈卫佐译注，法律出版社 2015 年版。

22. ［美］哈罗德·J. 伯尔曼：《法律与宗教》，梁治平译，生活·读书·新知三联书店 1991 年版。

23. ［德］卡尔·施米特：《宪法学说》（修订译本），刘锋译，上海人民出版社 2016 年版。

24. ［美］托马斯·潘恩：《潘恩选集》，马清槐等译，商务印书馆 1981 年版。

25. ［德］康拉德·黑塞：《联邦德国宪法纲要》，李辉译，商务印书馆 2007 年版。

26. [奥] 凯尔森:《法与国家的一般理论》, 沈宗灵译, 中国大百科全书出版社 1996 年版。

(三) 英文著作

1. Jens M. Scherpe , *European Family Law Volume* Ⅲ: *Family Law in A European Perspective* , Edward Elgar Publishing, 2016.

2. Shazia Choudhry, Jonathan Herring, *European Human Rights and Family Law*, Hart Publishing, 2010.

3. Stephen Cretney, *Family Law in the Twentieth Century*: *A History*, Oxford University Press, 2005.

4. Walter Wadlington, Raymond C. O'Brien, *Family Law in Perspective*, 3rd ed. , Foundation Press, 2012.

5. John Tobin, *The UN Convention on the Right of the Child*: *A Commentary*, Oxford University Press, 2019.

6. Laurence D. Houlgate, *Philosophy*, *Law and the Family*: *A New Introduction to the Philosophy of Law*, Springer, 2017.

7. Philip Alston, *The Best Interest of The Child*: *Reconciling Culture and Human Rights*, Oxford University Press, 1994.

8. William Wade, *Administrative Law*, Oxford University Press, 1988.

9. Peter Cane, *Administrative Law* , 4th ed. , Oxford University Press, 2004.

10. Michael Freeman, *A Commentary on the United Nations Convention on the Rights of the Child*: *Article 3*: *The Best Interest of the Child*, Martinus Nijhoff, 2007.

11. Manfred Nowak, *UN Covenant on Civil and Political Rights*: *CCPR Commentary*, 2nd ed. , Kehl am Rhein: Engel, 2005.

12. Michael Cretney, Judith Masson, Rebecca Bailey− Harris, *Principles of Family Law*, 7th ed. , Sweet & Maxwell, 2002.

13. Peter De Cruz, *Family Law*, *Sex and Society*: *A Comparative Study of Family Law*, Routledge, 2010.

14. M. Van Waters, *Youth in Conflict*, Republic Publishing Compary, 1925.

二、论文

(一) 中文论文

1. 夏吟兰、林建军：《人权视角下儿童国家监护制度的构建》，载夏吟兰主编：《从父母责任到国家监护——以保障儿童人权为视角》，中国政法大学出版社 2018 年版。

2. 姚建龙、公长伟：《未成年人保护中的国家亲权理念研究——以新未成年人保护法为重点》，载《预防青少年犯罪研究》2021 年第 1 期。

3. 徐显明：《以新理念引领身体障碍人事业的发展》，载《残疾人研究》2012 年第 1 期。

4. 丁海东：《童年：一种精神与文化的价值》，载《中国教师》2012 年第 11 期。

5. 成尚荣：《儿童研究视角的坚守、调整与发展走向》，载《教育研究》2017 年第 12 期。

6. 蒋月：《论儿童、家庭和国家之关系》，载《中华女子学院学报》2014 年第 1 期。

7. 夏吟兰：《比较法视野下的"父母责任"》，载《北方法学》2016 年第 1 期。

8. 毋国平：《父母责任与监护人职责不履行的实证研究》，载夏吟兰主编：《从父母责任到国家监护——以保障儿童人权为视角》，中国政法大学出版社 2018 年版。

9. 熊金才、冯源：《论国家监护的补充连带责任——以亲权与监护的二元分立为视角》，载《中华女子学院学报》2014 年第 4 期。

10. 林建军：《论国家介入儿童监护的生成机理与生成条件》，载《中国法律评论》2019 年第 3 期。

11. 邓丽：《国家监护的制度框架与规范路径》，载夏吟兰主编：《从父母责任到国家监护——以保障儿童人权为视角》，中国政法大学出版社 2018 年版。

12. 叶承芳：《未成年人国家监护制度之反思与重构——以监护监督与代位监

护机制设计为核心》，载《人民论坛》2013 年第 23 期。

13. 吕春娟：《论留守儿童的父母责任回归——以实证分析与国家监护为视角》，载夏吟兰主编：《从父母责任到国家监护——以保障儿童人权为视角》，中国政法大学出版社 2018 年版。

14. 张晓冰：《论未成年人监护制度公法化之价值取向——以儿童最大利益为核心》，载夏吟兰主编：《从父母责任到国家监护——以保障儿童人权为视角》，中国政法大学出版社 2018 年版。

15. 刘征峰：《被忽视的差异——〈民法总则（草案）〉"大小监护"立法模式之争的盲区》，载《现代法学》2017 年第 1 期。

16. 钱笑、孙洪旺：《未成年人监护权撤销制度的法律适用及其完善》，载《法律适用》2020 年第 10 期。

17. 钱晓萍：《论国家对未成年人监护义务的实现——以解决未成年人流浪问题为目标》，载《法学杂志》2011 年第 1 期。

18. 冯源：《儿童监护模式的现代转型与民法典的妥当安置》，载《东方法学》2019 年第 4 期。

19. 王丽：《监护二元属性新论》，载《法学论坛》2018 年第 6 期。

20. 梁春程：《公法视角下未成年人国家监护制度研究》，载《理论月刊》2019 年第 3 期。

21. 王亚利：《我国未成年人监护事务中的国家责任》，载《宁夏社会科学》2014 年第 1 期。

22. 王竹青：《论未成年人国家监护的立法构建——兼论民法典婚姻家庭编监护部分的制度设计》，载《河北法学》2017 年第 5 期。

23. 李燕：《论〈民法总则〉对未成年人国家监护制度规定的不足及立法完善》，载《河北法学》2018 年第 8 期。

24. 崔澜、刘娟：《我国监护制度立法：现状评价、完善构想和公法保障》，载《理论探索》2006 年第 4 期。

25. 荆月新：《"礼"与自然法的沟通——从洛克〈政府论〉对亲权的阐释导入》，载《山东师范大学学报（人文社会科学版）》2019 年第 2 期。

26. 夏吟兰：《民法典未成年人监护立法体例辩思》，载《法学家》2018 年第 4 期。

27. 肖新喜：《亲权社会化及其民法典应对》，载《法商研究》2017 年第 2 期。

28. 宋英辉、苑宁宁：《完善我国未成年人法律体系研究》，载《国家检察官学院学报》2017 年第 4 期。

29. 张鸿巍：《"国家亲权"法则的衍变及其发展》，载《青少年犯罪问题》2013 年第 5 期。

30. 童小军：《国家亲权视角下的儿童福利制度建设》，载《中国青年社会科学》2018 年第 2 期。

31. 刘玲玲、田录梅、郭俊杰：《亲子关系对青少年冒险行为的影响：有调节的中介模型》，载《心理发展与教育》2019 年第 2 期。

32. 漆仲明：《现代家庭核心价值研究》，载《山东社会科学》2015 年第 2 期。

33. 李旭东、周冬：《青少年犯罪的家庭预防对策研究》，载《西南师范大学学报（人文社会科学版）》，2004 年第 5 期。

34. 肖艳红：《良性互动的亲子关系与青少年犯罪预防》，载《甘肃理论学刊》2000 年第 6 期。

35. 杨江澜、王鹏飞：《未成年人犯罪的家庭影响因素分析》，载《中国青年研究》2017 年第 3 期。

36. 金眉：《未成年人父母的监护人资格撤销制度比较研究》，载《南京大学学报（哲学·人文科学·社会科学）》2016 年第 6 期。

37. 程福财：《中国儿童保护制度建设论纲》，载《当代青年研究》2014 年第 5 期。

38. 王大华、翟晓艳、辛涛：《儿童虐待的界定和风险因素》，载《中国特殊教育》2009 年第 10 期。

39. 潘建平、李玉凤：《儿童忽视研究的最新进展》，载《中华流行病学杂志》2005 年第 5 期。

40. 刘爱书、年晶：《儿童忽视与同伴接受：消极社会行为的中介作用》，载《心理科学》2012 年第 4 期。

41. 杨邦林，黄瑾：《情感忽视与农村留守儿童游戏成瘾：逆境信念的调节作用》，载《中国特殊教育》2020 年第 9 期。

42. 马韵：《儿童虐待：一个不容忽视的全球问题》，载《青年研究》2003 年第 4 期。

43. 于晶：《父母对未成年子女的家庭暴力防治探究》，载《中国青年社会科学》2017 年第 3 期。

44. 徐慧、胡蝶飞：《儿童家暴面临发现难、起诉难、救助难》，载《上海法治报》2013 年 5 月 29 日，第 A02 版。

45. 杨志超：《比较法视角下儿童保护强制报告制度特征探析》，载《法律科学（西北政法大学学报）》2017 年第 1 期。

46. 何挺：《论监护侵害未成年人与监护人资格撤销的刑民程序合一——以附带民事诉讼的适用为切入点》，载《政治与法律》2021 年第 6 期。

47. 郝铁川：《权利实现的差序格局》，载《中国社会科学》2002 年第 5 期。

48. 蒋月：《论家庭和国家照护个体之责任》，载《江淮论坛》2014 年第 4 期。

49. 王玉香：《未成年人权利主体地位的缺失与构建》，载《中国青年研究》2013 年第 4 期。

50. 化国宇：《〈世界人权宣言〉中儿童权利条款的来源与形成——关于起草史的回顾》，载《人权研究》2021 年第 1 期。

51. 吴用：《论儿童法律地位演进》，载《中国青年研究》2008 年第 2 期。

52. 周尚君：《儿童人权的中国语境》，载《青少年犯罪问题》2012 年第 5 期。

53. 吴用：《人权保护对国际未成年人监护法律制度的影响》，载《中国青年政治学院学报》2010 年第 2 期。

54. 易谨：《儿童福利立法的理论基础》，载《中国青年政治学院学报》2012 年第 6 期。

55. 贾玉娇：《儿童保护中国家干预力穿破家庭壁垒研究》，载《治理研究》2021 年第 3 期。

56. 吴鹏飞：《儿童福利权国家义务论》，载《法学论坛》2015 年第 5 期。

57. 唐斌尧、丛晓峰：《国家责任与个体自由：福利权利正当性之辩》，载《济南大学学报（社会科学版）》2021 年第 2 期。

58. 刘继同：《中国儿童福利政策模式与城市流浪儿童议题》，载《青年研究》2003 年第 10 期。

59. 冉昊：《西方福利国家的双重化改革及其衍生后果》，载《武汉大学学报（哲学社会科学版）》2020 年第 1 期。

60. 张露：《论我国未成年人监护监督制度的完善——以国家监督为导向》，

载《广西社会科学》2019 年第 6 期。

61. 熊跃根：《大变革时代福利资本主义的发展与社会政策的中国道路》，载《社会政策研究》2021 年第 1 期。

62. 李捷：《参与型社会与现代福利国家的奠基：以 20 世纪上半叶瑞典为例》，载《深圳大学学报（人文社会科学版）》2021 年第 2 期。

63. 钱宁、王肖静：《福利国家社会政策范式转变及其对我国社会福利发展的启示》，载《社会建设》2020 年第 3 期。

64. 石玉昌：《马克思"国家—社会"关系理论视域下的"福利国家"问题研究》，载《西安财经大学学报》2021 年第 4 期。

65. 吴鹏飞：《儿童福利权体系构成及内容初探——以宪法人权理论为视角》，载《政治与法律》2015 年第 2 期。

66. 程福财：《家庭、国家与儿童福利供给》，载《青年研究》2012 年第 1 期。

67. 杨琳琳：《福利国家儿童照顾政策的发展与镜鉴》，载《兰州学刊》2021 年第 2 期。

68. 马春华：《儿童照顾政策模式的形塑：性别和福利国家体制》，载《妇女研究论丛》2020 年第 5 期。

69. 李泉然：《西方家庭政策的改革：制度演进与福利意涵》，载《社会建设》2020 年第 4 期。

70. 刘中一：《国家责任与政府角色——儿童照顾的变迁与政策调整》，载《学术论坛》2018 年第 5 期。

71. 马忆南：《婚姻家庭法领域的个人自由与国家干预》，载《文化纵横》2011 年第 1 期。

72. 郑晓剑：《比例原则在民法上的适用及展开》，载《中国法学》2016 年第 2 期。

73. 赵贵龙：《规则创制：以比例原则司法审查标准为视角》，载《法律适用》2021 年第 7 期。

74. 刘权：《比例原则适用的争议与反思》，载《比较法研究》2021 年第 5 期。

75. 蒋红珍：《比例原则适用的范式转型》，载《中国社会科学》2021 年第 4 期。

76. 张翔：《财产权的社会义务》，载《中国社会科学》2012 年第 9 期。

77. 陈璇:《正当防卫与比例原则——刑法条文合宪性解释的尝试》,载《环球法律评论》2016年第6期。

78. 刘权:《目的正当性与比例原则的重构》,载《中国法学》2014年第4期。

79. 杨登峰:《合理、诚信抑或比例原则:目的正当性归属之辩》,载《中外法学》2021年第4期。

80. 刘征峰:《以比例原则为核心的未成年人国家监护制度建构》,载《法律科学(西北政法大学学报)》2019年第2期。

81. 刘征峰:《亲子权利冲突中的利益平衡原则——以欧洲人权法院判例为中心》,载《华中科技大学学报(社会科学版)》2015年第5期。

82. 周安平:《社会自治与国家公权》,载《法学》2002年第10期。

83. 陈征:《宪法中的禁止保护不足原则——兼与比例原则对比论证》,载《法学研究》2021年第4期。

84. 赵龙:《民刑交叉诉讼中正当程序原则适用的规范性考察》,载《华东政法大学学报》2021年第3期。

85. 杨登峰:《行政程序法定原则的厘定与适用》,载《现代法学》2021年第1期。

86. 裴苍龄:《程序价值论》,载《河北法学》2011年第12期。

87. 周佑勇:《行政法的正当程序原则》,载《中国社会科学》2004年第4期。

88. 刘东亮:《什么是正当法律程序》,载《中国法学》2010年第4期。

89. 吴建依:《程序与控权》,载《法商研究(中南政法学院学报)》2000年第2期。

90. 黄学贤:《正当程序有效运作的行政法保障——对中国正当程序理论研究与实践发展的学术梳理》,载《学习与探索》2013年第9期。

91. 戴建华:《行政决策的程序价值及其制度设计》,载《云南社会科学》2012年第4期。

92. 任凡:《论家事诉讼中未成年人的程序保障》,载《法律科学(西北政法大学学报)》2019年第2期。

93. 舒国滢:《法律原则适用的困境——方法论视角的四个追问》,载《苏州大学学报》2005年第1期。

94. 齐湘泉:《基本原则与宣示性条款之辩——〈涉外民事关系法律适用法〉

第 3 条再解读》，载《清华法学》2018 年第 2 期。

95. 孙萌、何飞：《我国对〈儿童权利公约〉的批准与实施》，载夏吟兰：《从父母责任到国家监护——以保障儿童人权为视角》，中国政法大学出版社 2018 年版。

96. 王雪梅：《儿童权利保护的 "最大利益原则" 研究（上）》，载《环球法律评论》2002 年第 4 期。

97. 黄进、赵奇：《"儿童的视角"：历史生成与方法论探寻》，载《学前教育研究》2020 年第 8 期。

98. 王海英：《童年研究中的儿童中心主义：方法论与方法》，载《南京师大学报（社会科学版）》2021 年第 2 期。

99. 张华：《走向儿童存在论》，载《中国教育学刊》2020 年第 10 期。

100. 薛巧巧：《透过儿童的视角去探究——英国儿童参与式研究提供的借鉴》，载《四川师范大学学报（社会科学版）》2020 年第 4 期。

101. 贺颖清：《中国儿童参与权状况及其法律保障》，载《政法论坛》2006 年第 1 期。

102. 周海宁：《论数字化媒介时代儿童阅读能力的提升》，载《出版广角》2019 年第 2 期。

103. 胡金木：《儿童参与式民主生活的建构：必要与可能》，载《安徽师范大学学报（人文社会科学版）》2020 年第 6 期。

104. 齐凯悦：《论英国家事审判改革中的儿童程序参与及对我国的启示》，载《甘肃政法学院学报》2017 年第 6 期。

105. 陈苇、谢京杰：《论 "儿童最大利益优先原则" 在我国的确立——兼论〈婚姻法〉等相关法律的不足及其完善》，载《法商研究》2005 年第 5 期。

106. 顾敏康：《〈欧盟基本权利宪章〉的启迪》，载《人权》2002 年第 4 期。

107. 丁建定、王伟：《西方国家社会保障制度发展模式研究》，载《东岳论丛》2021 年第 3 期。

108. 徐清：《欧洲福利制度主要模式的比较与借鉴》，载《现代经济探讨》2021 年第 3 期。

109. 邓丽：《多法域交会下的国家监护：法律特质与运行机制》，载《中华女子学院学报》2018 年第 4 期。

110. 杨君:《英美法系司法制度的主要经验及其启示》,载《理论探讨》2015
     年第 1 期。

111. 姚国建:《宪法是如何介入家庭的?——判例法视角下的美国宪法对家庭
     法的影响及其争拗》,载《比较法研究》2011 年第 6 期。

112. 陈汉、范钰:《美国监护制度中的未成年人保护概述》,载夏吟兰主编:
     《从父母责任到国家监护——以保障儿童人权为视角》,中国政法大学出
     版社 2018 年版。

113. 李霞、张艳:《论〈民法总则〉中的未成年人国家监护》,载《青少年犯
     罪问题》2017 年第 6 期。

114. 罗清:《美国终止父母权利制度评述》,载夏吟兰主编:《从父母责任到
     国家监护——以保障儿童人权为视角》,中国政法大学出版社 2018
     年版。

115. 徐国栋:《大陆法系还能存在多久?——从梅利曼到海塞林克再到未
     来》,载《比较法研究》2010 年第 1 期。

116. 陈苇、李艳:《中国民法典之监护制度立法体系构建研究》,载《西南政
     法大学学报》2017 年第 2 期。

117. 陈翰丹、陈伯礼:《论未成年人国家监护制度中的政府主导责任》,载
     《社会科学研究》2014 年第 2 期。

118. 刘向宁、黄淘涛:《论未成年人保护机构的设置》,载《中国青年研究》
     2007 年第 10 期。

119. 赵祯祺:《完善监护制度,呵护儿童健康成长》,载《中国人大》2018 年
     第 19 期。

120. 夏江皓:《家庭法介入家庭关系的界限及其对婚姻家庭编实施的启示》,
     载《中国法学》2022 年第 1 期。

121. 程丽:《儿童家庭监护制度的历史嬗变及价值取向》,载《理论与改革》
     2016 年第 2 期。

122. 任喜荣:《民法典对宪法秩序建构的回应及其反思》,载《当代法学》
     2021 年第 3 期。

123. 刘建辉、周世中:《论改革与宪法的冲突及协调》,载《广西社会科学》

2016 年第 3 期。

124. 管华:《论儿童宪法权利的制度保障》,载《江苏行政学院学报》2012 年第 5 期。

125. 王利明:《彰显时代性:中国民法典的鲜明特色》,载《东方法学》2020 年第 4 期。

126. 薛军:《人的保护:中国民法典编撰的价值基础》,载《中国社会科学》2006 年第 4 期。

127. 王歌雅:《民法典婚姻家庭编的价值阐释与制度修为》,载《东方法学》2020 年第 4 期。

128. 夏吟兰:《婚姻家庭编的创新和发展》,载《中国法学》2020 年第 4 期。

129. 郭开元:《论〈民法典〉与最有利于未成年人原则》,载《中国青年社会科学》2021 年第 1 期。

130. 陈苇、贺海燕:《论中国民法典婚姻家庭编的立法理念与制度新规》,载《河北法学》2021 年第 1 期。

131. 宋英辉、刘铃悦:《〈未成年人保护法〉修订的基本思路和重点内容》,载《中国青年社会科学》2020 年第 6 期。

132. 高维俭:《〈未成年人保护法(2020 修正案)〉评述》,载《内蒙古社会科学》2021 年第 2 期。

133. 姚建龙:《未成年人罪错"四分说"的考量与立场——兼评新修订〈预防未成年人犯罪法〉》,载《内蒙古社会科学》2021 年第 2 期。

134. 姚建龙:《未成年人法的困境与出路——论〈未成年人保护法〉与〈预防未成年人犯罪法〉的修改》,载《青年研究》2019 年第 1 期。

135. 李旭东:《未成年人犯罪的家庭不良因素影响及预防对策》,载《中国青年政治学院学报》2005 年第 2 期。

136. 关颖:《预防未成年人犯罪的基本点:提升父母教育素质》,载《青少年犯罪问题》2011 年第 2 期。

137. 沈俊强:《儿童受教育权国际共识的形成及其推进》,载《基础教育》2015 年第 2 期。

138. 龚向和:《论新时代公平优质受教育权》,载《教育研究》2021 年第 8 期。

139. 李步云：《论人权的本原》，载《政法论坛》2004 年第 2 期。

140. 劳凯声：《受教育权新论》，载《教育研究》2021 年第 8 期。

141. 湛中乐：《公民受教育权的制度保障——兼析〈义务教育法〉的制定与实施》，载《华南师范大学学报（社会科学版）》2016 年第 3 期。

142. 尹文强、张卫国：《受教育权的国家义务分类浅析》，载《比较教育研究》2007 年第 3 期。

143. 莫纪宏：《受教育权宪法保护的内涵》，载《法学家》2003 年第 3 期。

144. 崔玲玲：《教育公益诉讼：受教育权司法保护的新途径》，载《东方法学》2019 年第 4 期。

145. 姚建龙、刘悦：《教育法视野中的未成年学生监护人》，载《华东师范大学学报（教育科学版）》2021 年第 1 期。

146. 李保强、陈晓雨：《中国儿童权利保护：成功经验、现实挑战与未来展望》，载《教育科学研究》2020 年第 6 期。

147. 孙艳艳：《未成年人权利保护政策的新发展与未来取向——〈国家人权行动计划〉中儿童权利部分的 文本解析》，载《中国青年研究》2013 年第 4 期。

148. 全国妇联：《全国农村留守儿童状况研究报告（节选）》，载《中国妇运》2008 年第 6 期。

149. 项焱、郑耿扬、李沉：《留守儿童权利状况考察报告——以湖北农村地区为例》，载《法学评论》2009 年第 6 期。

150. 朱旭东、薄艳玲：《农村留守儿童全面发展及其综合支持系统的建构》，载《北京大学教育评论》2020 年第 3 期。

151. 刘玉兰：《儿童为中心视角下流动儿童权益保护的政策目标定位》，载《中州学刊》2019 年第 9 期。

152. 韩嘉玲、张亚楠、刘月：《流动儿童与留守儿童定义的变迁及新特征》，载《民族教育研究》2020 年第 6 期。

153. 段立章：《观念的阻隔与超越：当代中国儿童权利文化的构建》，载《山东大学学报（哲学社会科学版）》2014 年第 2 期。

154. 刘继同：《当代中国妇女工作的历史经验、结构转型与发展方向》，载《中共中央党校学报》2017 年第 6 期。

155. 廖文根：《中央综治委预防青少年违法犯罪工作领导小组全体会议在京召开》，载《人民日报》2011年1月21日，第6版。

156. 《2011年中央央综治委预防青少年违法犯罪工作领导小组全体会议举行》，载《青少年犯罪问题》2011年第2期。

157. 《中央综治委预防青少年违法犯罪专项组》，载《中国青年报》2012年3月19日，第7版。

158. 郭元凯：《新中国成立70年共青团权益工作的积极探索与创新发展》，载《中国青年研究》2020年第4期。

159. 叶敬忠等：《父母外出务工对农村留守儿童学习的影响》，载《农村经济》2006年第7期。

160. 赵俊甫：《刑法修正背景下性侵儿童犯罪的司法规制：理念、技艺与制度适用》，载《政治与法律》2021年第6期。

161. 林秀雄：《论未成年人之监护人及"民法"第一千零九十四条之修正》，载谢在全等著：《物权·亲属编》，中国政法大学出版社2002年版。

162. 钱锦宇：《法律强制力观念的弱化与法家思想的时代性危机——一个初步的批判与阐释》，载《理论探索》2017年第1期。

163. 林艳琴：《我国未成年人监护法律制度现状检讨与完善构想》，载《东南学术》2013年第2期。

164. 王慧：《〈民法总则〉撤销父母监护权条款的罅漏与完善》，载《江西社会科学》2017年第6期。

165. 全国妇联儿童工作部：《瑞典儿童保护与家庭教育的实践及启示》，载《中国妇运》2012年第2期。

166. 于晶：《论我国未成年监护人监督机制的建立》，载《中国青年研究》2012年第9期。

167. 谢芳：《完善我国未成年人监护监督制度的原则及路径》，载《中国青年社会科学》2021年第1期。

168. 叶榅平：《罗马法监护监督制度的理念及其意义》，载《华中科技大学学报（社会科学版）》2009年第6期。

169. 关保英：《法治体系形成指标的法理研究》，载《中国法学》2015年第5期。

170. 陈金钊、宋保振:《法治体系及其意义阐释》,载《山东社会科学》2015年第1期。

171. 赵秀芳:《中国特色社会主义制度:确立、优势、坚持和完善》,载《湖北社会科学》2012年第3期。

172. 孙业礼:《新时代新阶段的发展必须贯彻新发展理念》,载《马克思主义与现实》2021年第1期。

173. 庞艳宾、刘金清:《重新理解系统发展的"经济基础-上层建筑"科学构想——解蔽马克思的"经济基础-上层建筑"隐喻》,载《系统科学学报》2022年第2期。

174. 韩喜平:《中国共产党百年领导经济发展成就与经验启示》,载《人民论坛·学术前沿》2021年第11期。

175. 孙虹、俞会新:《从发展阶段划分看中国经济与发达国家的差距》,载《学术交流》2019年第9期。

176. 陈菲菲、王太高:《论政府监护理论在我国的确立及其制度构建》,载《南京社会科学》2017年第7期。

177. 尹力:《良法视域下中国儿童保护法律制度的发展》,载《北京师范大学学报(社会科学版)》2015年第3期。

178. 刘茂林:《宪法究竟是什么》,载《中国法学》2002年第6期。

179. 安然:《宪法在中国特色社会主义法律体系中的地位与作用》,载《法学杂志》2012年第4期。

180. 卢雍政:《论特殊主体权利的宪法特别保护》,载《法律适用》2012年第5期。

181. 任喜荣:《理解宪法基本价值的五个维度——重塑依宪治国的观念基础》,载《吉林大学社会科学学报》2015年第2期。

182. 赫正芬:《论社会弱势群体的宪法保护》,载《理论与改革》2013年第3期。

183. 林来梵:《民法典编纂的宪法学透析》,载《法学研究》2016年第4期。

184. 秦小建、周瑞文:《〈民法典〉公序良俗规定的宪法向度》,载《湖北大学学报(哲学社会科学版)》2021年第4期。

185. 张淑芳:《私法渗入公法的必然与边界》,载《中国法学》2019年第

4 期。

186. 张国敏、郝培轩：《公法与私法的融合性社会治理——以民法典中行政主体义务性规范为视角》，载《河北法学》2021 年第 6 期。

187. 李永军：《民法典编纂中的行政法因素》，载《行政法学研究》2019 年第 5 期。

188. 王利明：《民法典的体系化功能及其实现》，载《法商研究》2021 年第 4 期。

189. 王利明：《正确适用民法典应处理好三种关系》，载《现代法学》2020 年第 6 期。

190. 龙翼飞：《编纂民法典婚姻家庭编的法理思考与立法建议》，载《法制与社会发展》2020 年第 2 期。

191. 肖新喜：《论民法典婚姻家庭编的社会化》，载《中国法学》2019 年第 3 期。

192. 肖建国：《我国未成年人专门立法的发展思考》，载《预防青少年犯罪研究》2017 年第 3 期。

193. 胡玉鸿：《试论法律位阶制度的前提预设》，载《浙江学刊》2006 年第 2 期。

194. 冯源：《儿童监护事务的国家干预标准——以儿童最大利益原则为基础》，载《北京社会科学》2016 年第 3 期。

195. 李静：《未成年人遭遇家暴的司法保护》，载《中国青年社会科学》2017 年第 3 期。

196. 褚宁：《司法改革背景下的少年家事审判融合发展路径探索》，载《法律适用》2019 年第 11 期。

197. 汤兆云：《台湾地区的少年司法保护制度及其启示》，载《青少年犯罪问题》2013 年第 4 期。

198. 孙谦：《中国未成年人司法制度的建构路径》，载《政治与法律》2021 年第 6 期。

199. 赵信会、祝文莉：《未成年人权益的检察保护——以检察机关提起国家监护诉讼为例》，载《中国青年社会科学》2017 年第 1 期。

200. 陈爱武：《论家事检察公益诉讼》，载《国家检察官学院学报》2020 年第

5 期。

201. 崔永东：《司法权监督行政权的路径试探》，载《首都师范大学学报（社会科学版）》2019 年第 4 期。

202. 祁占勇等：《论家庭教育指导服务支持体系的供给主体及其行为选择》，载《中国教育学刊》2021 年第 6 期。

203. 刘叶等：《支持三孩政策的家庭亲善福利体系的构建》，载《社会工作》2021 年第 3 期。

204. 徐富海：《中国儿童保护强制报告制度：政策实践与未来选择》，载《社会保障评论》2021 年第 3 期。

205. 胡平仁：《法律义务新论——兼评张恒山教授〈义务先定论〉中的义务观》，载《法制与社会发展》2004 年第 6 期。

206. 吴鹏飞：《我国儿童虐待防治法律制度的完善》，载《法学杂志》2012 年第 10 期。

207. 自正法：《侵害未成年人案件强制报告制度的法理基础与规范逻辑》，载《内蒙古社会科学》2021 年第 2 期。

208. 张梦蝶：《论紧急状态下的国家监护制度》，载《行政法学研究》2021 年第 2 期。

209. 彭刚：《剥夺与回归：我国未成年人监护权撤销制度的建构机理及其完善》，载《宁夏社会科学》2015 年第 4 期。

210. 颜湘颖：《儿童权利视角下撤销父母监护权儿童的安置》，载《预防青少年犯罪研究》2021 年第 5 期。

211. 刘兰华、伏燕：《我国社会福利机构的能力建设：个案、反思与政策优化——以儿童福利院为例》，载《中国行政管理》2017 年第 9 期。

212. 陆士桢：《中国儿童社会福利需求探析》，载《中国青年政治学院学报》2001 年第 6 期。

213. 杨芳勇：《社会工作机构参与社会治理的作用机制研究——以江西省未成年人社会保护项目为例》，载《社会工作》2017 年第 5 期。

214. 中国儿童少年基金会：《花开绽放 硕果丰实——"春蕾计划"实施 30 年成果报告》，载《中国妇运》2019 年第 11 期。

215. 佟丽华：《未成年人需要更专业的关爱》，载《环球时报》2020 年 6 月 2

日，第 15 版。

216. 杨思斌:《社会救助立法：国际比较视野与本土构建思路》，载《社会保障评论》2019 年第 3 期。

217. 王雪梅:《儿童权利保护的"最大利益原则"研究（下）》，载《环球法律评论》2003 年第 1 期。

（二）英文论文

1. Ruth Farrugia, "Parental Responsibility and State Intervention", *California Western International Law Journal* 2000, Vol. 31.

2. Elizabeth Bartholet, "The Challenge of Children's Rights Advocacy: Problems and Progress in the Area of Child Abuse and Neglect", *Whittier Journal of Child and Family Advocacy* 2004, Vol. 3.

3. Josep Ferrer-Riba, "Parental Responsibility in A European Perspective", in Jens M. Scherpe ed., *European Family Law Volume III: Family Law in A European Perspective*, Edward Elgar Publishing, 2016.

4. Oana Mihaela Jivan, "Current Problems of Directors on Child Protection in the European System", *Journal of Law and Administrative Sciences* 2015, Vol. 733.

5. Margherita Poto, "The Principle of Proportionality in Comparative Perspective", *German Law Journal* 2007, Vol. 8.

6. Nancy E. Dowd, "Race, Gender, and Work/Family Policy", *Washington University Journal of Law & Policy* 2004, Vol. 15.

7. Margarita Léon, S. Millas, "Parental, Maternity and Paternity Leave: European Legal Constructions of Unpaid Care Giving", *Northern Ireland Legal Quarterly* 2007, Vol. 58.

8. John W. Budd, Karen Mumford, "Trade Unions and Family-Friendly Policies in Britain", *Industrial and Labor Relations Review* 2004, Vol. 57.

9. Sarah H. Ramsey, Douglas E. Abrams, "A Primer on Child Abuse and Neglect Law", *Juvenile and Family Court Journal* 2010, Vol. 61.

10. Paul B. Matthews, "An Argument for the Best Interest of the Child Test: An Examination of Child Custody", *Jones Law Review* 2000, Vol. 4.

11. John C. Duncan, "The Ultimate Best Interest of the Child Enures from Parental

Reinforcement: The Journey to Family Integrity", *Nebraska Law Review* 2005, Vol. 83.

12. Dieter Martiny, "The Changing Concept of 'Family' and Challenges for Family Law in Germany", in Jens M. Scherpe ed. , *European Family Law Volume II: The Changing Concept of 'Family' and Challerges for Domestic Family Law*, Edward Elgar Publishing, 2016.

13. Luise Hauschild, "Reforming the Law on Parental Responsibility", *International Survey of Family Law* 2014, Vol. 2014.

14. Linda J. Waite, Lee A. Lillard, "Children and Marital Disruption", *American Journal of Sociology* 1991, Vol. 96.

15. David Pimentel, "Protecting the Free-Range Kid: Recalibrating Parents' Rights and the Best Interest of the Child", *Cardozo Law Review* 2016, Vol. 38.

16. Robert W. ten Bensel, "Definitions of Child Neglect and Abuse", *Juvenile & Family Court Journal* 1984, Vol. 35.

17. Douglas J. Besharov, "State Intervention to Protect Children: New York's Definition of 'Child Abuse' and 'Child Neglect'", *New York Law School Law Review* 1981, Vol. 26.

18. Murray A. Straus, "Discipline and Deviance: Physical Punishment of Children and Violence and Other Crime in Adulthood", *Social Problems* 1991, Vol. 38.

19. William G. Doerner, "Perceived Seriousness of Child Abuse and Neglect", *Criminal Justice Review* 1987, Vol. 12.

20. Philip Alston, Gerard Quinn, "The Nature and Scope of States Parties' Obligation under the International Covenant on Economic, Social and Cultural Rights", *Human Rights Quarterly* 1987, Vol. 9.

21. VenusGhareh Baghi, T. R. Maruthi, "The Principle of Proportionality in International Criminal Law", *Acta Universitatis Danubius Juridica* 2011, Vol. 7.

22. A. V. Dolzhikov, "The Constitutional Principle of Proportionality: An Interdisciplinary Approach", *Perm University Herald Juridical Sciences* 2020, Vol. 47.

23. Steven N. Peskind, "Determining the Undeterminable: The Best Interest of the Child Standard as an Imperfect but Necessary Guidepost to Determine Child Cus-

tody", *Northern Illinois University Law Review* 2005, Vol. 25.

24. Rose Mary Zapor, "Who is in the Best Interest of the Child", *Preventive Law Reporter* 2000, Vol. 18.

25. Lawrence J. Leblanc, "The Convention on the Rights of the Child", *Leiden Journal of International Law* 1991, Vol. 4.

26. Robert H. Mnookin, "Child-Custody Adjudication: Judicial Functions in the Face of Indeterminacy", *Law and Contemporary Problems* 1975, Vol. 39.

27. John Eekelaar, "The Importance of Thinking That Children Have Rights", *International Journal of Law, Policy and the Family* 1992, Vol. 6.

28. Lynne Bowyer, "The Ethical Grounds for the Best Interest of the Child", *Cambridge Quarterly of Healthcare Ethics* 2016, Vol. 25.

29. Geraldine Van Bueren, "The UN Convention on the Rights of the Child", *Journal of Child Law* 1991, Vol. 3.

30. Brian Skepys, "Is There a Human Rights to the Internet?", *Journal of Politics and Law* 2012, Vol. 5.

31. Lothar Krappmann, "The Weight of the Child's View (Article 12 of the Convention on the Rights of the Child) ", *The International Journal of Children's Rights* 2010, Vol. 18.

32. Emile R. Kruzick, David H. Zemans, "In the Best Interest of the Child: Mandatory Independent Representation", *Denver Law Review* 1992, Vol. 69.

33. Kathleen G. Noonan, Charles F. Sabel, William H. Simon, "Legal Accountability in the Service-Based Welfare State: Lessons from Child Welfare Reform", *Law and Social Inquiry* 2009, Vol. 34.

34. Harry D. Krause, "Child Welfare, Parental Responsibility and the State", *Family Law Quarterly* 1972, Vol. 6.

35. Lynne Maria Kohm, "Tracing the Foundations of the Best Interest of the Child: Standard in American Jurisprudence", *Journal of Law & Family Studies* 2008, Vol. 2.

36. John E. B. Myers, "A Short History of Child Protection in America", *Family Law Quarterly* 2008, Vol. 42.

37. Ayako Harada, "The Japanese Child Protection System: Developments in the Laws and the Issues Left Unsolved", *International Survey of Family Law* 2010, Vol. 2010.

38. Jessica I. Yeh, "Promoting Human Rights in China through Education: An Empirical Impact Evaluation of the Swedish Approach from a Student Perspective", *Asian-Pacific Law and Policy Journal* 2008, Vol. 1.

39. Carmen Oana Mihăilă, "Is the Alternative Residence in the Best Interest of the Child after Parental Divorce?", *Revista Facultăţ, ii de Drept Oradea* 2020, Vol. 2020.

40. Beth K. Clark, "Acting in the Best Interest of the Child: Essential Components of a Child Custody Evaluation", *Family Law Quarterly* 1995, Vol. 29.

41. Deirdre M. Smith, "Keeping it in the Family: Minor Guardianship as Private Child Protection", *Connecticut Public Interest Law Journal* 2019, Vol. 18.

42. Eliza Patten, "The Subordination of Subsidized Guardianship in Child Welfare Proceedings", *New York University Review of Law & Social Change* 2004, Vol. 29.

43. Cynthia Godsoe, "Subsidized Guardianship: A New Permanancy Option", *Children's Legal Rights Journal* 2003, Vol. 23.

44. Hasseltine B. Taylor, "Guardianship or 'Permanent Placement' of Children", *California Law Review* 1966, Vol. 54.

45. Bobbe J. Bridge, "Reflections on the Future of Child Advocacy", *University of Michigan Journal of Law Reform* 2007, Vol. 41.

三、联合国人权文件

(一) 人权公约

1. 《儿童权利公约》，联合国大会第 44/25 号决议通过，1989 年 11 月 20 日。

2. 《经济、社会及文化权利国际公约》，联合国大会第 2200A（XXI）号决议通过，1966 年 12 月 16 日。

3. 《公民权利和政治权利国际公约》，联合国大会第 2200A（XXI）号决议通过，1966 年 12 月 16 日。

4. 《消除对妇女一切形式歧视国际公约》，联合国大会第 34/180 号决议通过，

1979 年 12 月 18 日。

5. 《保护所有移徙工人及其家庭成员权利国际公约》，联合国大会第 45/158 号决议通过，1990 年 12 月 18 日。

6. 《残疾人权利公约》，联合国大会第 61/106 号决议通过，2006 年 12 月 13 日。

7. 《保护所有人免遭强迫失踪国际公约》，联合国大会第 61/177 号决议通过，2006 年 12 月 20 日。

8. *The Convention against Discrimination in Education*, adopted by the General Conference of the United Nations Educational, Scientific and Cultural Organization at its eleventh session, 14 December 1960.

9. *The Hague Convention on Jurisdiction*, *Applicable Law*, *Recognition*, *Enforcement and Cooperation in respect of Parental Responsibility and Measures for the Protection of Children*, adopted by the Hague Conference on Private International Law, 19 October 1996.

（二）人权宣言、准则和行动纲领

1. 《儿童权利宣言》，联合国大会于 1959 年 11 月 20 日通过。

2. 《联合国预防少年犯罪准则》（《利雅得准则》），联合国大会 1990 年 12 月 14 日第 45/112 号决议通过。

3. 《维也纳宣言和行动纲领》，维也纳世界人权会议于 1993 年 6 月 25 日通过。

（三）联合国人权条约机构的一般性意见

1. 联合国儿童权利委员会：《第 14 号一般性意见：儿童将他或她的最大利益列为一种首要考虑的权利（第 3 条第 1 款）》，CRC/C/GC/14，2013 年。

2. 联合国儿童权利委员会：《第 12 号一般性意见：儿童表达意见的权利》，CRC/C/GC/12，2009 年。

3. 联合国儿童权利委员会：《第 7 号一般性意见：在幼儿时期落实儿童权利》，CRC/C/GC/7/Rev. 1，2006 年。

4. 联合国儿童权利委员会：《第 5 号一般性意见：执行〈儿童权利公约〉的一般措施》，CRC/GC/2003/5，2003 年。

5. 联合国儿童权利委员会:《第 19 号一般性意见:关于实现儿童权利的公共预算编制》,CRC/C/GC/19,2016 年。

6. 联合国儿童权利委员会:《第 1 号一般性意见:教育的目的》,CRC/GC/2001/1,2001 年。

7. 联合国儿童权利委员会:《第 20 号一般性意见:关于在青少年期落实儿童权利》,CRC/C/GC/20,2016 年。

8. 联合国儿童权利委员会:《第 25 号一般性意见:关于与数字环境有关的儿童权利》,CRC/C/GC/25,2021 年。

9. 联合国儿童权利委员会:《第 15 号一般性意见:关于儿童享有可达到的最高标准健康的权利问题(第 24 条)》,CRC/C/GC/15,2013 年。

10. 联合国儿童权利委员会:《第 17 号一般性意见:关于儿童享有休息和闲暇、从事游戏和娱乐活动、参加文化生活和艺术活动的权利(第 31 条)》,CRC/C/GC/17,2013 年。

11. 联合国儿童权利委员会:《第 11 号一般性意见:土著儿童及其在〈公约〉下的权利》,CRC/C/GC/11,2009 年。

12. 联合国儿童权利委员会:《第 21 号一般性意见:关于街头流浪儿童》,CRC/C/GC/21,2017 年。

13. 联合国儿童权利委员会:《第 9 号一般性意见:残疾儿童的权利》,CRC/C/GC/9,2006 年。

14. 联合国儿童权利委员会:《第 13 号一般性意见:儿童免遭一切形式暴力侵害的权利》,CRC/C/GC/13,2011 年。

15. 联合国儿童权利委员会:《第 3 号一般性意见:艾滋病毒/艾滋病与儿童权利》,CRC/GC/2003/3,2003 年。

16. 联合国儿童权利委员会:《第 10 号一般性意见:少年司法中的儿童权利》,CRC/C/GC/10,2007 年。

17. 联合国儿童权利委员会:《第 24 号一般性意见:关于少年司法系统中的儿童权利问题》,CRC/C/GC/24,2019 年。

18. 联合国儿童权利委员会:《第 4 号一般性意见:在〈儿童权利公约〉框架内青少年的健康和发展》,CRC/GC/2003/4,2003 年。

19. 联合国儿童权利委员会:《第 8 号一般性意见:儿童受保护免遭体罚和其

他残忍或不人道形式惩罚的权利（第 19 条、第 28 条第 2 款和第 37 条等）》，CRC/C/GC/8，2006 年。

20. 联合国儿童权利委员会：《第 6 号一般性意见：远离原籍国无人陪伴和无父母陪伴的儿童待遇》，CRC/GC/2005/6，2005 年。

21. 联合国儿童权利委员会第 23 号一般性意见与保护所有移徙工人及其家庭成员权利委员会第 4 号一般性意见：《关于原籍国、过境国、目的地国和返回国在具国际移民背景儿童的人权方面的国家义务》，CRC/C/GC/21，2017 年。

22. 联合国人权事务委员会：《第 28 号一般性意见：第三条（男女权利平等）》，CCPR/C/21/Rev. 1/Add. 10，2000 年。

23. 联合国人权事务委员会：《第 6 号一般性意见：第六条（生命权）》，1982 年。

24. 联合国人权事务委员会：《第 17 号一般性意见：第二十四条（儿童权利）》，1989 年。

25. 联合国人权事务委员会：《第 19 号一般性意见：第二十三条（家庭）》，1990 年。

26. 联合国经济、社会及文化权利委员会：《第 14 号一般性意见：享有能达到的最高健康标准的权利（第十二条）》，E/C. 12/2000/4，2000 年。

27. 联合国经济、社会及文化权利委员会：《第 19 号一般性意见：社会保障的权利（第九条）》，E/C. 12/GC/19，2007 年。

28. 联合国经济、社会及文化权利委员会：《第 3 号一般性意见：缔约国义务的性质（〈公约〉第二条第一款）》，E/1991/23，1990 年。

29. 联合国经济、社会及文化权利委员会：《第 9 号一般性意见：〈公约〉在国内的适用》，E/1999/22，1998 年。

30. 联合国经济、社会及文化权利委员会：《第 13 号一般性意见：受教育的权利（〈公约〉第十三条）》，E/C. 12/1999/10，1999 年。

31. 联合国经济、社会及文化权利委员会：《第 21 号一般性意见：人人有权参加文化生活（〈经济社会文化权利国际公约〉第十五条第一款（甲）项）》，E/C. 12/GC/21，2009 年。

32. 联合国经济、社会及文化权利委员会：《第 5 号一般性意见：残疾人》，

E/1995/22，1994 年。

33. The Human Rights Committee, General Comment No. 14：Article 6（Right to Life）Nuclear Weapons and the Right to Life, HRI/GEN/1/Rev/1, 1984.

34. The Human Rights Committee, General Comment No. 6：Article 6（Right to Life）, CCPR/C/21/Add/1, 1982.

35. The Human Rights Committee, General Comment No. 36：Article 6 of the International Covenant on Civil and Political Rights on the Right to Life, CCPR/C/GC/36, 2018.

（四）缔约国报告及审议结论性意见

1. 联合国儿童权利委员会：《应于 2009 年提交的缔约国第三次和第四次定期报告·中国》，CRC/C/CHN/3-4，2012 年。

2. 联合国儿童权利委员会：《1994 年到期的缔约国首次报告·中国》，CRC/C/11/Add. 7，1995 年。

3. 联合国儿童权利委员会：《审议缔约国根据〈儿童权利公约关于买卖儿童、儿童卖淫和儿童色情制品问题的任择议定书〉第 12 条第 1 款提交的报告·中国应于 2005 年提交的初步报告》，CRC/C/OPSA/CHN/1，2005 年。

4. Committee on the Rights of the Child：Concluding Observations on the Committee on the Rights of the Child：Belgium, CRC/C/15/Add. 178, 2002.

（五）联合国人权条约机构受理的个人来文

1. 联合国儿童权利委员会：《根据〈儿童权利公约关于设定来文程序的任择议定书〉通过的关于第 30/2017 号来文的意见》，CRC/C/83/D/30/2017，2020 年。

2. 联合国人权事务委员会：《根据〈公民权利和政治权利国际公约任择议定书〉第五条第 4 款（在第一一二届会议上）关于第 2243/2013 号来文的意见》，CCPR/C/112/D/2243/2013，2014 年。

3. 联合国消除对妇女歧视委员会：《根据〈消除对妇女一切形式歧视公约的任择议定书〉第 7 条第 3 款通过的关于第 99/2016 号来文的意见》，CEDAW/C/73/D/99/2016，2019 年。

（六）特别报告员报告

1. Chrtstop Heyns, "Report of the Special Rapporteur on Extrajudicial, Summary or

Arbitrary Executions", A/67/275, 2012.

四、欧洲区域性人权文件

1. *European Convention on Human Rights*, signed on 4 November 1950 by 12 member states of the Council of Europe, entered into force on 3 September 1953.

2. *Protocol to the Convention for the Protection of Human Rights and Fundamental Freedoms*, as amended by Protocol No. 11, 20 March 1952.

3. *European Social Charter (Revised)*, adopted by the Council of Europe, CETS No. 163, 3 May 1996.

4. *Statement of Interpretation on Article 16 of the European Social Charter*, adopted by the European Committee of Social Rights (ECSR) on 31 May 1969.

5. *European Convention on the Adoption of Children*, adopted on 24 April 1967 at Strasbourg, entered into force on 26 April 1968.

6. *European Convention on the Adoption of Children (Revised)*, adopted on 27 November 2008 at Strasbourg, entered into force on 1 September 2011.

7. *European Convention on Recognition and Enforcement of Decisions concerning Custody of Children and on Restoration of Custody of Children*, adopted on 20 May 1980 at Luxembourg, entered into force on 1 September 1983.

8. *European Convention on the Exercise of Children's Rights*, adopted on 25 January 1996 at Strasbourg, entered into force on 1 July 2000.

9. *Convention on Contact concerning Children*, adopted on 15 May 2003 at Strasbourg, entered into force on 1 September 2005.

10. *Council of Europe Convention on the Protection of Children against Sexual Exploitation and Sexual Abuse*, adopted on 25 October 2007 at Lanzarote, entered into force on 1 July 2010.

11. *Council of Europe Convention on preventing and combating violence against women and domestic violence*, adopted on 11 May 2011 at Istanbul, entered into force on 1 August 2014.

12. Council of Europe, Recommendation No. R (84) 4 of the Committee of Ministers

to Member States on Parental Responsibility, 28 February 1984.

13. *Pregnant Workers Directive*, adopted by the Council of the European Communities, Council Directive 92/85/EEC, 19 October 1992.

14. *Parental Leave Directive*, adopted by the Council of the European Communities, Council Directive 96/34/EC, 3 June 1996.

15. *Charter of Fundamental Rights of the European Union*, 2000/C 364/01, 18 December 2000.

16. *The Treaty of Lisbon* amending *the Treaty on European Union* and *the Treaty establishing the European Community*, adopted by the European Union, OJC 306, 17 December 2007.

17. *European Union Guidelines for the Promotion and Protection of the Rights of the Child*, adopted by the Council of the European Union on 10 December 2007.

18. *Directive of the European Parliament and of the Council on Combating the Sexual Abuse and Sexual Exploitation of Children and Child Pornography*, Directive 2011/93/EU, 13 December 2011.

19. *Council Recommendation on High-Quality Early Childhood Education and Care System*, 2019/C 189/02, 22 May 2019.

20. *Directive of the European Parliament and of the Council on Work-life Balance for Parents and Carers*, 2010/18/EU, 20 June 2019.

五、案例

1. 江苏省徐州市铜山区人民法院（2015）铜民特字第 0001 号民事判决书。
2. 四川省珙县人民法院（2019）川 1526 民特 396 号民事判决书。
3. 浙江省台州市黄岩区人民法院（2019）浙 1003 民特 506 号民事判决书。
4. 重庆市奉节县人民法院（2019）渝 0236 民特 646 号民事判决书。
5. Olsson v. Sweden（No. 1）, European Court of Human Rights, Application Number: 10465/83, 24 March 1988.
6. Elsholz v. Germany, European Court of Human Rights, Application Number: 25735/94, 13 July 2000.

7. M and F（the children's parents）v. Local Authority, England and Wales Family Court（High Court Judges）, Neutral Citation Number：［2021］EWFC 10, 9 February 2021.

8. National Youth Advocacy Service v. B（the father of child T）, the England and Wales High Court of Justice（Family Division）, Case Number：MK10PO0693, 8 March 2011.

9. Roller v. Roller, Supreme Court of Washington, Case Number：37 Wash. 242, 27 February 1905.

10. United States v. Green, Circuit Court, D. Rhode Island, Case Number：15256, November 1824.

六、中国儿童监护相关政策文件

1. 国务院：《关于印发中国妇女发展纲要和中国儿童发展纲要的通知》（国发〔2021〕16 号），2021 年 9 月 8 日。

2. 国务院办公厅：《国家贫困地区儿童发展规划（2014—2020 年）》（国办发〔2014〕67 号），2014 年 12 月 25 日。

3. 国务院新闻办公室：《国家人权行动计划（2021—2025 年）》，2021 年 9 月 9 日。

4. 国家卫生健康委员会：《关于印发母婴安全行动计划（2018—2020 年）和健康儿童行动计划（2018—2020 年）的通知》（国卫妇幼发〔2018〕9 号），2018 年 4 月 27 日。

5. 国务院：《关于加强农村留守儿童关爱保护工作的意见》（国发〔2016〕13 号），2016 年 2 月 4 日。

6. 民政部：《关于贯彻落实国务院关于加强农村留守儿童关爱保护工作的意见的通知》（民函〔2016〕119 号），2016 年 4 月 27 日。

7. 民政部、教育部、财政部、共青团中央、全国妇联：《关于在农村留守儿童关爱保护中发挥社会工作专业人才作用的指导意见》，2017 年 7 月 17 日。

8. 民政部、教育部、公安部、司法部、财政部、人力资源社会保障部、国务院妇儿工委办公室、共青团中央、全国妇联、中国残联：《关于进一步健全

农村留守儿童和困境儿童关爱服务体系的意见》（民发〔2019〕34号），
2019年4月30日。

9. 国家教育委员会、公安部：《流动儿童少年就学暂行办法》（教基〔1998〕2
号），1998年3月2日。

10. 教育部、中央编办、公安部、发展改革委、财政部、劳动保障部：《关于
进一步做好进城务工就业农民子女义务教育工作的意见》，2003年9月
13日。

11. 财政部：《关于规范收费管理促进农民增加收入的通知》（财综〔2004〕17
号），2004年3月16日。

12. 国务院：《关于解决农民工问题的若干意见》（国发〔2006〕5号），2006
年1月31日。

13. 国务院：《关于做好免除城市义务教育阶段学生学杂费工作的通知》（国
发〔2008〕25号），2008年8月12日。

14. 全国妇联、中央社会管理综合治理委员会办公室、国家发展和改革委员
会、教育部：《关于开展全国农村留守流动儿童关爱服务体系试点工作的
通知》（妇字〔2011〕32号），2011年11月21日。

15. 国务院：《城市生活无着的流浪乞讨人员救助管理办法》，2003年6月
20日。

16. 国务院办公厅：《关于加强和改进流浪未成年人救助保护工作的意见》
（国办发〔2011〕39号），2011年8月15日。

17. 民政部、中央综治办、教育部、公安部、财政部、人力资源社会保障部、
住房城乡建设部、卫生部：《关于在全国开展"接送流浪孩子回家"专项
行动的通知》（民发〔2011〕200号），2011年12月12日。

18. 国务院：《关于加强困境儿童保障工作的意见》（国发〔2016〕36号），
2016年6月13日。

19. 民政部、全国妇联：《关于做好家庭暴力受害人庇护救助工作的指导意
见》（民发〔2015〕189号），2015年9月24日。

20. 中央综治委预防青少年违法犯罪工作领导小组、最高人民法院、最高人
民检察院、公安部、司法部、共青团中央：《关于进一步建立和完善办理
未成年人刑事案件配套工作体系的若干意见》（综治委预青领联字〔2010〕

1 号），2010 年 8 月 28 日。

21. 国务院办公厅：《关于成立国务院未成年人保护工作领导小组的通知》（国办函〔2021〕41 号），2021 年 4 月 21 日。

22. 民政部：《关于开展未成年人社会保护试点工作的通知》，2013 年 5 月 6 日。

23. 最高人民检察院、国家监察委员会、教育部、公安部、民政部、司法部、国家卫生健康委员会、中国共产主义青年团中央委员会、中华全国妇女联合会：《关于建立侵害未成年人案件强制报告制度的意见（试行）》，2020 年 5 月 7 日。

24. 最高人民检察院：《未成年人检察工作白皮书（2020）》，2021 年 6 月 1 日。

25. 最高人民法院、最高人民检察院、公安部、司法部：《关于依法惩治性侵害未成年人犯罪的意见》。

26. 最高人民法院、全国妇联、教育部、公安部、民政部、司法部、卫生健康委：《关于加强人身安全保护令制度贯彻实施的意见》（法发〔2022〕10 号），2022 年 3 月 3 日。

七、网页资料

1. 国务院：《九十年代中国儿童发展规划纲要》，载 http://www.nwccw.gov.cn/2017/04/19/99338964.html，最后访问日期：2021 年 9 月 1 日。

2. 国家统计局：《2019 年〈中国儿童发展纲要（2011—2020 年）〉统计监测报告》，载 http://www.gov.cn/xinwen/2020-12/19/content_5571132.htm，最后访问日期：2021 年 8 月 18 日。

3. 林晖、罗争光：《全国农村留守儿童数量下降》，载 http://www.gov.cn/xinwen/2018-10/30/content_5335992.htm，最后访问日期：2021 年 8 月 18 日。

4. 国家统计局、联合国儿童基金会、联合国人口基金会：《2015 年中国儿童人口状况：事实与数据》，载 https://www.unicef.cn/reports/population-status-children-china-2015，最后访问日期：2021 年 9 月 1 日。

5. 国务院妇女儿童工作委员会：《国务院妇女儿童工作委员会简介》，载 http://www. nwccw. gov. cn/jigo. shtml，最后访问日期：2021 年 9 月 1 日。

6. 中国机构编制网：《民政部职能配置、内设机构和人员编制规定》，载 http://www. gov. cn/zhengce/2019-01/25/content_ 5361053. htm，最后访问日期：2021 年 8 月 31 日。

7. 国务院新闻办公室：《全面建成小康社会：中国人权事业发展的光辉篇章》，载 http://www. xinhuanet. com/politics/2021-08/12/c_ 1127753430. htm，最后访问日期：2021 年 9 月 1 日。

8. 陈洁：《国新办发表〈全面建成小康社会：中国人权事业发展的光辉篇章〉白皮书，我国妇女儿童权益保障持续加强》，载 http://www. nwccw. gov. cn/2021-08/13/content_ 294418. htm，最后访问日期：2021 年 9 月 1 日。

9. 李菲：《"同一片蓝天下"——全国农村留守流动儿童关爱服务体系试点工作成效显著》，载 http://www. gov. cn/jrzg/2013-05/30/content_ 2415032. htm，最后访问日期：2021 年 9 月 1 日。

10. 中国妇女报：《江苏发布维护妇女儿童合法权益十大典型案例》，载 http://www. women. org. cn/art/2019/6/10/art_ 9_ 161771. html，最后访问日期：2021 年 8 月 18 日。

11. 张柳：《29 省份 110 例撤销未成年人监护权案件呈现六大特点》，载北京师范大学中国公益研究院网站：http://www. bnu1. org/show_ 1326. html，最后访问日期：2021 年 8 月 27 日。

12. 申欣旺：《最高法副院长江必新：行政程序立法时机已经成熟》，载 https://news. sina. com. cn/c/sd/2010-05-13/125220264708_ 5. shtml，最后访问日期：2021 年 11 月 13 日。

13. 共青团中央维护青少年权益部、中国互联网络信息中心：《第 5 次全国未成年人互联网使用情况调查报告》，载 http://www. cnnic. net. cn/n4/2023/1225/c116-10908. html，最后访问日期：2024 年 11 月 6 日。

14. 新华社：《中共中央关于全面推进依法治国若干重大问题的决定》，载 http://www. npc. gov. cn/zgrdw/npc/zt/qt/sbjszqh/2014-10/29/content_ 1883449. htm，最后访问日期：2022 年 5 月 31 日。

15. 《习近平：坚定不移走中国人权发展道路 更好推动我国人权事业发展》，载

https://baijiahao.baidu.com/s？id＝1725796970912144476&wfr＝spider&for＝pc，最后访问日期：2022 年 3 月 12 日。

16. 新华网：《习近平在中央政治局第二十次集体学习时强调 充分认识颁布实施民法典重大意义 依法更好保障人民合法权益》，载 https://www.spp.gov.cn/spp/tt/202005/t20200529_463584.shtml，最后访问日期：2021 年 11 月 13 日。

17. 郑赫南：《13 省份将试点统一集中办理未成年人刑事执行、民行检察业务》，载 https://www.spp.gov.cn/tt/201712/t20171229_207842.shtml，最后访问日期：2021 年 8 月 27 日。

18. 最高人民检察院：《最高检部署开展未成年人保护法律监督专项行动：坚持督导而不替代 助推职能部门依法履职尽责》，载 https://www.spp.gov.cn/spp/xwfbh/wsfbt/202104/t20210429_517069.shtml#1，最后访问日期：2021 年 8 月 27 日。

19. 李春薇：《未成年人检察业务统一集中办理工作将稳步全面推开》，载 https://www.spp.gov.cn/zdgz/202012/t20201225_503527.shtml，最后访问日期：2021 年 8 月 27 日。

20. 《中共中央关于坚持和完善中国特色社会主义制度 推进国家治理体系和治理能力现代化若干重大问题的决定》，载 https://www.12371.cn/2019/11/05/ARTI1572948516253457.shtml，最后访问日期：2021 年 11 月 30 日。

21. 北京青少年法律援助与研究中心：《未成年人遭受家庭暴力案件调查分析与研究报告》，载 https://chinachild.org/index.php/2014/09/24/，最后访问日期：2021 年 8 月 27 日。

22. 民政部：《2021 年中央财政支持社会组织参与社会服务项目立项名单的通知》（民办函〔2021〕58 号），载中华人民共和国民政部网站：http://www.mca.gov.cn/article/xw/tzgg/202109/20210900036346.shtml，最后访问日期：2021 年 9 月 9 日。

23. 习近平：《决胜全面建成小康社会 夺取新时代中国特色社会主义伟大胜利——在中国共产党第十九次全国代表大会上的报告》，载 http://www.xinhuanet.com/2017-10/27/c_1121867529.htm，最后访问日期：2020

年 10 月 15 日。

24. The United Nations Children's Fund (UNICEF), "The State of the World's Children 2006: Excluded and Invisible", available at https://www. unicef. org/media/84806/file/SOWC-2006. pdf, last visited on 2021-8-15.

25. "Introduction of the Council of Europe", available at https://www. coe. int/en/web/about-us/who-we-are, last visited on 2021-10-29.